銀行法

[監修]
池田唯一
中島淳一
[編著]
佐藤則夫
[著]
本間　晶
笠原基和
冨永剛晴
波多野恵亮

一般社団法人金融財政事情研究会

はしがき

昭和五六年に現行の銀行法が制定されてから、四半世紀以上の歳月が経過した。この間、銀行に期待される役割やこれを取り巻く環境の変化といった課題に対応する観点から、不断の見直しが行われてきた。

足許の状況についても、金融業においてはグループ化やＩＴ化などの動きが進展しており、各金融機関には、中長期的に持続可能な経営戦略の構築が求められている。そうしたなか、金融機関による経営戦略上の選択の幅を広げるような制度面での検討・対応を進めることも重要との問題意識から、平成二八年には、所要の改正が行われている。

さらに、FinTech（主に、ＩＴを活用した革新的な金融サービス事業を指す、金融（Finance）と技術（Technology）とを掛け合わせた造語）などへの金融制度面での対応については、継続的な取組みが重要であると考えられ、金融機関とFinTech企業とのオープン・イノベーション（連携・協働）に向けた制度整備を主たる内容とする銀行法の改正案が、今通常国会において成立している。

こうしたなかで、本書は、最新の銀行法令について、条文に即したかたちで、体系的な解説を試みるものである。銀行法について、下位法令も含めて、このようなかたちで解説を加えたものは類書をみないとひそかに自負している。

本書の出版にあたっては、株式会社きんざいの花岡博氏に多大なご尽力をいただいた。なお、文中、意見にわたる部分については、筆者らの個人的な見解であることを申し添えたい。
本書が、銀行法に対する理解の一助となれば幸いである。

平成二九年六月

池田　唯一

※本書で引用する銀行法およびその下位法令の条文は、平成二八年改正時点のものである。

〈監修者略歴〉

池田　唯一（いけだ　ゆういち）

昭和五七年東京大学法学部卒、大蔵省（現財務省）入省。平成一四年金融庁監督局保険課長、平成一七年総務企画局企業開示課長、平成一九年同市場課長、平成二一年同企画課長、平成二三年総務企画局審議官（開示担当）、平成二四年同審議官（企画・市場担当）、平成二五年監督局担当審議官、平成二六年総務企画局長（現職）。東京都出身。

中島　淳一（なかじま　じゅんいち）

昭和六〇年東京大学工学部卒、大蔵省（現財務省）入省。平成二〇年財務省理財局国債業務課長、平成二一年同国債企画課長、平成二三年金融庁総務企画局政策課長（兼金融研究センター副センター長）、平成二五年同総務課長、平成二六年総務企画局参事官（信用担当）、平成二八年同審議官（企画・市場担当）（現職）。神奈川県出身。

〈編著者略歴〉

佐藤　則夫（さとう　のりお）

平成元年東京大学法学部卒、大蔵省（現財務省）入省。平成一三年経済協力開発機構日本政府代表部一等書記官、平成一七年内閣法制局第三部参事官、平成二二年財務省大臣官房企画官、平成二三年金融庁総務企画局調査室長（兼法務室長）、平成二五年同信用制度参事官、平成二八年同企画課長（現職）。北海道出身。

〈著者略歴〉

本間　晶（ほんま　あきら）

平成元年大蔵省（現財務省）関東財務局入局。平成二一年金融庁総務企画局企画課信用制度参事官室課長補佐、平成二三年同政策課法務室課長補佐、平成二四年監督局銀行第一課課長補佐、平成二六年総務企画局企画課信用制度参事官室課長補佐、平成二八年財務省東北財務局理財部金融監督第一課長（現職）。神奈川県出身。

笠原　基和（かさはら　もとかず）

平成一七年慶應義塾大学法学部卒、金融庁入庁。平成二三年金融庁総務企画局市場課課長補佐、平成二五年同企業課開示課課長補佐、平成二六年同企画課保険企画室課長補佐（総括）、平成二七年同企画課信用制度参事官室課長補佐、平成二八年在シンガポール日本国大使館一等書記官（現職）。東京都出身。

冨永　剛晴（とみなが　たけはる）

平成一九年東京大学法学部卒業、財務省入省。平成二二年米州開発銀行財務局投資アナリスト、平成二五年金融庁総務企画局総務課国際室課長補佐、平成二六年同企画課信用制度参事官室課長補佐、平成二八年同市場課課長補佐、平成二九年財務省国際局国際機構課課長補佐（現職）。北海道出身。

波多野　恵亮（はたの　けいすけ）

平成二二年慶應義塾大学大学院法務研究科卒、平成二三年弁護士登録。平成二七年七月から平成二九年六月まで金融庁総務企画局企画課信用制度参事官室専門官（任期付公務員）。現アンダーソン・毛利・友常法律事務所所属。神奈川県出身。

目　次

第一編　総　論

第二編　各　論

コラム

第一編

総論

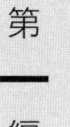

第一章　銀行法の意義と沿革

一　銀行法の意義

銀行法は、わが国において活動する銀行の業務運営を律する基本法である。「信用創造機能の発揮」や、「信用秩序の維持」といった言葉に代表されるように、経済活動のなかで、銀行の果たす役割は大きい。

一国の経済成長の過程で銀行が大きな役割を果たした実例や、内外の銀行破綻の際に地域経済や国際経済に影響が及んだ実例などをふまえても、銀行の健全かつ円滑な業務運営を確保することは、きわめて重要な意義をもつ。銀行のもつ特性として、有価証券取引の仲介を行う証券会社等と異なり、業務運営上、多数の預金者に対して預金債務を負い、貸付先に対しては貸付債権を有し、資金の流れのなかで、権利・義務の担い手となっているとの点がある。

このため、銀行法は、銀行という主体に着目した規制体系となっている。条文上も、まず、銀行の定義から始まり、次いで、その健全かつ円滑な業務運営を確保するための諸規定、すなわち、免許制・銀行の組織に関する規制・業務に関する規制等が、順次定められている。

この点、たとえば、金融商品取引法においては、有価証券等の定義から始まり、次いで、有価証券を発行する企業内容等の開示に関しての規制、金融商品取引業者・金融商品取引所等に対する規制、さらに、何人をも対象とした不公正取引の禁止規定等が定められ、有価証券などの権利・義務の表象物に着目した規制体系となっていることとは、対照的な構造となっている。

銀行法以外にも、銀行の業務運営に関係する法律として、預金保険法・金融商品取引法などの行政法があり、さらに、民商法等がある。また、銀行法に類似する法律として、長期信用銀行法・信用金庫法などもある。しかし、銀行の業務運営の根幹を規定するのは銀行法であり、その点で、銀行制度の基本法ということができる。

二　銀行法の沿革

現在の銀行法は、昭和五六年に、旧銀行法を全面改正して制定された（施行は、昭和五七年から）。その後、幾次かの改正がなされているが、現行銀行法の原点は、この昭和五六年改正銀行法にある。

それ以前にさかのぼると、明治五年に制定・施行された「国立銀行条例」、明治二三年に制定され明治二六年から施行された「銀行条例」、昭和二年に制定され昭和三年から施行された「旧銀行法」がある。

歴史の教科書等にも記載されているとおり、「国立銀行条例」は、米国の「ナショナル・バンク」制度を参考として策定されたものであり、わが国において、近代銀行制度を規定する最初の法令ということができる。

知られているように、国立銀行という用語には誤訳的な側面があり、米国では、連邦法に基づくいわゆる国法銀行と、州法に基づく州法銀行が存在し、前者を「ナショナル・バンク」と称していたところ、それを「国立銀行」と訳したものとされる。

当該「国立銀行」は、通常の銀行業務に加え、発券機能を有する銀行として規定していたが、発券機能は、若干の経過措置を置きつつも、明治一四年に設立された日本銀行に集約されるに至り、「国立銀行条例」の意義は、半減することとなる。

一方、「銀行条例」は、わが国において、初めて、純然たる普通銀行について定めたものである。その背景には、国立銀行以外の銀行や、銀行という名称を用いずに銀行業務を行う銀行類似会社が設立されるに至り、加えて、国立銀行の発券機能に関する制度の見直し等に伴い、国立銀行の新規設立が認められないなかで、普通銀行に対する法制の整備が必要となったことによる。この意味で、銀行条例は、国立銀行条例とともに、現在の銀行法の淵源的な法令とみることができる。

銀行条例は、制定当初は全一一条から成るなどきわめて簡素なものであり、制定以来数回の改正が行われたが、やがて、信用秩序維持等の観点から、銀行の健全性を確保すべく、規制の見直し・強化が必要とされるに至る。すなわち、明治末から大正にかけて多くの銀行が設立され、そのなかには財務・営業基盤の脆弱な銀行も少なからず存在していたところ、第一次世界大戦終結後の景気後退に伴って倒産に追い込まれる銀行が多数発生したことなどを背景に、銀行制度の抜本的改革が必要と認識されるに至り、その結果、旧「銀行法」が制定された。

旧「銀行法」は、幾度かの改正がなされたが、戦後の占領期を通じて存続し、わが国の高度経済成長期においても、銀行制度の根幹を定める法律として存続した。

しかし、高度経済成長期が終了する昭和四〇年代終わりから昭和五〇年代前半にかけて、二度のオイルショック等を経た安定成長時代への移行、住宅・消費者ローンの提供など銀行業務・商品の多様化、国債に代表される公共債の大量発行開始、銀行のクロスボーダー展開などの銀行業務の国際化といった経済構造の変化のもと、それに対応した新しい制度の枠組みの策定が求められるに至った。

こうした経済社会情勢の変化に対応し、昭和五六年に、旧「銀行法」を全面改正し、新しい銀行法が定められた。

この改正では、①目的規定の新設、②銀行の主な付随業務の例示的列挙、③銀行が営むことが可能な業務として国債ディーリング業務等の明示、④大口信用供与規制の法制化、⑤銀行休業日の政令委任規定の新設、⑥銀行事業年度の一年化（従来は半年）、⑦公告対象書類への損益計算書の追加、⑧説明書類の縦覧規定の新設、⑨外国銀行支店に係る規制の整備等がなされている。

また、条文の記述は片かなの文語体から平がなの口語体に変わり、条文数も三七条から六六条に増加するなど、条文の抜本的な整備が行われた。

第二章　近年の銀行法改正の概要

新「銀行法」のもと、幾度かの改正が行われた。主な改正の概要は、次のとおりである。

一　平成四年改正（業態別子会社による相互参入等）

平成四年改正は、わが国経済の安定成長時代への移行や個人金融資産の増加等を通じて資金余剰基調が定着するなか、金融機関の業態間の相互参入による競争促進を通じ、金融資本市場の効率化・多様な金融商品の提供・機動的な資金供給を可能とすること等を目的として行われた。

銀行法等の改正を定める「金融制度及び証券取引制度の改革のための関係法律の整備等に関する法律案」（いわゆる金融制度改革法案）が、平成四年三月一七日に国会に提出され、六月一九日に成立し、平成五年四月一日から施行された。

改正の概要は、次のとおりである。

①　業態別子会社方式による相互参入

銀行が、信託銀行子会社・証券子会社により、信託・証券業務に参入することを可能とした（また、信託銀行は証券子会社によって証券業務に、証券会社は銀行子会社・信託子会社によって銀行業務・信託業務に参入することが、それぞれ可能になった）。

② アームズレングス・ルールの導入

銀行と特別の関係のある者との間で通常の条件と異なる条件での取引等を禁止する、いわゆる「アームズレングス・ルール」が導入された。

③ 自己資本比率基準の法制化

自己資本比率基準その他の銀行の経営の健全性を判断するための基準について、法律の根拠規定が置かれた（それまでは、行政指導をベースに行われていた）。

④ 大口信用供与の連結ベース規制の追加

銀行による信託銀行子会社の保有が可能となったこと等に伴い、連結ベースの規制が導入された。

⑤ 相互銀行法の廃止

相互銀行法が廃止され、相互銀行の普通銀行への転換が図られた。

二 平成九・一〇年改正（銀行持株会社制度の導入・子会社業務範囲の明確化等）

(1) 平成九年改正

独占禁止法の改正により、わが国で戦後禁止されていた純粋持株会社が容認されたことに伴い、銀行法上、これに相応する制度として、銀行持株会社制度を創設した。

銀行法等の改正を定める「持株会社の設立等の禁止の解除に伴う金融関係法律の整備等に関する法律案」が、平成九年一〇月一三日に国会に提出され、一二月五日に成立し、平成一〇年三月一一日から施行された。

改正の概要は、次のとおりである。

① 銀行持株会社の設立等

認可制のもと、銀行持株会社（銀行を子会社とする純粋持株会社）の設立を可能とし、当局による監督規定等を整備した。

② 銀行持株会社グループの業務範囲

銀行持株会社傘下のグループとして、銀行・証券会社・従属業務会社・金融関連業務会社等、金融に関連する事業を営む会社を子会社として保有できる旨の規定を整備した。

③ 一般事業会社に対する議決権保有制限

一般事業会社の議決権について、銀行持株会社グループ合算で一五％まで保有できることとした。

(2) 平成一〇年改正

金融システム改革、いわゆる「日本版ビッグバン」の推進策の一環として、証券取引法等とともに、銀行法の改正が行われた。

銀行法等の改正を定める「金融システム改革のための関係法律の整備等に関する法律案」が、平成一〇年三月一三日に国会に提出され、六月五日に成立し、一二月一日から施行された。

改正の概要は、次のとおりである。

① 子会社の業務範囲

銀行が子会社として保有することのできる会社の業務範囲について、銀行持株会社グループの業務範囲に倣い、規定された。この際、業態別子会社方式による他業態への参入の一形態として、保険子会社を保有することが可能となった。

② 一般事業会社に対する議決権保有制限

一般事業会社の議決権について、銀行およびその子会社合算で五％まで保有できることとした。

③ 情報提供

預金者等に対する情報提供義務等に関する規定を創設した。

④ 銀行本体の業務範囲の拡充

銀行本体で営める業務として、投資信託の販売・金融等デリバティブ取引・有価証券店頭デリバティブ取引が追加された。

三 平成一三年改正（銀行主要株主に関するルールの整備等）

流通業など異業種による銀行業への参入の動きが本格化し、インターネット専業銀行の出現など、新たな形態の銀行業が登場するという状況がみられた。こうした動きは、顧客への優れた金融サービスの提供、金融業の活性化につながる等の面があり、積極的に評価すべきとする見方もあった一方で、現実の問題として、銀行経営の健全性確保の観点から適切なルール整備を行う必要性も認識され、制度整備に至った。

銀行法等の一部を改正する法律案が、平成一三年三月六日に国会に提出され、一一月二日に成立し、平成一四年四月一日から施行された。

改正の概要は、次のとおりである。

① 銀行の議決権保有に係る届出制の導入

銀行・銀行持株会社の五％超の議決権を保有する場合、内閣総理大臣に届出を行うことが規定された。

② 銀行主要株主に係る認可制の導入

銀行の主要株主基準値（原則二〇％）以上の議決権を保有する場合、内閣総理大臣の認可が必要とされた。また、銀行主要株主に対する当局による監督規定が整備された。

③ 営業所設置の弾力化

営業所の設置に係る認可制を廃止し、届出制に移行された。

④ 取締役等の適正性の強化

銀行の常務に従事する取締役等について、銀行の経営管理等に係る知識・経験を有し、十分な社会的信用を有する者であることを要件として規定した。

四 平成一七年改正（銀行代理業制度の導入等）

銀行代理店について、従来、銀行の一〇〇％子会社等に限定され、兼業が禁止されていたところ、銀行子会社以外の会社等が兼業により銀行代理業を営むことを認める銀行代理業制度を導入した。

また、銀行の業務運営に関して講じなければならない措置として、顧客情報の適正な取扱い・業務を外部委託する場合の委託先管理等を加えるとともに、顧客に対しての虚偽告知の禁止・不確実な事項に関する断定的判断の提供禁止等を規定した。

このための銀行法等の一部を改正する法律案が、平成一七年一〇月四日に国会に提出され、一〇月二六日に成立し、平成一八年四月一日から施行された。

五　平成二〇年改正（利益相反管理体制整備義務の導入等）

平成二〇年改正により、利益相反管理体制の整備義務の導入、銀行グループ内の銀行兄弟会社による商品現物取引等業務を可能とする枠組み（認可制）の導入、銀行の法定他業として投資助言業務・排出権取引の追加、外国銀行代理業制度の導入等がなされた。

このための銀行法改正を含む金融商品取引法等の一部を改正する法律案が、平成二〇年三月四日国会に提出され、六月六日に成立し、平成二〇年一二月一二日（利益相反管理体制に係る部分は平成二一年六月一日）から施行された。

六　平成二五年改正（議決権保有規制・大口信用供与等規制の見直し等）

平成二五年改正により、議決権保有規制（五％ルール）の事業再生会社等に係る緩和、銀行からの業務受託者の再委託先（二以上の段階の再委託を含む）に対する当局による報告徴求等の可能化、外国銀行支店の国内における一定額以上の資産の保有義務の導入、大口信用供与等規制の対象へのオフバランス取引等の追加などがなされた。

このための銀行法改正を含む金融商品取引法等の一部を改正する法律案が、平成二五年四月一六日国会に提出され、六月一二日に成立し、平成二六年一二月一日から施行された。

七　平成二八年改正（情報通信技術の進展等を背景とした金融グループの経営管理・業務運営等に係るルールの整備）

平成二八年改正は、銀行を中心とする金融グループの経営形態の多様化、FinTech の動きに代表されるＩＴの急速な進展等を背景として行われた。

「情報通信技術の進展等の環境変化に対応するための銀行法等の一部を改正する法律案」が、平成二八年三月四日に国会に提出され、五月二五日に成立し、平成二九年四月一日に施行された。

改正の概要は、次のとおりである（詳細は、各章にて記載する）。
(1) 金融グループの経営管理のあるべき「形態」はグループごとに区々であることを前提としつつ、グループとしての経営管理を十分に実効的なものとするため、持株会社等が果たすべき「機能」を明確化する。
(2) 各金融グループの効率的な業務運営と金融仲介機能の強化を図るため、グループ内の共通・重複業務の集約等を容易化する。具体的には、
① グループ内の共通・重複業務について、持株会社による実施を可能とする
② 共通・重複業務をグループ内子会社に集約する際の、各子銀行の委託先管理義務を持株会社に一元化することを可能とする
③ グループ内の資金融通の容易化を図るため、グループ内の銀行間取引について、経営の健全性を損なうおそれがない等の要件を満たす場合には、アームズレングス・ルールの適用を柔軟化する
などの措置を講じる。
(3) ＩＴの進展を戦略的に取り込み、金融グループ全体での柔軟な業務展開を可能とする観点から、
① 金融関連ＩＴ企業等への出資の容易化
② 決済関連事務等の受託の容易化
などの措置を講じる。

第二編

各論

第一章　銀行法の目的

（目的）
第一条　この法律は、銀行の業務の公共性にかんがみ、信用を維持し、預金者等の保護を確保するとともに金融の円滑を図るため、銀行の業務の健全かつ適切な運営を期し、もつて国民経済の健全な発展に資することを目的とする。
2　この法律の運用に当たつては、銀行の業務の運営についての自主的な努力を尊重するよう配慮しなければならない。

目的規定は、法律策定の目的を端的に規定するものである。それ自体、なんらかの規制を定めるものではないが、法律の基本的な視点や考え方が表現され、各条文の解釈・運用のうえでの基本的な指針となるものである。

一　目的規定の構成

銀行法の目的は、大きく三つの要素から成り立っている。まず、「銀行の業務の公共性にかんがみ」という背景的な要因を規定し、次に、「信用を維持し、預金者等の保護を確保するとともに金融の円滑を図るため、銀行の業務の健全かつ適切な運営を期し」という銀行法が目指すべき直接の主要な目的を規定し、最後に「もつて国民経済の健全な発展に資すること」という大目的を規定している。

二　銀行の業務の公共性

銀行の業務の公共性ということは、銀行業務が国民経済・国民生活上、重要な役割を担っており、広く社会一般の利害にかかわる性質を有することを表現したものと解される。

銀行の業務が何ゆえに公共性をもつかについては、その次に続く文言と関連している。銀行の業務が数多くの関係者との信用の連鎖関係で成り立っているところ、「信用の維持」がなければ、連鎖的に幅広い範囲の関係者に影響が生じ、「預金者等の保護」「金融の円滑」に支障が生じる。

また、「預金者等の保護」（預金者等とは、第二条第五項で、「預金者及び定期積金の積金者（掛金の掛金者を含む。）」と定義されている）が図られなければ、国民一般に大きな影響を生じる。加えて、銀行が、信用創造機能等を通じて経済活動を支える資金供給等を行っているところ、「金融の円滑」が実現されなければ、経済活動全般に停滞をもたらすおそれがある。

こうした点をふまえ、銀行の業務の公共性を観念していると考えられる。

三　信　用

「信用」とは、一般的には、「人のいうことを信用する」といったように、確かなものと信じて受け入れること・（それまでの業績等から）信頼できると判断すること等を示す。

金融の取引に関連していうと、「預けた資金、貸し付けた資金は必ず返済される」という信頼と考えることができる。

銀行業務は、このような信用に基づいて、一般大衆から預金等の形式で資金を受け入れ、当該資金を用いて貸付けを行い、当該貸付けを通じて供与された資金は、またいずれかの銀行に預金として還流していく。

このような「信用」が維持されている状態が「信用秩序が維持されている」状態であり、取付け騒ぎなどは、「信用秩序」に綻びが生じた状態である。

このように、「信用の維持」は、公共性を有する銀行の業務にとってきわめて重要な要素であると考えられる。

四　銀行の業務運営についての自主的努力の尊重

第二項は、銀行法の運用にあたっては、銀行の業務の運営についての自主的な努力を尊重するよう配慮すべきことを定めている。

第一項で、銀行の業務の公共性にかんがみて、その業務の健全・適切な運営を期すべきことを定めているが、銀行の企業性を否定するものではなく、よりよいサービスを持続的に提供していくには、企業運営の自主的な努力を基盤とする必要がある。

昭和五六年の銀行法全面改正前の金融制度調査会答申（普通銀行のあり方と銀行制度の改正について（昭和五四年六月二〇日））では、次の記載がある。

「銀行がこのような公共的機能を発揮し社会的要請に対応していくためには、銀行が自己責任の原則に立ち自主的かつ創造的な企業努力を行っていくことが最も重要である。このためには、私企業としての銀行の活力を十分に発揮させていくことが望ましく、そのため、適正な競争原理を一層活用するとともに、銀行が社会の多様なニーズを的確に把握しこれに十分対応していくことができる態勢を整備していく必要がある。

このような見地から銀行機能の発揮のための方策を考えると、具体的には、

① 金利機能の一層の活用

② 銀行の業務範囲を弾力化することにより、銀行の創意工夫の発揮を可能ならしめること

③ 各銀行の特色及び各業態の専門性の発揮

④ 銀行経営の効率化の推進

⑤ 許認可等の弾力的運用

を図る必要がある。また、銀行業務に対する規制を行うに当たっては、銀行の自主的かつ創造的な努力を妨げたり、あるいは銀行について過保護といわれるようなことになったりしないよう留意すべきであると考える。」

このような考えから、目的規定において、第一項に定める銀行の業務の公共性に由来する要請を主目的としつつ、運用面で、銀行の業務の運営についての自主的な努力の尊重という要請を併せ求めていくべきことを規定している。

第二章　総　則

一　銀行等の定義

（定義等）
第二条　この法律において「銀行」とは、第四条第一項の内閣総理大臣の免許を受けて銀行業を営む者をいう。
2　この法律において「銀行業」とは、次に掲げる行為のいずれかを行う営業をいう。
一　預金又は定期積金の受入れと資金の貸付け又は手形の割引とを併せ行うこと。
二　為替取引を行うこと。
3～22（略）
第三条　預金又は定期積金等の受入れ（前条第二項第一号に掲げる行為に該当するものを除く。）を行う営業は、銀行業とみなして、この法律を適用する。

⑴ 銀行

第二条第一項・第二項において、銀行法の規制体系上の重要な概念である「銀行」および「銀行業」の定義が定められている。なお、第四条第一項では「銀行業は、内閣総理大臣の免許を受けた者でなければ、営むことができない」旨が規定されており、この定義規定と関連性を有している。

これらの関係を整理すると、①「銀行業」が中核概念であり、②当該「銀行業」を営むためには第四条第一項の内閣総理大臣の免許が必要であり、③その免許を受けた者が「銀行」という関係になる。

なお、第六条第一項では「銀行は、その商号中に銀行という文字を使用しなければならない」旨、同条第二項では「銀行でない者は、その名称又は商号中に銀行であることを示す文字を使用してはならない」とされている（後述）。このため、「銀行」と称する者は、すべて銀行法に基づく免許を受けた者ということになる（特別法に基づき政府が出資して設立された日本政策投資銀行・国際協力銀行などの例外はある）。

⑵ 銀行業

「銀行業」の概念は、銀行法制度の前提となるものである。換言すると、「銀行業」が経済社会において果たす役割にかんがみて銀行法制度が構築されており、その意味で、「銀行業」の概念は、「銀行」という存在の本質を指し示すものということができる。

第二項柱書（柱書とは、条文のうち、第一号・第二号などの箇条書き以外の部分のことを指す）において、銀行業とは「次に掲げる行為のいずれかを行う営業をいう」と規定されている。したがって、①預金・定期積金の受入れと資金の貸付け・手形の割引とを併せ行うこと、端的にいうと「受信行為と与信行為を併せ行う」こと、②為替取引を行うこと、これら行為のいずれかのみ、または両方行う営業が、「銀行業」に該当するということになる。

(イ) 預金等の受入れと資金の貸付け等を併せ行うこと（第二項第一号）

第二項第一号では、預金等の受入れと資金の貸付け等を「併せ行う」ことを定めている。

預金の受入れ等を通じた受信行為と与信行為を「併せ行う」とは、経済社会において銀行が果たす重要な機能、すなわち、資金の余剰主体から不足主体への資金の移転を媒介し、資金の効率的な活用を実現するという「金融仲介機能」に対応するものである。

たとえば、消費者金融会社などのいわゆるノンバンクは、資金の貸付け等を行っているものの、預金の受入れ等を通じての一般公衆からの受信行為を併せ行っていないことから、銀行法に規定する「銀行業」には該当しないこととなる（後述するように、主として与信行為に着目した貸金業法等の規制が適用される）。

なお、受信行為と与信行為を「併せ行う」とは、それらの行為をどの程度営んでいるかといった量的要素を含意するものではない。たとえば、預金額に比べ貸付実行額が少額にとどまるなど、受信業務と与信業務の間に量的差異が生じているような場合であっても、「銀行業」への該当性が否定されるものではない。また、預金の受入れを行っているのみで、いまだ現実の貸付けを開始していないような場合でも、双方の行為を併せ行うことを前提とする営業は、銀行業に該当すると考えられる（なお、第三条の規定により預金等の受入れを行う営業は銀行業とみなされるため、貸付けを行わない場合、銀行業そのものではないものの、結果的に、銀行業と同様の銀行法規制が課されることとなる）。

(ロ) 為替取引を行うこと（第二項第二号）

第二項第二号は、為替取引を行うことを定めている。柱書において、「次に掲げる行為のいずれかを行う営業」とされていることから、為替取引のみを行う営業も「銀行業」に該当することになる。

欧米諸国の法制では、為替取引を営むだけでは銀行業に該当しないこととし、一方で、銀行は為替取引を営むこともできるとされている例が多い（米国では、為替取引業について、州法で規定が置かれている例が多い）。

わが国において、為替取引のみを独立して営むことが銀行業に該当するとされているのは、明治初頭まで、為替取引を行う業者が事実上銀行としての役割を担ってきたとの歴史的経緯によるところが大きいと考えられる。

他方、現代社会における為替取引の重要性、すなわち、各種経済取引の決済をはじめ、隔地者間で資金授受を行う数多くのニーズが存在し、こうしたニーズに対応して為替取引を確実に実行することが社会経済上の重要な要請となっていること、および、為替取引は依頼者から為替取引を行う者に対する信用供与を伴うものであることをふまえると、為替取引を銀行業の一要素として位置づける現代的な意義が存在するものと考えられる。この点に関しては、次のような見解が参考となろう。

「本法が為替取引を銀行業務として、これを営む者を規律することとしたのは、その信用によって隔地者間における資金授受媒介の機能を果たし、銀行の本質的業務とみるべきこと、またその業務の内容よりみて取引者の利益を保護すべき必要性が大きいことに基づくものと考えられよう。」（大蔵省銀行局編『金融関係法Ⅰ』日本論評社、一九五三年、八四頁）

なお、為替取引についての定義はなく、一般用語として解釈されるが、最高裁の平成一三年決定（地下銀行の事案が問題となった刑事事件に関する決定）においては、「顧客から、隔地者間で直接現金を輸送せずに資金を移動する仕組みを利用して資金を移動することを内容とする依頼を受けて、これを引き受けること、又はこれを引き受けて遂行することをいう」（最決平一三・三・一二）と示されている。

銀行免許を受けずに銀行業に相当する行為が許容されている例については、第四条の解説を参照されたい。

(3) みなし銀行業

第三条では、預金等を受け入れるのみで、貸付け等を行わない営業も、銀行業としてみなすとされている。たとえば、預金等を有価証券への投資等や自己の事業活動のみに充てるようなものも、経済活動としては、銀行に類似するものと考えられる。

このため、銀行法では、こうした営業を「銀行業そのもの」ではないが、「銀行業として扱う」こととしている。法令用語の「みなす」とは、「本来違うものを、違わないものとして法令上取り扱う」ということであり、結果的に、同じ規定がすべて適用されることになる。

(4) 営業該当性等

本条において規定される銀行業とは、第一号または第二号に掲げる行為のいずれかを行う「営業」とされている。

「営業」とは、一般に、営利の目的をもって同種の行為を反復継続して行うことと観念されている（営利の目的で反復継続した行為を行っていれば、赤字企業のように、現実に利益が得られなくてもよい）。このため、たとえば、仲間内のみで、利益を得ることなく頼母子講のようなことを行うことは、銀行法規制の対象外となる。ただし、関連法令の規定には注意が必要である。

主な関連法令として、「出資の受入れ、預り金及び金利等の取締りに関する法律（昭和二九年法律第一九五号）」（以下、「出資法」と略称する）と「貸金業法（昭和五八年法律第三二号）」がある。それぞれの法律において、銀行業の定義に関連する主な条文は、次のとおりである。

●出資の受入れ、預り金及び金利等の取締りに関する法律

（預り金の禁止）

第二条　業として預り金をするにつき他の法律に特別の規定のある者を除く外、何人も業として預り金をしてはならない。

2　前項の「預り金」とは、不特定かつ多数の者からの金銭の受入れであつて、次に掲げるものをいう。

一　預金、貯金又は定期積金の受入れ

二　社債、借入金その他いかなる名義をもつてするかを問わず、前号に掲げるものと同様の経済的性質を有するもの

●貸金業法

（定義）

第二条　この法律において「貸金業」とは、金銭の貸付け又は金銭の貸借の媒介（手形の割引、売渡担保その他これらに類する方法によつてする金銭の交付又は当該方法によつてする金銭の授受の媒介を含む。以下これらを総称して単に「貸付け」という。）で業として行うものをいう。ただし、次に掲げるものを除く。

一　国又は地方公共団体が行うもの

二　貸付けを業として行うにつき他の法律に特別の規定のある者が行うもの

三　物品の売買、運送、保管又は売買の媒介を業とする者がその取引に付随して行うもの

四　事業者がその従業者に対して行うもの

五　前各号に掲げるもののほか、資金需要者等の利益を損なうおそれがないと認められる貸付けを行う者

で政令で定めるものが行うもの

（登録）
第三条　貸金業を営もうとする者は、二以上の都道府県の区域内に営業所又は事務所を設置してその事業を営もうとする場合にあつては内閣総理大臣の、一の都道府県の区域内にのみ営業所又は事務所を設置してその事業を営もうとする場合にあつては当該営業所又は事務所の所在地を管轄する都道府県知事の登録を受けなければならない。
2　前項の登録は、三年ごとにその更新を受けなければ、その期間の経過によつて、その効力を失う。
3　（略）

(イ) 出資法

出資法では、法律に特別の規定がある者を除き、預り金（預金受入れ類似行為のこと）を業として行うことを禁止しており、違反には罰則が伴う。相手方が「不特定かつ多数の者」となっているため、たとえば、家族や仲間から金銭を預かることなどは除外される。

また、「業として」ということなので、反復継続して行うものが対象となり（業とは、一般に、反復継続して行う一定の事務の遂行と社会的に観念されるものを称する。これに営利性があれば営業となるが、業とは、営利性のあるもの・ないもの双方を含む）、支払代金を預かることのように、単発の行為として行うものも除外される。概括していえば、面識もない人を対象に、金銭を預かり入れるような行為を禁止している。

預金との関連性もあるところ、監督指針では、預り金該当性のメルクマールとして、次の四つの要件を示している（なお、出資法による預り金の禁止は、業法による規制等と異なり、何人をも対象として罰則の適用によって違反行為を抑止するものであり、違反の取締りは捜査当局の所掌となる)。

・不特定かつ多数の者が相手であること

・金銭の受入れであること

・元本の返還が約されていること

・主として預け主の便宜のために金銭の価額を保管することを目的とするものであること

(ロ) 貸金業法

貸金業法では、貸付け(それに類似するものや、貸付けの媒介も含む)を業として行うものを規制の対象とし、行政庁への登録を必要(貸金業法第三条)としている。なお、一定の例外はあり、国等が行うもの、他の法律に特別の規定があるもの(銀行法に基づく銀行等が含まれる)、物品の売買等に付随して行うもの(支払が後日となる、いわゆる掛売りのようなものが含まれる)等が除外されている。

このように、仮に銀行業に該当しない場合でも、金銭の受入れや貸付けといった、不正な行為を伴う蓋然性があると思われる行為について、広く、禁止・登録等による規制が定められ、私人の保護が図られている。

(5) その他の定義

第二条では、その他にも、子会社・銀行主要株主・銀行持株会社・銀行代理業等の定義が定められているが、それぞれ、後の章の規定と関係を有するため、それらの章で解説することとしたい。

コラム　条文解釈上の注意点①

○定義規定

法令のなかには、たとえば、「子会社」「子法人等」のように、含意は理解できるが外縁が不明確な用語や、「主要株主基準値」のように、用語をみただけでは具体的な内容の理解が困難な用語がある。このため、用語の内容を定義するための「定義規定」が置かれることが多い。

「定義規定」は、銀行法第二条のように、法令の冒頭に規定されているものも多い。

ただ、法令の冒頭の条文に置かれる定義規定は、その法令全体でしばしば用いられる用語の定義や、その法令の基本概念に関係する用語の定義であることが多い。

そうした用語以外は、法令の途中の条文で「定義規定」が置かれていることが多い。この際、定義の後に「以下同じ」として、その以降の条文にすべて定義が及ぶようにしたり、「以下この条及び第〇〇条、第〇〇条……において同じ」と定義の及ぶ範囲が指定されていることもある。

また、たとえば、「前条（前項）に規定する「〇〇」とは、……をいう」といったように、定義規定が後ろに置かれている例もある。

また、特段、明言されていない場合も、法律の定義規定は、当該法律を受けて作成される下位法令（たとえば、銀行法に対する銀行法施行令・銀行法施行規則など）にも及んでいると解されている。

条文を作成するうえで、できるだけ明確な規定にしようとする工夫であり、他方、読む際には、定義規定を探して、内容を明確にする必要も生ずる。今日においては、パソコンの画面上で、検索機能を活用することなどが、定義規定を探すうえで、便利である。

二　免　許

(1)　内閣総理大臣の免許

（営業の免許）
第四条　銀行業は、内閣総理大臣の免許を受けた者でなければ、営むことができない。

①　総　論

銀行業は免許制となっている。信用創造機能の発揮など銀行が果たす役割の重要性、および、預金者保護などの必要性にかんがみて、免許を受けた者のみが銀行業を営むことができることとしている。免許の際、免許申請者が、その財産的基礎および人的構成等に照らし、銀行業を健全に継続していくうえでの基盤があるかを当局が審査することにより、不健全な銀行の設立が抑止され、国民経済上の問題の発生を未然防止することとしている。

なお、法令上、免許という用語は、二義的に用いられているとされる。一つは、法令による一定の行為の禁止を公の機関が特定の場合に許可すること、すなわち、行政法学上の「許可」の意味で用いられる場合。もう一つは、法令により国家の権利に属する行為につき特定の者にこれをすることができる権利を付与すること、すなわち、「特許」の意味で用いられる場合である。いずれの場合も、適格性をもつ者に付与する必要性があるため、付与に際し、適格性の審査を行うことが通例である。

銀行免許については、銀行法第一条第二項で、銀行の業務運営における自主的な努力を尊重すべき旨が規定されていることや、伝統的な電力・ガス・道路運営等の公共サービス・社会インフラの提供の例のように、一定の範囲における独占的地位の付与と、その半面として継続的な維持・供給義務が要求されるような例とはやや性格を異にすることから、行政法学上の「許可」の性格に近いと考えられる。他方、銀行業の廃止は内閣総理大臣の認可事項となっているなど、継続的なサービスの提供が求められる面もあるため、「特許」に近い性質をもつ面も否定できない。いずれにせよ、「許可」「特許」は、講学上の分類であるところ、現実の法令の制度がどちらかに明確に分類できるものではないと考えられる。

② 銀行免許の例外

銀行免許の例外として、信用金庫・信用協同組合・農業協同組合・漁業協同組合・農林中央金庫・株式会社商工組合中央金庫などが、それぞれの根拠法に基づき（当該根拠法に免許等が定められている）、銀行業に該当する業務を行うことができることとされている。

また、平成二一年に制定された「資金決済に関する法律」（平成二二年四月より施行）に基づき、少額の為替取引（政令で一〇〇万円以下とされている）を行う者は、銀行法の規定にかかわらず、同法の登録を受けて、同法に基づく資金移動業として、為替取引を行うことができるとされている。

●**資金決済に関する法律**

（定義）

第二条

2　この法律において「資金移動業」とは、銀行等以外の者が為替取引（少額の取引として政令で定めるものに限る。）を業として営むことをいう。

（資金移動業者の登録）

第三十七条 内閣総理大臣の登録を受けた者は、銀行法第四条第一項及び第四十七条第一項の規定にかかわらず、資金移動業を営むことができる。

●資金決済に関する法律施行令

（資金移動業の対象となる取引）

第二条 法第二条第二項に規定する政令で定める取引は、百万円に相当する額以下の資金の移動に係る為替取引とする。

⑵ 免許の審査基準

（営業の免許）

第四条

2 内閣総理大臣は、銀行業の免許の申請があつたときは、次に掲げる基準に適合するかどうかを審査しなければならない。

一 銀行業の免許を申請した者（以下この項において「申請者」という。）が銀行の業務を健全かつ効率的に遂行するに足りる財産的基礎を有し、かつ、申請者の当該業務に係る収支の見込みが良好であること。

二　申請者が、その人的構成等に照らして、銀行の業務を的確、公正かつ効率的に遂行することができる知識及び経験を有し、かつ、十分な社会的信用を有する者であること。

銀行免許を付与するか否かを判断するに際し、適合するかどうかを審査すべき基準が定められている。第一号は財務面の基準、第二号は体制面の基準である。

(イ)　第一号（財務面の基準）

銀行の業務を健全かつ効率的に遂行するに足りる財産的基礎とは、たとえば、銀行業務の開始に際し、店舗の設置・ＩＴ関係システムの整備などのための資金が必要である。また、営業開始後も、収益が安定軌道に至るまでの間は、運転資金の確保等が必要と想定され、また、景気変動等の外的要因により損失が発生する可能性もあり、こうした場合にもある程度の耐久が可能な財産的基礎が必要である。

収支の見込みについては、銀行業務が継続するなかで、営業開始当初の財産的基礎だけでは、業務の安定的な継続はいずれ困難となる可能性があるところ、収支見込が良好である必要がある。

(ロ)　第二号（体制面の基準）

財務面の裏付けだけでは、銀行の業務の継続は不可能である。たとえば、リスク管理・融資審査等を行ううえで、専門の知識や経験を有する人材が必要である。また、こうした業務を適正に遂行していくため、バランスのとれた人的構成が必要である。人的構成の後に「等」という文言が加えられているが、たとえば、業務を運営するための銀行内の組織構成や、ＩＴ関係システムその他の機械設備等が必要となる可能性がある。

また、銀行の業務が信用を基礎として行われることにかんがみ、十分な社会的信用を有する者である必要性もある。

これら基準への適合性に関しては、いずれも、申請者が計画する銀行業務の内容・規模等の実態に即しての審査が必要と考えられる。また、審査は、銀行法の目的・免許の趣旨等をふまえて行われることが必要と考えられる。

(3) 相互主義

（営業の免許）
第四条
3 外国の法令に準拠して外国において銀行業を営む者（その者と政令で定める特殊の関係のある者を含むものとし、銀行等を除く。以下この項において「外国銀行等」という。）をその株主の全部又は一部とする者が銀行業の免許を申請した場合において、当該外国銀行等が当該免許を申請した者の総株主の議決権に内閣府令で定める率を乗じて得た数を超える議決権を適法に保有しているときは、内閣総理大臣は、前項各号に掲げる基準のほか、当該外国銀行等の主たる営業所が所在する国において、銀行に対し、この法律による取扱いと実質的に同等な取扱いが行われると認められるかどうかの審査をしなければならない。ただし、当該審査が国際約束の誠実な履行を妨げることとなる場合その他の政令で定める場合は、この限りでない。
4 （略：後述）
5 第三項の「銀行等」とは、銀行、長期信用銀行（長期信用銀行法（昭和二十七年法律第百八十七号）第二条（定義）に規定する長期信用銀行をいう。以下同じ。）その他内閣府令で定める金融機関をいう。

① 総　論

外国の銀行（およびそのグループ）が、現地法人形態をとって、わが国にグループ銀行を開設するケースがありうる。その際も、当然、銀行業免許の申請が必要となるが、第四条第三項では、免許審査の際に、相互主義の観点を求めている。

国際的に銀行ビジネスが展開するなかで、一方の国のみが国内への銀行の進出に制約を加える場合、不平等な状況が出現するとともに、自由な経済活動の妨げになる。このような弊害を防止するため、相互主義の観点からの審査を行い、自由かつ公平な経済活動を推進することを期している。

② 審査対象・基準等

第三項の条文中、「内閣府令で定める率」とあるが、銀行法施行規則第四条で五〇％と定められ、銀行免許申請者の議決権の過半数を外国銀行等が有する場合に、この規定に基づく審査が必要となる。

また、第三項の条文中、外国銀行等のなかには、外国の銀行と「政令で定める特殊の関係のある者」が銀行免許申請者の議決権を有する場合も「含む」とされている。

これを受け、銀行法施行令第一条の二・銀行法施行規則第三条では、(イ)外国の銀行の議決権の五〇％超を直接・間接に保有する者（すなわち、外国の銀行の持株会社やオーナーに相当する人物等）やそれらの子会社、(ロ)外国の銀行の子会社等、および、(ハ)関係者合算すると銀行免許申請者の議決権の五〇％超となる者等が定められている（条文は、後掲）。

さらに、同項では「実質的に同等な取扱い」と規定されている。このため、審査の際は、法律の条文などの形式面だけではなく、実質面をふまえ、当該外国銀行等の本拠地国で、わが国の銀行に対して、わが国銀行法による取扱いと同等の取扱いが行われているか否かを審査することとなる。

なお、「国際約束の誠実な履行を妨げる場合」その他の政令で定める場合は、例外とされている。政令で定める場合とは、銀行法施行令第二条で「（この審査が）我が国が締結した条約その他の国際約束の誠実な履行を妨げることとなる場合」としている。たとえば、わが国との二国間の自由貿易協定やＷＴＯ協定などで、わが国が、外国からの銀行進出に制約を課さない等の約束をしている場合、これら協定に反することとなるためである。

●銀行法施行令

（外国銀行に係る特殊関係者）

第一条の二　法第四条第三項本文に規定する政令で定める特殊の関係のある者は、次に掲げる者（第三号から第五号までに掲げる者については、銀行業の免許を申請した者の株式の全部又は一部を保有している者に限る。）とする。

一　外国の法令に準拠して外国において銀行業を営む者（法第四条第五項に規定する銀行等を除く。以下「外国銀行」という。）の発行済株式の総数又は出資の総額（以下この条、第十一条及び第十四条の七において「発行済株式等」という。）の百分の五十を超える数又は額の株式又は持分（以下この条、第十一条及び第十四条の七において「株式等」という。）を保有している者

二　前号に掲げる者の発行済株式等の百分の五十を超える株式等を保有している者

三　第一号に掲げる者により発行済株式等の百分の五十を超える株式等を保有されている法人

四　外国銀行により発行済株式等の百分の五十を超える株式等を保有されている法人

五　前号に掲げる法人により発行済株式等の百分の五十を超える株式等を保有されている法人

六　主たる営業所の所在地を同一の国とする二以上の者により合計して外国銀行の発行済株式等の百分の

五十を超える株式等が保有されている場合における当該二以上の者のいずれかに該当する者

七　前各号に掲げる者のいずれかに準ずるものとして内閣府令で定める者

（法第四条第三項の審査を要しない場合）

第二条　法第四条第三項ただし書に規定する政令で定める場合は、同項本文の規定による審査が、我が国が締結した条約その他の国際約束の誠実な履行を妨げることとなる場合とする。

●銀行法施行規則

（外国銀行に係る特殊関係者）

第三条　令第一条の二第七号に規定する内閣府令で定める者は、次に掲げる者とする。

一　外国の法令に準拠して外国において銀行業を営む者（法第四条第五項に規定する銀行等を除く。以下「外国銀行」という。）又は当該外国銀行に係る令第一条の二第一号から第六号までに掲げる者が銀行業の免許を申請した者の議決権の一部を保有している場合における当該外国銀行又は当該外国銀行に係る令第一条の二第一号から第六号までに掲げる者と主たる営業所の所在地を同一の国とする者で、当該銀行業の免許を申請した者の議決権の一部を保有しているもの

二　銀行が支店の設置又は銀行業を営むための会社の設立をすることができない国に主たる営業所を設けている二以上の者（そのいずれの者も外国銀行の発行済株式の総数又は出資の総額（以下「発行済株式等」という。）の百分の五を超える数又は額の株式等を保有しているものに限る。）により合計して外国銀行の発行済株式等の百分の五十を超える数又は額の株式等が保有されている場合における当該二以上の者のいずれかに該当する者

（法第四条第三項に規定する総株主の議決権に乗じる率）
第四条　法第四条第三項に規定する内閣府令で定める率は、百分の五十とする。

(4)　免許の条件

（営業の免許）
第四条
4　内閣総理大臣は、前二項の規定による審査の基準に照らし公益上必要があると認めるときは、その必要の限度において、第一項の免許に条件を付し、及びこれを変更することができる。

第四条第四項では、免許に条件を付することができると規定されている。免許などの条件は、行政法学上、行政行為の附款と称して説明されることが多い（条件以外に、期限・負担・撤回権の留保などが附款に含まれると、一般的に説明されている）。

私人間の法律関係の内容は、基本的には、当事者の意思・契約によって定まる。他方、免許付与などの行政行為を行う際、全面的な免許付与がむずかしいような場合、附款を付すことで柔軟な対応が可能となる。

附款を付すことが認められるか、また、どの程度認められるかは、行政行為の根拠法において、附款を付すことを許しているかどうかの解釈問題になると考えられる。法律で「条件を付することができる」旨が規定されていれば明確であるが、そのような規定がない場合、行政行為の性質等を勘案しての解釈が必要となる。

昭和五六年の銀行法全面改正前は、銀行免許に条件を付すことができるか否かについて議論があった模様である。このため、昭和五六年の銀行法全面改正の際に、この規定が設けられ、銀行免許に条件を付すことができること、およびこれを変更することができる旨を明らかにしている。

なお、附款を付しうるとしても、一定の限界があると考えられている。行政法学上、いわゆる比例原則（行政行為等を行ううえで、必要性があり、また、目的と手段が比例していなければならないという原則）が、行政法の一般原則と考えられているところ、銀行法第四条第四項でも、「前二項の規定による審査の基準に照らし公益上必要があると認めるとき」および「その必要の限度において」として、制約を付している。

(5) 免許の申請

免許の申請手続については、銀行法上、特段の規定がなく、銀行法施行規則（内閣府令）に委ねられている。

銀行法施行規則第一条の八では、免許申請の際には、提出すべき書類として、理由書・定款・登記事項証明書・創立総会の議事録・事業開始後三事業年度における収支および自己資本の充実の状況等の見込みを記載した書面・取締役および監査役等の履歴書・株主の氏名およびその保有議決権数等を記載した書面・営業所の位置を記載した書面・最近の日計表その他の最近における財産および損益の状況を知ることができる書面等を定めている。

また、銀行法施行規則第二条では、営業の免許を受けようとする者は、第一条の八に定めるところに準じた書面を提出して予備審査を求めることができるとされている。これは、免許手続を迅速に進めるため、すべての正式書類が整う前から、事前審査を可能とするものである。

●銀行法施行規則

（営業の免許の申請等）

第一条の八　法第四条第一項の規定による営業の免許を受けようとする株式会社は、取締役（指名委員会等設置会社にあつては、取締役及び執行役）全員が署名した免許申請書に次に掲げる書面を添付して金融庁長官を経由して内閣総理大臣に提出しなければならない。

一　理由書

二　当該株式会社に関する次に掲げる書面

イ　定款

ロ　会社の登記事項証明書

ハ　創立総会の議事録（会社法第八十二条第一項の規定により創立総会の決議があつたものとみなされる場合には、当該場合に該当することを証する書面。以下同じ。）（当該株式会社が株式移転により設立された場合又は会社分割により設立された場合には、これに関する株主総会の議事録（会社法第三百十九条第一項の規定により株主総会の決議があつたものとみなされる場合には、当該場合に該当することを証する書面。以下同じ。）その他必要な手続があつたことを証する書面）

ニ　事業開始後三事業年度における収支及び自己資本の充実の状況等の見込みを記載した書面

ホ　取締役及び監査役（監査等委員会設置会社にあつては取締役、指名委員会等設置会社にあつては取締役及び執行役）の履歴書

ヘ　会計参与設置会社にあつては、会計参与の履歴書（会計参与が法人であるときは、当該会計参与の沿革

を記載した書面及びその職務を行うべき社員の履歴書。以下同じ。）
ト　会計監査人の履歴書（会計監査人が法人であるときは、当該会計監査人の沿革を記載した書面及びその職務を行うべき社員の履歴書。以下同じ。）
チ　株主の氏名、住所又は居所、国籍及び職業（株主が法人その他の団体である場合には、その名称、主たる営業所又は事務所の所在地及び営んでいる事業の内容）並びにその保有する議決権の数を記載した書面
リ　営業所の位置を記載した書面
ヌ　最近の日計表その他の最近における財産及び損益の状況を知ることができる書面
ル　銀行の業務に関する知識及び経験を有する従業員の確保の状況を記載した書面
三　当該株式会社が子会社等（法第十三条第二項前段に規定する子会社等又は法第十四条の二第二号に規定する子会社等のいずれかに該当するものをいう。以下、ホ及び第三項第三号を除き、この条において同じ。）を有する場合には、次に掲げる書面
イ　当該子会社等の名称及び主たる営業所又は事務所の位置を記載した書面
ロ　当該子会社等の業務の内容を記載した書面
ハ　当該子会社等の最終の貸借対照表（関連する注記を含む。以下同じ。）、損益計算書（関連する注記を含む。以下同じ。）、株主資本等変動計算書（関連する注記を含む。以下同じ。）その他の当該子会社等の最近における業務、財産及び損益の状況を知ることができる書面
ニ　当該子会社等の役員（役員が法人であるときは、その職務を行うべき者を含む。）の役職名及び氏名又は名称を記載した書面
ホ　当該株式会社の事業開始後三事業年度における当該株式会社及びその子会社等（法第十四条の二第二

号に規定する子会社等をいう。第三項第三号において同じ。）の収支及び連結自己資本の充実の状況等の見込みを記載した書面

四　前各号に掲げるもののほか法第四条第二項及び第三項に規定する審査をするため参考となるべき事項を記載した書面

2　銀行以外の株式会社が従前の目的を変更して銀行業を営むため法第四条第一項の規定による営業の免許を受けようとするときは、前項各号に掲げる書面（同項第二号ハに掲げる書面を除く。）のほか、次に掲げる書面を免許申請書に添付しなければならない。

一　株主総会の議事録

二　従前の定款及び免許申請の際に現に存する取引の性質を明らかにした書面

三　最終の貸借対照表、損益計算書及び株主資本等変動計算書

3　内閣総理大臣は、前二項の規定による免許の申請に係る法第四条第二項に規定する審査をするときは、次に掲げる事項に配慮するものとする。

一　銀行業の免許を申請した者（以下この項において「申請者」という。）の資本金の額が令第三条に規定する額以上であり、かつ、その営もうとする銀行の業務を健全かつ効率的に遂行するに足りる額であること。

二　事業開始後三事業年度を経過する日までの間に申請者の一の事業年度における当期利益が見込まれること。

三　申請者並びに申請者及びその子会社等の自己資本の充実の状況が事業開始後三事業年度を経過するまでに適当となることが見込まれること。

四　銀行の業務に関する十分な知識及び経験を有する取締役、執行役、会計参与、監査役若しくは会計監査人又は従業員の確保の状況、銀行の経営管理に係る体制等に照らし、申請者が銀行の業務を的確、公正かつ効率的に遂行することができ、かつ、十分な社会的な信用を有する者であること。
五　銀行の業務の内容及び方法が預金者等の保護その他の信用秩序の維持の観点から適当であること。

（営業の免許の予備審査）

第二条　法第四条第一項の規定による営業の免許を受けようとする者は、前条に定めるところに準じた書面を金融庁長官を経由して内閣総理大臣に提出して予備審査を求めることができる。

三　銀行の機関・資本金の額等

⑴　銀行の機関

（銀行の機関）

第四条の二　銀行は、株式会社であつて次に掲げる機関を置くものでなければならない。
一　取締役会
二　監査役会、監査等委員会又は指名委員会等（会社法第二条第十二号（定義）に規定する指名委員会等をいう。第五十二条の十八第二項第二号において同じ。）

銀行の組織形態は、株式会社であることを必要としている。また、その機関としては取締役会・監査役会（または、監査等委員会か指名委員会等）・会計監査人を設置することを求めている。

株式会社は、所有と経営の分離を図り、規模の大きな事業を実施することに適した組織構造がとられていると考えらえる。また、株式の発行等を通じて幅広く資金調達を行うことに適した構造でもある。

銀行の業務を健全に運営するためには、適正なガバナンス構造が必要であり、また、業務内容や外部環境の変化に応じての円滑な資金調達が必要となることも想定される。このため、銀行法では、銀行が株式会社であることを求め、また、適正な社内ガバナンスの構築の観点から、取締役会設置会社であり、かつ、監査役会・監査等委員会・指名委員会等のいずれか、および、会計監査人を置く会社であることを求めている。

なお、米国の連邦銀行法では、同法の規制対象となる銀行について、特別な法人形態を定めている。米国を本拠とする銀行の名称にn.a.が付されていることがあるが、これは、連邦銀行法に基づくnational associationの略称である（米国において、銀行法で銀行の法人形態を定めているのは、歴史的経緯による模様である。なお、米国では、会社法は各州が制定している）。

この点、わが国の銀行法では、会社法の概念を用いて、銀行の組織・機関構造を定めている。ただ、後述するが、銀行の特殊性をふまえ、会社法の規定を銀行に適用する際の修正が、いくつかの条文で定められている。

⑵　資本金の額

（資本金の額）
第五条　銀行の資本金の額は、政令で定める額以上でなければならない。
2　前項の政令で定める額は、十億円を下回ってはならない。
3　銀行は、その資本金の額を減少しようとするときは、内閣総理大臣の認可を受けなければならない。

①　最低資本金額

第五条では、銀行がもつ資本金の額について、一〇億円以上の政令で定める額以上が必要としている。これを受け、政令で定める額は、銀行法施行令第三条において「二〇億円」と定めている。

最低資本金額を定める意義としては、ある程度の資本基盤がなければ、銀行業の円滑な開始と安定的な遂行ができず、加えて、経済変動をはじめとする環境変化がありうるなかで、預金者など関係者からの信用を損ない、信用秩序の維持に支障が生じる事態が発生する可能性があるところ、このような事態を未然に回避するため、保有すべき最低限の資本水準を設定することにあると考えられる。

最低資本金の規定は、大正から昭和初期の景気変動の影響等により、零細な銀行の破綻が多発したこと等をふまえ、旧銀行法において導入された。

具体的な額を政令に委任しているのは、物価水準の変動などに応じて機動的な変更を可能とするためである。

なお、留意すべき点として、最低資本金の額は、あくまで、銀行業を営むうえでの最低限の水準ということであり、免許申請の段階で、営もうとする業務の実態をふまえ、財産的基礎が十分であるかについて審査がなされる。また、後述する自己資本比率基準により、営業開始後、資産等の規模に応じた自己資本の維持も求められる。

このため、最低資本金の意義は、制定当初に比べ低下している面もあると思われるが、少なくとも、銀行業を営もうとする場合には、これだけの資本金を集め、それにより資本基盤を構築する必要があることを定め、かつ、示す意義は存続していると思われる。

② 減資に係る認可

減資を行おうとする際に内閣総理大臣の認可を必要とするのは、会社の財産的基礎の中核となる資本金の減少を安易に行うことを防ぎ、信用秩序の維持に支障が生じないようにするためと考えられる。

認可にあたっては、たとえば、事業規模の縮小など、減資を行う背景にある要因とその要因等に照らした場合の減資の必要性や、減資を行った場合の問題の有無などを審査することが想定される。

⑶ 商　号

（商号）
第六条　銀行は、その商号中に銀行という文字を使用しなければならない。
2　銀行でない者は、その名称又は商号中に銀行であることを示す文字を使用してはならない。
3　銀行は、その商号を変更しようとするときは、内閣総理大臣の認可を受けなければならない。

① 商号における「銀行」という文字の使用等

商号とは、商人がその営業上自己を表示するのに用いる名称をいう。

第一項で、銀行は、商号で、銀行と名乗らなければならないことを定め、第二項で、銀行以外の者が、商号において銀行と名乗ることを禁止している。

いずれも、銀行法等の制度的な枠組みのもとで活動を行っている銀行であるか、そのような存在ではないかを、一般の人が容易に識別できるようにするためと考えられる。

銀行による商号変更の認可については、誤認発生等の障害を防止するためと考えられる。

② 例　外

第二項の例外として、特別法に基づき政府が出資して設立された日本政策投資銀行・国際協力銀行などが名称中に銀行という文字を使用している。過去からの経緯もあり、銀行という称号を用いているが、それぞれの根拠法で、銀行法第六条第二項の規定を適用しない旨が規定されている（株式会社日本政策投資銀行法第二条等）。

(4) 取締役等

（取締役等の兼職の制限）

第七条　銀行の常務に従事する取締役（指名委員会等設置会社にあつては、執行役）は、内閣総理大臣の認可を受けた場合を除くほか、他の会社の常務に従事してはならない。

2　内閣総理大臣は、前項の認可の申請があつたときは、当該申請に係る事項が当該銀行の業務の健全かつ適切な運営を妨げるおそれがないと認める場合でなければ、これを認可してはならない。

（取締役等の適格性等）

第七条の二　次の各号に掲げる者は、当該各号に定める知識及び経験を有し、かつ、十分な社会的信用を有する者でなければならない。

一　銀行の常務に従事する取締役（指名委員会等設置会社にあつては、銀行の常務に従事する取締役及び執行役）　銀行の経営管理を的確、公正かつ効率的に遂行することができる知識及び経験

二　銀行の監査役（監査等委員会設置会社にあつては、監査等委員）　銀行の取締役（会計参与設置会社にあつては、取締役及び会計参与）の職務の執行の監査を的確、公正かつ効率的に遂行することができる知識及び経験

三　銀行の監査委員　銀行の執行役及び取締役（会計参与設置会社にあつては、執行役、取締役及び会計参与）の職務の執行の監査を的確、公正かつ効率的に遂行することができる知識及び経験

2　破産手続開始の決定を受けて復権を得ない者又は外国の法令上これと同様に取り扱われている者は、銀行の取締役、執行役又は監査役となることができない。

3　銀行の取締役、執行役又は監査役に対する会社法第三百三十一条第一項第三号（取締役の資格等）（同法第三百三十五条第一項（監査役の資格等）及び第四百二条第四項（執行役の選任等）において準用する場合を含む。）の規定の適用については、同号中「この法律」とあるのは、「銀行法、この法律」とする。

4　会社法第三百三十一条第二項ただし書（取締役の資格等）（同法第三百三十五条第一項（監査役の資格等）において準用する場合を含む。）、第三百三十二条第二項（取締役の任期）（同法第三百三十四条第一項（会計参与の任期）において準用する場合を含む。）、第三百三十六条第二項（監査役の任期）及び第四百二条第五項た

だし書（執行役の選任等）の規定は、銀行については、適用しない。

① 取締役等の兼職の制限

銀行の常務に従事する取締役（指名委員会等設置会社の場合は執行役を含む。以下、取締役等と称する）は、銀行の業務遂行上、重要な役割を担っている（常務とは、一般に通常の業務・日常の業務と解される。したがって、いわゆる常勤取締役や執行役などが該当すると考えられる）。

このような存在が銀行の業務に専念しなかった場合、銀行の業務遂行が疎かになったり、銀行の内部ガバナンスが健全に機能しなくなるおそれがある。また、他の会社の常務に従事した場合、当該他の会社に対して安易な信用供与がなされ、預金者等の顧客との利益相反が生じるとともに、当該銀行の健全性の維持、ひいては信用秩序の維持にも懸念が生じる可能性がある。

銀行には、後述するように、業務範囲規制（他業禁止規制）が定められているが、その趣旨は、銀行の本業専念による効率性発揮・利益相反の防止・信用秩序の維持等にある。

銀行は株式会社という法人であるところ、その具体的な活動を担うのは、取締役等の自然人である。このため、銀行の業務範囲規制と同様の観点から、銀行の活動を担う重要な役職に就く人材に対し、兼職制限の規定を設けていると考えられる。

ただし、さまざまな理由により、他業に従事する要請が生じることがありえ、また、銀行のガバナンスが全体的に適正に機能していれば、個々の取締役等の活動を監視・管理することも不可能ではないところ、内閣総理大臣の認可を受けた場合には、例外を認めることとしているものと考えられる。

②　取締役等の適格性等

銀行の取締役等や監査役等について、それぞれに適合する知識・経験や十分な社会的信用を有することを求めている。株式会社の具体的な活動を担うのは、これらの役職に就く自然人であるところ、それぞれの役割に応じた適格性を備えた者でなければならないことを規定している。

第七条の二第三項に会社法の読替え規定があるが、会社法第三三一条第一項第三号等において、取締役・執行役・監査役の欠格事由として、「会社法・一般社団法人法等に定める規定に違反して刑に処せられ、その執行終了又は執行猶予期間満了日から二年を経過しないこと」とされているところ、銀行の取締役・執行役・監査役については、銀行法の規定違反による刑も追加するための読替えである。

第四項において、会社法第三三一条第二項ただし書の規定等が銀行に適用されない旨規定されている。これら会社法の規定（次に掲げる）は、「取締役が株主でなければならない旨を定款で定めることができない」「取締役の任期は原則二年」「監査役の任期は原則四年」などの会社法の原則的規定を、一定の場合には定款で解除できる旨の例外を定める規定である。銀行のガバナンスを適正に行う観点から、銀行にはこのような例外を許容せず、会社法の原則的規定に従う旨を定める趣旨と考えられる。

●会社法　【傍線は筆者が付したもの】

（取締役の資格等）

第三百三十一条　次に掲げる者は、取締役となることができない。

一・二　（略）

三　この法律若しくは一般社団法人及び一般財団法人に関する法律（平成十八年法律第四十八号）の規定に

違反し……（中略）……、刑に処せられ、その執行を終わり、又はその執行を受けることがなくなった日から二年を経過しない者

四　（略）

2　株式会社は、取締役が株主でなければならない旨を定款で定めることができない。ただし、公開会社でない株式会社においては、この限りでない。

（取締役の任期）

第三百三十二条　取締役の任期は、選任後二年以内に終了する事業年度のうち最終のものに関する定時株主総会の終結の時までとする。ただし、定款又は株主総会の決議によって、その任期を短縮することを妨げない。

2　前項の規定は、公開会社でない株式会社（監査等委員会設置会社及び指名委員会等設置会社を除く。）において、定款によって、同項の任期を選任後十年以内に終了する事業年度のうち最終のものに関する定時株主総会の終結の時まで伸長することを妨げない。

（会計参与の任期）

第三百三十四条　第三百三十二条（第四項及び第五項を除く。次項において同じ。）の規定は、会計参与の任期について準用する。

（監査役の資格等）

第三百三十五条　第三百三十一条第一項及び第二項の規定は、監査役について準用する。

（監査役の任期）

第三百三十六条　監査役の任期は、選任後四年以内に終了する事業年度のうち最終のものに関する定時株主

総会の終結の時までとする。
2 前項の規定は、公開会社でない株式会社において、定款によって、同項の任期を選任後十年以内に終了する事業年度のうち最終のものに関する定時株主総会の終結の時まで伸長することを妨げない。

（執行役の選任等）
第四百二条
5 株式会社は、執行役が株主でなければならない旨を定款で定めることができない。ただし、公開会社でない指名委員会等設置会社については、この限りでない。

コラム 条文解釈上の注意点②

○「準用」「読替え準用」「読替え適用」

「準用」とは、本来適用されない条文であるが、似たようなケースに関して規定しているため、この条文を借用してくることである。例としては、取締役の資格について定める条文を、監査役の資格について「準用」するといったような場合である。

この場合、ただ借用するだけでは意味が不明確になる場合があるところ、『「●●」を「○○」と読み替える』などのように、準用される条文の文言の一部を「読み替える」（変換する）ことがある。

似た例として、「読替え適用」といわれるものもある。これは、準用とは違い、本来適用される条文を、そのまま適用したのでは不都合がある場合に、『■■条の規定の適用については、同条中「●●」とあるのは、「○○」とする』というように、条文の文言の一部を変換して適用するケースである。

準用のケースは、本来適用されない条文であるため、どの条文までを準用するのか明示することが多い。読替えが簡単な場合は、読むこともむずかしくなく、むしろ簡明であることが多い。逆に、読替えが複雑になると読むことの困難さが増す。ただ、読替え元の条文が改正された場合でも、規定の連動性が維持され、同種のルールが同じように準用・適用されるため、規定の不整合性を回避できるという利点がある。

(5) 営業所の設置等

（営業所の設置等）
第八条　銀行は、日本において支店その他の営業所の設置、位置の変更（本店の位置の変更を含む。）、種類の変更又は廃止をしようとするときは、内閣府令で定める場合を除き、内閣府令で定めるところにより、内閣総理大臣に届け出なければならない。
2　銀行は、外国において支店その他の営業所の設置、種類の変更又は廃止をしようとするときは、内閣府令で定める場合を除き、内閣府令で定めるところにより、内閣総理大臣の認可を受けなければならない。
3　銀行は、第二条第十四項各号に掲げる行為を外国において委託する旨の契約を締結しようとするとき、又は当該契約を終了しようとするときは、内閣府令で定めるところにより、内閣総理大臣の認可を受けなければならない。
4　前項の規定は、銀行が当該銀行の子会社である外国の法令に準拠して外国において銀行業を営む者その

他の内閣府令で定める者との間で同項の契約を締結しようとするとき、又は当該契約を終了しようとするときは、適用しない。この場合において、当該銀行は、内閣府令で定めるところにより、あらかじめ、内閣総理大臣に届け出なければならない。

【**太字**部分（第四項）は、平成二八年改正により挿入】

① 届出制

銀行の支店その他の営業所の設置・位置の変更等は、内閣総理大臣への届出事項とされている（内閣府令で定める例外がある）。

営業所の設置等に関しては、過去、認可事項とされていたが、平成一三年の改正を機に、原則届出制に移行している。

過去、認可制が設けられていた背景には、企業セクターを中心に、銀行を通じた資金供給に対する需要が強く、また、預金獲得・資金供給両面において営業所が重要なルートであるなか、過当競争などを通じ、安定的な資金供給に支障が生ずるような事態を回避する目的があったものと考えられる。他方、その後、マクロ的には資金余剰基調への変化があり、また、通信手段の発達等により顧客と銀行を結ぶルートも多様化してきたこと等の状況変化を背景に、原則届出制への移行がなされた。

② **認可対象**

第二項において、届出制の例外として、外国における支店の設置等を認可対象としている。これは、外国の支店等の業務については、外国当局による監督がなされることが通常であり、物理的・権限的な問題から、わが国の当局による日常的な検査等が十分になされない可能性があることや、外国当局との調整等が必要となる可能性があること等をふまえたものと考えられる。

第三項では、支店の設置等ではないものの、第二条第一四項各号に掲げる行為（銀行代理業に相当する行為）を外国において委託する旨の契約の締結・契約の終了の場合に認可を必要としている。これも、第二項と同様の趣旨によるものと考えられる。

③　届出不要の場合

第一項に定める届出事項の例外（届出不要となる場合）として、銀行法施行規則第九条第一項では、出張所（同規則第八条第三・四項で、出張所とは、本店及び支店（営業所のうち本店に従属し、当該営業所の名において、かつ、その計算において、銀行の業務を営む施設）以外の営業所と規定されている）の設置等の場合や、増改築等のため、営業所の位置を一時変更する場合としている。

こうした例外を設けているのは、監督当局としては、出張所は本店または支店を通じての監督で十分であり、また、一時的な移転の場合に届出がなされなくても、通常の監督業務に大きな支障はないため、銀行の自主性を尊重するとの考えによるものと考えられる。

●銀行法施行規則

（営業所等の設置等の届出等）

第九条　法第八条第一項に規定する内閣府令で定める場合は、次に掲げる場合とする。

一　出張所の設置、位置の変更又は廃止をする場合

二　増改築その他のやむを得ない理由により営業所の位置の変更をする場合（変更前の位置に復することが明らかな場合に限る。）

三　前号に規定する位置の変更に係る営業所を変更前の位置に復する場合

2　銀行は、法第八条第一項の規定による営業所の設置、位置の変更、種類の変更又は廃止の届出をしようとするときは、届出書に理由書その他金融庁長官が必要と認める事項を記載した書面を添付して金融庁長官等に提出しなければならない。

④　平成二八年改正による見直し（第四項の追加）

平成二八年改正により、第四項が追加された。前述のとおり、第三項では、第二条第一四項各号に掲げる行為（銀行代理業に相当する行為）を外国において委託する旨の契約の締結・契約の終了の場合に認可を必要としている。

他方、委託先である外国の銀行が、当該銀行の子会社である場合には、当該子会社の設立の際に認可が必要となっており、実質的に二重の認可手続が課されているとの意見があった。

このため、平成二八年改正法において、銀行が当該銀行の子会社である外国銀行との間で第二条第一四項各号に掲げる行為（銀行代理業に相当する行為）を外国において委託する旨の契約の締結を行う場合や当該契約を終了する場合には、認可を不要とした。

他方、監督当局は、当該業務の委託契約を締結することや委託契約を終了することを把握する必要があるため、後段において、事前の届出を求めることとしている。

コラム　条文解釈上の注意点③

○「この場合において」

条文中、「この場合において」という言葉が登場することがある。

この意味するところは、その前段で規定していることを「補足する」ということである。したがって、「この場合」というのは、その前にある「……の場合」などという具体的な「場合」を指しているものではない（そのようなケースでは、「当該場合」などと表記されるのが通常である）。

また、「この場合において」に似た例として、後ろの項で、「前項の場合において」「第一項の場合において」などという文言が置かれていることがある。この際は、それぞれ「前項」「第一項」で定める事項を補足することが規定されている。

(6)　名義貸しの禁止

（名義貸しの禁止）
第九条　銀行は、自己の名義をもつて、他人に銀行業を営ませてはならない。

第四条において、銀行業を営むためには免許が必要とし、第六条において、銀行は商号中に銀行という文言を使用せねばならず、銀行以外の者は名称・商号中に銀行であることを示す文字を使用してはならないとされている。

これらの趣旨を貫徹するため、第九条において、名義貸しを禁止していると考えられる。

第三章　業務の範囲

一　総　論

(1)　他業禁止

銀行が営むことのできる業務の範囲は、銀行法第一〇条以下で規定され、第一二条において、それ以外の業務を営むことが禁止（一般に「他業禁止」と称されている）されている。

銀行による他業禁止は、銀行法令における骨格の一つとなっている重要な概念である。本章で取り上げる業務範囲規制のみならず、銀行（または銀行持株会社）が子会社として有することができる会社を限定する子会社範囲規制、および銀行（または銀行持株会社）から一般事業会社への五％以上の出資を禁止する出資規制（第一三章および第一五章参照）を規律する基本的な理念でもある。

(2)　他業禁止の趣旨

他業禁止の趣旨は、おおむね以下の四点にあると考えられる。

①　本業専念による効率性の発揮

銀行の本来的業務である銀行業の有する公共性および経済社会における役割の重要性にかんがみ、銀行は本業に専念することにより、その機能の充実および効率化を図り、もって、信用創造や安定的な決済の提供を十全に行う必要がある。

②　他業リスクの排除

銀行が他業を兼営することとなれば、当該他業において経営基盤が脅かされ、結果として預金者の安全を損なうおそれがある。また、銀行には、その与信機能と決済機能の重要性に着目して公的なセーフティネットである預金保険制度（預金保険法に基づく）等が用意されているが、他業の兼営を認めれば、当該他業における損失を公的なセーフティネットによって穴埋めするという不合理な帰結を招きかねない。

③　利益相反取引の防止

「利益相反取引」とは、当該取引によって顧客の利益が不当に害される取引（第一三条の三の二第一項参照）等を意味する。銀行が自由に他業を兼営することとなれば、たとえば、証券業を兼営する銀行が、融資先企業から融資を引き上げる目的で、当該融資先企業に社債を発行させて当該社債を投資家に販売し、当該社債の発行によって得た資金で自行の融資を償還させるといった利益相反取引が生ずる危険性が高まることになる。

④　優越的地位の濫用の防止

銀行がその強力な金融力を背景にして一般事業に進出すれば、社会的摩擦を起こすおそれがある。銀行が小売業を兼営する場合を例にとれば、銀行としての自己の取引先に対し、当該小売業における取引を行うことを要請することや、あるいは仕入れ値の値引きを行うことを融資の条件にするといったことなどが、優越的地位の濫用の事例として想定される。

二　銀行の固有業務

（業務の範囲）
第十条　銀行は、次に掲げる業務を営むことができる。
一　預金又は定期積金等の受入れ
二　資金の貸付け又は手形の割引
三　為替取引

銀行法第一〇条第一項に規定されている業務は、銀行免許の取得が必要となる「銀行業」（第二条第二項で定義されている）に該当する業務である。

銀行免許を取得した以上（免許の条件等により制約される可能性はあるが）、銀行業に該当する業務を営むことができることとなる。これらの業務を、一般的に、銀行の固有業務と称している。

なお、銀行業務という用語がある。これは、第二条第一八項で定義され、「銀行が第十条及び第十一条の規定により営む業務並びに担保付社債信託法（明治三十八年法律第五十二号）その他の法律により営む業務並びに当該銀行のために銀行代理業を営む者が営む銀行代理業をいう」とされている。後述する付随業務や法定他業を含むものであり、いわゆる銀行の固有業務より広い概念であるところに注意が必要である。

⑴ 預金の受入れ等

第一号では「預金又は定期積金等の受入れ」が定められている。

㈠ 預　金

●預金の性質

「預金」は、一般用語として用いられており、銀行法上、特段の定義規定は置かれていない。

「預金」とは、一般に、後日に返還される約束のもとで金銭を預けることと観念され、私法的には、金銭の消費寄託またはそれに類似するものと考えられている。金銭の返還の際には、利息を付さないものもあれば、利息を付すものもあり、また、ATMの利用に伴う手数料や口座管理手数料などをとられるものもある。金銭を返還する際の利息や手数料などは、あらかじめ決められていることが通例であるが、その額などは、市場の金利水準や実費等を勘案し、随時変更がなされることが多い。

消費寄託とは、民法第六六六条に規定があり、「当事者の一方が相手方のために保管をすることを約してある物を受け取ること」によって成立する契約が寄託契約（民法第六五七条）であるところ、「受寄者が契約により寄託物を消費することができる場合」を消費寄託契約と称し、消費貸借契約に関する規定が準用されることとなる。

預金の場合、預け入れられた金銭を、貸付けその他の形態での運用のために消費し、金銭という点で同種のものを返還するため、一般に消費寄託に近い性質を有すると考えられている。

他方、利息の付与や、手数料の徴収などがあり、加えて、普通預金のような例では、口座開設契約という基本契約をベースとして、随時の入金（＝寄託）があるところ、単純な消費寄託契約とも言いがたい。民法の典型契約としての規律だけではカバーしきれない面があり、預金に関する契約（約款）によって、その内容が決められている面が強いと考えられる。

預金には、当座預金・普通預金・定期預金などいくつかの種類があり、今後とも新しいタイプの預金が登場する可能性がある。

ただし、これらの分類は、主に実務的な取扱いであり、銀行法上、第一三条の四の規定により金融商品取引法の規定が準用される預金（通貨変動等により元本の毀損の可能性がある預金）を除き、異なる取扱いはなされていない（なお、銀行法施行規則に基づき作成される日計表等では、実務の慣行をふまえ、当座預金・普通預金等に分類しての記載が求められている）。

なお、当座預金・普通預金など、引出しが比較的自由に行われるものについては、為替取引（送金や口座引落しなど）や預金者が銀行に対して行う支払等のための原資となる性格も有しており、預けて運用益を得るという性格のみならず、支払・決済等を行ううえでの重要な手段ともなっている。

●預金保険制度における取扱いの相違

前述のとおり、銀行法では、基本的に、預金の種類を問わず、預金である以上、同様の取扱いをしているが、預金保険法では、決済用預金とそれ以外の一般預金、および通常の預金と外貨建て預金その他の特殊な預金について、それぞれ異なった取扱いをしている。

○決済用預金と一般預金

決済用預金（預金保険法第五一条の二に定義がある。無利息・要求払い・決済サービスを提供できる旨の三要件を満たす預金）は全額預金保険の保護対象となり（預金保険法第五四条の二）、それ以外の一般預金等については元本一〇〇〇万円までと利息が保護対象となる（預金保険法第五四条・預金保険法施行令第六条の三）。

銀行の破綻に伴って決済に連鎖的に影響が及んだ場合、経済活動の継続に著しい影響が生ずるおそれがあることをふまえ、決済用預金について全額保護の対象としている（なお、預金保険法第一〇二条等の規定により、信用秩序の維持にきわめて重大な支障が生ずるおそれがあると認められる場合等にあっては、内閣総理大臣等で構成される金融危機対応会議の議を経て、一般預金等について元本一〇〇〇万円を超える保護がなされることもありうる）。

○預金保険の保護対象外預金

外貨建て預金は、預金保険の対象とならない（預金保険法第五一条・第五一条の二）。このほか、譲渡性預金・特別国際金融取引勘定において経理された預金（オフショア預金）・日本銀行からの預金等（国庫金を除く）・対象金融機関からの預金等（確定拠出年金の積立金の運用に係る預金等を除く）・募集債である金融債および保護預り契約が終了した金融債・受益権が社債、株式等振替法の対象である貸付信託または受益証券発行信託・無記名預金等も、預金保険の保護対象から除かれる（預金保険法施行令第三条・第三条の二）。

このほか、外国銀行在日支店の預金や、他人名義の預金・いわゆる導入預金（特別の金銭上の利益を得る目的で、特定の第三者と通じ、銀行に対し、預金債権を担保として提供することなく、当該銀行が特定の第三者に対して資金融通をし、または当該第三者のために債務の保証をすることを条件として行う預金のこと）等も、預金保険法の保護対象から除かれる（預金保険法第二条・第五四条・第五四条の二、預金保険法施行令第六条・第七条）。

預金保険制度による保険金の支払は、預金に対して広く課せられる保険料からまかなわれるものであることにかんがみ、当該制度に基づく保護の必要性や、保護に対する一般的な期待感などをふまえ、その対象が定められていると考えられる。

●預金保険法　【傍線は筆者が付したもの】

（定義）

第二条　この法律において「金融機関」とは、次に掲げる者（この法律の施行地外に本店を有するものを除く。）をいう。

一　銀行法（昭和五十六年法律第五十九号）第二条第一項に規定する銀行（以下「銀行」という。）

二　長期信用銀行法（昭和二十七年法律第百八十七号）第二条に規定する長期信用銀行（以下「長期信用銀行」という。）

三　信用金庫

四～九（略）

2～13（略）

（一般預金等に係る保険料の額）

第五十一条　預金等（決済用預金（次条第一項に規定する決済用預金をいう。次項において同じ。）以外の預金等に限るものとし、外貨預金その他政令で定める預金等を除く。以下「一般預金等」という。）に係る保険料の額は、各金融機関につき、当該保険料を納付すべき日を含む事業年度の直前の事業年度の各日（銀行法第十五条第一項（長期信用銀行法第十七条、信用金庫法第八十九条第一項、協同組合による金融事業に関する法律第六条第一項及び労働金庫法第九十四条第一項において準用する場合を含む。）又は株式会社商工組合中央金庫法第三十一条第一項に規定する休日を除く。次条第一項において同じ。）における一般預金等の額の合計額を平均した額を十二で除し、これに当該保険料を納付すべき日を含む事業年度の月数を乗じて計算した金額に、機構が委員会の議決を経て定める率（以下この条において「保険料率」という。）を乗じて計算した金額とする。

2～5　（略）

（決済用預金に係る保険料の額）

第五十一条の二　次に掲げる要件のすべてに該当する預金（外貨預金その他政令で定める預金を除く。以下「決済用預金」という。）に係る保険料の額は、各金融機関につき、当該保険料を納付すべき日を含む事業年度の直前の事業年度の各日における決済用預金の額の合計額を平均した額を十二で除し、これに当該保険料を納付すべき日を含む事業年度の月数を乗じて計算した金額に、機構が委員会の議決を経て定める率を乗じて計算した金額とする。

一　その契約又は取引慣行に基づき第六十九条の二第一項に規定する政令で定める取引に用いることができるものであること。

二　その預金者がその払戻しをいつでも請求することができるものであること。

三　利息が付されていないものであること。

（一般預金等に係る保険金の額等）

第五十四条　一般預金等（他人の名義をもつて有するものその他の政令で定める一般預金等を除く。以下「支払対象一般預金等」という。）に係る保険金の額は、一の保険事故が発生した金融機関の各預金者等につき、その発生した日において現にその者が当該金融機関に対して有する支払対象一般預金等に係る債権（その者が前条第一項の請求をした時において現に有するものに限るものとし、同条第四項の仮払金（支払対象一般預金等に係るものに限る。以下この条において同じ。）の支払又は第百二十七条において準用する第六十九条の三第一項の貸付けに係る支払対象一般預金等の払戻しにより現に有しないこととなつたものを含む。次項において同じ。）

のうち元本の額（支払対象一般預金等のうち第二条第二項第五号に掲げるものにあつては、当該金銭の額。以下同じ。）及び利息等（当該元本以外の部分であつて利息その他の政令で定めるものをいう。以下同じ。）の額の合算額（その合算額が同一人について二以上ある場合には、その合計額）に相当する金額とする。

2　支払対象一般預金等に係る保険金の額は、前項の元本の額（その額が同一人について二以上あるときは、その合計額）が政令で定める金額（以下「保険基準額」という。）を超えるときは、保険基準額及び保険基準額に対応する元本に係る利息等の額を合算した額とする。この場合において、元本の額が同一人について二以上あるときは、保険基準額に対応する元本は、次の各号に定めるところにより保険基準額に達するまで当該各号に規定する元本の額を合計した場合の当該元本とする。

一～五（略）

3・4（略）

（決済用預金に係る保険金の額）

第五十四条の二　決済用預金（他人の名義をもつて有するものその他の政令で定める決済用預金を除く。以下「支払対象決済用預金」という。）に係る保険金の額は、一の保険事故が発生した金融機関の各預金者につき、その発生した日において現にその者が当該金融機関に対して有する支払対象決済用預金に係る債権（その者が第五十三条第一項の請求をした時において現に有するものに限るものとし、同条第四項の仮払金（支払対象決済用預金に係るものに限る。次項において同じ。）の支払又は第六十九条の三第一項（第百二十七条において準用する場合を含む。次項において同じ。）の貸付けに係る支払対象決済用預金の払戻しにより現に有しないこととなつたものを含む。）のうち元本の額（その額が同一人について二以上あるときは、その合計額）に相当する金額とする。

2　（略）

（決済債務の保護）

第六十九条の二　為替取引その他の金融機関が行う資金決済に係る取引として政令で定める取引に関し金融機関が負担する債務（外国通貨で支払が行われるものを除き、金融機関その他の金融業を営む者で政令で定める者以外の者の委託に起因するものその他政令で定めるものに限る。以下この章において「決済債務」という。）であつて、かつ、支払対象決済用預金の払戻しを行う場合に消滅するもの以外のもの（以下この項及び次条第一項において「特定決済債務」という。）については、これを支払対象決済用預金に係る債務と、特定決済債務に係る債権を支払対象決済用預金に係る債権と、特定決済債務に係る債権者を預金者と、特定決済債務の額を支払対象決済用預金の額と、特定決済債務の弁済を支払対象決済用預金の払戻しとそれぞれみなして、この法律の規定（第五十八条の二、この章及び第七十三条の規定並びに第百二十七条の規定及び当該規定に係る罰則を除く。）を適用する。この場合において、第五十一条の二第一項中「次に掲げる要件のすべてに該当する預金（外貨預金その他政令で定める預金を除く。以下「決済用預金」という。）に係る保険料」とあるのは「特定決済債務に係る保険料」と、第五十四条の二第一項中「決済用預金（他人の名義をもつて有するものその他の政令で定める決済用預金を除く。以下「支払対象決済用預金」という。）に係る保険金」とあるのは「特定決済債務に係る保険金」と、「のうち元本の額」とあるのは「の額」と、同条第二項中「その有する支払対象決済用預金」とあるのは「その有する特定決済債務に係る債権」と、第五十五条の二第四項中「預金等」とあるのは「特定決済債務」と、第五十八条の三第一項中「支払対象預金等」とあるのは「特定決済債務」とする。

2　（略）

●預金保険法施行令

（一般預金等に係る保険料の額の計算上除かれる預金等）

第三条　法第五十一条第一項に規定する政令で定める預金等は、次に掲げる預金等で、法第五十条第一項の規定により金融機関が提出する同項の書類に記載されたものとする。

一　譲渡性預金（準備預金制度に関する法律施行令（昭和三十二年政令第百三十五号）第四条第二号に規定する譲渡性預金をいう。次条第一号において同じ。）

二　外国為替及び外国貿易法（昭和二十四年法律第二百二十八号）第二十一条第三項に規定する特別国際金融取引勘定において経理された預金（次号又は第四号に掲げる預金等に該当するものを除く。）

三　日本銀行から受け入れた預金等（会計法（昭和二十二年法律第三十五号）第三十四条第一項の規定による国庫金出納の事務に係るものを除く。）

四　金融機関から受け入れた預金等（法第五十四条の三第一項第一号に規定する確定拠出年金の積立金の運用に係るものを除く。）

五　長期信用銀行債等（次に掲げるものに限る。）の発行により受け入れた金銭

イ　募集の方法により発行されたもの

ロ　当該長期信用銀行債等に係る保護預り契約が終了したもの（イに掲げるものを除く。）

六　預金保険機構（以下「機構」という。）から受け入れた預金等

七　預金等（法第二条第二項第五号に掲げるものを除く。）に係る証書（貸付信託法（昭和二十七年法律第百九十五号）第二条第二項に規定する受益証券及び信託法（平成十八年法律第百八号）第百八十五条第一項に規定する受益証券を含む。）が無記名式である預金等

八　その権利の帰属が社債、株式等の振替に関する法律（平成十三年法律第七十五号）の規定により振替口座簿の記載又は記録により定まるものとされる貸付信託法に規定する貸付信託の受益権又は信託法に規定する受益証券発行信託の受益権に係る信託契約により受け入れた金銭

（決済用預金に係る保険料の額の計算上除かれる預金）

第三条の二　法第五十一条の二第一項に規定する政令で定める預金は、次に掲げる預金で、法第五十条第一項の規定により金融機関が提出する同項の書類に記載されたものとする。

一　譲渡性預金

二　外国為替及び外国貿易法第二十一条第三項に規定する特別国際金融取引勘定において経理された預金（次号又は第四号に掲げる預金に該当するものを除く。）

三　日本銀行から受け入れた預金（会計法第三十四条第一項の規定による国庫金出納の事務に係るものを除く。）

四　金融機関から受け入れた預金（法第五十四条の三第一項第一号に規定する確定拠出年金の積立金の運用に係るものを除く。）

五　機構から受け入れた預金

六　預金に係る証書が無記名式である預金

（保険金の額の計算上除かれる一般預金等）

第六条　法第五十四条第一項に規定する政令で定める一般預金等は、一般預金等（法第五十一条第一項に規定する一般預金等をいう。以下同じ。）のうち次に掲げる預金等に該当するものとする。

一　他人（仮設人を含む。）の名義をもつて有している預金等

二　預金等に係る不当契約の取締に関する法律（昭和三十二年法律第百三十六号）第二条第一項又は第二項

の規定に違反してされた契約に基づく預金等

（保険基準額）

第六条の三　法第五十四条第二項に規定する政令で定める金額は、千万円とする。

（保険金の額の計算上除かれる決済用預金）

第七条　法第五十四条の二第一項に規定する政令で定める決済用預金は、決済用預金（法第五十一条の二第一項に規定する決済用預金をいう。以下同じ。）のうち次に掲げる預金に該当するものとする。

一　他人（仮設人を含む。）の名義をもつて有している預金

二　預金等に係る不当契約の取締に関する法律第二条第一項又は第二項の規定に違反してされた契約に基づく預金

（金融機関が負担する債務）

第十四条の十　法第六十九条の二第一項に規定する政令で定めるものは、次に掲げるものとする。

一　金融機関が業として行う取引以外の取引に起因するもの

二　前条各号に掲げる者が業として行う取引以外の取引に基づくものであつて、当該者の委託に起因するもの

三　第十四条の八第三号に掲げる取引に起因するもの

(ロ)　定期積金等

定期積金については、銀行法第二条第三項に定義があり、「期限を定めて一定金額の給付を行うことを約して、定期に又は一定の期間内において数回にわたり受け入れる金銭をいう」とされている。

昭和五六年銀行法全面改正の際、貯蓄銀行法が廃止されたことに伴い、貯蓄銀行業を銀行法に吸収することとし、預金と並び規定するため、旧貯蓄銀行法の定期積金の定義規定を取り入れたものである。

また、第二条第四項で、「定期積金等」とは、「定期積金のほか、一定の期間を定め、その中途又は満了の時において一定の金額の給付を行うことを約して、当該期間内において受け入れる掛金をいう」とされている。定期積金のほか、相互銀行が取り扱っていた相互掛金を念頭に置いて規定されたものである。平成四年銀行法改正の際に相互銀行法が廃止され、銀行法に一元化された際に追加的に規定された。

(2) 資金の貸付け・手形の割引

資金の貸付けや手形の割引については、特段の解説は不要と考えられる。

なお、資金の貸付けを単独で行う場合もあれば、当座貸越など、預金残高を超過して小切手を振り出した際に、一時的な資金融通を行うという点で、預金契約・為替取引と一体的に行われるものもある。

資金の貸付け手法については、プロジェクトファイナンス、シンジケートローン、劣後ローンなど、顧客のニーズなどもふまえ、さまざまな形態のものが登場してきている。

劣後ローンなどは、返済の優先順位が通常の債権より劣後するという点で、出資に近い性質も有している。銀行法上、基本的に資金の貸付けという枠内で整理されているが、たとえば、自己資本比率（後述）算定の際に高めのリスクウェイトを乗ずることとするなど、実態面に応じた取扱いが求められている。

(3) 為替取引

為替取引が銀行の固有業務の一つとされているのは、わが国において、明治初期まで、為替取引を行う業者が銀行と類似の機能を果たしていたとの歴史的経緯によるところが大きいといわれている。

為替取引について、最高裁の平成一三年決定（地下銀行の事案が問題となった刑事事件に関する決定）においては、「顧客から、隔地者間で直接現金を輸送せずに資金を移動する仕組みを利用して資金を移動することを内容とする依頼を受けて、これを引き受けること、又はこれを引き受けて遂行することをいう」と示されている。

直接の現金輸送としては、たとえば、現金輸送車による輸送や現金書留による郵送等が行われている。直接の現金輸送と異なり、A銀行の東京支店で一万円の送金が依頼され、同じA銀行の大阪支店にある口座に振込みがなされるという為替取引の例では、現金自体の移動はなく、A銀行がもつ資金と支店ネットワークを活用することにより、現金輸送と同様の経済効果が得られることとなる。

この背景には、「A銀行に預金すれば、返済期に必ず返済される」という信用のもとで預金が行われるのと同様、「A銀行に依頼すれば、離れた支店の口座への入金や現金化がなされる」との信用のもとで為替取引の依頼がなされており、信用関係が発生している。

この点から、為替取引は、金融取引として整理されていると考えられる。

三　付随業務

（業務の範囲）
第十条
2　銀行は、前項各号に掲げる業務のほか、次に掲げる業務その他の銀行業に付随する業務を営むことができる。

一　債務の保証又は手形の引受け
二　有価証券（第五号に規定する証書をもつて表示される金銭債権に該当するもの及び短期社債等を除く。第五号の二及び第六号において同じ。）の売買（有価証券関連デリバティブ取引に該当するものを除く。）又は有価証券関連デリバティブ取引（投資の目的をもつてするもの又は書面取次ぎ行為に限る。）
三　有価証券の貸付け
四　国債、地方債若しくは政府保証債（以下この条において「国債等」という。）の引受け（売出しの目的をもつてするものを除く。）又は当該引受けに係る国債等の募集の取扱い
五　金銭債権（譲渡性預金証書その他の内閣府令で定める証書をもつて表示されるものを含む。）の取得又は譲渡
五の二　特定目的会社が発行する特定社債（特定短期社債を除き、資産流動化計画において当該特定社債の発行により得られる金銭をもつて指名金銭債権又は指名金銭債権を信託する信託の受益権のみを取得するものに限る。）その他これに準ずる有価証券として内閣府令で定めるもの（以下この号において「特定社債等」という。）の引受け（売出しの目的をもつてするものを除く。）又は当該引受けに係る特定社債等の募集の取扱い
五の三　短期社債等の取得又は譲渡
六　有価証券の私募の取扱い
七　地方債又は社債その他の債券の募集又は管理の受託
八　銀行その他金融業を行う者（外国の法令に準拠して外国において銀行業を営む者（第四条第五項に規定する銀行等を除く。以下「外国銀行」という。）を除く。）の業務（次号に掲げる業務に該当するものを除く。）の代理又は媒介（内閣府令で定めるものに限る。）

八の二　外国銀行の業務の代理又は媒介（銀行の子会社である外国銀行の業務の代理又は媒介を当該銀行が行う場合における当該代理又は媒介その他の内閣府令で定めるものに限る。）
九　国、地方公共団体、会社等の金銭の収納その他金銭に係る事務の取扱い
十　有価証券、貴金属その他の物品の保護預り
十の二　振替業
十一　両替
十二　デリバティブ取引（有価証券関連デリバティブ取引に該当するものを除く。次号において同じ。）であつて内閣府令で定めるもの（第五号に掲げる業務に該当するものを除く。）
十三　デリバティブ取引（内閣府令で定めるものに限る。）の媒介、取次ぎ又は代理
十四　金利、通貨の価格、商品の価格、算定割当量（地球温暖化対策の推進に関する法律（平成十年法律第百十七号）第二条第六項（定義）に規定する算定割当量その他これに類似するものをいう。次条第四号において同じ。）の価格その他の指標の数値としてあらかじめ当事者間で約定された数値と将来の一定の時期における現実の当該指標の数値の差に基づいて算出される金銭の授受を約する取引又はこれに類似する取引であつて内閣府令で定めるもの（次号において「金融等デリバティブ取引」という。）のうち銀行の経営の健全性を損なうおそれがないと認められる取引として内閣府令で定めるもの（第五号及び第十二号に掲げる業務に該当するものを除く。）
十五　金融等デリバティブ取引の媒介、取次ぎ又は代理（第十三号に掲げる業務に該当するもの及び内閣府令で定めるものを除く。）
十六　有価証券関連店頭デリバティブ取引（当該有価証券関連店頭デリバティブ取引に係る有価証券が第五号

に規定する証書をもつて表示される金銭債権に該当するもの及び短期社債等以外のものである場合には、差金の授受によつて決済されるものに限る。次号において同じ。）（第二号に掲げる業務に該当するものを除く。）
十七　有価証券関連店頭デリバティブ取引の媒介、取次ぎ又は代理
十八　機械類その他の物件を使用させる契約であつて次に掲げる要件の全てを満たすものに基づき、当該物件を使用させる業務
イ　契約の対象とする物件（以下この号において「リース物件」という。）を使用させる期間（以下この号において「使用期間」という。）の中途において契約の解除をすることができないものであること又はこれに準ずるものとして内閣府令で定めるものであること。
ロ　使用期間において、リース物件の取得価額から当該リース物件の使用期間の満了の時において譲渡するとした場合に見込まれるその譲渡対価の額に相当する金額を控除した額及び固定資産税に相当する額、保険料その他当該リース物件を使用させるために必要となる付随費用として内閣府令で定める費用の合計額を対価として受領することを内容とするものであること。
ハ　使用期間が満了した後、リース物件の所有権又はリース物件の使用及び収益を目的とする権利が相手方に移転する旨の定めがないこと。
十九　前号に掲げる業務の代理又は媒介
3　前項第二号、第五号の三及び第十六号並びに第六項の「短期社債等」とは、次に掲げるものをいう。
一　社債、株式等の振替に関する法律第六十六条第一号（権利の帰属）に規定する短期社債
二　削除
三　投資信託及び投資法人に関する法律（昭和二十六年法律第百九十八号）第百三十九条の十二第一項（短

期投資法人債に係る特例）に規定する短期投資法人債
四　信用金庫法（昭和二十六年法律第二百三十八号）第五十四条の四第一項（短期債の発行）に規定する短期債
五　保険業法（平成七年法律第百五号）第六十一条の十第一項（短期社債に係る特例）に規定する短期社債
六　資産の流動化に関する法律（平成十年法律第百五号）第二条第八項（定義）に規定する特定短期社債
七　農林中央金庫法（平成十三年法律第九十三号）第六十二条の二第一項（短期農林債の発行）に規定する短期農林債
八　その権利の帰属が社債、株式等の振替に関する法律の規定により振替口座簿の記載又は記録により定まるものとされる外国法人の発行する債券（新株予約権付社債券の性質を有するものを除く。）に表示されるべき権利のうち、次に掲げる要件のすべてに該当するもの
イ　各権利の金額が一億円を下回らないこと。
ロ　元本の償還について、権利の総額の払込みのあった日から一年未満の日とする確定期限の定めがあり、かつ、分割払の定めがないこと。
ハ　利息の支払期限を、ロの元本の償還期限と同じ日とする旨の定めがあること。
4　第二項第二号又は第十二号の「有価証券関連デリバティブ取引」又は「書面取次ぎ行為」とは、それぞれ金融商品取引法（昭和二十三年法律第二十五号）第二十八条第八項第六号（定義）に規定する有価証券関連デリバティブ取引又は同法第三十三条第二項（金融機関の有価証券関連業の禁止等）に規定する書面取次ぎ行為をいう。
5　第二項第四号の「政府保証債」とは、政府が元本の償還及び利息の支払について保証している社債その

他の債券をいう。

6 第二項第五号に掲げる業務には同号に規定する証書をもつて表示される金銭債権のうち有価証券に該当するものについて、同項第五号の三に掲げる業務には短期社債等について、金融商品取引法第二条第八項第一号から第六号まで及び第八号から第十号まで（定義）に掲げる行為を行う業務を含むものとする。

7 第二項第五号の二の「特定目的会社」、「資産流動化計画」、「特定社債」又は「特定短期社債」とは、それぞれ資産の流動化に関する法律第二条第三項、第四項、第七項又は第八項（定義）に規定する特定目的会社、資産流動化計画、特定社債又は特定短期社債をいう。

8 第二項第六号の「有価証券の私募の取扱い」とは、有価証券の私募（金融商品取引法第二条第三項（定義）に規定する有価証券の私募をいう。）の取扱いをいう。

9 第二項第十号の二の「振替業」とは、社債、株式等の振替に関する法律第二条第四項（定義）の口座管理機関として行う振替業をいう。

10 第二項第十二号若しくは第十三号の「デリバティブ取引」又は同項第十六号若しくは第十七号の「有価証券関連店頭デリバティブ取引」とは、それぞれ金融商品取引法第二条第二十項（定義）に規定するデリバティブ取引又は同法第二十八条第八項第四号（定義）に掲げる行為をいう。

⑴ 付随業務とは何か

① 第一〇条第二項の規定の骨格

第一〇条第二項において、銀行は、固有業務のほか、「次に掲げる業務その他の銀行業に付随する業務を営むことができる」と定めている。銀行業を営んでいくうえで、たとえば、手元の余裕資金の運用など、銀行業に関連する業務を併せ営む必要性が想定されるところ、それを許容する旨を定める規定である。

第一〇条第二項の条文を解釈するうえでの重要な用語として、「その他の」と「付随する」という二つの用語がある。

●「その他の」

「その他の」という言葉は、法令上頻繁に用いられているが、「A、Bその他のC」と規定されている場合、A・Bは、Cの一部（部分集合）になる。

Cという文言のみでは、その内容や外縁に不明確性があるような場合に、A・Bという例示を付すことによって、Cの内容をより明確にするものである（具体例として、たとえば「路線バス、鉄道、定期航空便その他の公共交通」といった例などが想定される）。

●「付随する」

「付随」とは、一般に、主たるものに付き従うこと、従属的な関係にあることと解される。条文上、第二項で「次に掲げる業務その他の銀行業に付随する業務」とあるため、第二項各号に列記されている業務が「付随業務」の代表例であり、「付随性」の点でそれらに類似する業務が「付随業務」に含まれることとなる。

具体的な業務が付随業務に含まれるかを考えるうえでは、第二項各号に列記されている業務との類似性をふまえる必要がある。また、一口に類似性といっても、さまざまな観点に立っての類似性がありうるが、ここでは、銀行の業務範囲を規制している趣旨をふまえ、その類似性を判断すべきものと考えられる。

②　付随業務の内容

付随業務の具体的内容は、銀行業そのものや、銀行業を取り巻く環境の変化により、変化しうると考えられる。

たとえば、第二項各号の終わりのほうに規定されているデリバティブ取引およびその媒介等は、金融サービスに対するニーズの変化や、リスク管理手法の高度化等に伴って、銀行業に付随するものとして観念されてきたと思われる。

なお、デリバティブ取引は、もともと、第二項各号で明記されていなかったが、刑法の賭博罪に関する規定への抵触性などのリーガルリスクを払拭するといった観点から、第二項で明記されるに至ったという経緯がある。

また、第二項各号に規定されていない業務であっても、たとえば、金地金の売買、トラベラーズチェックの発行業務、クレジットカード業務、コンサルティング業務、ビジネスマッチング業務、M&Aに関する業務、個人の財産形成に関する相談業務、電子マネー発行業務などが、付随業務に該当すると考えられている。

そのほかにも、今後、金融サービスの変化等に応じ、銀行業務と付随性を有する新たな業務が登場してくる可能性もある。後述するが、イスラム金融に関する業務を取り扱うニーズも生じてきたところ、銀行業務との付随性を超えない範囲で、銀行が付随業務として行うことができると考えられるに至っている。

他方、たとえば、仮に、江戸時代に近代銀行法が存在していれば、金貨・銀貨の量を測定する両替秤の管理や、両替秤による測定の受託などが付随業務に観念されていた可能性などもある。

このように、付随業務に含まれる業務の例は変化しうるところ、銀行法の規定も、柔軟な解釈を行うことができる余地が残されていると考える。

他方、付随業務にどこまでのものが含まれるか、その外縁がわからないとした場合、実務上、判断に迷う場面もありうる。

平成一二年に取りまとめられた金融審議会第一部会報告においては、「その他の付随業務に該当するかどうかの基準が現在は示されていない。これを当局が提示し、行政の透明性を向上させるとともに、銀行等が新たな付随業務を開始することを容易にすることが望ましい。その際には、本業との機能的な親近性、リスクの同質性、顧客利便等の関連を考慮することが適当である。また、その過程などにおけるいわゆるノーアクションレターの活用が検討されるべきである」とされている。

加えて、同報告では「銀行等が本来業務を遂行する中で正当に生じた余剰能力（エクセス・キャパシティ）については、他業禁止の趣旨や本来銀行にどのような業務が求められているのかといった観点に留意しつつ、その適切な範囲での活用を認める方向で検討することが適当である」とされている。

③ 「その他の付随業務」について監督指針において示される視点

平成一二年金融審議会第一部会報告で示された提言等を受け、金融庁が公表する監督指針において、その他の付随業務（第二項各号に明記されていない付随業務のこと）に関し、以下の考え方が示されている。

(イ) その他の付随業務の該当性（傍線は、ポイントがわかるよう、筆者が付したもの）

「その他の付随業務」の範疇にあるかどうかの判断に当たっては、法第12条において他業が禁止されていることに十分留意し、以下のような観点を総合的に考慮した取扱いとなっているか。

① 当該業務が法第10条第1項各号及び第2項各号に掲げる業務に準ずるか。
② 当該業務の規模が、その業務が付随する固有業務の規模に比して過大なものとなっていないか。
③ 当該業務について、銀行業務との機能的な親近性やリスクの同質性が認められるか。
④ 銀行が固有業務を遂行する中で正当に生じた余剰能力の活用に資するか。

（注1） 銀行グループの効率的かつ合理的な業務運営を目的として、事業用不動産の賃貸等をグループ会社に対して行う場合（当該グループ会社自身が使用する場合に限る。）は、「その他の付随業務」の範疇にあると考えられる。

なお、上期目的に照らし、銀行グループの範囲は、V－1⑵に規定する範囲に限定され、銀行持株会社又は銀行の企業会計上の連結基準と整合的な取扱いとなっている必要があることに留意すること。

（注2） 上記規定を総合的に考慮するに当たり、例えば、グループ会社以外の者に対し事業用不動産の賃貸等を行わざるを得なくなった場合においては、以下のような要件が満たされていることについて、銀行自らが十分挙証できるよう態勢整備を図る必要があることに留意すること。なお、国や地方自治体のほか、地域のニーズや実情等を踏まえ公共的な役割を有していると考えられる主体からの要請に伴い賃貸等を行う場合は、地方創生や中心市街地活性化の観点から、ニ．については要請内容等を踏まえて判断しても差し支えない。

イ．行内的に業務としての積極的な推進態勢がとられていないこと。

ロ．全行的な規模での実施や特定の管理業者との間における組織的な実施が行われていないこと。

ハ．当該不動産に対する経費支出が必要最低限の改装や修繕程度にとどまること。ただし、公的な再開発事業や地方自治体等からの要請に伴う建替え及び新設等の場合においては、必要最低限の経費支出にとどまっていること。

ニ．賃貸等の規模が、当該不動産を利用して行われる固有業務の規模に比較して過大なものとなっていないこと。

※賃貸等の規模については、賃料収入、経費支出及び賃貸面積等を総合的に勘案して判断する（一の項目の状況のみをもって機械的に判断する必要はないものとする。）。

（注3） リストラにより、事業用不動産であったものが業務の用に供されなくなったことに伴い、短期の売却等処分が困難なことから、将来の売却等を想定して一時的に賃貸等を行わざるを得なくなった場合においては、上記（注2）を準用すること（ただし、ハ．のただし書及びニ．を除く。）。

なお、国や地方自治体のほか、地域のニーズや実情等を踏まえ公共的な役割を有していると考えられる主体からの要請に伴い賃貸等を行う場合は、地方創生や中心市街地活性化の観点から、賃貸等の期間については、要請内容等を踏まえて判断しても差し支えない。

（注4） 「その他の付随業務」の範疇にあるかどうかを判断する際の参考として、一般的な法令解釈に係る書面照会手続及びノーアクションレター制度における回答を参照すること（金融庁ＨＰ「法令解釈に係る照会手続（ノーアクションレター制度ほか）」）。

㈺ 付随業務に該当すると考えられている業務についての留意点

また、監督指針においては、従来から付随業務に該当すると考えられている業務について、以下の留意点を示している（傍線は、ポイントがわかるよう、筆者が付したもの）。

銀行が法第10条第2項の業務（同項各号に掲げる業務を除く。以下「その他の付随業務」という。）等を行う際には、以下の観点から十分な対応を検証し、態勢整備を図っているか。

(1) 銀行が、従来から固有業務と一体となって実施することを認められてきたコンサルティング業務、ビジネスマッチング業務、M＆Aに関する業務、事務受託業務については、取引先企業に対する経営相談・支援機能の強化の観点から、固有業務と切り離してこれらの業務を行う場合も「その他の付随業務」に該当する。

(注1) これらの業務には、銀行が取引先企業に対し株式公開等に向けたアドバイスを行い、又は引受金融商品取引業者に対し株式公開等が可能な取引先企業を紹介する業務も含まれる。また、勧誘行為をせず単に顧客を金融商品取引業者に対し紹介する業務も「その他の付随業務」に含まれる。

(注2) 個人の財産形成に関する相談に応ずる業務も「その他の付随業務」に含まれる。

なお、実施に当たっては、顧客保護や法令等遵守の観点から、以下の点について態勢整備が図られている必要があることに留意すること。

① 優越的地位の濫用として独占禁止法上問題となる行為の発生防止等法令等の厳正な遵守に向けた態勢整備が行われているか。

(注) 個人の財産形成に関する相談に応ずる業務の実施に当たっては、金融商品取引法に規定する投資助言業務に該当しない等の厳正な遵守に向けた態勢整備が行われているか。

② 提供される商品やサービスの内容、対価等契約内容が書面等により明示されているか。

③ 付随業務に関連した顧客の情報管理について、目的外使用も含め具体的な取扱い基準が定められ、そ

れらの行員等に対する周知徹底について検証態勢が整備されているか。

(2) 銀行が、従来から実施することを認められてきた電子マネー（オフラインデビットにおける電子カードを含む。）の発行に係る業務については、発行見合資金の管理等、利用者保護に十分配慮した対応となっていることについて、銀行自らが十分挙証できるよう態勢整備を図る必要があることに留意すること。

(3) 資金の貸付け等と同様の経済的効果を有する取引

① 銀行が、顧客又はその関係者の宗教を考慮して、商品（取引所において売買することができる物品をいう。以下この(3)において同じ。）の売買（取引所外での売買を含む。以下この(3)において同じ。）、物件の賃貸借又は顧客の営む事業に係る権利の取得が含まれる資金の貸付けと同様の経済的効果を有する取引（法第10条第1項第2号又は同条第2項第18号に該当するものを含む。）を行う場合には、以下の点に留意する。

イ．当該取引に商品の売買が含まれる場合には、当該商品の売買代金に係る信用リスク以外に商品に関するリスク（当該取引に必要となる商品の売買ができないリスクを含む。以下この(3)において同じ。）を銀行が負担していないこと。

ロ．当該取引に物件の賃貸が含まれる場合（銀行が当該物件の取得前に取得の対価を支払う場合を含む。）には、当該物件の賃料に係る信用リスク以外に当該物件に関するリスクを銀行が負担していないこと。また、法第10条第2項第18号の要件を満たすこと、銀行が物件の建設等、銀行が行うことのできない業務を行うこととなっていないこと。

ハ．当該取引に顧客の行う事業に係る権利の取得が含まれる場合には、当該権利から生じるキャッシュフローが資金の貸付けと同様であり、当該事業に関するリスクのうち当該顧客に対する信用リスクと評価できないものを銀行が負担していないこと。

② 銀行が、顧客又はその関係者の宗教を考慮して、商品の売買が含まれる預金の受入れと同様の経済的効果を有する取引（法第10条第1項第1号に該当するものを含む。）を行う場合には、商品に関するリスクを負担していないことに留意する。

③ 銀行が、顧客又はその関係者の宗教を考慮して、商品の売買が含まれる金利・通貨スワップ取引と同様の経済的効果を有する取引を行う場合には、商品に関するリスクを負担していないことに留意する。

④ イスラム金融

監督指針中、「資金の貸付け等と同様の経済的効果を有する取引」としているのは、いわゆる「イスラム金融」を念頭に置いたものである。

金融の国際化が進むなか、いわゆるイスラム金融を取り扱うニーズが生じてきている。銀行の子会社の業務としては、平成二〇年の銀行法施行規則改正により、第一七条の三第二項第二号の二の規定が設けられ、銀行の子会社が金融関連業務としてイスラム金融に係る業務を行うことができることが定められた。

他方、銀行本体がイスラム金融に係る業務を行うことができるかについては、従来、必ずしも明らかでなかったところ、その取扱いについて示したものである。

イスラム経典において、貸付けに伴う利子の受払いが認められていないことをふまえ、イスラム金融は、商品の売買等の取引形態で行われている。わが国の銀行法の考え方（他業禁止）に照らして考えると、こうした取引に伴い商品に関するリスクを銀行が負担する場合、銀行業務とのリスクの同質性が損なわれ、付随業務の範疇を超えることになると考えられる。

このため、このような留意点を示しつつ、一定の範囲内で、イスラム金融に係る業務を付随業務として営むことができることを明らかにしている。

●銀行法施行規則

（銀行の子会社の範囲等）

第十七条の三

2　法第十六条の二第二項第二号に規定する内閣府令で定めるものは、次に掲げるものとする。

二の二　金銭の貸付け以外の取引に係る業務であって、金銭の貸付けと同視すべきもの（宗教上の規律の制約により利息を受領することが禁じられており、かつ、当該取引が金銭の貸付け以外の取引であることにつき宗教上の規律について専門的な知見を有する者により構成される合議体の判定に基づき行われるものに限る。）

コラム　条文解釈上の注意点④

○「その他の」と「その他」

銀行法第十三条の二において、「……その他の当該銀行と政令で定める特殊の関係のある者」と規定されている。

法令上、「その他の」と「その他」（後に「の」が付かない）という文言は、使い分けがなされている。

「A、Bその他のC」という場合、「A、B」は「C」に包含されるものであるが、「A、Bその他C」という場合、「A、B」と「C」は並列の関係になる（Cは、「A、B」を含まない）。

たとえば、①「小学校、中学校その他の政令で定める学校」という用い方と、②「小学校、中学校その他政令で定める学校類似施設」という記述があるとする。①では「小学校、中学校および高等学校」といったように、対象となるものが政令ですべて書かれるが、②では、「小学校、中学校」が対象となることを前提に、政令では、それ以外に対象となるものが「幼稚園、保育園及び学習塾」などと定められることになる。

「その他の」であっても、「その他」であっても、その前にくる単語は、例示であり、その他の後にくる単語が指し示そうとする内容をできるだけ明確にする趣旨で用いられている。

しかし、上記のような用い方の相違があり、法令を読む際には、注意が必要である。

(2) 第一〇条第二項各号に規定されている業務

① 債務保証等（第一号）

債務の保証・手形の引受けは、貸付けではないものの、与信を行っており、また、銀行は、通常、貸付けの際の利息にかわり、保証料相当額を受け取っている。こうした点で、貸付けと同様の経済的性質を有しており、銀行業務への付随性が認められているものと考えられる。

② 有価証券の売買・有価証券関連デリバティブ取引（第二号）

(イ) 金商法の規定との関係

わが国の法制では、銀行による証券業務を原則禁止した米国のグラス・スティーガル法を参考に、証券取引法制定以来、銀証分離の考え方がとられている。

具体的には、金融商品取引法（以下、「金商法」という）第三三条（条文は、後掲）において、銀行は有価証券関連業・投資運用業を行ってはならないとしている。ただし、同条で、次の場合に該当するものは、例外として許容している。

●有価証券関連業について、投資の目的をもって有価証券の売買・有価証券関連デリバティブ取引を行う等の場合（金商法第三三条第一項ただし書）

●書面取次ぎ行為、または、公共債に係る業務等を行う場合（金商法第三三条第二項）

有価証券関連業とは、有価証券の売買・有価証券関連デリバティブ取引（有価証券・有価証券に係る指標等を用いた先物・スワップ・オプション取引等）、またはそれらの媒介・取次ぎ・代理等をいうとされる（金商法第二八条第八項）。

なお、この概念は、金商法の制定の際に設けられている。金商法制定に伴い、従来銀行が付随業務として扱うことができるものとされてきた有価証券に関連しないデリバティブ取引等の販売・勧誘を行う行為なども、「金融商品取引業」として規律されることとなった。このため、「金融商品取引業」のほかに、旧証券取引法の「証券業」に該当する概念として「有価証券関連業」の概念を設け、銀行は当該業務を原則として禁止されるという整理がなされている。

本条第二号は、金商法第三三条第一項・第二項の規定により例外として銀行に認められる業務のうちの一部、すなわち、「投資の目的をもってするもの」または「書面取次ぎ行為」について、銀行法上、付随業務として行うことができる旨を明確にしている（金商法で許容されても、銀行法で銀行の業務範囲から除外されれば、銀行法による禁止が解除されないこととなる。なお、書面取次ぎ行為を銀行が業として行う場合、金商法第三三条の二の規定により、内閣総理大臣の登録を受ける必要がある）。

公共債に係る業務（投資目的以外の売買・その媒介等の業務等）等は、銀行の固有業務との類似性・親近性が高くないことから、付随業務とは位置づけられず、第一一条において、いわゆる「法定他業」として、銀行が営むことが認められている。

(ロ) 業務の付随性

銀行は、預金を通じて資金を集め、当該資金を貸付け等で運用するが、預金総額と貸付総額が一致するとは限らない。また、預入期間と貸付期間の差異があり、加えて、預金引出し等に備えて流動性を確保しておく必要もある。このため、貸付けに加え、有価証券投資等での運用は、銀行が調達した預金等の運用手段として重要である。また、有価証券関連デリバティブ取引は、有価証券運用のヘッジ手段として、および、単独の運用手段として有用性がある。このため、銀行業とこれら業務の付随性があると考えられる。

書面取次ぎ行為については、銀行からの勧誘によるものではなく、顧客の注文の意思が明示される書面での注文を銀行が受動的に受け付けるものである（金商法第三三条第二項：「顧客の書面による注文を受けてその計算において有価証券の売買又は有価証券関連デリバティブ取引を行うことをいい、当該注文に関する顧客に対する勧誘に基づき行われるもの及び当該金融機関が行う投資助言業務に関しその顧客から注文を受けて行われるものを除く」とされている）。預金の預入れ等に関連し、顧客の資金運用ニーズに応えるという点で、付随性を認めているものと考えられる。

(ハ) 本号で定める業務の概要

本号で定める業務をまとめると、概要、次に掲げるもののうち、「投資の目的をもつてするもの」または「書面取次ぎ行為」に該当するものということになる（有価証券の後に付加されるカッコ書は、第五号等との重複を排除するために規定されている）。

●有価証券（譲渡性預金証書等証書をもって表示される金銭債権、および、短期社債等を除く）の売買

●有価証券関連デリバティブ取引（本条第四項で、金商法第二八条第八項第六号の定義を引用。概要、次のとおり）

○「市場デリバティブ取引」（金融商品市場において、市場開設者の定める基準・方法に従って行われるデリバティブ取引）のうち、有価証券に係る次の取引

・先物取引
・指標先物取引
・オプション取引
・スワップ取引　　等

○「店頭デリバティブ取引」（金融商品市場・外国金融商品市場以外で行われるデリバティブ取引）のうち、有価証券に係る次の取引
・先渡取引
・指標先渡取引
・オプション取引
・指標オプション取引
・スワップ取引　　等

○外国金融商品市場で行う取引であって、「市場デリバティブ取引」と類似の取引

（注）　先物取引・先渡取引とも、将来の一定の時期において、あらかじめ定めた価格に基づき有価証券等の売買を行う取引（または、有価証券等に係る指標について、あらかじめ定めた数値と現実の数値との差額を授受する取引）という点で同一である。ただ、一般に、次の相違に基づき、用語の使い分けがなされている。
先物取引（フューチャーとも称される）は、金融商品市場（証券取引所等が開設する市場）で行われる取引を指し、通常、取引所の定める標準化・定型化された方法に従って取引がなされる。

先渡取引（フォワードとも称される）は、金融商品市場を経由せず、諸条件が当事者間で設定される取引のことを指す。

●金融商品取引法 【傍線は、筆者が付したもの】

（金融機関の有価証券関連業の禁止等）

第三十三条 銀行、協同組織金融機関その他政令で定める金融機関（以下この条、次条及び第二百一条において「金融機関」という。）は、有価証券関連業又は投資運用業を行つてはならない。ただし、有価証券関連業については、金融機関が他の法律の定めるところにより投資の目的をもつて、又は信託契約に基づいて信託をする者の計算において有価証券の売買若しくは有価証券関連デリバティブ取引を行う場合は、この限りでない。

2 前項本文の規定は、金融機関が、書面取次ぎ行為（顧客の書面による注文を受けてその計算において有価証券の売買又は有価証券関連デリバティブ取引を行うことをいい、当該注文に関する顧客に対する勧誘に基づき行われるもの及び当該金融機関が行う投資助言業務に関しその顧客から注文を受けて行われるものを除く。次条第一号において同じ。）又は次の各号に掲げる有価証券若しくは取引について、当該各号に定める行為を行う場合には、適用しない。

一～六 （略）

●**金融商品取引法**　【傍線は、筆者が付したもの】

第二十八条

８　この章において「有価証券関連業」とは、次に掲げる行為のいずれかを業として行うことをいう。

一　有価証券の売買又はその媒介、取次ぎ（有価証券等清算取次ぎを除く。）若しくは代理

二　取引所金融商品市場又は外国金融商品市場における有価証券の売買の委託の媒介、取次ぎ又は代理

三　市場デリバティブ取引のうち、次に掲げる取引

イ　売買の当事者が将来の一定の時期において有価証券（有価証券に係る第二条第二十四項第五号に掲げる標準物を含み、政令で定めるものを除く。以下この号において同じ。）及びその対価の授受を約する売買であつて、当該売買の目的となつている有価証券の転売又は買戻しをしたときは差金の授受によつて決済することができる取引

ロ　当事者があらかじめ有価証券指標として約定する数値（以下この章において「有価証券約定数値」という。）と将来の一定の時期における現実の当該有価証券指標の数値（以下この章において「有価証券現実数値」という。）の差に基づいて算出される金銭の授受を約する取引

ハ　当事者の一方の意思表示により当事者間において次に掲げる取引を成立させることができる権利を相手方が当事者の一方に付与し、当事者の一方がこれに対して対価を支払うことを約する取引

(1)　有価証券の売買

(2)　イ、ロ、ニ及びホに掲げる取引（ロに掲げる取引に準ずる取引で金融商品取引所の定めるものを含む。）

ニ　当事者が元本として定めた金額について当事者の一方が相手方と取り決めた有価証券の利率等又は有価証券指標（有価証券の利率等及びこれに基づいて算出した数値を除く。ニ及び次号ホにおいて同じ。）の約定した期間における変化率に基づいて金銭を支払い、相手方が当事者の一方と取り決めた金利若しくは有価証券の利率等又は通貨の価格若しくは有価証券指標の約定した期間における変化率に基づいて金銭を支払うことを相互に約する取引（これらの金銭の支払とあわせて当該元本として定めた金額に相当する金銭又は有価証券を授受することを約するものを含む。）

ホ　イからニまでに掲げる取引に類似する取引であって、政令で定めるもの

四　店頭デリバティブ取引のうち、次に掲げる取引

イ　売買の当事者が将来の一定の時期において有価証券（政令で定めるものを除く。以下この号において同じ。）及びその対価の授受を約する売買であって、当該売買の目的となっている有価証券の売戻し又は買戻しその他政令で定める行為をしたときは差金の授受によって決済することができる取引

ロ　有価証券約定数値と有価証券現実数値の差に基づいて算出される金銭の授受を約する取引又はこれに類似する取引

ハ　当事者の一方の意思表示により当事者間において次に掲げる取引を成立させることができる権利を相手方が当事者の一方に付与し、当事者の一方がこれに対して対価を支払うことを約する取引又はこれに類似する取引

(1)　有価証券の売買

(2)　イ、ロ、ホ及びヘに掲げる取引

ニ　当事者の一方の意思表示により当事者間において当該意思表示を行う場合の有価証券指標としてあ

らかじめ約定する数値と現に当該意思表示を行つた時期における現実の当該有価証券指標の数値の差に基づいて算出される金銭を授受することとなる取引を成立させることができる権利を相手方が当事者の一方に付与し、当事者の一方がこれに対して対価を支払うことを約する取引又はこれに類似する取引

ホ　当事者が元本として定めた金額について当事者の一方が相手方と取り決めた有価証券の利率等若しくは有価証券指標の約定した期間における変化率に基づいて金銭を支払い、相手方が当事者の一方と取り決めた金利若しくは有価証券の利率等若しくは通貨の価格若しくは有価証券指標の約定した期間における変化率に基づいて金銭を支払うことを相互に約する取引（これらの金銭の支払とあわせて当該元本として定めた金額に相当する金銭又は有価証券を授受することを約するものを含む。）又はこれに類似する取引

ヘ　イからホまでに掲げるもののほか、これらと同様の経済的性質を有する取引であつて、公益又は投資者の保護を確保することが必要と認められるものとして政令で定める取引

五　外国金融商品市場において行う取引であつて、第三号に掲げる取引と類似の取引

六　前三号に掲げる取引（以下「有価証券関連デリバティブ取引」という。）の媒介、取次ぎ（有価証券等清算取次ぎを除く。）若しくは代理又は第三号若しくは前号に掲げる取引の委託の媒介、取次ぎ若しくは代理

●金融商品取引法施行令

（差金決済の原因となる行為）

第十五条の二　法第二十八条第八項第四号イに規定する政令で定める行為は、金融商品市場及び外国金融商

品市場によらないで、将来の一定の時期において有価証券及びその対価の授受を約する売買に関し、当該売買の当事者がその売買契約を解除する行為とする。

念のため解説すれば、金商法およびこれに関連する銀行法の規定において、有価証券の「売買」「取次ぎ」「媒介」という文言が用いられているが、それぞれ、以下のような意味を有する文言として、（特に定義なく）用いられている。

●「売買」……自己勘定に保有する有価証券を売却することおよび有価証券を買い受けて自己勘定で保有すること。「ディーリング」と呼ばれることもある。

●「取次ぎ」…顧客の計算で自己の名で売買等を行い、顧客の希望する取引を実現すること。「ブローカリッジ」と呼ばれることもある。

●「媒介」……顧客と（顧客の名で）売買等を行う相手方を見出し、契約の成立に尽力すること。

③ 有価証券の貸付け（第三号）

有価証券は金銭に類する価値をもち、借入れの際の担保等として広く利用されている。また、有価証券運用に伴う借入ニーズもある。金銭に類する価値をもつものの貸付けであるところ、金銭の貸付けとの付随性が認められるものと考えられる。

④ 国債等の公共債の引受け（売出し目的を除く）・当該公共債の募集の取扱い（第四号）

本号は、もともと、昭和五〇年代以降の国債大量発行が続くなかで、銀行が国債引受けシンジケート団に加わり国債の引受けを行っていたところ、それを念頭に、現行銀行法の制定時に規定されたものである。国債の大量発行が行われるなか、銀行による国債の窓口販売について、旧銀行法時代では明文の規定がなかったことから、その位置づけについて議論が行われ、昭和五六年の銀行法全面改正の際に明文規定が置かれた。

「引受け」とは、有価証券の募集・売出しなどに際し、当該有価証券を取得させることを目的として当該有価証券の全部または一部を取得すること・当該有価証券の全部または一部につき他に取得する者がない場合に残部を取得することを内容とする契約により有価証券を取得すること、などを指す。

「売出し」とは、多数の者等に対し、すでに発行されている有価証券の売付けの申込みまたは買付けの申込みの勧誘を行うことである。

「募集の取扱い」とは、有価証券の発行者のために、新たに発行される有価証券の取得の申込みの勧誘を多数の者等に対して行うことを意味する「募集」を、代行する行為をいう。

公共債の発行等に際し、売出し目的なく公共債の引受けを行うことは、銀行による資金運用の一手法に該当する（なお、売出し目的のある公共債の引受けについても、後述の「法定他業」として行うことができる（四(1)②参照））。また、銀行による当該公共債の「窓口販売」は、募集の取扱いに該当する。これらの行為は、公共債の発行等に際して一体的に行われるものであることから、両者をあわせて、付随業務に位置づけていると考えられる。

⑤　金銭債権（譲渡性預金証書等に表示されるものを含む）の取得・譲渡（第五号）

金銭債権の取得は、弁済期到来前の金銭債権の現金化であり、この点で、経済的に、与信と同様の機能を有している。近年では、資金調達手段の一つとして、金銭債権の流動化が注目されている。その裏腹の関係として、金銭債権の譲渡は、受信の機能を有している。また、金銭債権の買取りとその回収を行う業務、いわゆる「ファクタリング業務」は、銀行がそのノウハウを活用しつつ行う業務として、ニーズがある。

条文中、金銭債権には譲渡性預金証書その他の内閣府令で定める証書をもって表示されるものを含むとあり、銀行法施行規則第一二条では、コマーシャル・ペーパー等が定められている。金銭債権である以上、これらが含まれるのは当然とも思われるが、コマーシャル・ペーパーなど金商法の有価証券に該当するものも含まれる旨、確認的に規定したと考えられる。

●銀行法施行規則

（金銭債権の証書の範囲）

第十二条　法第十条第二項第五号に規定する内閣府令で定める証書をもつて表示されるものは、次に掲げるものとする。

一　譲渡性預金（払戻しについて期限の定めがある預金で、譲渡禁止の特約のないものをいう。第十三条の五第一項第一号において同じ。）の預金証書

二　コマーシャル・ペーパー

三　住宅抵当証書

四　貸付債権信託の受益権証書

四の二　抵当証券法（昭和六年法律第十五号）第一条第一項に規定する抵当証券

五　商品投資に係る事業の規制に関する法律（平成三年法律第六十六号）第二条第六項に規定する商品投資受益権の受益権証書

六　外国の法人の発行する証券又は証書で銀行業を営む者その他の金銭の貸付けを業として行う者の貸付債権を信託する信託の受益権又はこれに類する権利を表示するもの

七　法第十条第二項第十二号又は第十四号に規定する取引に係る権利を表示する証券又は証書

●コマーシャル・ペーパー

銀行法施行規則第一二条第二号に定めるコマーシャル・ペーパーについて、ここで特段の定義はないが、金商法第二条第一項第一五号に定義する「法人が事業に必要な資金を調達するために発行する約束手形のうち、内閣府令で定めるもの」（同項第一七号により外国の者が発行するものも含まれる）を指すと考えられる。

この規定を受けて、「金融商品取引法第二条に規定する定義に関する内閣府令」第二条において、次のように定めている。簡単にいうと、法人の委任により支払銀行等が交付した「ＣＰ」の文字が印刷された用紙を使用する約束手形である（金融商品取引業等に関する内閣府令第一七七条第四号において「コマーシャル・ペーパー」と称されている）。

●金融商品取引法第二条に規定する定義に関する内閣府令　【傍線は、筆者が付したもの】

（コマーシャル・ペーパー）

第二条　法第二条第一項第十五号に規定する内閣府令で定めるものは、当該法人の委任によりその支払いを行う次に掲げる金融機関が交付した「ＣＰ」の文字が印刷された用紙を使用して発行するものとする。

一　銀行

二　信用金庫及び信用金庫連合会並びに労働金庫及び労働金庫連合会

三　農林中央金庫及び株式会社商工組合中央金庫

四　信用協同組合及び信用協同組合連合会並びに業として預金又は貯金の受入れをすることができる農業協同組合、農業協同組合連合会、漁業協同組合、漁業協同組合連合会、水産加工業協同組合及び水産加

●商品投資受益権

銀行法施行規則第一二条第五号に定める商品投資受益権とは、商品投資事業に係る事業の規制に関する法律第二条第六項で、次のように定められている。簡単にいうと、「商品投資ファンド」に係る利益・収益の分配等を受ける権利のことである。

●商品投資事業に係る事業の規制に関する法律

（定義）

第二条

6　この法律において「商品投資受益権」とは、次に掲げる権利であって、商品投資に係る事業の公正及び投資者の保護を確保することが必要なものとして政令で定めるものをいう。

一　商品投資契約に係る利益の分配等又は収益の分配等を受ける権利

二　信託財産の全部又は一部を商品投資により運用することを目的とする信託の収益の分配及び元本の返還を受ける権利

三　外国の法令に準拠して設立された法人（次条及び第三十九条において「外国法人」という。）に対する権利であって、前二号に掲げるものに類するもの

●法第一〇条第二項第一二号または第一四号に規定する取引（デリバティブ取引に係る権利）に係る権利を表示する証券または証書

銀行法施行規則第一二条第七号に定めるものは、デリバティブ取引（有価証券関連デリバティブを除く）・金融等デリバティブ取引に係る権利を表示する証券・証書である。両デリバティブ取引の詳細は、後述する。

⑥ 特定社債等の引受け等（第五号の二）

第五号の二は、特定目的会社、いわゆるＳＰＣ（Special Purpose Company）が発行する特定社債等の引受け（売出しの目的をもってするものを除く）・当該引受けに係る特定社債等の募集の取扱いを定めている。対象が違うが、第四号に定める公共債の引受け等と同様の行為である。

なお、特定社債に準ずる有価証券として内閣府令で定めるものとしては、銀行法施行規則第一二条の二で、次のように定めている。

簡単にいうと、当該有価証券の発行を目的に設立・運営されている法人が発行し、当該有価証券上の債務の履行のために保有される譲渡資産が、指名金銭債権または指名金銭債権を信託する信託の受益権であるもの（金商法施行令第一五条の一七第一項第二号・金商業等に関する内閣府令第四〇条）、および、外国の者が発行する証券等で同様の性質を有するもの（金商法施行令第一五条の一七第三項・金商業等に関する内閣府令第四一条第二号）である。

●銀行法施行規則

（特定社債に準ずる有価証券）

第十二条の二　法第十条第二項第五号の二に規定する有価証券として内閣府令で定めるものは、金融商品取引法施行令（昭和四十年政令第三百二十一号）第十五条の十七第一項第二号又は同条第三項に規定する有価証券（同項に規定する有価証券については、金融商品取引法第二条第一項第四号又は第五号に掲げるものの性質を有するものに限る。）であつて、金融商品取引業等に関する内閣府令（平成十九年内閣府令第五十二号）第四十条第一号に規定する譲渡資産が、指名金銭債権又は指名金銭債権を信託する信託の受益権であるものとする。

金商法関係の関連規定のうち、主なものは、次のとおりである。

●金融商品取引法施行令【傍線は、筆者が付したもの】

（短期社債に類する有価証券等）

第十五条の十七　法第三十三条第二項第一号に規定する短期社債に類するものとして政令で定めるものは、次に掲げるものとする。

一（略）

二　法第二条第一項第四号に掲げる有価証券に準ずるものとして内閣府令で定めるもの

2（略）

3　法第三十三条第二項第一号に規定する法第二条第一項第十七号に掲げる有価証券のうち政令で定めるものは、同項第十五号に掲げる有価証券の性質を有するもののうち発行日から償還日までの期間が一年未満のもの又は社債、株式等の振替に関する法律第六十六条第一号に規定する短期社債若しくは第一項第一号若しくは法第二条第一項第四号若しくは第八号に掲げる有価証券に準ずるものとして内閣府令で定めるものとする。

●金融商品取引業等に関する内閣府令

（特定社債券に準ずる有価証券）

第四十条　令第十五条の十七第一項第二号に規定する内閣府令で定めるものは、次に掲げる要件のすべてに該当するものとする。

一　その有価証券の発行を目的として設立され、又は運営される法人に直接又は間接に所有者から譲渡される資産（次号において「譲渡資産」という。）が存在すること。

二　前号に規定する法人がその有価証券を発行し、当該有価証券（当該有価証券の借換えのために発行されるものを含む。）上の債務の履行について譲渡資産の管理、運用又は処分を行うことにより得られる金銭を充てること。

（短期社債等に準ずる有価証券）

第四十一条　令第十五条の十七第三項に規定する内閣府令で定めるものは、次に掲げるものとする。

一（略）

二　前条各号に掲げる要件のすべてに該当するもの（前号に掲げるものを除く。）

●金融商品取引法

（定義）

第二条　この法律において「有価証券」とは、次に掲げるものをいう。

四　資産の流動化に関する法律（平成十年法律第百五号）に規定する特定社債券

五　社債券（相互会社の社債券を含む。以下同じ。）

十五　法人が事業に必要な資金を調達するために発行する約束手形のうち、内閣府令で定めるもの

十七　外国又は外国の者の発行する証券又は証書で第一号から第九号まで又は第十二号から前号までに掲げる証券又は証書の性質を有するもの（次号に掲げるものを除く。）

⑦　短期社債等の取得または譲渡（第五号の三）

第五号の三は、短期社債等の取得・譲渡を定めている。対象が違うが、第五号に定める金銭債権の取得・譲渡と同様の行為である。

短期社債等の定義は、第三項にあり、社債、株式等の振替に関する法律などに規定する短期社債等が定められている。その一例として、社債、株式等の振替に関する法律第六六条で規定する短期社債の定義をあげると、次のとおりとされている。コマーシャル・ペーパー等の金銭債権と類似の性質をもつものと考えられる。

●社債、株式等の振替に関する法律

（権利の帰属）

第六十六条

一　次に掲げる要件のすべてに該当する社債（第八十三条において「短期社債」という。）

イ　各社債の金額が一億円を下回らないこと。

ロ　元本の償還について、社債の総額の払込みのあった日から一年未満の日とする確定期限の定めがあり、かつ、分割払の定めがないこと。

ハ　利息の支払期限を、ロの元本の償還期限と同じ日とする旨の定めがあること。

二　担保付社債信託法（明治三十八年法律第五十二号）の規定により担保が付されるものでないこと。
二　当該社債の発行の決定において、当該決定に基づき発行する社債の全部についてこの法律の規定の適用を受けることとする旨を定めた社債

⑧　有価証券の私募の取扱い（第六号）

有価証券の私募とは、第八項において、金商法第二条第三項の規定を引用しており、「取得勧誘であつて有価証券の募集に該当しないものをいう」とされている。

有価証券の募集とは、金商法第二条第三項で詳細な定義が置かれているが、概略としては、新たに発行される有価証券の取得の申込みの勧誘のうち、①多数の者を相手方として行われている場合、および、②勧誘対象者がプロの投資家（適格機関投資家・特定投資家）のみに限定されているなどの要件に該当しない場合を指している。

つまり、有価証券の私募とは、少数の投資家や機関投資家などに限定して、新たに発行される有価証券の取得の申込みの勧誘を行うことであり、有価証券の私募の取扱いとは、私募を代行することをいう。

私募の取扱いが、銀行の付随業務として許容されているのは、私募債が融資の変形としての側面があり、また、募集の取扱いに比して、銀行による利益相反行為が行われる可能性が相対的に低いことによると考えられる。

平成四年に制定された金融制度改革法で、旧証券取引法上、私募の取扱いについて規定の整備がなされたことをふまえ、銀行法上の規定も整備された。

⑨　地方債および社債等の債券の募集または管理の受託（第七号）

地方債、社債等の債券の発行に際し、その募集のための業務を行うこと、および、発行後の利払いや元本の償還等の管理業務を行うことについて、発行者から事務を受託することである。金銭の取扱いに関係する業務であるこ

と、また、高度の専門性・公平性が要求される社債等の募集または管理の受託業務について、わが国では、従来から銀行が担ってきたとの歴史的な経緯等もふまえ、銀行の付随業務とされていると考えられる。

⑩ 銀行等の業務の代理・媒介（第八号）

銀行および銀行以外の金融業を行う者（外国銀行を除く）の業務の代理・媒介で、内閣府令で定めるものをいうとされている。

これを受け、銀行法施行規則第一三条では、次のように、銀行・信用金庫等の業務の代理・媒介、資金移動業の代理・媒介、信託会社の業務の一部の代理・媒介、金商業者等の投資顧問契約等の締結の代理・媒介、保険会社の資金の貸付けの代理・媒介、公的金融機関の業務の代理・媒介等が規定されている。

●銀行法施行規則【傍線は、筆者が付したもの】

（業務の代理又は媒介）

第十三条　法第十条第二項第八号に規定する業務の代理又は媒介で内閣府令で定めるものは、次に掲げるものとする。

一　銀行、長期信用銀行（長期信用銀行法（昭和二十七年法律第百八十七号）第二条に規定する長期信用銀行をいう。以下同じ。）、株式会社商工組合中央金庫又は信用金庫、信用協同組合若しくは労働金庫（これらの法人をもつて組織する連合会を含む。）の業務（金融機関の信託業務の兼営等に関する法律第一条第一項に規定する信託業務（以下「信託業務」という。）を除く。）の代理又は媒介

二　農業協同組合（農業協同組合法（昭和二十二年法律第百三十二号）第十条第一項第三号の事業を行うものに限る。第三十四条の四十三第二項を除き、以下同じ。）若しくは農業協同組合連合会（同法第十条第一項第三

号の事業を行うものに限る。以下同じ。）が行う同法第十一条第二項に規定する信用事業（信託業務に係る事業を除く。）、漁業協同組合（水産業協同組合法（昭和二十三年法律第二百四十二号）第十一条第一項第四号の事業を行うものに限る。以下同じ。）若しくは漁業協同組合連合会（同法第八十七条第一項第四号の事業を行うものに限る。以下同じ。）若しくは水産加工業協同組合（同法第九十三条第一項第二号の事業を行うものに限る。以下同じ。）若しくは水産加工業協同組合連合会（同法第九十七条第一項第二号の事業を行うものに限る。以下同じ。）が行う同法第五十四条の二第二項に規定する信用事業（信託業務に係る事業を除く。）又は農林中央金庫の業務（信託業務に係る事業を除く。）の代理又は媒介

二の二　資金移動業者（資金決済に関する法律（平成二十一年法律第五十九号）第二条第三項に規定する資金移動業者をいう。第十七条の三第二項第一号の四において同じ。）が営む資金移動業（同法第二条第二項に規定する資金移動業をいう。同号において同じ。）の代理又は媒介

三　信託会社又は信託業務を営む金融機関の次に掲げる業務の代理又は媒介（法第十一条に掲げる業務に該当するものを除く。）

イ　信託契約（金融機関の信託業務の兼営等に関する法律施行令（平成五年政令第三十一号）第三条第一号及び金融機関の信託業務の兼営等に関する法律施行規則（昭和五十七年大蔵省令第十六号）第三条第一項第一号に規定する信託に係る信託契約を除く。）の締結

ロ　金融機関の信託業務の兼営等に関する法律第一条第一項各号（金融機関の信託業務の兼営等に関する法律施行令第三条各号に掲げる業務を除く。）に掲げる業務を受託する契約の締結

三の二　金融商品取引業者若しくは登録金融機関（金融商品取引法第二条第十一項に規定する登録金融機関をいう。）の投資顧問契約（同条第八項第十一号に規定する投資顧問契約をいう。）又は投資一任契約（同項第十

二号ロに規定する投資一任契約をいう。以下同じ。）の締結の代理又は媒介

四　保険会社（保険業法（平成七年法律第百五号）第二条第二項に規定する保険会社をいい、同条第七項に規定する外国保険会社等（以下「外国保険会社等」という。）を含む。）の資金の貸付けの代理又は媒介

五　法律の定めるところにより、予算について国会の議決を経なければならない法人で、金融業を行うものの業務の代理又は媒介

六　特別の法律により設立された法人で、特別の法律により銀行に業務の一部を委託し得るものの資金の貸付けその他の金融に関する業務の代理又は媒介（前号に掲げるものを除く。）

七　前各号に掲げる業務の代理又は媒介のいずれかに準ずるもので金融庁長官が別に定めるもの

本号で留意すべきは、外国銀行の業務の代理は次の号で規定されていること（第五二条の二第一項で引用され、認可が必要など、異なる取扱いとしている）である。

また、本号の「代理」は、「銀行代理業」で規定する代理業よりも広い範囲を指していることにも留意が必要である。

「銀行代理業」は、銀行法第二条第一四項で定義されており、銀行のために、預金の受入れ・資金の貸付け・為替取引等を内容とする契約の締結の代理・媒介を行うこととされている。

一方、本号では、「銀行の業務の代理」と規定されているため、預金・貸付け・為替取引に限らず、銀行が行う業務全般の代理が含まれることとなる。この差異は、銀行代理業の場合、それを行う業者（銀行以外の者）を許可制とし、銀行の本来業務の適正な運営を確保しているが、本号はすでに銀行免許を受けている銀行が、別の銀行の業務を受託することに関しての規定であり、規制の観点が異なるためと考えられる。

⑪　外国銀行の業務の代理・媒介（第八号の二）

銀行の子会社である外国銀行の業務の代理または媒介を当該銀行が行う場合における当該代理または媒介その他の内閣府令で定めるものに限るとされている。これを受け、銀行法施行規則第一三条の二において、銀行の子会社である外国銀行・銀行を子会社とする外国銀行・銀行の兄弟会社である外国銀行、および、これら以外の外国銀行（業務の代理・媒介を外国において行う場合に限る）の業務の代理または媒介等を定めている。

第五二条の二以下の規定により、認可・届出等が必要であるほか、業務運営上の諸規制が課せられる。

⑫　国等の金銭の出納等（第九号）

本号では、国・地方公共団体・会社等の金銭の出納その他金銭に係る事務の取扱いを定めている。銀行は、固有業務を通じて多数の者を相手方として金銭の取扱事務を行っており、公的・私的な団体等から委託を受けて金銭に係る事務を行うためのノウハウや、管理体制が整備されていることをふまえてのものと考えられる。具体的な事務としては、たとえば、地方公共団体の指定金融機関としての業務や、公共料金の受入れ、株式会社の配当金支払事務等がある。

⑬　有価証券・貴金属等の保護預り（第一〇号）

銀行は厳重な警備体制と金庫等の堅牢な設備のもとで多額の金銭の保管を行っており、貴重品の保護預りを行うためのノウハウや、管理体制が整備されていることをふまえてのものと考えられる。典型例として、貸金庫業務などがある。

⑭　振替業（第一〇号の二）

振替業の定義は本条第九項にあり、「社債、株式等の振替に関する法律」第二条第四項の口座管理機関として行う振替業をいうとされている。紙ベースではなく振替機関で電子的に管理されている社債等の口座管理機関として、社債等の振替え（権利の移転等）に関する業務を行うことをいう。銀行がコンピュータシステム等も活用しつつ、金銭・有価証券等の管理事務を行っていることをふまえてのものと考えられる。

⑮　**両替**（第一一号）

両替については、歴史的には正貨と不換紙幣の交換ニーズ等があり、また、現代でも、業務の性格上、銀行が多くの現金を取り扱っていることをふまえてのものと考えられる。

⑯　**デリバティブ取引**（第一二号～第一七号）

各種のデリバティブ取引、および、その媒介・取次ぎ・代理について規定している。大きく分類すると、次のようになる。なお、次に掲げる「デリバティブ取引」は、金商法に規定するデリバティブ取引から有価証券関連デリバティブを除いたものであり、「金融等デリバティブ取引」「有価証券関連店頭デリバティブ取引」を包摂する概念ではなく、三つの概念は並列的に用いられていることに留意が必要である。

- ●デリバティブ取引（有価証券関連デリバティブ取引を除く）、その媒介・取次ぎ・代理（第一二号・第一三号）
- ●金融等デリバティブ取引、その媒介・取次ぎ・代理（第一四号・第一五号）
- ●有価証券関連店頭デリバティブ取引、その媒介・取次ぎ・代理（対象有価証券が第五号に規定する証書をもって表示される金銭債権に該当するもの・短期社債券等以外のものである場合は、差金決済のものに限る）（第一六号・第一七号）

第二号において、有価証券関連デリバティブ取引について、有価証券の売買とともに、投資目的または書面取次ぎ行為に限って認める旨が規定されている（銀証分離の考えをふまえたもの）。

第一二号～第一七号では、①有価証券関連ではないデリバティブ取引と、その媒介・取次ぎ・代理、②店頭で行われる有価証券関連デリバティブ取引と、その媒介・取次ぎ・代理（不特定・多数の投資家の参加が想定される市場での有価証券関連デリバティブ取引については、第二号で定められている投資目的・書面取次ぎ行為に該当するもの以外は認められていない）を、付随業務として規定している。

(イ) デリバティブ取引

デリバティブ取引の定義は、本条第一〇項で、金商法第二条第二〇項の定義を引用しており、概要、次のとおりである（条文は、後掲）。

○「市場デリバティブ取引」（金融商品市場において、市場開設者の定める基準・方法に従って行われる次の取引）

・先物取引
・指標先物取引
・オプション取引
・スワップ取引
・クレジットデリバティブ取引（自然現象・戦乱等を支払事由とするものを含む）　等

○「店頭デリバティブ取引」（金融商品市場・外国金融商品市場以外で行われる次の取引）

・先渡取引
・指標先渡取引
・オプション取引
・指標オプション取引
・スワップ取引
・クレジットデリバティブ取引（自然現象・戦乱等を支払事由とするものを含む）　等

○外国金融商品市場で行う取引であって、「市場デリバティブ取引」と類似の取引一般にデリバティブとは、商品や指標（原資産）を参照して当事者が取り決めた一定の金銭を授受する取引をいうが、銀行法上、「デリバティブ取引」の定義は、金商法第二条第二〇項の定義を引用しており、金融商品や金融指標を原資産とした取引が該当する。原資産となる金融商品等は、金商法第二条第二四項・第二五項等において規定されており、①金融商品としては、（有価証券のほかに）預金債権・各種証券・通貨等が定められ、②金融指標としては、金融商品の価格・利率等、気象の観測数値、経済統計数値等が定められている。

(ロ) 有価証券関連店頭デリバティブ取引

有価証券関連店頭デリバティブ取引の定義は、本条第一〇項で、金商法第二八条第八項第四号に掲げる行為をいうものとしている（第二号の解説中、有価証券関連デリバティブ取引のうち、店頭デリバティブ取引に該当する取引についての解説参照。条文は、後掲）。

(ハ) 金融等デリバティブ取引

金融等デリバティブ取引については、本項第一四号、および銀行法施行規則第一三条の二の三で定義されている。これは、(イ)のデリバティブ取引、および(ロ)の有価証券関連店頭デリバティブ取引に該当しないデリバティブ取引、すなわち、金商法上のデリバティブ取引に含まれないものであって、銀行が許容された取引である、商品・排出権に係るスワップ・オプション取引等が該当することとなる。

金融手法の高度化とともに、各種デリバティブ取引が、ヘッジ手段として、また、資産運用目的等で、幅広く利用されている。また、店頭デリバティブ取引については、いわばオーダー・メードの取引として、個別具体的なニーズに基づいて行われている。このような背景のもと、銀行の業務に関連し、銀行自身にとっても、また、対顧客サービスとしても、デリバティブ取引やその媒介等に対するニーズや必要性が想定されることをふまえ、付随業務として定められていると考えられる。

●デリバティブ取引の定義

●金融商品取引法　【傍線は、筆者が付したもの】

（定義）

第二条

20　この法律において「デリバティブ取引」とは、市場デリバティブ取引、店頭デリバティブ取引又は外国市場デリバティブ取引をいう。

21　この法律において「市場デリバティブ取引」とは、金融商品市場において、金融商品市場を開設する者の定める基準及び方法に従い行う次に掲げる取引をいう。

一　売買の当事者が将来の一定の時期において金融商品及びその対価の授受を約する売買であつて、当該売買の目的となつている金融商品の転売又は買戻しをしたときは差金の授受によつて決済することができる取引

二　当事者があらかじめ金融指標として約定する数値（以下「約定数値」という。）と将来の一定の時期における現実の当該金融指標の数値（以下「現実数値」という。）の差に基づいて算出される金銭の授受を約する取引

三　当事者の一方の意思表示により当事者間において次に掲げる取引を成立させることができる権利を相手方が当事者の一方に付与し、当事者の一方がこれに対して対価を支払うことを約する取引

イ　金融商品の売買（第一号に掲げる取引を除く。）

ロ　前二号及び次号から第六号までに掲げる取引（前号又は第四号の二に掲げる取引に準ずる取引で金融商

品取引所の定めるものを含む。）

四　当事者が元本として定めた金額について当事者の一方が相手方と取り決めた金融商品（第二十四項第三号及び第三号の二に掲げるものを除く。）の利率等（利率その他これに準ずるものとして内閣府令で定めるものをいう。以下同じ。）又は金融指標（金融商品（これらの号に掲げるものを除く。）の利率等及びこれに基づいて算出した数値を除く。以下この号及び次項第五号において同じ。）の約定した期間における変化率に基づいて金銭を支払い、相手方が当事者の一方と取り決めた金融商品（第二十四項第三号及び第三号の二に掲げるものを除く。）の利率等又は金融指標の約定した期間における変化率に基づいて金銭を支払うことを相互に約する取引（これらの金銭の支払とあわせて当該元本として定めた金額に相当する金銭又は金融商品を授受することを約するものを含む。）

四の二　当事者が数量を定めた金融商品（第二十四項第三号の二に掲げるものに限る。以下この号において同じ。）について当事者の一方が相手方と取り決めた当該金融商品に係る金融指標の約定した期間における変化率に基づいて金銭を支払い、相手方が当事者の一方と取り決めた当該金融指標の約定した期間における変化率に基づいて金銭を支払うことを相互に約する取引

五　当事者の一方が金銭を支払い、これに対して当事者があらかじめ定めた次に掲げるいずれかの事由が発生した場合において相手方が金銭を支払うことを約する取引（当該事由が発生した場合において、当事者の一方が金融商品、金融商品に係る権利又は金銭債権（金融商品であるもの及び金融商品に係る権利であるものを除く。）を移転することを約するものを含み、第二号から前号までに掲げるものを除く。）

イ　法人の信用状態に係る事由その他これに類似するものとして政令で定めるもの

ロ　当事者がその発生に影響を及ぼすことが不可能又は著しく困難な事由であつて、当該当事者その他

の事業者の事業活動に重大な影響を与えるものとして政令で定めるもの（イに掲げるものを除く。）

六　前各号に掲げる取引に類似する取引であって、政令で定めるもの

22　この法律において「店頭デリバティブ取引」とは、金融商品市場及び外国金融商品市場によらないで行う次に掲げる取引（その内容等を勘案し、公益又は投資者の保護のため支障を生ずることがないと認められるものとして政令で定めるものを除く。）をいう。

一　売買の当事者が将来の一定の時期において金融商品（第二十四項第三号の二及び第五号に掲げるものを除く。第三号及び第六号において同じ。）及びその対価の授受を約する売買であって、当該売買の目的となっている金融商品の売戻し又は買戻しその他政令で定める行為をしたときは差金の授受によって決済することができる取引

二　約定数値（第二十四項第三号の二又は第五号に掲げる金融商品に係る金融指標の数値を除く。）と現実数値（これらの号に掲げる金融商品に係る金融指標の数値を除く。）の差に基づいて算出される金銭の授受を約する取引又はこれに類似する取引

三　当事者の一方の意思表示により当事者間において次に掲げる取引を成立させることができる権利を相手方が当事者の一方に付与し、当事者の一方がこれに対して対価を支払うことを約する取引又はこれに類似する取引

イ　金融商品の売買（第一号に掲げる取引を除く。）

ロ　前二号及び第五号から第七号までに掲げる取引

四　当事者の一方の意思表示により当事者間において当該意思表示を行う場合の金融指標（第二十四項第三号の二又は第五号に掲げる金融商品に係るものを除く。）としてあらかじめ約定する数値と現に当該意思表

示を行つた時期における現実の当該金融指標の数値の差に基づいて算出される金銭を授受することとなる取引を成立させることができる権利を相手方が当事者の一方に付与し、当事者の一方がこれに対して対価を支払うことを約する取引又はこれに類似する取引

五　当事者が元本として定めた金額について当事者の一方が相手方と取り決めた金融商品（第二十四項第三号、第三号の二及び第五号に掲げるものを除く。）の利率等若しくは金融指標の約定した期間における変化率に基づいて金銭を支払い、相手方が当事者の一方と取り決めた金融商品（これらの号に掲げるものを除く。）の利率等若しくは金融指標の約定した期間における変化率に基づいて金銭を支払うことを相互に約する取引（これらの金銭の支払とあわせて当該元本として定めた金額に相当する金銭又は金融商品（同項第三号の二及び第五号に掲げるものを除く。）を授受することを約するものを含む。）又はこれに類似する取引

六　当事者の一方が金銭を支払い、これに対して当事者があらかじめ定めた次に掲げるいずれかの事由が発生した場合において相手方が金銭を支払うことを約する取引（当該事由が発生した場合において、当事者の一方が金融商品、金融商品に係る権利又は金銭債権（金融商品であるもの及び金融商品に係る権利であるものを除く。）を移転することを約するものを含み、第二号から前号までに掲げるものを除く。）又はこれに類似する取引

イ　法人の信用状態に係る事由その他これに類似するものとして政令で定めるもの

ロ　当事者がその発生に影響を及ぼすことが不可能又は著しく困難な事由であつて、当該当事者その他の事業者の事業活動に重大な影響を与えるものとして政令で定めるもの（イに掲げるものを除く。）

七　前各号に掲げるもののほか、これらと同様の経済的性質を有する取引であつて、公益又は投資者の保護を確保することが必要と認められるものとして政令で定める取引

23　この法律において「外国市場デリバティブ取引」とは、外国金融商品市場において行う取引であって、市場デリバティブ取引と類似の取引（金融商品（次項第三号の二に掲げるものに限る。）又は金融指標（当該金融商品の価格及びこれに基づいて算出した数値に限る。）に係るものを除く。）をいう。

24　この法律において「金融商品」とは、次に掲げるものをいう。

一　有価証券

二　預金契約に基づく債権その他の権利又は当該権利を表示する証券若しくは証書であって政令で定めるもの（前号に掲げるものを除く。）

三　通貨

三の二　商品（商品先物取引法（昭和二十五年法律第二百三十九号）第二条第一項に規定する商品のうち、法令の規定に基づく当該商品の価格の安定に関する措置の有無その他当該商品の価格形成及び需給の状況を勘案し、当該商品に係る市場デリバティブ取引により当該商品の適切な価格形成が阻害されるおそれがなく、かつ、取引所金融商品市場において当該商品に係る市場デリバティブ取引が行われることが国民経済上有益であるものとして政令で定めるものをいう。以下同じ。）

四　前各号に掲げるもののほか、同一の種類のものが多数存在し、価格の変動が著しい資産であって、当該資産に係るデリバティブ取引（デリバティブ取引に類似する取引を含む。）について投資者の保護を確保することが必要と認められるものとして政令で定めるもの（商品先物取引法第二条第一項に規定する商品を除く。）

五　第一号若しくは第二号に掲げるもの又は前号に掲げるもののうち内閣府令で定めるものについて、金融商品取引所が、市場デリバティブ取引を円滑化するため、利率、償還期限その他の条件を標準化して

設定した標準物

25　この法律において「金融指標」とは、次に掲げるものをいう。

一　金融商品の価格又は金融商品（前項第三号及び第三号の二に掲げるものを除く。）の利率等

二　気象庁その他の者が発表する気象の観測の成果に係る数値

三　その変動に影響を及ぼすことが不可能若しくは著しく困難であつて、事業者の事業活動に重大な影響を与える指標（前号に掲げるものを除く。）又は社会経済の状況に関する統計の数値であつて、これらの指標又は数値に係るデリバティブ取引（デリバティブ取引に類似する取引を含む。）について投資者の保護を確保することが必要と認められるものとして政令で定めるもの（商品先物取引法第二条第二項に規定する商品指数であつて、商品以外の同条第一項に規定する商品の価格に基づいて算出されたものを除く。）

四　前三号に掲げるものに基づいて算出した数値

26　この法律において「外国金融商品取引所」とは、第百五十五条第一項の規定により内閣総理大臣の認可を受けた者をいう。

●金融商品取引法施行令

（法人の信用状態に係る事由に類似するもの）

第一条の十三　法第二条第二十一項第五号イ及び第二十二項第六号イに規定する政令で定めるものは、法人でない者の信用状態に係る事由その他事業を行う者における当該事業の経営の根幹にかかわる事由として内閣府令で定めるものとする。

（当事者その他の事業者の事業活動に重大な影響を与えるもの）

第一条の十四　法第二条第二十一項第五号ロ及び第二十二項第六号ロに規定する政令で定めるものは、次に掲げるものとする。

一　暴風、豪雨、豪雪、洪水、高潮、地震、津波、噴火その他の異常な自然現象

二　戦争、革命、内乱、暴動、騒乱その他これらに準ずるものとして内閣府令で定める事由

（店頭デリバティブ取引から除かれるもの）

第一条の十五　法第二条第二十二項に規定する公益又は投資者の保護のため支障を生ずることがないと認められるものとして政令で定めるものは、次に掲げるものとする。

一　預金保険法（昭和四十六年法律第三十四号）第二条第二項に規定する預金等及び農水産業協同組合貯金保険法（昭和四十八年法律第五十三号）第二条第二項に規定する貯金等の受入れを内容とする取引に付随する法第二条第二十二項第三号（ロを除く。）に掲げる取引（通貨の売買に係るものに限る。）

二　保険業法第二条第一項に規定する保険業及び同項各号に掲げる事業に係る契約の締結

三　債務の保証に係る契約の締結

四　貸付けに係る債務の全部又は一部の弁済がなされないこととなつた場合において、その債権者に対してその弁済がなされないこととなつた額の一部を補てんすることを内容とする契約の締結（前号に掲げるものを除く。）

（差金決済の原因となる行為）

第一条の十六　法第二条第二十二項第一号に規定する政令で定める行為は、金融商品市場及び外国金融商品市場によらないで、将来の一定の時期において金融商品（同条第二十四項第三号の二及び第五号に掲げるもの

を除く。）及びその対価の授受を約する売買に関し、当該売買の当事者がその売買契約を解除する行為とする。

（預金契約に基づく債権その他の権利又は当該権利を表示する証券若しくは証書）

第一条の十七　法第二条第二十四項第二号に規定する政令で定めるものは、外国為替及び外国貿易法第六条第一項第七号に規定する支払手段（通貨に該当するものを除く。）、同項第十一号に規定する証券及び同項第十三号に規定する債権とする。

（商品）

第一条の十七の二　法第二条第二十四項第三号の二に規定する政令で定めるものは、商品先物取引法（昭和二十五年法律第二百三十九号）第二条第一項に規定する商品（法令の規定に基づく当該商品の価格の安定に関する措置であつて、当該商品の需給の均衡を図るために必要な施策が講ぜられているものを除く。）のうち、当該商品の売買、売買の媒介、取次ぎ若しくは代理、生産、加工又は使用を業として行つている者の取引の状況その他の当該商品に係る経済活動の状況に照らし十分な取引量が見込まれることその他の当該商品の価格形成及び需給に関する事情を勘案し、取引所金融商品市場において当該商品に係る市場デリバティブ取引が行われることにより当該商品の公正な価格形成を図ることができ、かつ、投資者が当該商品の価格の変動に伴い生ずるおそれのある損失を減少させることができることとなることその他の効果があることによつて取引所金融商品市場において当該商品に係る市場デリバティブ取引が行われることが国民経済の健全な発展に資すると認められるものとして金融庁長官が商品市場所管大臣（法第百九十四条の六の二に規定する商品市場所管大臣をいう。）と協議して指定するものとする。

（金融指標の範囲）

第一条の十八　法第二条第二十五項第三号に規定する政令で定めるものは、次に掲げるものとする。

一　気象庁その他の者が発表する地象、地動、地球磁気、地球電気及び水象の観測の成果に係る数値

二　統計法（平成十九年法律第五十三号）第二条第四項に規定する基幹統計の数値、同条第七項に規定する一般統計調査の結果に係る数値並びに同法第二十四条第一項及び第二十五条の規定による届出のあった統計調査の結果に係る数値その他これらに準ずるものとして内閣府令で定める数値

三　前号に掲げるものに相当する外国の統計の数値

四　行政機関（地方公共団体を含む。）が法令の規定に基づき、又は一般の利用に供することを目的として定期的に発表し、又は提供する不動産の価格又は二以上の不動産の価格の水準を総合的に表した数値、不動産に関連する業務を行う団体が投資者の利用に供することを目的として定期的に発表し、又は提供する不動産の価格又は二以上の不動産の価格の水準を総合的に表した数値その他これらに準ずるものとして内閣府令で定める数値

●銀行法施行規則

（デリバティブ取引）

第十三条の二の二　法第十条第二項第十二号及び第十三号に規定する内閣府令で定めるものは、金融商品取引法第二条第二十項に規定するデリバティブ取引（有価証券関連デリバティブ取引（同法第二十八条第八項第六号に規定する有価証券関連デリバティブ取引をいう。以下同じ。）に該当するものを除く。）とする。

●金融等デリバティブ取引の定義

●銀行法施行規則【傍線は筆者が付したもの】

（金融等デリバティブ取引）

第十三条の二の三　法第十条第二項第十四号に規定する類似する取引であつて内閣府令で定めるものは、次に掲げるものとする。

一　当事者が数量を定めた商品について当該当事者間で取り決めた商品相場に基づき金銭の支払を相互に約する取引その他これに類似する取引（次に掲げる取引に限る。以下「商品デリバティブ取引」という。）

イ　差金の授受によつて決済される取引

ロ　商品及びその対価の授受を約する売買取引であつて、次に掲げる要件のすべてを満たすもの

(1)　当該売買取引に係る商品を決済の終了後に保有することとならないこと。

(2)　当該売買取引に係る商品の保管又は運搬に伴い発生しうる危険を負担しないこと。

二　当事者が数量を定めた算定割当量（地球温暖化対策の推進に関する法律（平成十年法律第百十七号）第二条第六項に規定する算定割当量その他これに類似するものをいう。以下同じ。）について当該当事者間で取り決めた算定割当量の相場に基づき金銭の支払を相互に約する取引その他これに類似する取引（次に掲げる取引に限る。）

イ　差金の授受によつて決済される取引

ロ　算定割当量及びその対価の授受を約する売買取引であつて、当該売買取引に係る算定割当量を決済の終了後に保有することとならないもの

三　当事者の一方の意思表示により当事者間において前二号に掲げる取引を成立させることができる権利を相手方が当事者の一方に付与し、当事者の一方がこれに対して対価を支払うことを約する取引その他これに類似する取引

2　法第十条第二項第十四号に規定する銀行の経営の健全性を損なうおそれがないと認められる取引として内閣府令で定めるものは、前項各号に掲げるものとする。

3　法第十条第二項第十五号に規定する内閣府令で定めるものは、上場商品構成物品等（商品先物取引法（昭和二十五年法律第二百三十九号）第十五条第一項第一号に規定する上場商品構成物品等をいう。）について商品市場（同法第二条第九項に規定する商品市場をいう。）における相場を利用して行う同法第二条第十四項第一号から第三号まで及び第四号（ニを除く。）に掲げる取引の媒介、取次ぎ又は代理とする。

●有価証券関連店頭デリバティブ取引の定義

●金融商品取引法　【傍線は筆者が付したもの】

第二十八条

8　この章において「有価証券関連業」とは、次に掲げる行為のいずれかを業として行うことをいう。

一～三　（略）

四　店頭デリバティブ取引のうち、次に掲げる取引

イ　売買の当事者が将来の一定の時期において有価証券（政令で定めるものを除く。以下この号において同じ。）及びその対価の授受を約する売買であつて、当該売買の目的となつている有価証券の売戻し又は

買戻しその他政令で定める行為をしたときは差金の授受によつて決済することができる取引

ロ　有価証券約定数値と有価証券現実数値の差に基づいて算出される金銭の授受を約する取引又はこれに類似する取引

ハ　当事者の一方の意思表示により当事者間において次に掲げる取引を成立させることができる権利を相手方が当事者の一方に付与し、当事者の一方がこれに対して対価を支払うことを約する取引又はこれに類似する取引

(1)　有価証券の売買

(2)　イ、ロ、ホ及びヘに掲げる取引

ニ　当事者の一方の意思表示により当事者間において当該意思表示を行う場合の有価証券指標としてあらかじめ約定する数値と現に当該意思表示を行つた時期における現実の当該有価証券指標の数値の差に基づいて算出される金銭を授受することとなる取引を成立させることができる権利を相手方が当事者の一方に付与し、当事者の一方がこれに対して対価を支払うことを約する取引又はこれに類似する取引

ホ　当事者が元本として定めた金額について当事者の一方が相手方と取り決めた有価証券の利率等若しくは有価証券指標の約定した期間における変化率に基づいて金銭を支払い、相手方が当事者の一方と取り決めた金利若しくは有価証券の利率等若しくは通貨の価格若しくは有価証券指標の約定した期間における変化率に基づいて金銭を支払うことを相互に約する取引（これらの金銭の支払とあわせて当該元本として定めた金額に相当する金銭又は有価証券を授受することを約するものを含む。）又はこれに類似する取引

へ　イからホまでに掲げるもののほか、これらと同様の経済的性質を有する取引であつて、公益又は投資者の保護を確保することが必要と認められるものとして政令で定める取引

●金融商品取引法施行令

(差金決済の原因となる行為)

第十五条の二　法第二十八条第八項第四号イに規定する政令で定める行為は、金融商品市場及び外国金融商品市場によらないで、将来の一定の時期において有価証券及びその対価の授受を約する売買に関し、当該売買の当事者がその売買契約を解除する行為とする。

⑰　ファイナンス・リース業務（第一八号・第一九号）

ここでは、いわゆるファイナンス・リース業務（第一八号）とその代理・媒介（第一九号）を規定している。

ファイナンス・リースは、リースのうち、中途解約可能で賃貸借の性格が強いオペレーティング・リース（当該リース対象物件の中古市場があるような場合が多い）と異なり、金融的な性格の強いものであり、通常、借手側が選択した物件を貸手側が購入し、中途解約等ができない条件のもと、リースが行われる。

第一八号では、対象となるリース契約の要件として、機械等の物件を使用させる契約であって、使用期間中の中途解約が原則できず（例外は、銀行法施行規則第一三条の二の四で規定）、使用期間中の物件の価値低下額・固定資産税相当額・保険料その他付随費用を相手方から受領する旨が定められ、かつ、使用期間満了時に物件の所有権等が相手方に移転しない旨が定められていることとしている。

●銀行法施行規則【傍線は筆者が付したもの】

（リース契約の要件）

第十三条の二の四　法第十条第二項第十八号イに規定する内閣府令で定めるものは、機械類その他の物件を使用させる契約のうち使用期間（同号イに規定する使用期間をいう。以下この項において同じ。）の中途において契約の解除をすることができない旨の定めがないものであつて、相手方が、当該契約に係る使用期間の中途において当該契約に基づく義務に違反し、又は当該契約を解除する場合において、未経過期間に係る使用料のおおむね全部を支払うこととされているものとする。

2　法第十条第二項第十八号ロに規定する内閣府令で定める費用は、利子及び手数料の額とする。

四　法定他業および他業禁止

第十一条　銀行は、前条の規定により営む業務のほか、同条第一項各号に掲げる業務の遂行を妨げない限度において、次に掲げる業務を行うことができる。

一　金融商品取引法第二十八条第六項（通則）に規定する投資助言業務

二　金融商品取引法第三十三条第二項各号（金融機関の有価証券関連業の禁止等）に掲げる有価証券又は取引について、同各号に定める行為を行う業務（前条第二項の規定により営む業務を除く。）

三　信託法（平成十八年法律第百八号）第三条第三号（信託の方法）に掲げる方法によつてする信託に係る事

務に関する業務
四　算定割当量を取得し、若しくは譲渡することを内容とする契約の締結又はその媒介、取次ぎ若しくは代理を行う業務（前条第二項の規定により営む業務を除く。）であつて、内閣府令で定めるもの
第十二条　銀行は、前二条の規定により営む業務及び担保付社債信託法その他の法律により営む業務のほか、他の業務を営むことができない。

(1) 法定他業

第一一条では、「固有業務を妨げない限度において」との制約のもと、金商法に規定する投資助言業務、金商法第三三条第二項各号で規定されている業務（銀証分離の例外として金融機関に認められている業務）等を行うことができると規定している。

銀行の固有業務との付随性を有する業務は、第一〇条で付随業務として規定されている。本条では、付随性を有しているとは言いがたいものの、銀行がもつノウハウ等を活用することができ、また、銀行の固有業務の遂行に大きな支障をもたらす蓋然性が高くないと考えられるような業務を、個別に列記し、銀行が営むことができるとしている（付随業務の規定と異なり、各号に規定されているものに限定され、それ以上の広がりをもつ解釈を行う余地はない）。また、銀行の固有業務への専念が疎かになることを防ぐため、「固有業務を妨げない限度において」との制約を付している。

①　投資助言業務（第一号）

投資助言業務は、金商法第二八条第六項で定義されている。定義において引用が続いているが、最終的には同法

第二条第八項第一一号で定められている。

簡単にいうと、①有価証券の価値・有価証券関連オプションの対価の額・有価証券指標の動向、②金融商品の価値等の分析に基づく投資判断について、投資顧問契約（これらについての助言とその対価として報酬の支払を約束する契約）を締結し、この契約に基づいて助言を行うこと（不特定多数の者が随時購入可能な新聞・雑誌による助言等は除かれる）である。

●金融商品取引法【傍線は筆者が付したもの】

第二十八条

3　この章において「投資助言・代理業」とは、金融商品取引業のうち、次に掲げる行為のいずれかを業として行うことをいう。

一　第二条第八項第十一号に掲げる行為

二　第二条第八項第十三号に掲げる行為

4・5　（略）

6　この章において「投資助言業務」とは、投資助言・代理業に係る業務のうち、第三項第一号に掲げる行為に係る業務をいう。

●金融商品取引法

第二条

8

十一　当事者の一方が相手方に対して次に掲げるものに関し、口頭、文書（新聞、雑誌、書籍その他不特定多数の者に販売することを目的として発行されるもので、不特定多数の者により随時に購入可能なものを除く。）その他の方法により助言を行うことを約し、相手方がそれに対し報酬を支払うことを約する契約（以下「投資顧問契約」という。）を締結し、当該投資顧問契約に基づき、助言を行うこと。

イ　有価証券の価値等（有価証券の価値、有価証券関連オプション（金融商品市場において金融商品市場を開設する者の定める基準及び方法に従い行う第二十八条第八項第三号ハに掲げる取引に係る権利、外国金融商品市場において行う取引であつて同号ハに掲げる取引と類似の取引に係る権利又は金融商品市場及び外国金融商品市場によらないで行う同項第四号ハ若しくはニに掲げる取引に係る権利をいう。）の対価の額又は有価証券指標（有価証券の価格若しくは利率その他これに準ずるものとして内閣府令で定めるもの又はこれらに基づいて算出した数値をいう。）の動向をいう。）

ロ　金融商品の価値等（金融商品（第二十四項第三号の二に掲げるものにあつては、金融商品取引所に上場されているものに限る。）の価値、オプションの対価の額又は金融指標（同号に掲げる金融商品に係るものにあつては、金融商品取引所に上場されているものに限る。）の動向をいう。以下同じ。）の分析に基づく投資判断（投資の対象となる有価証券の種類、銘柄、数及び価格並びに売買の別、方法及び時期についての判断又は行うべきデリバティブ取引の内容及び時期についての判断をいう。以下同じ。）

②　有価証券関連業（第二号）

第二号では、金商法第三三条において、銀証分離の例外として、金融機関に認められている有価証券関連業のうち、付随業務に該当するもの以外のものを定めている。金商法第三三条の二の規定により、投資目的等の場合を除き、内閣総理大臣への登録が必要とされている。

銀行法において、有価証券関連業は、第一〇条第二項の付随業務（第二号・第四号・第六号・第一六号・第一七号等）と、本号に分かれて規定されている。

いずれの位置づけに置かれている業務であっても、銀行が営むことには変わりがないが、本号に規定される業務に関しては、銀行の固有業務の遂行を妨げない限度においてとの制約が付されている点が、付随業務と異なる点である。

本号は、金商法第二条の定義規定などを引用しているため、きわめて複雑な条文となっているが、簡単にいうと、国債等の公共債や短期証券、投資信託受益証券などについて、売買およびその媒介・取次ぎ・代理等を認めるとともに、それらに係るデリバティブ取引等を認めるとしている。

概略をまとめると、次の有価証券もしくは取引の種類のグループごとに、それぞれに定める業務を行うことができるとしている（付随業務と重複するものがあるが、重複するものは付随業務に位置づけられることとなる）。

有価証券グループⅠ（金商法第三三条第二項第一号・第五号）

○有価証券の種類

・国債（金商法第二条第一項第一号）
・地方債（同項第二号）
・特別の法律により法人の発行する債券（政府保証付のもの・全国信用金庫連合会の短期債・農林中金の短期農林債に限る）（同項第三号）
・資産流動化法に規定する特定社債券（同項第四号）
・社債券（政府保証付のもの・短期社債等に限る）（同項第五号）

・資産流動化法に規定する優先出資証券または新優先出資引受権を表示する証券（同項第八号）
・短期投資法人債等（同項第一一号）
・貸付信託の受益証券（同項第一二号）
・資産流動化法に規定する特定目的信託受益証券（同項第一三号）
・受益証券発行信託の受益証券（同項第一四号）
・コマーシャル・ペーパー（同項第一五号）
・抵当証券（同項第一六号）
・これらと同種の外国証券（政令により短期社債等に限定）（同項第一七号等）
・いわゆる二項有価証券（第二条第二項）

○**行うことのできる行為**【付随業務に該当するものは本号の対象外】
・売買、市場デリバティブ取引、外国市場デリバティブ取引（金商法第二条第八項第一号）
・売買の媒介・取次ぎ・代理（同項第二号）
・取引所金融商品市場における有価証券売買の委託の媒介・取次ぎ・代理（同項第三号）
・引受け（同項第六号）
・売出し等（同項第八号）
・募集・売出しの取扱い等（同項第九号）
・店頭デリバティブ取引またはその媒介、取次ぎもしくは代理（同項第四号）

有価証券グループⅡ（金商法第三三条第二項第二号・第五号）

○有価証券の種類

・投資信託の受益証券（金商法第二条第一項第一〇号）
・外国投資信託の受益証券（同項第一〇号）
・投資信託・投資法人法に規定する投資証券等（同項第一一号）

○行うことのできる行為【付随業務に該当するものは本号の対象外】

・売買、市場デリバティブ取引、外国市場デリバティブ取引（金商法第二条第八項第一号）
・売買の媒介・取次ぎ・代理（同項第二号）
・取引所金融商品市場における有価証券売買の委託の媒介・取次ぎ・代理（同項第三号）
・募集・私募の取扱い（同項第九号）
・店頭デリバティブ取引またはその媒介、取次ぎもしくは代理（多数の者を相手方とするものを除き、差金決済のみ）（同項第四号）

有価証券グループⅢ（金商法第三三条第二項第三号・第五号）

○有価証券の種類

・外国国債（金商法第二条第一項第一七号に掲げる有価証券のうち同項第一号の性質を有するもの）

○行うことのできる行為【付随業務に該当するものは本号の対象外】

・市場デリバティブ取引、外国市場デリバティブ取引、これらに係る媒介・取次ぎ・代理、取引所金融商品市場におけるこれらの取引の委託の媒介・取次ぎ・代理
・私募の取扱い

・第一種金融商品取引業者の委託を受け、当該金融商品取引業者のために行う金融商品仲介業務

・店頭デリバティブ取引またはその媒介、取次ぎもしくは代理（多数の者を相手方とするものを除き、差金決済のみ）

有価証券グループⅣ（金商法第三三条第二項第四号・第五号）

○**有価証券の種類**

・上記以外の有価証券

○**行うことのできる行為**【付随業務に該当するものは本号の対象外】

・私募の取扱い（株券等のオプションを表示する有価証券を除く）

・第一種金融商品取引業者の委託を受け、当該金融商品取引業者のために行う金融商品仲介業務

・店頭デリバティブ取引またはその媒介、取次ぎもしくは代理（多数の者を相手方とするものを除き、差金決済のみ）

取引グループ（全有価証券共通）（金商法第三三条第二項第六号）

○**取引の種類**

・有価証券の売買・有価証券関連デリバティブ取引その他政令で定める取引

○**行うことのできる行為**（付随業務に該当するものを除く）

・有価証券等清算取次ぎ

コラム　銀行法と金融商品取引法

銀行がある種類の有価証券関連業務を営むことができるか否か、あるいは、当該業務を営むにあたって認可等を要するかについては、銀行法のみならず金商法の規定をも参照する必要があることに留意が必要である。

銀行法第一〇条第二項では「次に掲げる業務その他の銀行業に付随する業務を営むことができる」とされており、かつ、金商法第三三条第二項を引用する銀行法第一一条第二号において「前条第二項の規定により営む業務を除く。」との限定が付されているため、一見すると、銀行法第一〇条第二項各号に付随業務として掲げられた有価証券関連業については、銀行は、金商法の規定にかかわらず自由に営むことができるようにもみえる。しかし、上記の限定規定はあくまで銀行法内において同一の業務を二カ所で規定しないための調整規定にすぎず、これによって、金商法第三三条の規律が銀行の付随業務に及ばなくなることを意図するものではない。

したがって、たとえば、銀行法第一〇条第二項第六号に定められた「有価証券の私募の取扱い」には株券等のオプションを表示する有価証券の私募が含まれ、これについて銀行法上は認可等は求められていないが、金商法上は、銀行は登録を受ける必要がある（同法第三三条の二第二号）。加えて、その業務の範囲にも制約が設けられており、株券等のオプションを表示する有価証券の私募は行うことができないこととなる（同法第三三条第二項第四号イ、同法施行令第一五条の一八）。

●金融商品取引法　【傍線は筆者が付したもの】

（金融機関の有価証券関連業の禁止等）

第三十三条　銀行、協同組織金融機関その他政令で定める金融機関（以下この条、次条及び第二百一条において「金融機関」という。）は、有価証券関連業又は投資運用業を行つてはならない。ただし、有価証券関連業については、金融機関が他の法律の定めるところにより投資の目的をもつて、又は信託契約に基づいて信託をする者の計算において有価証券の売買若しくは有価証券関連デリバティブ取引を行う場合は、この限りでない。

2　前項本文の規定は、金融機関が、書面取次ぎ行為（顧客の書面による注文を受けてその計算において有価証券の売買又は有価証券関連デリバティブ取引を行うことをいい、当該注文に関する顧客に対する勧誘に基づき行われるもの及び当該金融機関が行う投資助言業務に関しその顧客から注文を受けて行われるものを除く。次条第一号において同じ。）又は次の各号に掲げる有価証券若しくは取引について、当該各号に定める行為を行う場合には、適用しない。

一　第二条第一項第一号及び第二号に掲げる有価証券、同項第三号に掲げる有価証券（政府が元本の償還及び利息の支払について保証しているもの並びに信用金庫法（昭和二十六年法律第二百三十八号）第五十四条の四第一項に規定する短期債及び農林中央金庫法（平成十三年法律第九十三号）第六十二条の二第一項に規定する短期農林債に限る。）、第二条第一項第四号に掲げる有価証券、同項第五号に掲げる有価証券（政府が元本の償還及び利息の支払について保証しているもの並びに社債、株式等の振替に関する法律第六十六条第一号に規定する短期社債及びこれに類するものとして政令で定めるものに限る。）、第二条第一項第八号に掲げる有価証券、同項第十一号に掲げる有価証券（投資信託及び投資法人に関する法律第百三十九条の十二第一項に規定する短期投資法人債及びこれに類するものとして政令で定めるものに限る。次号において「短期投資法人債等」という。）、第二条第一項第十二号から第十四号までに掲げる有価証券、同項第十五号に掲げる有価証券（発行の日から償還の日までの期間が一年未満のものに限る。）、同項第十六号に掲げる有価証券、同項第十七号に掲げる有価証券のうち政令で定めるもの、同項第十八号に掲げる有価証券、同項第二十一号に掲げる有価証券のうち政令で定めるもの並びに同条第二項の規定により有価証券とみなされる同項各号に掲げる権利（第四号の政令で定める権利を除く。） 同条第八項第一号から第三号まで、第六号、第八号及び第九号に掲げる行為

二 第二条第一項第十号及び第十一号に掲げる有価証券（短期投資法人債等を除く。） 同条第八項第一号から第三号までに掲げる行為及び同項第九号に掲げる行為（有価証券の売出しの取扱い及び特定投資家向け売付け勧誘等の取扱いを除く。）

三 第二条第一項第十七号に掲げる有価証券のうち同項第一号の性質を有するもの 次に掲げる行為

イ 市場デリバティブ取引及び外国市場デリバティブ取引並びにこれらに係る第二条第八項第二号又は第三号に掲げる行為

ロ 私募の取扱い

ハ 金融商品取引業者（第一種金融商品取引業を行う者に限る。）の委託を受けて、当該金融商品取引業者のために行う第二条第十一項第一号から第三号までに掲げる行為（イ及びロに掲げるものを除く。）

四 前三号に掲げる有価証券以外の有価証券及び第二条第二項の規定により有価証券とみなされる同項第三号及び第四号に掲げる権利であつて政令で定めるもの 次に掲げる行為

イ 私募の取扱い（政令で定める有価証券に係るものを除く。）

ロ 金融商品取引業者（第一種金融商品取引業を行う者に限る。）の委託を受けて、当該金融商品取引業者のために行う第二条第十一項第一号から第三号までに掲げる行為（イに掲げるものを除く。）

五 次に掲げる取引 第二条第八項第四号に掲げる行為（ロに掲げる取引については、多数の者を相手方として行う場合として政令で定める場合に該当するものを除く。）

イ　第一号に掲げる有価証券（当該有価証券に係る二以上の有価証券の価格に基づき当事者間で取り決めた方法により算出される指数を含む。）に係る店頭デリバティブ取引
ロ　前三号に掲げる有価証券（当該有価証券に係る二以上の有価証券の価格に基づき当事者間で取り決めた方法により算出される指数を含む。）に係る店頭デリバティブ取引のうち決済方法が差金の授受に限られているもの
六　有価証券の売買及び有価証券関連デリバティブ取引その他政令で定める取引　有価証券等清算取次ぎ

③　信託に係る事務に関する業務（第三号）

信託法第三条第三号では、信託の方法のうち、いわゆる自己信託を定めている。本号では、自己信託に係る事務に関する業務ができる旨、定めている。

●信託法

（信託の方法）

第三条　信託は、次に掲げる方法のいずれかによってする。

一・二（略）

三　特定の者が一定の目的に従い自己の有する一定の財産の管理又は処分及びその他の当該目的の達成のために必要な行為を自らすべき旨の意思表示を公正証書その他の書面又は電磁的記録（電子的方式、磁気的方式その他人の知覚によっては認識することができない方式で作られる記録であって、電子計算機による情報処理の用に供されるものとして法務省令で定めるものをいう。以下同じ。）で当該目的、当該財産の特定に必

要な事項その他の法務省令で定める事項を記載し又は記録したものによってする方法

④　**算定割当量取引に関する業務（第四号）**

算定割当量とは、第一〇条第二項第一四号で「地球温暖化対策の推進に関する法律第二条第六項に規定する算定割当量その他これに類似するものをいう」とされ、同法では、算定割当量を次のように定めている。簡単にいうと、温室効果ガス削減のため、二酸化炭素一トンを単位として示される割当量のことである。

温室効果ガス削減を効果的に進めるうえで、この算定割当量についての取引（いわゆる「排出権取引」）がなされうるところ、その取得・譲渡を内容とする契約の締結、および、その媒介・取次ぎ・代理を行う業務としている。

●地球温暖化対策の推進に関する法律

第二条

6　この法律において「算定割当量」とは、次に掲げる数量で、二酸化炭素一トンを表す単位により表記されるものをいう。

一　気候変動に関する国際連合枠組条約の京都議定書（以下「京都議定書」という。）第三条7に規定する割当量

二　京都議定書第六条1に規定する排出削減単位

三　京都議定書第十二条3(b)に規定する認証された排出削減量

(2) 他の法律により営む業務

第一二条では、担保付社債信託法を例にあげ、他の法律により営むことができる法律を銀行が営むことができる旨を確認的に定めつつ、固有業務・付随業務・法定他業以外の業務を銀行が営むことを禁止する旨規定し、業務範囲の外縁を画している。

他の法律としては、たとえば、金融機関の信託業務の兼営等に関する法律、電子記録債権法（電子債権記録業の一部の受託）、確定拠出年金法（確定拠出年金運営管理業等）、保険業法（保険窓口販売業務）、スポーツ振興投票の実施等に関する法律（スポーツ振興投票に係る事務の受託）などがある。

それぞれの法目的と、具体的に銀行に認める業務の内容をふまえ、また、銀行法の法目的や業務範囲規制の考え方等に照らし、個別に判断のうえ、各法律で規定が設けられている。

(3) 他業務の禁止

第一二条は、「銀行は、前二条の規定により営む業務及び担保付社債信託法その他の法律により営む業務のほか、他の業務を営むことができない」として、銀行が営むことのできる業務に限定を課している。

なお、業務とは、一般に、人が職業その他社会生活上の地位に基づき、継続して行う事務または事業をいい、その主体が自然人であるか法人であるか、法人以外の団体であるかを問わないものと考えられている。

銀行も法人としてさまざまな行為・活動を行っているところ、業務に至らないような行為、たとえば、社会活動・地域活動に参加したり、アドホックな実験・研究活動に参画することなどもありうるし、業務用に取得した資産が不要となった場合にこれを処分することなども当然になしうる。銀行法が限定しているのは、業務の範囲についてであり、このような反復継続的に行われない行為など、業務に至らない行為が禁止されるわけではないことに留意が必要である。

業務への該当性は、実態に応じての判断が必要と考えられる。

第四章　業務等に関する規制

一　預金者に対する情報提供等

（預金者等に対する情報の提供等）

第十二条の二　銀行は、預金又は定期積金等（以下この項において「預金等」という。）の受入れ（第十三条の四に規定する特定預金等の受入れを除く。）に関し、預金者等の保護に資するため、内閣府令で定めるところにより、預金等に係る契約の内容その他預金者等に参考となるべき情報の提供を行わなければならない。

2　前項及び第十三条の四並びに他の法律に定めるもののほか、銀行は、内閣府令で定めるところにより、その業務に係る重要な事項の顧客への説明、その業務に関して取得した顧客に関する情報の適正な取扱い、その業務を第三者に委託する場合における当該業務の的確な遂行その他の健全かつ適切な運営を確保するための措置を講じなければならない。

3　前項の規定（銀行がその業務を第三者に委託する場合における当該業務の的確な遂行を確保するための措置に関する部分に限る。）は、次に掲げる場合には、適用しない。

一　銀行持株会社グループ（銀行持株会社並びにその子会社である銀行、第五十二条の二十三第一項各号に掲げ

る会社及び第五十二条の二十三の二第一項に規定する特例子会社対象会社の集団をいう。以下この項、第五十二条の二十一及び第五十二条の二十一の二第一項において同じ。）に属する二以上の会社（銀行を含む場合に限る。）が当該銀行持株会社グループに属する他の会社に当該二以上の会社に共通する業務を委託する場合（当該銀行持株会社グループに属する銀行持株会社（他の銀行又は銀行持株会社の子会社でないものに限る。次号において同じ。）が、内閣府令で定めるところにより、当該業務の的確な遂行を確保するための措置を講ずる場合に限る。）

二　銀行持株会社グループに属する二以上の会社（銀行を含む場合に限る。）が当該銀行持株会社グループに属する銀行持株会社に当該二以上の会社に共通する業務を委託する場合

【**太字**部分（第三項）は、平成二八年改正により挿入】

(1) 総論

金融の多様化が進むなか、預金をはじめ、銀行が顧客に提供する商品・サービスにもさまざまなものが登場している。また、ＡＴＭなどの機械が銀行サービスのなかで広く利用され、インターネットの活用や、情報処理についての外部委託など、銀行単体の枠に収まらないネットワークを活用して銀行の業務が運営されている。

こうしたなか、顧客への情報提供が不十分であったり、顧客情報の管理・外部委託先の管理などに問題があれば、顧客に不測の損害が発生したり、銀行の業務継続に支障が生ずる可能性がある。

(2) 顧客への情報提供

第一項では、預金者等への情報提供義務を定めている。預金等の受入れは、国民一般がその相手方となることが想定されるところ、情報提供上の問題があれば、広い範囲で認識不足や誤解が生じ、混乱を惹起する可能性が高い。このため、預金者等への適切な情報提供を定めている。多様な新しい商品が出てくることなどが想定されるため、機動的な対応が可能となるよう、具体的な情報提供の内容・方法は、内閣府令で規定することとなっている。

これを受け、銀行法施行規則第一三条の三では、概要、次を定めている。

① 主要な預金等の金利の明示
② 手数料の明示
③ 預金保険対象預金等の明示
④ 商品内容に関する情報を記載した書面での説明等（預金者等の求めに応じて。預金者等の承諾があれば、電子的方法も可）
⑤ デリバティブ等との組合せにより元本保証のない商品を取り扱う場合には、元本保証のないことその他商品に関する詳細な説明
⑥ 変動金利預金に係る金利設定の基準・方法等が定められている場合には、これらに関する情報の提供

●銀行法施行規則【傍線は筆者が付したもの】

（預金者等に対する情報の提供）

第十三条の三　銀行は、法第十二条の二第一項の規定により預金者等に対する情報の提供を行う場合には、

次に掲げる方法により行うものとする。

一　主要な預金等（法第十二条の二第一項に規定する預金等をいう。以下同じ。）の金利の明示

二　取り扱う預金等に係る手数料の明示

三　取り扱う預金等のうち預金保険法（昭和四十六年法律第三十四号）第五十三条に規定する保険金の支払の対象であるものの明示

四　商品の内容に関する情報のうち次に掲げる事項（以下この条において「商品情報」という。）を記載した書面を用いて行う預金者等の求めに応じた説明及びその交付

イ　名称（通称を含む。）

ロ　受入れの対象となる者の範囲

ハ　預入期間（自動継続扱いの有無を含む。）

ニ　最低預入金額、預入単位その他の預入れに関する事項

ホ　払戻しの方法

ヘ　利息の設定方法、支払方法、計算方法その他の利息に関する事項

ト　手数料

チ　付加することのできる特約に関する事項

リ　預入期間の中途での解約時の取扱い（利息及び手数料の計算方法を含む。）

ヌ　次に掲げる場合の区分に応じ、それぞれ次に定める事項

(1)　指定紛争解決機関が存在する場合　当該銀行が法第十二条の三第一項第一号に定める手続実施基本契約を締結する措置を講ずる当該手続実施基本契約の相手方である指定紛争解決機関の商号又は

名称

⑵　指定紛争解決機関が存在しない場合　当該銀行の法第十二条の三第一項第二号に定める苦情処理措置及び紛争解決措置の内容

ル　その他預金等の預入れに関し参考となると認められる事項

五　次に掲げるものと預金等との組合せによる預入れ時の払込金が満期時に全額返還される保証のない商品を取り扱う場合には、預入れ時の払込金が満期時に全額返還される保証のないことその他当該商品に関する詳細な説明

イ　市場デリバティブ取引（金融商品取引法第二条第二十一項に規定する市場デリバティブ取引をいう。以下同じ。）又は外国市場デリバティブ取引（同条第二十三項に規定する外国市場デリバティブ取引をいう。以下同じ。）のうち有価証券関連デリバティブ取引に該当するもの以外のもの

ロ　法第十条第二項第十四号に規定する金融等デリバティブ取引

ハ　先物外国為替取引

ニ　有価証券関連デリバティブ取引（金融商品取引法第二条第二十一項第一号に掲げる取引及び外国金融商品市場（同条第八項第三号ロに規定する外国金融商品市場をいう。以下同じ。）における同条第二十一項第一号に掲げる取引と類似の取引を除く。）

ホ　金融商品取引法第二条第二十一項第一号に掲げる取引又は外国金融商品市場における同号に掲げる取引と類似の取引（同条第一項第一号及び第二号に掲げる有価証券並びに同項第三号及び第五号に掲げる有価証券（政府が元本の償還及び利息の支払について保証しているものに限る。）（第十三条の五第一項第二号、第十四条の十一の二十七第一項第十三号ホ及び第三十四条の五十三の十二第一項第十三号ホにおいて「国債証

券等」という。）並びに同法第二条第一項第十七号に掲げる有価証券のうち同項第一号の性質を有するものに係るものに限る。）

六　変動金利預金の金利の設定の基準となる指標及び金利の設定の方法が定められている場合にあつては、当該基準及び方法並びに金利に関する情報の適切な提供

2　銀行は、前項第四号の規定による書面の交付に代えて、次項で定めるところにより、当該預金者等の承諾を得て、商品情報を電磁的方法（法第二十条第六項に規定する電磁的方法をいう。以下同じ。）により提供することができる。この場合において、当該銀行は、当該書面を交付したものとみなす。

3　銀行は、前項の規定により商品情報を提供しようとするときは、あらかじめ、当該預金者等に対し、その用いる次に掲げる電磁的方法の種類及び内容を示し、書面又は電磁的方法による承諾を得なければならない。

一　第十九条第七項各号に掲げる方法のうち銀行が使用するもの

二　ファイルへの記録の方式

4　前項の規定による承諾を得た銀行は、当該預金者等から書面又は電磁的方法により電磁的方法による提供を受けない旨の申出があつたときは、当該預金者等に対し、商品情報の提供を電磁的方法によつてしてはならない。ただし、当該預金者等が再び同項の規定による承諾をした場合は、この限りでない。

(3) 顧客情報の管理・外部委託先管理等

第二項では、銀行は、業務に係る重要な事項の顧客への説明、業務に関して取得した顧客情報の適切な管理、業

務委託を行う場合の当該業務の的確な遂行、その他の健全かつ適切な運営を確保するための措置を講じなければならないと定めている。具体的な内容は、銀行の業務の多様化や変化がありうるなか、機動的な対応が可能となるよう、内閣府令で定めることとなっている。

内閣府令では、以下のような事項が規定されている（銀行法施行規則第一三条の四～第一三条の七）。

① 情報提供等

業務に係る情報提供として、次のような規定が置かれている。

●銀行法施行規則第一三条の四：金融機関の合併及び転換に関する法律の規定により合併前の長期信用銀行が発行していた金融債等について、預金に係る情報提供に準じた方法で行うものとする。

（特定社債等の権利者に対する情報の提供）【傍線は筆者が付したもの】

第十三条の四　銀行は、金融機関の合併及び転換に関する法律（昭和四十三年法律第八十六号）第八条第一項（同法第五十五条第四項において準用する場合を含む。）の規定に基づき特定社債（会社法の施行に伴う関係法律の整備等に関する法律（平成十七年法律第八十七号）第百九十九条の規定による改正前の金融機関の合併及び転換に関する法律（以下この条において「旧合併転換法」という。）第十七条の二第一項（旧合併転換法第二十四条第一項第七号において準用する場合を含む。以下この条において同じ。）に規定する普通銀行で旧合併転換法第十七条の二第一項の認可を受けたものが発行する債券及び金融システム改革のための関係法律の整備等に関する法律（平成十年法律第百七号）附則第百六十九条の規定によりなおその効力を有するものとされる同法附則第百六十八条の規定による改正前の金融機関の合併及び転換に関する法律第十七条の二第一項に規定する普通銀行で同項の認可を受けたもの（同項に規定する消滅金融機関が外国為替銀行であるものに限る。）が発行する債券を含む。）を取り扱う場合には、前条に定めるところに準じた方法により顧客に対する情報の提供を行うものとする。

●銀行法施行規則第一三条の五：銀行が、金銭債権等を取り扱う場合には、顧客の知識・経験等をふまえ、預金等との誤認防止のための説明を行わなければならない。

（金銭債権等と預金等との誤認防止）【傍線は筆者が付したもの】

第十三条の五　銀行は、次に掲げる商品を取り扱う場合には、業務の方法に応じ、顧客の知識、経験、財産の状況及び取引を行う目的を踏まえ、顧客に対し、書面の交付その他の適切な方法により、預金等との誤認を防止するための説明を行わなければならない。

一　法第十条第二項第五号に規定する金銭債権（国内で発行された譲渡性預金の預金証書をもつて表示されるものを除く。）

二　金融商品取引法第三十三条第二項第一号から第四号までに掲げる有価証券（国債証券等及び前号に掲げる有価証券に該当するものを除く。）

三　保険業法第二条第一項に規定する保険業を行う者が保険者となる保険契約

2　銀行は、前項に規定する説明を行う場合には、次に掲げる事項（当該銀行が発行する社債（法第十条第三項第一号に掲げる短期社債を除く。）にあつては、第三号及び第四号に掲げるものを除く。）を説明するものとする。

一　預金等ではないこと。

二　預金保険法第五十三条に規定する保険金の支払の対象とはならないこと。

三　元本の返済が保証されていないこと。

四　契約の主体
五　その他預金等との誤認防止に関し参考となると認められる事項
3　銀行は、その営業所において、第一項に掲げる商品を取り扱う場合には、特定の窓口において取り扱うとともに、前項第一号から第三号までに掲げる事項を顧客の目につきやすいように当該窓口に掲示しなければならない。
4　銀行は、法第十条第二項第八号又は法第十二条の規定に基づき元本の補てんの契約をしていない信託契約の締結又はその代理若しくは媒介を行う場合には、特定の窓口において行うとともに、元本の補てんの契約をしていないことを顧客の目につきやすいように当該窓口に掲示し、元本の補てんの契約をしていない金銭信託に係る信託契約の締結又はその代理若しくは媒介を行う場合（信託業法施行規則（平成十六年内閣府令第百七号）第七十八条各号に掲げる場合を除く。）には、第二項各号に掲げる事項を説明しなければならない。

●銀行法施行規則第一三条の六：投資信託委託会社・投資運用会社が銀行の営業所の一部を使用して受益証券等を取り扱う場合、銀行が預金等を取り扱う場所と受益証券等を取り扱う場所とを明確に区分し、顧客の誤解を招くおそれのある掲示を行わない等の措置を講じなければならない。

（投資信託委託会社等への店舗貸しによる受益証券等の取扱い）【傍線は筆者が付したもの】
第十三条の六　銀行は、投資信託委託会社又は資産運用会社（投資信託及び投資法人に関する法律第二条第二十一項に規定する資産運用会社をいう。以下同じ。）が当該銀行の営業所の一部を使用して同法に規定する投資信託若しくは外国投資信託の受益証券、投資証券、新投資口予約権証券、投資法人債券又は外国投資証券（以下この条において「受益証券等」という。）を取り扱う場合には、銀行が預金等を取り扱う場所と投資信託委託会社又は資産運用会社が受益証券等を取り扱う場所とを明確に区分するとともに、顧客の誤解を招くおそれのある掲示を行わない等の適切な措置を講じなければならない。

●銀行法施行規則第一三条の六の二：銀行が、インターネット等を利用して業務を営む場合には、当該銀行とほかの者を誤認することを防止するための措置を講じなければならない。

（銀行と他の者との誤認防止）【傍線は筆者が付したもの】

第十三条の六の二　銀行は、電気通信回線に接続している電子計算機を利用してその業務を営む場合には、顧客が当該銀行と他の者を誤認することを防止するための適切な措置を講じなければならない。

●銀行法施行規則第一三条の六の三：銀行が、金融商品市場の指標の短期的な変動等を利用して利益を得る目的でデリバティブ取引・有価証券取引等を行っている場合、一定の条件を満たしたときは、特定取引勘定（いわゆる「トレーディング勘定」）を設置して経理しなければならない。

（特定取引勘定）【傍線は筆者が付したもの】

第十三条の六の三　銀行は、特定取引を行う場合であって、次に掲げる要件のすべてに該当するときは、特定取引及び特定取引の対象となる財産をその他の取引及び財産と区分して経理するため、特別の勘定（以下「特定取引勘定」という。）を設けなければならない。この場合において、当該要件のいずれかに該当しない銀行又は当該要件のいずれにも該当しない銀行が特定取引勘定を設けることを妨げない。

一　直近の期末（中間期末を含む。以下この項において同じ。）の前の期末から直近の期末までの間における商品有価証券勘定及び売付商品債券勘定の合計額のうち最も大きい額が、千億円以上であり、かつ、直近の期末の前の期末の総資産の十パーセントに相当する額以上であること。

二　直近の期末における商品有価証券勘定及び売付商品債券勘定の合計額が千億円以上であり、かつ、当該期末の総資産の十パーセントに相当する額以上であること。

2　前項の特定取引とは、銀行が金利、通貨の価格、金融商品市場（金融商品取引法第二条第十四項に規定する金融商品市場をいう。以下同じ。）における相場その他の指標（第五項において「指標」という。）に係る短期的な変動、市場間の格差等を利用して利益を得る目的又は当該目的で行う取引により生じ得る損失を減少させる目的で自己の計算において行う市場デリバティブ取引及び外国市場デリバティブ取引のうち有価証券関連デリバティブ取引に該当するもの以外のもの並びに次に掲げる取引をいう。

一　有価証券の売買（国債等（国債、地方債又は政府保証債（政府が元本の償還及び利息の支払について保証している社債その他の債券をいう。）をいう。以下この条において同じ。）、金融商品取引法第二条第一項第四号、第五号及び第八号に掲げる有価証券（同項第四号及び第五号に掲げる有価証券にあつては、法第十条第三項第一号に掲げる短期社債、同項第五号に掲げる短期社債及び同項第六号に掲げる特定短期社債に係るものを除く。以下この号において「特定取引債券」という。）又は外国若しくは外国の法人の発行する証券若しくは証書で国債等若しくは特定取引債券の性質を有するものの売買並びに金融商品取引法第二十八条第八項第三号イ及び第四号イに掲げる取引（同項第三号イ及び第四号イに掲げる取引並びに第十四号及び第十五号に掲げるものを除く。）

二　国債等の引受け（国債等の発行に際して当該国債等の全部又は一部につき他にこれを取得する者がない場合にその残部を取得する契約を締結する取引に限る。第五項において同じ。）

三　金融商品取引法第二条第一項第四号に掲げる有価証券（法第十条第三項第六号に掲げる特定短期社債に係るものを除く。）、金融商品取引法第二条第一項第八号及び第十三号に掲げる有価証券並びに同項第五号に掲げる有価証券（法第十条第三項第一号に掲げる短期社債及び同項第五号に掲げる短期社債に係るものを除く。以下この号において同じ。）及び金融商品取引法第二条第一項第十七号に掲げる有価証券（同項第五号に掲げる有価証券の性質を有するものに限る。）で金融商品取引法施行令第十五条の十七第一項第二号及び同条第三項に規定する有価証券（以下この号及び第五項において「資産対応証券」という。）の引受け（資産対応証券の発行に際して当該資産対応証券の全部又は一部につき他にこれを取得する者がない場合にその残部を取得する契約を締結する取引に限る。第五項において同じ。）

四　金銭債権（第十二条第一号、第二号、第四号、第六号若しくは第七号に掲げる証書をもつて表示されるもの又は円建銀行引受手形（銀行その他の金融機関が引受けを行つた貿易に係る為替手形のうち、本邦通貨をもつて表示されるものをいう。）に限る。）の取得又は譲渡

四の二　短期社債等（法第十条第三項に規定する短期社債等をいう。以下同じ。）の取得又は譲渡

五　店頭デリバティブ取引（金融商品取引法第二条第二十二項に規定する店頭デリバティブ取引をいう。以下同じ。）のうち有価証券関連デリバティブ取引に該当するもの以外のもの

六　削除

七　先物外国為替取引

八　削除
九　削除
十　商品デリバティブ取引
十一　第十三条の二の三第一項第二号に掲げる取引
十二　削除
十三　第十三条の二の三第一項第三号に掲げる取引
十四　法第十条第二項第十六号の規定により営むことができる有価証券関連店頭デリバティブ取引（同条第十項に規定する有価証券関連店頭デリバティブ取引をいう。）
十五　法第十一条第二号に掲げる業務に係る有価証券の売買又は引受け及び有価証券関連デリバティブ取引
十六　法第十一条第四号に掲げる業務に係る算定割当量の取得又は譲渡
十七　前各号に掲げる取引のほか、当該取引又は市場デリバティブ取引及び外国市場デリバティブ取引（有価証券関連デリバティブ取引に該当するものを除く。）に類似し、又は密接に関連する取引

3　特定取引勘定を設けた銀行（以下「特定取引勘定設置銀行」という。）は、次に掲げる行為をしてはならない。ただし、第三十五条第五項第一号ホに掲げる書面に記載された事項の範囲内で行う場合は、この限りでない。
一　特定取引勘定に属するものとして経理された取引又は財産を特定取引勘定以外の勘定に振り替えること。
二　特定取引勘定に属するものとして経理された取引又は財産以外の取引又は財産を特定取引勘定に振り

替えること。

4　前項の行為には、一の銀行において、特定取引勘定とその他の勘定との間で行う第二項第一号から第四号の二まで及び第十五号に掲げる取引（当該取引に類似し、又は密接に関連する取引として同項第十七号の規定により特定取引とされる取引を含む。）を含むものとする。

5　特定取引勘定設置銀行は、特定取引のうち事業年度終了の時において決済されていないものに係る利益相当額又は損失相当額の計算については、次の各号に掲げる取引の区分に応じ当該各号に定める額とする等、その会計を適正に処理するために必要な措置を講じなければならない。

一　市場デリバティブ取引及び外国市場デリバティブ取引（有価証券関連デリバティブ取引に該当するものを除く。）　金融商品取引所（金融商品取引法第二条第十六項に規定する金融商品取引所をいう。以下同じ。）又は外国金融商品市場における事業年度終了の日の最終価格により取引を決済したものとした場合に授受される差金に基づく額又はこれに準ずるものとして合理的な方法により算出した額

二　店頭デリバティブ取引（金融商品取引法第二条第二十二項第三号、第四号及び第六号に掲げる取引並びに有価証券関連デリバティブ取引に該当するものを除く。）及び先物外国為替取引　当該取引により当事者間で授受することを約した金額（事業年度終了の日において未確定の場合は、指標の予想される数値に基づき算出される金額）を合理的な方法により事業年度終了の日の現在価値に割り引いた額

三　店頭デリバティブ取引（金融商品取引法第二条第二十二項第三号及び第四号に掲げる取引に限り、有価証券関連デリバティブ取引に該当するものを除く。）及び第十三条の二の三第一項第三号に掲げる取引　当該取引の事業年度終了の日の現在価値として、権利の行使により当事者間で授受することを約した金額（事業年度終了の日において未確定の場合は、指標の予想される数値に基づき算出される金額）、事業年度終了の日

の当該権利行使に係る指標の数値及び当該指標の予想される変動率を用いた合理的な方法により算定した額

四　選択権付債券売買（当事者の一方が受渡日を指定できる権利を有する債券売買であつて、一定の期間内に当該権利が行使されない場合には、当該売買の契約が解除される取引をいう。）、国債等の引受け、資産対応証券の引受け、店頭デリバティブ取引（前二号に掲げる取引に該当するものを除く。）及び商品デリバティブ取引　前各号に掲げる額に準ずるものとして合理的な方法により算定した額

②　顧客情報の管理等

顧客情報の管理等に関して、次のような規定が置かれている。

●銀行法施行規則第一三条の六の四：銀行が、ＡＴＭによる金銭の受払業務を第三者に委託する場合には、ＡＴＭの管理業務の経験を有するものとして金融庁長官が定める者（金融庁告示第九二号において、①証券会社、②クレジットカード会社、③保険会社が定められている）に委託するとともに、顧客情報の漏洩防止・当該銀行と業務受託者等の誤認防止のための措置を講じなければならない。

また、平成二八年銀行法改正の施行にあわせ、第二号が追加され、デビットカードを活用してスーパーのレジ等で現金を受け取ることができる、いわゆるキャッシュアウトサービスに係る規定が整備されている。当該サービスを提供する場合、銀行は、金銭の払出事務に支障を及ぼさないような能力を有する者に事務委託するための措置を講ずるとともに、顧客情報の漏洩防止、当該銀行と業務受託者等の誤認防止、受託者との間の役割分担の明確化、事務の正確性の確保、顧客に損失が発生した場合の損失分担の明確化、払出上限額の設定等の措置を講じなければならないこととされている。

（預金の受払事務の委託等）【傍線は筆者が付したもの】

第十三条の六の四　銀行は、預金又は資金の貸付けの業務に係る金銭の受入れ又は払出しに関する事務を第三者に委託する場合（銀行代理業者に銀行代理業に係る業務として委託する場合を除く。）に、次の各号のいずれかの措置を講じなければならない。

一　現金自動支払機又は現金自動預入払出兼用機を用いて預金又は資金の貸付けの業務に係る金銭の受入れ又は払出しに関する事務（以下この条において「現金自動支払機等受払事務」という。）を行う場合における次に掲げる全ての措置

イ　現金自動支払機等受払事務に支障を及ぼすことがないよう現金自動支払機又は現金自動預入払出兼用機の管理業務に経験を有するものとして金融庁長官が別に定める者（資金の貸付け（当該銀行が受け入れた顧客の預金等又は国債を担保として行う契約を除く。）の業務に係る金銭の受入れ又は払出しに関する事務を第三者に委託する場合には、金融庁長官が別に定める業務を主たる業務とする者を除く。）に委託するための措置

ロ　顧客に関する情報が漏えいしないための的確な措置

ハ　顧客が当該銀行と当該現金自動支払機等受払事務の委託を受けた者その他の者を誤認することを防止するための適切な措置

二　当該銀行の使用に係る電子計算機と電気通信回線で接続された端末装置に顧客がカード等（それを提示し若しくは通知して、又はそれと引換えに、商品若しくは権利を購入し、又は有償で役務の提供を受けることができるカードその他の物又は番号、記号その他の符号をいう。へにおいて同じ。）を利用し、又は顧客の使

用に係る電子機器から電気通信回線を通じて当該銀行の使用に係る電子計算機に情報を送信し、及び不正アクセス行為の禁止等に関する法律（平成十一年法律第百二十八号）第二条第二項に規定する識別符号を入力することにより預金又は資金の貸付け（顧客による預金の払出しの請求額が当該預金の残高を超過する場合に当該銀行が極度額の限度内において行う当該超過額に相当する金額の資金の貸付けに限る。以下この号において同じ。）の業務に係る金銭の払出し（現金自動支払機等受払事務に該当するものを除く。）を行う場合における次に掲げる全ての措置

イ　預金又は資金の貸付けの業務に係る金銭の払出しに関する事務に支障を及ぼすことがないよう的確、公正かつ効率的に遂行することができる能力を有する者に当該事務を委託するための措置

ロ　顧客に関する情報が漏えいしないための的確な措置

ハ　顧客が当該銀行と当該預金又は資金の貸付けの業務に係る金銭の払出しに関する事務の委託を受けた者（二及びへにおいて「受託者」という。）その他の者を誤認することを防止するための適切な措置

ニ　預金又は資金の貸付けの業務に係る金銭の払出しに関する事務を委託した場合の当該事務の実施に関し、受託者との間で、それぞれの役割の分担の明確化を図るための措置

ホ　預金又は資金の貸付けの業務に係る金銭の払出しに関する事務の正確性を確保するための措置

へ　カード等の処理に係る電子計算機及び端末装置又は顧客が送信する情報の処理に係る電子計算機及び電子機器が正当な権限を有しない者によって作動させられたことにより顧客に損失が発生した場合において、銀行、受託者及び顧客の間での当該損失の分担の明確化を図るための措置

ト　預金又は資金の貸付けの業務に係る金銭の払出しの上限額の設定及び当該上限額を超えることを防止するための措置

【太字部分（第二号）は、平成二八年改正により挿入】

●銀行法施行規則第一三条の六の五：銀行は、個人顧客に関する情報の安全管理等を委託する場合には、委託先の監督について、情報の漏洩・滅失・毀損の防止を図るための措置を講じなければならない。

（個人顧客情報の安全管理措置等）【傍線は筆者が付したもの】

第十三条の六の五　銀行は、その取り扱う個人である顧客に関する情報の安全管理、従業者の監督及び当該情報の取扱いを委託する場合にはその委託先の監督について、当該情報の漏えい、滅失又はき損の防止を図るために必要かつ適切な措置を講じなければならない。

●銀行法施行規則第一三条の六の六：銀行は、信用情報機関から提供を受けた個人資金需要者の借入金返済能力に関する情報を、返済能力の調査以外の目的のために利用しないことを確保するための措置を講じなければならない。

（返済能力情報の取扱い）【傍線は筆者が付したもの】

第十三条の六の六　銀行は、信用情報に関する機関（資金需要者の借入金返済能力に関する情報の収集及び銀行に対する当該情報の提供を行うものをいう。）から提供を受けた情報であつて個人である資金需要者の借入金返済能力に関するものを、資金需要者の返済能力の調査以外の目的のために利用しないことを確保するための措置を講じなければならない。

●銀行法施行規則第一三条の六の七：銀行は、個人顧客に関する人種・信条・門地・本籍地・保健医療・犯罪経歴についての情報その他の特別の非公開情報を、適切な業務の運営の確保その他必要と認められる目的以外の目的のために利用しないことを確保するための措置を講じなければならない。

（特別の非公開情報の取扱い）【傍線は筆者が付したもの】

第十三条の六の七　銀行は、その取り扱う個人である顧客に関する人種、信条、門地、本籍地、保健医療又は犯罪経歴についての情報その他の特別の非公開情報（その業務上知り得た公表されていない情報をいう。）を、適切な業務の運営の確保その他必要と認められる目的以外の目的のために利用しないことを確保するための措置を講じなければならない。

③　委託業務の的確な遂行・社内規則等

委託業務の的確な遂行・社内規則等に関して、次のような規定が置かれている。

●銀行法施行規則第一三条の六の八：銀行は、その業務を第三者に委託する場合、当該業務の内容に応じ、的確・公正・効率的に遂行することができる能力を有する者に委託するための措置、受託者に対する必要かつ適切な監督等を行うための措置等を講じなければならない。

（委託業務の的確な遂行を確保するための措置）【傍線は筆者が付したもの】

第十三条の六の八　銀行は、その業務を第三者に委託する場合（次項の規定により当該銀行の属する銀行持株会社グループ（法第十二条の二第三項第一号に規定する銀行持株会社グループをいう。以下同じ。）に属する銀行持株会社が当該業務の的確な遂行を確保するための措置を講ずる場合を除く。）には、当該業務の内容に応じ、次に掲げる措置を講じなければならない。

一　当該業務を的確、公正かつ効率的に遂行することができる能力を有する者に委託するための措置

二　当該業務の委託を受けた者（以下この条において「受託者」という。）における当該業務の実施状況を、定期的に又は必要に応じて確認すること等により、受託者が当該業務を的確に遂行しているかを検証し、必要に応じ改善させる等、受託者に対する必要かつ適切な監督等を行うための措置

三　受託者が行う当該業務に係る顧客からの苦情を適切かつ迅速に処理するために必要な措置

四　受託者が当該業務を適切に行うことができない事態が生じた場合には、他の適切な第三者に当該業務を速やかに委託する等、当該業務に係る顧客の保護に支障が生じること等を防止するための措置

五　銀行の業務の健全かつ適切な運営を確保し、当該業務に係る顧客の保護を図るため必要がある場合には、当該業務の委託に係る契約の変更又は解除をする等の必要な措置を講ずるための措置

2　**法第十二条の二第三項第一号の規定により当該業務の的確な遂行を確保するための措置を講ずる銀行持株会社は、次に掲げる内容の当該持株会社における経営管理に係る方針の策定及びその実施を確保するための措置を講じなければならない。**

一～五　（略）

【**太字**部分（第二項）は、平成二八年改正により挿入】

●**銀行法施行規則第一三条の七**：銀行は、その営む業務の内容および方法に応じ、顧客の知識・経験等をふまえた重要事項の顧客に対する説明その他の健全かつ適切な業務の運営を確保するための措置に関する社内規則等を定め、当該社内規則等に基づいて業務が運営されるための十分な体制を整備しなければならない。

（社内規則等）【傍線は筆者が付したもの】

第十三条の七　銀行は、その営む業務の内容及び方法に応じ、顧客の知識、経験、財産の状況及び取引を行う目的を踏まえた重要な事項の顧客に対する説明その他の健全かつ適切な業務の運営を確保するための措置（書面の交付その他の適切な方法による商品又は取引の内容及びリスク並びに当該銀行が講ずる法第十二条の三第一項に定める措置の内容の説明並びに犯罪を防止するための措置を含む。）に関する社内規則等（社内規則その他これに準ずるものをいう。以下同じ。）を定めるとともに、従業員に対する研修その他の当該社内規則等に基づいて業務が運営されるための十分な体制を整備しなければならない。

④　平成二八年改正による見直し（第三項の追加）

平成二八年改正により、第三項が追加された。この追加は、金融グループ内の各法人に共通・重複する業務の銀行持株会社またはその子会社への集約を容易にすることを念頭に置いたものである。

背景事情として、足許、地域銀行では、県域の枠を超えた経営統合の動きがみられるが、統合後も、地域におけるそれぞれの銀行のブランド力・顧客基盤等を維持する必要性が高く、銀行持株会社の傘下に複数の銀行が存在するケースが少なくない。そのなかで統合によるシナジー・コスト削減効果を発揮していくことが重要な課題となっており、グループ全体としてシナジー・コスト削減効果の発揮を図っていくうえで、たとえば、システム管理や資産運用、バックオフィス業務など、グループ内の各法人に共通・重複する業務の集約を容易化していくことが必要となっている。

本条第三項は、このような背景もふまえ、金融グループ内の法人に共通・重複する業務を銀行持株会社（注）またはその子会社に委託して集約する場合、委託元である銀行の委託先管理義務を免除する（管理は銀行持株会社に一元化する）ことを定めるものである。

（注）持株会社が共通・重複業務の執行を担うことについては、第五二条の二一の二に係る解説部分についてもあわせて参照されたい（第二二章五）。

(イ) 柱書（第三項の第一号・第二号以外の部分）

銀行がその業務を第三者に委託する場合、当該銀行は、委託先に対し、「当該業務の的確な遂行その他の健全かつ適切な運営を確保するための措置」を講じることが求められている（本条第二項）。

改正前は、同一グループ内に複数の子銀行が存在する場合、これら子銀行に共通・重複する業務をグループ内の特定の会社に集約する場合であっても、各子銀行は、上記措置を、それぞれ別個に講じなければならないこととなっていた。

新設した本項では、グループの共通・重複業務を、①子会社に集約する場合（第一号）、②持株会社に集約する場合（第二号）について、一定の要件のもとで、委託元たる各子銀行に係る上記義務を免除することとしている。

(ロ) 第一号

銀行持株会社グループ（注）に属する（銀行を含む）二以上の会社が、当該グループの特定の子会社に共通・重複業務を委託する場合には、委託元の銀行について、委託業務の「的確な遂行その他の健全かつ適切な運営を確保するための措置」を講じる義務を免除し、かわって、当該グループの頂点に位置する銀行持株会社が、当該義務を負うこととしている。

各委託元および委託先が、いずれも同じグループに属する会社であり、かつ、委託する業務も各会社に共通する業務であることが前提となる。グループ内の特定の主体が、一元的に、当該業務の委託先を適切に管理できるのであれば、必ずしも、委託元たる銀行それぞれに、重複して「的確な遂行その他の健全かつ適切な運営を確保するための措置」を求める必要はないと考えられることによる。

また、委託先の管理を、グループの経営管理をその業務の本旨とする持株会社が一元的に担うことで、委託先に対する指揮命令系統が一元化され、グループ全体の経営管理の実効性の確保にも資するものと考えられる。

委託元たる各子銀行にかわって委託先の管理を担う持株会社に求める委託業務の「的確な遂行を確保するための措置」の具体的な内容については、内閣府令（銀行法施行規則第一三条の六の八第二項）において、基本的には、銀行が第三者に業務を委託する場合において義務づけられている措置（銀行法施行規則第一三条の六の八第一項で規定）と同等のものを定めている。

（注）本号において、銀行持株会社およびその子会社である銀行、第五二条の二三第一項各号に掲げる会社および第五二条の二三の二第一項に規定する特例子会社対象会社から構成される集団を「銀行持株会社グループ」と新たに定義している。

(ハ) 第二号

銀行持株会社グループに属する二以上の会社（銀行を含む）が、当該グループの頂点に位置する銀行持株会社に共通・重複業務を委託する場合には、委託元の銀行は、本条第二項に定める委託業務の「的確な遂行その他の健全かつ適切な運営を確保するための措置」を講じる義務を負わないものとしている。

第一号（子会社への共通業務の集約）と同様の考え方によるものである。

なお、上記のとおり、第一号では、委託元たる銀行の委託先管理義務を免除する前提として、委託業務の適切な運営を確保するため、銀行持株会社グループの頂点に位置する銀行持株会社に委託元銀行が担う義務を代替して担わせることとしている。

銀行持株会社に共通業務を集約する場合には、別途、新設する第五二条の二一の二において、これを内閣総理大臣の認可に係らしめ、当該認可の審査にあたっては、上記のような委託（受託）業務の適切な執行はもとより、経営管理とともに業務執行を適切に行いうるだけの体制か否か等を確認することとなる。これにより、委託先である銀行持株会社の業務の適切な運営が確保されることが期待されることから、本号の場合には、委託元である銀行の義務を代替する者を設けることなく委託先管理義務の免除を許容することとしている。

二　指定紛争解決機関との契約締結義務

（指定紛争解決機関との契約締結義務等）

第十二条の三　銀行は、次の各号に掲げる場合の区分に応じ、当該各号に定める措置を講じなければならない。

一・二（略）

2・3（略）

第一二条の三の規定は、いわゆるＡＤＲ（Alternative Dispute Resolution：裁判外の紛争解決）制度を前提に、銀行がＡＤＲ機関（指定紛争解決機関）との紛争解決のための契約締結義務があることを定める規定である。その趣旨・内容等については、ＡＤＲ機関の解説とあわせ、第二四章でまとめて記載する。

三　無限責任社員となること等の禁止

（無限責任社員等となることの禁止）

第十二条の四　銀行は、持分会社の無限責任社員又は業務を執行する社員となることができない。

持分会社の無限責任社員となった場合、持分会社の債務について、金額の制限なしに弁済する責任を負うこととなる。また、業務執行社員となった場合、持分会社の意思決定に関与し、特別の定めのない限り、持分会社を代表することとなる（有限責任社員であっても、業務執行社員となることができる）。

銀行が無限責任社員として無限責任を負うことで銀行の健全性に影響が生じる蓋然性が高く、また、銀行が業務執行社員となった場合、当該持分会社の業務運営に銀行が深く関与することとなり、銀行の健全性に影響が生じることや、健全性への影響や本業専念義務を含め、各般の観点から、銀行に業務範囲規制・子会社業務範囲規制が定められている趣旨が没却されてしまう蓋然性がある。このため、このような禁止規定が設けられている。

旧商法のもとでは、持分会社の社員に法人がなることが認められていなかったが、会社法のもと、それが可能となることを受け、この規定が設けられた。

第五章　大口信用供与等規制

（同一人に対する信用の供与等）

第十三条　銀行の同一人（当該同一人と政令で定める特殊の関係のある者を含む。以下この条において同じ。）に対する信用の供与等（信用の供与又は出資（信用の供与又は出資に相当するものを含む。）として政令で定めるものをいう。以下この条において同じ。）の額は、政令で定める区分ごとに、当該銀行の自己資本の額に政令で定める率を乗じて得た額（以下この条において「信用供与等限度額」という。）を超えてはならない。ただし、信用の供与等を受けている者が合併をし、共同新設分割（二以上の株式会社又は合同会社が共同してする新設分割をいう。**第十六条の四**第四項第四号及び第五十二条の二十二第一項において同じ。）若しくは吸収分割をし、又は事業を譲り受けたことにより銀行の同一人に対する信用の供与等の額が信用供与等限度額を超えることとなる場合その他政令で定めるやむを得ない理由がある場合において、内閣総理大臣の承認を受けたときは、この限りでない。

【**太字**部分は、平成二七年改正により条文名が「第十六条の三」から「第十六条の四」に変わったことに伴い、改正されている】

2　銀行が子会社（内閣府令で定める会社を除く。）その他の当該銀行と内閣府令で定める特殊の関係のある者（以下この条において「子会社等」という。）を有する場合には、当該銀行及び当該子会社等又は当該子会社等の同一人に対する信用の供与等の額は、政令で定める区分ごとに、合算して、当該銀行及び当該子会社等の自己資本の純合計額に政令で定める率を乗じて得た額（以下この条において「合算信用供与等限度額」という。）を超えてはならない。この場合においては、前項ただし書の規定を準用する。

3　前二項の規定は、次に掲げる信用の供与等については、適用しない。

一　国及び地方公共団体に対する信用の供与、政府が元本の返済及び利息の支払について保証している信用の供与その他これらに準ずるものとして政令で定める信用の供与等

二　信用の供与等を行う銀行又はその子会社等と実質的に同一と認められる者に対する信用の供与等その他の政令で定める信用の供与等

4　第二項の場合において、銀行及びその子会社等又はその子会社等の同一人に対する信用の供与等の合計額が合算信用供与等限度額を超えることとなつたときは、その超える部分の信用の供与等の額は、当該銀行の信用の供与等の額とみなす。

5　いかなる名義をもつてするかを問わず、又はいかなる方法をもつてするかを問わず、銀行又はその子会社等が第一項本文又は第二項前段の規定の適用を免れる目的で信用の供与等を行つた場合であつて、名義人以外の者が実質的に当該信用の供与等を受けるときは、当該信用の供与等は、銀行又はその子会社等の実質的に当該信用の供与等を受ける者に対する信用の供与等として、これらの規定を適用する。

6　前各項に定めるもののほか、信用の供与等の額、第一項に規定する自己資本の額、信用供与等限度額、第二項に規定する自己資本の純合計額及び合算信用供与等限度額の計算方法その他第一項及び第二項の規定の適用に関し必要な事項は、内閣府令で定める。

一　総論

銀行または銀行グループが、特定の会社・個人や、その関係者等に対して、自己資本に比して一定割合を超える信用供与等を行うことを禁止している。「大口信用供与等規制」と通称されている。

特定の者やグループに過度に集中した信用供与等を行うと、信用供与先の財務状況が悪化した場合、銀行の健全性に著しい影響が生じ、ひいては信用秩序の維持に支障が生ずるおそれがある。こうした事態を防止することを目的としている。

また、銀行は、免許制のもと、預金保険制度等のいわゆるセーフティネットを背景に、一般公衆からの預金を通じて集めた資金を基に営業を行っている。このように集められた資金を特定の者やグループに過度に集中させることなく、適正に配分することにより、国民経済の発展に寄与するという面もある。

大口信用供与等規制は、過去、行政指導をベースとして行われていたが、昭和五六年の銀行法全面改正の際に、法律で明文化された。

バーゼル銀行監督委員会が定めた「実効的な銀行監督のためのコアとなる諸原則」（いわゆる「バーゼル・コア・プリンシプル」）においても、大口信用供与を防止するための枠組みが必要とされており、国際的にも、このようなルール設定が、広く行われている。

わが国の大口信用供与等規制は、直近では、平成二五年の銀行法改正とそれに伴う政令・内閣府令・告示の整備（政府令の制定は平成二六年であり、平成二六年一二月から施行。以下、「平成二五年銀行法等改正」という）により、内容の見直しが行われた。当該見直しでは、国際的スタンダードに適合するよう、受信側の合算対象の拡大（実質支配力・影響力基準のもとでの子会社等を追加）・信用供与等限度額の引下げ（自己資本の四〇％から二五％へ）・合算される信用供与等の範囲の拡大（オフバランス取引等にも拡大）等を行った。

二　各　論

(1) 受信者側の範囲

大口信用供与等規制は、ある個人・法人等に加え、それらと「政令で定める特殊の関係のある者」に対する信用供与等の額を合算し、合算した額が規制の上限を超えてはならないとしている。

合算を行う理由として、たとえば、ある信用供与先の企業の事業内容が悪化する場合、当該企業の事業運営と関連性をもつグループ内の他の企業の事業内容も悪化する可能性がある。また、事業に影響がなくとも、グループ企業間で保証や資金融通を行っている結果、グループ内の他の企業の財務状況も連鎖的に悪化する可能性などもある。

個人とその親族等の関係者についても、同様の問題が生じる可能性がある。

このため、大口信用供与等規制は、受信側の一定の関係者に対する信用供与等の額を合算して、過度の信用供与等がなされていないかをチェックすることとしている。

「特殊の関係のある者」は、銀行法施行令第四条第一項から第五項までにおいて定められている。平成二五年銀行法等改正までは「議決権五〇％超の基準」に基づく親子・兄弟関係でつながるグループを受信側合算の対象としていた。

平成二五年銀行法等改正により「実質支配力基準に基づく親子・兄弟会社関係」（施行令第四条第二項第一号）および「影響力基準に基づく関連会社関係」（施行令第四条第三項）も受信側合算の対象に付加された。

なお、形式基準と異なり、実質基準の場合、与信者たる金融機関側が現実に把握可能かという問題がある。このため、現実の把握可能性等を勘案し、合算対象は、「連結財務諸表」の作成を通じ、これらの関係が把握できるものなどに限定されている。

(2) 規制対象となる信用供与等の範囲

① 信用供与等の範囲の概要

大口信用供与等規制の対象となる信用供与等については、第一三条第一項において、「信用の供与又は出資（信用の供与又は出資に相当するものを含む。）として政令で定めるもの」と規定されている。

この規定を受け、銀行法施行令第四条第六項では「貸出金・債務の保証・出資（それぞれ内閣府令で定めるもの）、及び、これらに類するものとして内閣府令で定めるもの」と定められている。

なお、上記第一三条第一項のカッコ書「信用の供与又は出資に相当するものを含む」は、平成二五年銀行法等改正の際に追加された。これにより、信用の供与等と同等の効果を有するものを対象とすることが可能となっている。

② 信用供与等に含まれるものの内容

銀行法施行令第四条第六項の規定を受け、銀行法施行規則第一四条では、次に掲げるもの（オンバランス取引については、同施行規則に定める別紙様式の勘定科目を規定）、および、金融庁長官が別に定めるものを信用供与等の対象としている。

●貸出金：貸借対照表のコール・ローン勘定・買現先勘定・貸出金勘定に計上されるもの（ただし、コール・ローン勘定については、銀行法施行規則の改正の際に附則で設けられた経過措置規定により、当分の間適用除外とされてい

る。後述③(ハ))

●債務の保証：貸借対照表の支払承諾見返勘定に計上されるもの、および、金融庁長官が別に定めるもの（告示により、オフバランス取引のうち、一般的な債務の保証（たとえば、借入金の保証、関税保証など）に該当するものとしている）

●出資：貸借対照表の有価証券勘定のうち株式勘定・その他の証券勘定として計上されるもの

●その他：貸借対照表の次に掲げる勘定に計上されるものおよび金融庁長官が別に定めるもの

・現金預け金勘定のうち預け金勘定
・債券貸借取引支払保証金勘定
・買入手形勘定
・買入金銭債権勘定
・商品有価証券勘定（特定取引勘定設置銀行以外の銀行に限る）
・特定取引資産勘定（特定取引勘定設置銀行に限る）
・金銭の信託勘定
・有価証券勘定のうち短期社債勘定、社債勘定またはその他の証券勘定（外国法人の発行する株式等として計上されるものを除く）
・外国為替勘定　等

金融庁長官が別に定めるものとしては、告示により、自己資本比率告示で認識するオフバランス取引（コミットメント・ラインの融資未実行残高分、短期かつ流動性の高い貿易関連偶発債務、特定の取引に係る偶発債務等）を定めている。また、その場合の信用供与額は、原則として自己資本比率告示の規定で算出される与信相当額としている。

平成二五年銀行法等改正までは、規制対象は、貸出金の一部（コール・ローン、買入手形は除外）・債務保証・出資・私募債等に限定されていた。平成二五年銀行法等改正により、オフバランス取引を含め、幅広い範囲の信用供与相当額が対象とされるに至った。

③　合算対象からの除外

(イ)　国等に対する信用供与等の除外

銀行法第一三条第三項の規定、および銀行法施行令第四条第一三項等の規定により、次に定める信用供与等は、適用・合算の対象外とされている。信用供与等の相手方の信用度等を勘案したものと考えられる。

- ●国に対するもの
- ●地方公共団体に対するもの
- ●政府保証が付されているもの
- ●法律により予算について国会の議決・承認が必要な法人に対するもの
- ●特別の法律により設立された法人で国・地方公共団体等以外の者の出資がないもののうち、当該特別の法律により債券を発行できるもの（たとえば、独立行政法人住宅金融支援機構や独立行政法人勤労者退職金共済機構など）
- ●日本銀行
- ●外国政府等で金融庁長官が定めるもの（告示により、リスクウェイトゼロの外国政府・外国中央機関・国際機関等）

(ロ)　やむを得ない理由がある場合の承認に基づく除外

銀行法第一三条第一項ただし書の規定により、信用供与等を受けている者の合併による場合その他政令で定めるやむを得ない理由がある場合において、内閣総理大臣の承認を受けたときは、大口信用供与等規制の例外とするとされている。

合併に伴い、大口信用供与等規制に突然抵触してしまう場合その他やむを得ない理由がある場合に規制を一律に適用すると、融資の突然の引上げにより相手先の事業継続が困難となってしまうなど、かえって、銀行の健全性に悪影響が生じる可能性がある。こうしたことを回避するためである。

銀行法施行令第四条第九項では、「その他政令で定めるやむを得ない理由」として、信用供与等を受けている者の事業の遂行上予見しがたい緊急の資金の必要が生じた場合において、銀行が信用供与等限度額を超えて信用の供与等をしないこととすれば、当該者の事業の継続に著しい支障を生ずるおそれがあること等を定めている。また、銀行法施行令第四条第九項第四号を受け、銀行法施行規則第一四条の三第二項第三号において「その他金融庁長官が適当と認めるやむを得ない理由があること」とあるが、この「金融庁長官が適当と認めるやむを得ない理由」については、監督指針において以下のようなメルクマールが示されている。

●法令上の義務に基づき信用供与等をする場合

●自己資本比率告示に規定する信用リスク削減手法（信用供与等の額から控除することが認められているものを除く）を用いることにより、信用供与等の額が信用供与等限度額を超過しない場合

●組織再編等を実施する場合であって、当該組織再編等の目的の実現のために必要であると認められる場合

(ハ)　コール・ローン

コール・ローンについては、大口信用供与等規制の対象としつつ、経過措置として、当分の間は適用除外としている。

これは、信用供与等に該当するものは原則的に規制対象とするという考え方をとりつつも、バーゼル銀行監督委員会において銀行間取引の大口信用供与等規制上の取扱い等について議論が継続している状況などをふまえ、当面の間は、現行の取扱いを継続することとするためと考えられる。規制対象としたり、除外したりなど、取扱いが頻

繁に変わった場合、実務に混乱が生じかねないこと等をふまえてのものと考えられる。

(3) 大口信用供与等の上限

大口信用供与等の上限額は、銀行法施行令第四条第八項により、自己資本の額にパーセンテージを乗じた額とされる。なお、ここでいう自己資本の額は、自己資本比率規制で用いられる自己資本の額を用いている（銀行法施行規則第一四条の五第四項）。

平成二五年銀行法等改正により、上限額は、次のとおり引き下げられた。当該引下げは、国際的スタンダードをふまえてのものである。

【改正前】

・受信者グループ	自己資本の額の四〇％
・受信者単体	自己資本の額の二五％
・銀行主要株主グループ	自己資本の額の二五％
・銀行主要株主単体	自己資本の額の一五％

【改正後】

・受信者単体および受信者グループと銀行主要株主グループ	自己資本の額の二五％
・銀行主要株主単体	自己資本の額の一五％

(4) 与信者側の範囲

銀行法第一三条の二第二項の規定により、与信側については、銀行単体に加え、銀行とその子法人等・関連法人等（銀行法施行規則第一四条の四により、実質支配力基準に基づく親子関係（銀行法施行令第四条の二第二項）および影響力基準に基づく関連会社関係（銀行法施行令第四条の二第三項）のある法人等とされる。）による与信額を合算して、大口信用供与等の上限額を超えているか否かが判断されることとなる。

第六章　アームズレングス・ルール

（特定関係者との間の取引等）

第十三条の二　銀行は、その特定関係者（当該銀行の子会社、当該銀行の銀行主要株主、当該銀行を子会社とする銀行持株会社、当該銀行持株会社の子会社（当該銀行を除く。）、当該銀行を所属銀行とする銀行代理業者その他の当該銀行と政令で定める特殊の関係のある者をいう。以下この条及び次条において同じ。）又はその特定関係者の顧客との間で、次に掲げる取引又は行為をしてはならない。ただし、当該取引若しくは行為をすることにつき内閣府令で定めるやむを得ない理由がある場合において、内閣総理大臣の承認を受けたとき、**又は当該銀行を子会社とする銀行持株会社（他の銀行又は銀行持株会社の子会社でないものに限る。）の子会社（当該銀行以外の銀行に限る。）との間で当該取引若しくは行為を行う場合において、当該銀行の経営の健全性を損なうおそれがないことその他の内閣府令で定める要件を満たすものとして内閣総理大臣の承認を受けたときは**、この限りでない。

一　当該特定関係者との間で行う取引で、その条件が当該銀行の取引の通常の条件に照らして当該銀行に不利益を与えるものとして内閣府令で定める取引

二　当該特定関係者との間又は当該特定関係者の顧客との間で行う取引又は行為のうち前号に掲げるもの

に準ずる取引又は行為で、当該銀行の業務の健全かつ適切な遂行に支障を及ぼすおそれのあるものとして内閣府令で定める取引又は行為

【**太字**部分は、平成二八年改正により追加された】

一　総　論

銀行の業務の公共性や預金者保護の必要性については、これまでも記載してきた。

同様の観点から設けられている規制の一つに、「アームズレングス・ルール」と通称される規制がある。

銀行と銀行の特別な関係者との間の取引は、馴れ合いのような状況のもと、特別に有利な条件で行われるおそれがある。こうした関係者間での不明朗な取引が行われることにより、銀行の健全な業務遂行が図られなくなることを回避するため、特別の条件ではなく、通常の条件に従って取引を行うべしとのルールである。

「アームズレングス」とは、腕の長さのことである。腕の長さの範囲内、すなわち、身内同士の取引に関するルールという意味合いや、身内との間でも適度な距離を保つべしといった意味合いから、このような名前で呼ばれていると考えられる。

経緯的には、平成四年の銀行法改正により認められた「業態別子会社方式」での銀行の他業態への参入に伴う弊害防止措置の一つとして導入された規定である。

二　特定関係者およびその顧客

銀行とその特定関係者またはその顧客との間で行う取引等が、規制の対象となる。

特定関係者とは、銀行と特別の関係のある者のことで、その範囲は、第一三条の二の規定に基づき、銀行法施行令第四条の二第一項で、次のとおり定められている。

簡単にいうと、当該銀行と、議決権五〇％超の関係・実質支配関係・実質影響力関係等の関係をもつ個人・会社・組合・会社または組合に準ずる事業体等である。

●銀行法施行令【傍線は筆者が付したもの】

（銀行の特定関係者）

第四条の二 法第十三条の二本文に規定する政令で定める特殊の関係のある者は、次に掲げる者とする。

一 当該銀行の子会社

二 当該銀行の主要株主基準値以上の数の議決権を保有する銀行主要株主

三 当該銀行を子会社とする銀行持株会社

四 前号に掲げる銀行持株会社の子会社（当該銀行及び第一号に掲げる者を除く。）

五 当該銀行の子法人等（第一号に掲げる者を除く。）

六 当該銀行を子法人等とする親法人等（第二号及び第三号に掲げる者を除く。）

七 当該銀行を子法人等とする親法人等の子法人等（当該銀行及び前各号に掲げる者を除く。）

八 当該銀行の関連法人等

九 当該銀行を子法人等とする親法人等の関連法人等（前号に掲げる者を除く。）

十 当該銀行の主要株主基準値以上の数の議決権を保有する銀行主要株主のうちその保有する当該銀行に係る議決権が当該銀行の総株主の議決権の百分の五十を超えるもの（個人に限る。以下この号において「特定個人銀行主要株主」という。）に係る次に掲げる会社、組合その他これらに準ずる事業体（外国におけるこれらに相当するものを含み、当該銀行を除く。以下この号において「法人等」という。）

イ　当該特定個人銀行主要株主がその総株主等の議決権の百分の五十を超える議決権を保有する法人等（当該法人等の子法人等及び関連法人等を含む。）

ロ　当該特定個人銀行主要株主がその総株主等の議決権の百分の二十以上百分の五十以下の議決権を保有する法人等

十一　当該銀行を所属銀行（法第二条第十六項に規定する所属銀行をいう。以下同じ。）とする銀行代理業者（同条第十五項に規定する銀行代理業者をいう。以下同じ。）並びに当該銀行代理業者の子法人等及び関連法人等（当該銀行及び前各号に掲げる者を除く。）

十二　前号の銀行代理業者を子法人等とする親法人等並びに当該親法人等の子法人等及び関連法人等（当該銀行及び前各号に掲げる者を除く。）

十三　当該銀行を所属銀行とする銀行代理業者（個人に限る。以下この号において「個人銀行代理業者」という。）に係る次に掲げる会社、組合その他これらに準ずる事業体（外国におけるこれらに相当するものを含み、当該銀行及び前各号に掲げる者を除く。以下この号において「法人等」という。）

イ　当該個人銀行代理業者がその総株主等の議決権の百分の五十を超える議決権を保有する法人等（当該法人等の子法人等及び関連法人等を含む。）

ロ　当該個人銀行代理業者がその総株主等の議決権の百分の二十以上百分の五十以下の議決権を保有する法人等

2　前項及びこの項において「親法人等」とは、他の法人等の意思決定機関を支配している法人等として内閣府令で定めるものをいい、「子法人等」とは、親法人等によりその意思決定機関を支配されている他の法人等をいう。この場合において、親法人等及び子法人等又は子法人等が他の法人等の意思決定機関を支配している場合における当該他の法人等は、その親法人等の子法人等とみなす。

3 第一項に規定する「関連法人等」とは、法人等（当該法人等の子法人等（前項に規定する子法人等をいう。第十七条の二第二項及び第十七条の三第三項を除き、以下同じ。）を含む。）が出資、取締役その他これに準ずる役職への当該法人等の役員若しくは使用人である者若しくはこれらであつた者の就任、融資、債務の保証若しくは担保の提供、技術の提供又は営業上若しくは事業上の取引等を通じて、財務及び営業又は事業の方針の決定に対して重要な影響を与えることができる他の法人等（子法人等を除く。）として内閣府令で定めるものをいう。

三　禁止行為

禁止行為は、第一三条の二第一号と第二号の二つの類型に分かれる。

(1)　銀行に不利益を与える取引（第一号）

第一号では、銀行と特定関係者との取引で、当該銀行の通常の条件に照らして当該銀行に不利益を与えるものとして内閣府令で定める取引を定めている。

これを受け、銀行法施行規則第一四条の一〇では、次のように定めている。簡単にいえば、当該銀行は、特定関係者との間での取引において、業務の種類・規模・信用度等に照らして当該特定関係者と同様と認められる者に比べ、条件面（金利・貸付期間など）で、当該銀行に不利な条件での取引を行ってはならないということである。

●銀行法施行規則【傍線は筆者が付したもの】
（特定関係者との間の取引等）
第十四条の十　法第十三条の二第一号に規定する内閣府令で定める取引は、当該銀行が、その営む業務の種類、規模及び信用度等に照らして当該特定関係者と同様であると認められる当該特定関係者以外の者との間で、当該特定関係者との間で行う取引と同種及び同量の取引を同様の状況の下で行つた場合に成立することとなる取引の条件と比べて、当該銀行に不利な条件で行われる取引をいう。

⑵　銀行の業務の健全かつ適切な遂行に支障を及ぼす取引・行為（第二号）

第二号では、特定関係者のみならずその顧客との間の取引・行為も対象に、第一号に準ずる取引・行為で、銀行の業務の健全かつ適切な遂行に支障を及ぼすおそれがあるものとして内閣府令で定めるものを定めている。第一号で代表的な禁止取引を定めたうえで、第二号では、第一号で規定される禁止取引に準ずるものを定めることとしている。

これを受け、銀行法施行規則第一四条の一一では、次のように定めている（条文は、後掲）。

①　第一号

特定関係者の顧客との間の取引。銀行に不利な条件となる取引であって、特定関係者の顧客が特定関係者との間で特定関係者の事業に係る契約を締結することを条件とするもの。特定関係者の顧客の利益を図るため、銀行に不利な条件での取引となっている。

② 第二号

特定関係者との間の取引。(1)で記述した取引とは逆に、特定関係者に不当に不利益を与える取引である。たとえば、利益の付替えなど、特定関係者との間での不明朗な取引が、銀行の業務・財務の状況を不透明なものとし、結果的に、銀行の健全かつ持続的な業務運営の妨げになりかねないためと考えられる。

「不当に」という文言が付加されているが、銀行不利の取引は、銀行の健全性低下に直結するが、これに比べ、銀行有利の取引が銀行の健全性低下につながる因果関係は遠いため、特に正当な理由が見出しがたい場合に限定しているものと考えられる。

③ 第三号

規制を免れる取引・行為。名目等のいかんを問わず、実質的に、本規制を潜脱するような取引・行為が該当すると考えられる。実態に応じての判断が必要と考えられる。

●銀行法施行規則

(特定関係者の顧客との間の取引等)

第十四条の十一 法第十三条の二第二号に規定する内閣府令で定める取引又は行為は、次に掲げるものとする。

一 当該特定関係者の顧客との間で行う取引で、当該銀行が、その営む業務の種類、規模及び信用度等に照らして当該特定関係者の顧客と同様であると認められる当該特定関係者の顧客以外の者との間で、当該特定関係者の顧客との間で行う取引と同種及び同量の取引を同様の状況の下で行つた場合に成立することとなる取引の条件と比べて、当該銀行に不利な条件で行われる取引（当該特定関係者と当該特定関係者の顧客が当該特定関係者が営む事業に係る契約を締結することをその取引の条件にしているものに限る。）
二　当該特定関係者との間で行う取引で、その条件が当該銀行の取引の通常の条件に照らして当該特定関係者に不当に不利益を与えるものと認められるもの
三　何らの名義によつてするかを問わず、法第十三条の二の規定による禁止を免れる取引又は行為

四　やむを得ない理由がある場合の例外

第一三条の二ただし書で、「当該取引若しくは行為をすることにつき内閣府令で定めるやむを得ない理由がある場合において、内閣総理大臣の承認を受けたとき……は、この限りでない」としている。アームズレングス・ルールを一律・形式的に適用した場合、銀行の健全な業務運営にかえって支障が生じかねないような場合に、例外を設けようという趣旨と考えられる【平成二八年改正による追加部分については、後述する】。

これを受け、銀行法施行規則第一四条の八では、やむを得ない理由を、次のように定めている（条文は、後掲）。

① 第一号

当該銀行の特定関係者に該当する破綻金融機関等との間で取引を行う場合で、通常の条件で取引を行った場合、当該破綻金融機関等の事業継続に支障を生ずるおそれがあること。

② 第二号

当該銀行が、ある国に営業所の設置ができないことについてやむを得ない理由がある場合に、当該国に所在する外国銀行を子法人または関連法人等として有する場合であって、当該銀行の本店と支店等との間で行う取引等と同

様の条件の取引等を行わなければ、当該外国銀行の事業継続に支障を生ずるおそれがあること。

③　第 三 号

経営状況の悪化した特定関係者との間で合理的な経営改善のための計画に基づき取引等を行う場合において、当該取引等を行うことが当該特定関係者の経営の状況を改善するうえで必要かつ不可欠であると見込まれること。

④　第 四 号

金融庁長官が必要なものとしてあらかじめ定める場合に該当すること。

具体的には、告示（銀行法施行規則第一四条の八第四号の規定に基づく銀行がその特定関係者との間で当該銀行の取引の通常の条件に照らして当該銀行に不利益を与える取引又は行為を行うことについて、金融庁長官が必要なものとしてあらかじめ定める場合を定める件）において、次の場合が定められている。

「銀行が、その特定関係者の解散又は営業の全部の譲渡に際し、当該銀行の取引の通常の条件に照らして当該銀行に不利益を与える取引又は行為を当該特定関係者との間で行う場合において、当該取引又は行為を行わなければ、当該銀行により大きな不利益を生ずるおそれがある場合」

●銀行法施行規則【傍線は筆者が付したもの】

（特定関係者との間の取引等を行うやむを得ない理由）

第十四条の八　法第十三条の二ただし書に規定する内閣府令で定めるやむを得ない理由は、次に掲げる理由とする。

一　当該銀行が当該銀行の取引の通常の条件に照らして当該銀行に不利益を与える取引又は行為を、当該銀行の特定関係者（法第十三条の二本文に規定する特定関係者をいう。以下この条から第十四条の十一までにおいて同じ。）に該当する特定金融機関（破綻金融機関（預金保険法第二条第四項に規定する破綻金融機関をいう。以下この号において同じ。）及び破綻金融機関の権利義務の全部又は一部を承継する金融機関をいう。）との間で行う場合において、当該取引又は行為を行わなければ当該特定金融機関の営業又は事業の継続に支障を生ずるおそれがあること。

二　当該銀行が外国銀行を当該銀行の子法人等又は関連法人等（令第四条の二第三項に規定する関連法人等をいう。以下同じ。）として有する場合（当該外国銀行が所在する国において当該銀行が支店その他の営業所を設置することができないことについてやむを得ない事由があるときに限る。）において、当該銀行が当該外国銀行との間で当該銀行の本店と支店その他の営業所との間で行う取引又は行為と同様の条件の取引又は行為を行わなければ当該外国銀行の営業又は事業の継続に支障を生ずるおそれがあること。

三　当該銀行が、当該銀行の取引の通常の条件に照らして当該銀行に不利益を与える取引又は行為を経営の状況の悪化した当該銀行の特定関係者との間で合理的な経営改善のための計画に基づき行う場合において、当該取引又は行為を行うことが当該特定関係者の経営の状況を改善する上で必要かつ不可欠であると見込まれること。

四　前三号に掲げるもののほか、当該銀行がその特定関係者との間で当該銀行の取引の通常の条件に照らして当該銀行に不利益を与える取引又は行為を行うことについて、金融庁長官が必要なものとしてあらかじめ定める場合に該当すること。

五　平成二八年改正による見直し（例外となる事項の追加）

アームズレングス・ルールの例外として、同一の銀行持株会社グループに属する銀行間の資金の融通であって、当該取引を行うことにより融通元の銀行の経営の健全性を損なうおそれがないことその他の内閣府令で定める要件を満たすものとして承認を受けた場合を、追加することとしている。

この見直しの背景として、金融機関のグループ化が進展するなか、グループ内の資源を有効に活用し、シナジー効果を発揮することで、グループ全体の収益の最大化を図ることが重要な課題となっているとの状況がある。この関連で、持株会社の傘下に複数の銀行が存在するケースで、アームズレングス・ルールに基づく条件での取引が必ずしもグループ収益の最大化の実現およびその成果の適切な配分に適さない場面もあるとの指摘がある。たとえば、金融グループ内で資金余剰の状態にある銀行から資金不足の銀行に対し、社内レートを活用して資金融通を行いたいとの声がある（注）が、このようなレートでのグループ内での資金融通は、改正前は、アームズレングス・ルールに抵触するものとして必ずしも許容されていなかった。

（注）たとえば、同一銀行持株会社グループ内に、資金余剰のA銀行と資金不足のB銀行がある場合において、A銀行は余剰資金をグループ外への貸付けで運用しているが、このレート（B銀行の信用度に基づく市場からの調達金利よりは低いレート）を基準にB銀行に資金融通し、B銀行は、低コストで調達した資金をもとに、その営業基盤の地域においてサービスを展開し、グループ全体での収益向上を図りたいといったもの。

金融グループにおける業務の柔軟化が図られていくなか、アームズレングス・ルールの趣旨の徹底はいっそう重要になると考えられる一方、その趣旨が損なわれない範囲において、グループにおけるシナジー効果の発揮といった今日的な課題をふまえた柔軟化を図ることも必要である。

平成二八年の第一三条の二ただし書の改正はこのような趣旨に基づき、同ルールの例外として許容される取引の類型を追加している。

アームズレングス・ルールが銀行の他業態への進出に伴う弊害を防止する観点から導入されたものであるとの経緯をふまえ、グループ外の他業態との競争条件に不均衡をもたらさないよう、あくまで、同一グループ内に複数の銀行が存在する場合の銀行間の取引のみをその対象としている。加えて、アームズレングス・ルールの目的は、恣意的な条件に基づく不明朗な取引が、銀行および銀行グループの健全性に問題を生じさせることを防止することにあると考えられるため、本見直しの対象は、傘下銀行間の取引に対する監督機能を期待しうる銀行持株会社が存在する場合に限定されている。

また、預金者等、当該取引を行う銀行ごとに存在する債権者の保護を図る見地から、当該取引が不利益に働く銀行の経営の健全性を損なうおそれがないことその他の内閣府令で定める要件を満たすものとして内閣総理大臣の承認を受けた場合に限って、このような取引を許容することとしており、内閣府令において、

① 当該取引を行うことが、経営の健全性を損なうおそれがないこと

② 当該取引の条件を明確に定めていること

が当該要件として規定されている。

（参考1）法令上、上記の銀行間の取引を行う銀行が銀行持株会社の完全子会社であることまでは要求されていない。もっとも、これらの銀行、特に当該取引が不利益に働く銀行に少数株主が存在する場合には、当該銀行の経営陣は当該少数株主に対する説明責任を十分に果たすことが必要と考えられる。

（参考2）監督官庁において当該取引が不利益に働く銀行の経営の健全性を損なうおそれの有無についての判断を行う際および銀行経営陣が上記（参考1）記載のとおり少数株主に対する説明を行うに際しては、当該取引自体が直接的に銀行の財務状況に与える影響にとどまらず、グループにおけるシナジー効果の発揮が当該銀行の財務状況に与える

影響についても勘案することができるものと考えられる。

●銀行法施行規則　【傍線は筆者が付したもの】

（特定関係者との間の取引等を行うやむを得ない理由）

第十四条の八　（略）

2　法第十三条の二ただし書に規定する内閣府令で定める要件は、当該銀行が当該銀行を子会社とする銀行持株会社（他の銀行又は銀行持株会社の子会社でないものに限る。）の子会社（当該銀行以外の銀行に限る。）との間で行う取引又は行為で、その条件が当該銀行の取引の通常の条件に照らして当該銀行に不利益を与えるもの（以下この項において「特定取引等」という。）に関し、次に掲げる要件の全てに該当することとする。

一　当該銀行が特定取引等を行うことが当該銀行の経営の健全性を損なうおそれがないこと。

二　当該銀行が特定取引等の条件を明確に定めていること。

コラム　条文解釈上の注意点⑤

○「場合」「とき」

「場合」と「とき」は、いずれも、条件を表す用語で、基本的に同じ意味である。ただし、条件が重畳的に定められる場合は、最初の条件に「場合」を用い、次の条件に「とき」が用いられる。例としては、「やむを得ない場合において、承認を受けたとき」「申請者が法人である場合において、その役員に第○条に規定する要件に該当する者がいるとき」などである。

条件節が連続し、複雑な条文の場合、上記のような関係であることを念頭に読むと、理解が容易になる場合がある。

なお、時点を表す場合は、「とき」ではなく「時」が用いられるのが通例である。

第七章　虚偽告知等の禁止

（銀行の業務に係る禁止行為）
第十三条の三　銀行は、その業務に関し、次に掲げる行為（第十三条の四に規定する特定預金等契約の締結の業務に関しては、第四号に掲げる行為を除く。）をしてはならない。
一　顧客に対し、虚偽のことを告げる行為
二　顧客に対し、不確実な事項について断定的判断を提供し、又は確実であると誤認させるおそれのあることを告げる行為
三　顧客に対し、当該銀行又は当該銀行の特定関係者その他当該銀行と内閣府令で定める密接な関係を有する者の営む業務に係る取引を行うことを条件として、信用を供与し、又は信用の供与を約する行為（顧客の保護に欠けるおそれがないものとして内閣府令で定めるものを除く。）
四　前三号に掲げるもののほか、顧客の保護に欠けるおそれがあるものとして内閣府令で定める行為

一　総　論

第一三条の三では、虚偽のことを告げる・不確実な事項について断定的判断を提供する・銀行の営む業務に係る取引を行うことを条件に信用供与等を行う、などの禁止行為を定めている。

これらは、一般的に好ましい行為とは考えられないが、幅広い顧客を相手方として金融取引を行っているという銀行の業務の特性等を勘案し、明文で禁止しているものと考えられる。

二　例外となる行為

第三号のカッコ書により、例外として除かれるものを内閣府令で定めることとしている。これを受け、銀行法施行規則第一四条の一一の二で、次のように定めている。

複数の取引がパッケージで行われることが合理的な場面なども考えられ、また、多様な金融サービスが提供されるようになるなか、「不当に」という要件を定めたうえで、ケースバイケースでの判断を可能とするものと考えられる。

●銀行法施行規則

（顧客の保護に欠けるおそれのないもの）

第十四条の十一の二　法第十三条の三第三号に規定する顧客の保護に欠けるおそれがないものとして内閣府令で定めるものは、銀行が不当に取引を行うことを条件として、信用を供与し、又は信用の供与を約する行為ではないものとする。

三　その他内閣府令で定める行為

第四号は、包括的に、「顧客の保護に欠けるおそれがあるもの」を内閣府令で定めることとしている。これを受け、銀行法施行規則第一四条の一一の三では、次のように定められている。いずれも、法律で規定されている禁止行為に準ずるものと考えられる。

●銀行法施行規則

（銀行の業務に係る禁止行為）

第十四条の十一の三　法第十三条の三第四号に規定する内閣府令で定める行為は、次に掲げる行為とする。

一　顧客に対し、その営む業務の内容及び方法に応じ、顧客の知識、経験、財産の状況及び取引を行う目的を踏まえた重要な事項について告げず、又は誤解させるおそれのあることを告げる行為

二　顧客に対し、不当に、自己の指定する事業者と取引を行うことを条件として、信用を供与し、又は信用の供与を約する行為（法第十三条の三第三号に掲げる行為を除く。）

三　顧客に対し、銀行としての取引上の優越的地位を不当に利用して、取引の条件又は実施について不利益を与える行為

なお、銀行法第一三条の三の柱書で、「特定預金等契約の締結の業務に関しては、第四号に掲げる行為を除く」としている。これは、特定預金等契約の締結に関しては、金融商品取引法の規制が準用されており（後述、第九章）、そちらのルールで律することとしているためである。

第八章　利益相反管理体制の整備

（顧客の利益の保護のための体制整備）

第十三条の三の二　銀行は、当該銀行、当該銀行を所属銀行とする銀行代理業者又は当該銀行の親金融機関等若しくは子金融機関等が行う取引に伴い、当該銀行、当該銀行を所属銀行とする銀行代理業者又は当該銀行の子金融機関等が行う業務（銀行業、銀行代理業その他の内閣府令で定める業務に限る。）に係る顧客の利益が不当に害されることのないよう、内閣府令で定めるところにより、当該業務に関する情報を適正に管理し、かつ、当該業務の実施状況を適切に監視するための体制の整備その他必要な措置を講じなければならない。

2　前項の「親金融機関等」とは、銀行の総株主の議決権の過半数を保有している者その他の当該銀行と密接な関係を有する者として政令で定める者のうち、銀行、金融商品取引業者（金融商品取引法第二条第九項（定義）に規定する金融商品取引業者をいう。以下同じ。）、保険会社（保険業法第二条第二項（定義）に規定する保険会社をいう。以下同じ。）その他政令で定める金融業を行う者をいう。

3　第一項の「子金融機関等」とは、銀行が総株主等の議決権の過半数を保有している者その他の当該銀行と密接な関係を有する者として政令で定める者のうち、銀行、金融商品取引業者、保険会社その他政令で定める金融業を行う者をいう。

一 総論

銀行法第一三条の三の二の規定は、銀行およびその親子関係にある金融機関等の取引に伴い、当該銀行および子金融機関等の顧客の利益が不当に害されることのないよう、体制整備等を講じなければならない旨規定している。利益相反管理体制の整備と通称される。

金融取引に伴う利益相反により顧客の利益が不当に害されることを防止する必要性は、従来より認識されてきたが、金融サービスの多様化等が進むなかで、その管理を適正に行うためのルールを法令上明定することとし、平成二〇年の銀行法改正により、第一三条の三の二の規定が追加された。

一般に、利益相反とは、利益が相反する、すなわち、一方が利益を得ると他方に不利益が生ずる（利益の衝突）、一方が利益を得ると他方がその利益を得られなくなる（利益の競合）といった状況を指す。

金融における利益相反の例として、「銀行が融資先企業から融資を引き上げる目的で当該融資先企業に社債を発行させ、当該社債を別の投資家に販売し、当該社債の発行によって得た資金で自行の融資を償還させる」（銀行の利益と、社債を購入した銀行の顧客との利益が相反している）といった、銀証分離を定めた米国のグラス・スティーガル法制定時に問題視された事例がある。そのほかにも、たとえば、競合関係または対立関係にある複数の顧客双方に対して資金を融通したり、M&Aに関する助言を提供する場合なども考えられる（顧客間の利益が相反している）。

そもそも、経済取引の多くが、利益の獲得や費用の回収などを意識して行われ、取引の一方の利益は相手方の不利益となるなど、単純なものも含め、利益相反はさまざまな場面で生じうる。

他方、金融サービスにはさまざまな形態があり、また、単一の顧客に対して銀行グループ内の複数の企業から金融サービスが提供されるなかで、利益相反により、ある顧客の利益が不当に害されてしまうおそれがある。このため、この規定では、「顧客の利益が不当に害されることのないよう、……その他必要な措置を講じなければならない」とし、利益相反の適切な管理を求めている。

二　規定の内容

(1)　規定の構成

規定の構成は、銀行は、①当該銀行・その代理業者・その銀行と親子関係にある金融機関等が行う取引に伴い、②当該銀行・その代理業者・その銀行の子金融機関等が行う業務の顧客の利益が不当に害されないよう、③必要な措置を講じなければならないとなっている。

この①と②とで取引を行う主体の範囲に差異があるのは、代理業者・子会社に対して指示等を行うことは容易であるものの、子会社が親会社に対して指示等を行うことは権限の面からむずかしいため、自らの権限により実行可能な範囲内で、顧客の利益保護のための措置を講ずべしとの趣旨によるものと考えられる。

(2)　内閣府令で規定される事項

規定の詳細につき、内閣府令で定められる事項が二点ある。

①　銀行業、銀行代理業その他の内閣府令で定める業務

まず、第一項のカッコ書内の「銀行業、銀行代理業その他の内閣府令で定める業務」である。

この点は、銀行法施行規則第一四条の一一の三の二で「法第一三条の三の二第一項に規定する内閣府令で定める業務は、銀行が営むことができる業務（以下「銀行関連業務」という。）とする」とされている。

銀行業・銀行代理業に限らず、銀行が営むことのできる業務全般なので、付随業務や法定他業も該当することとなる。

② 体制の整備その他必要な措置

もう一点が、「内閣府令で定めるところにより、当該業務に関する情報を適正に管理し、かつ、当該業務の実施状況を適切に監視するための体制の整備その他必要な措置を講じなければならない」との点である。

「その他必要な措置」なので、その前にある「情報を適正に管理し、かつ、当該業務の実施状況を適切に監視するための体制の整備」は、必ず行わなければならない。

内閣府令では、その体制整備のために行うべき事柄や、その他必要な措置の内容等が定められることとなる。

銀行法施行規則第一四条の一一の三の三では、次の措置を講じるべきことが定められている（条文は、後掲）。

●対象取引（顧客の利益が不当に害されることとなるおそれがある取引のこと）を特定するための体制整備（利益相反管理を行ううえで、問題の所在を把握することが、まずもって必要だからと考えられる）

●顧客の保護を適正に確保するための体制整備。顧客保護の方法の例示として、イ～ニまでが示されている。「次に掲げる方法その他の」との文言があるため、これらに限られるわけではない。イ～ニの概略は、次のとおり。

(イ) 当該取引を行う部門と対象取引を行う部門を分離する方法（いわゆる「チャイニーズ・ウォール」と呼ばれる方法）

(ロ) 取引の条件または方法を変更する方法

(ハ)　取引を中止する方法
(ニ)　情報開示を行う方法
●対象取引の特定・顧客の保護を適正に確保するための体制整備の方針策定と公表
●対象取引の特定に係る記録・顧客の保護を適正に確保するための措置に係る記録の保存

●銀行法施行規則

(顧客の利益が不当に害されることのないよう必要な措置)

第十四条の十一の三の三　銀行は、当該銀行、当該銀行を所属銀行とする銀行代理業者又は当該銀行の親金融機関等（法第十三条の三の二第二項に規定する親金融機関等をいう。以下この条において同じ。）若しくは子金融機関等（同条第三項に規定する子金融機関等をいう。以下この条において同じ。）が行う取引に伴い、当該銀行、当該銀行を所属銀行とする銀行代理業者又は当該銀行の子金融機関等が行う銀行関連業務に係る顧客の利益が不当に害されることのないよう、次に掲げる措置を講じなければならない。

一　対象取引を適切な方法により特定するための体制の整備

二　次に掲げる方法その他の方法により当該顧客の保護を適正に確保するための体制の整備

イ　対象取引を行う部門と当該顧客との取引を行う部門を分離する方法

ロ　対象取引又は当該顧客との取引の条件又は方法を変更する方法

ハ　対象取引又は当該顧客との取引を中止する方法

ニ　対象取引に伴い、当該顧客の利益が不当に害されるおそれがあることについて、当該顧客に適切に開示する方法

三　前二号に掲げる措置の実施の方針の策定及びその概要の適切な方法による公表
四　次に掲げる記録の保存
イ　第一号の体制の下で実施した対象取引の特定に係る記録
ロ　第二号の体制の下で実施した顧客の保護を適正に確保するための措置に係る記録
2　前項第四号に規定する記録は、その作成の日から五年間保存しなければならない。
3　第一項の「対象取引」とは、銀行、当該銀行を所属銀行とする銀行代理業者又は当該銀行の親金融機関等若しくは子金融機関等が行う取引に伴い、当該銀行、当該銀行を所属銀行とする銀行代理業者又は当該銀行の子金融機関等が行う銀行関連業務に係る顧客の利益が不当に害されるおそれがある場合における当該取引をいう。

コラム　条文解釈上の注意点⑥

○「又は」「若しくは」「及び」「並びに」

「又は」と「若しくは」は、いずれも、選択関係にあるもの、英語でいう「or」の関係にあるものを示す。ただし、複数の段階の選択関係がある場合、最も高い段階の選択関係に「又は」を用い、それ以外はすべて「若しくは」を用いる。同じ段階の選択関係が三個以上ある場合は、最初の二個は読点でつなぎ、最後に「又は」か「若しくは」を使う。

例としては、「銀行の本店、支店若しくは営業所若しくは当該銀行の業務委託先の事務所又は日本銀行の本店」というような例が想定される（選択段階が低いものから、①銀行の本店か支店か営業所、②それらか当該銀行の業務委託先の事務所、③それらか（当該銀行とは直接の業務上の関係のない）日本銀行本店、ということになる）。

「及び」と「並びに」は、いずれも、結合関係にあるもの、英語でいう「and」の関係にあるものを示す。「又は」「若しくは」とやや異なり、「及び」を最も低い段階の結合関係に用い、それ以外は「並びに」を用いる。

複数の言葉が選択・結合の関係で並ぶ複雑な条文を読む際、このような使い分けを念頭に置くと、理解が容易になる場合がある。

第九章

特定預金等契約に対する金融商品取引法の準用

（金融商品取引法の準用）【傍線は筆者が付したもの】

第十三条の四　金融商品取引法第三章第一節第五款（第三十四条の二第六項から第八項まで（特定投資家が特定投資家以外の顧客とみなされる場合）並びに第三十四条の三第五項及び第六項（特定投資家以外の顧客である法人が特定投資家とみなされる場合）を除く。）（特定投資家）、同章第二節第一款（第三十五条から第三十六条の四まで（第一種金融商品取引業又は投資運用業を行う者の業務の範囲、第二種金融商品取引業又は投資助言・代理業のみを行う者の兼業の範囲、業務管理体制の整備、顧客に対する誠実義務、標識の掲示、名義貸しの禁止、社債の管理の禁止等）、第三十七条第一項第二号（広告等の規制）、第三十七条の二（取引態様の事前明示義務）、第三十七条の三第一項第二号及び第六号並びに第三項（契約締結前の書面の交付）、第三十七条の五（保証金の受領に係る書面の交付）、第三十七条の七（指定紛争解決機関との契約締結義務等）、第三十八条第一号、第二号及び第七号並びに第三十八条の二（禁止行為）、第三十九条第三項ただし書及び第五項（損失補てん等の禁止）並びに第四十条の二から第四十条の七まで（最良執行方針等、分別管理が確保されていない場合の売買等の禁止、金銭の流用が行われている場合の募集等の禁止、特定投資家向け有価証券の売買等の制限、特定投資家向け有価証券に関する告知義務、のみ行為の禁止、店頭デリバティブ取引に関する電子情報処理組織の使用義務等）を除く。）（通則）及び第四十五条（第三号及び第四号を除く。）（雑則）の規定は、銀行が行う特定預金等契約（特定預金等（金利、通貨の価格、同法第二条第十四項に規定する金融商品市場における相場その他の指標に係る変動によりその元本について損失が生ずるおそれがある預金又は定期積金等として内閣府令で定めるものをいう。）の受入れを内容とする契約をいう。以下同じ。）の締結について準用する。この場合において、これらの規定中「金融商品取引契約」とあるのは「特定預金等契約」と、……（略）……と読み替えるものとするほか、必要な技術的読替えは、政令で定める。

一　総　　論

銀行法第一三条の四の規定は、金利・通貨の価格・金融商品市場における相場等の変動により元本について損失が生じるおそれのある預金の受入れに係る契約の締結に関する規定である。

資産運用手法の多様化が進むなか、内外の金利差・為替変動等からの利益獲得手法をあわせ提供する預金商品が登場している。

これらは元本について損失が生じるおそれがあるという点で、金融商品取引法が規制する金融商品に類似した性質をもっている。このため、書面交付義務など、金商法に基づいて金融商品を取り扱う金融商品取引業者に課されている顧客保護のための規定等を準用することとしている。

準用に際して、元の条文の文言をそのまま用いたのでは意味を判断しがたくなるところがあるところ、文言の一部を読み替えている。

二　特定預金等の内容

特定預金等とは、銀行法施行規則第一四条の一一の四において、概要、次を定めている。

●預入期間の中途で解約した場合に、違約金等の支払により元本割れとなるおそれがある預金等

●外国通貨で表示される預金等

●通貨オプション取引が付随する預金等

●銀行法施行規則

（特定預金等）

第十四条の十一の四　法第十三条の四に規定する内閣府令で定めるものは、次に掲げるものとする。

一　預金者等が預入期間の中途で解約をした場合に違約金その他これに準ずるもの（以下この号において「違約金等」という。）を支払うこととなる預金等であつて、当該違約金等の額を当該解約の時における当該預金等の残高から控除した金額が、金利、通貨の価格、金融商品市場における相場その他の指標に係る変動により預入金額を下回ることとなるおそれがあるもの

二　預金等のうち、外国通貨で表示されるもの

三　預金等のうち、その受入れを内容とする取引に金融商品取引法第二条第二十二項第三号（ロを除く。）に掲げる取引（通貨の売買に係るものに限る。）が付随するもの

三　準用される金商法の規定

(1)　概　要

具体的に準用されている金融商品取引法の規定は、次のとおりである。①は、特定投資家になる場合等の手続規定である。業者に対し、顧客保護等の観点からの義務を定めるいわゆる実体規定は、②③となる。

①　金商法第三章第一節第五款（一部の規定を除く）

特定投資家（いわゆるプロ投資家。金商法第四五条により、プロ投資家に対する取引に関しては、説明・書面交付義務等の規定で適用除外されるものがある）に関する規定で、一定の者が自らを特定投資家として取り扱うことを申し出たり、特定投資家が自らを非特定投資家として取り扱うことを申し出たりすることができる旨を定める規定

②　金商法第三章第二節第一款（一部の規定を除く）

広告規制・書面交付義務・一定期間内は書面による契約解除ができること・勧誘等に係る禁止行為・損失補てん等の禁止・適合性原則等、顧客保護のための規定

③　金商法第四五条（一部の規定を除く）

特定投資家との取引に関し、適用が除外される規定

(2)　準用される規定

金商法第三章第一節第五款は特定投資家になる場合等の手続規定である。金商法第三章第二節第一款と第四五条の規定が、顧客保護等の観点から業者に対する義務を定めるいわゆる実体規定である。

これら実体規定の概要は、次のとおりである。

●広告等の規制：広告等をする際は、商号の表示と顧客の判断に影響を及ぼす重要な事項（手数料に関すること等）を表示するとともに、利益の見込み等について著しく事実に相違する表示や著しく誤認させる表示をしてはならない。

●契約締結前の書面交付：契約締結前に、顧客に対し、商号・契約の概要・手数料・指標変動により損失発生のおそれがある場合はその旨・預金保険の対象となるか否かの別等を記載した書面を交付しなければならない。

●契約締結時の書面交付：契約成立等の際、遅滞なく、商号・預入金額・預金保険の対象であるか否かの別・預入日と満期日・預入期間中途での解約の取扱い・契約の成立年月日・手数料・顧客の氏名・銀行への連絡方法等を記載した書面を交付しなければならない。

●書面による解除：契約締結時の書面を受領した日から政令で定める日数（一〇日）を経過するまでの間、書面による契約解除（いわゆるクーリングオフ）ができる。

●禁止行為：無登録格付であること等を告げずに無登録格付を利用した勧誘を行うこと、顧客の知識・経験・財産の状況・取引の目的をふまえた重要な事項を告げず、または誤解させるおそれのあることを告げること等を禁止している。

●損失補てん等の禁止：損失の発生・あらかじめ定めた額の利益が発生しない場合に、その全部または一部を補てんすること、およびそれらを要求すること等を禁止している。

●適合性の原則：顧客の知識・経験・財産の状況・取引の目的に照らして不適当と認められる勧誘を行うこと等を禁止している。

●特定投資家に関する例外：顧客が特定投資家（いわゆるプロ投資家）である場合等には、上記の規定の一部が適用されないこととなる。

●金融商品取引法【読むうえでの便宜のため、原文にある「金融商品取引業者等」を「銀行」に変換するとともに、法律・政令の読替規定にならって、文言を変換したもの。傍線部分が読み替えた箇所。正確には、原文を参照されたい】

（広告等の規制）

第三十七条　銀行は、その行う特定預金等契約の締結の業務の内容について広告その他これに類似するものとして内閣府令で定める行為をするときは、内閣府令で定めるところにより、次に掲げる事項を表示しなければならない。

一　当該銀行の商号

二　（準用せず）

三　当該銀行の行う特定預金等契約の締結の業務の内容に関する事項であつて、顧客の判断に影響を及ぼすこととなる重要なものとして政令で定めるもの

2　銀行は、その行う特定預金等契約の締結の業務に関して広告その他これに類似するものとして内閣府令で定める行為をするときは、特定預金等契約の締結を行うことによる利益の見込みその他内閣府令で定める事項について、著しく事実に相違する表示をし、又は著しく人を誤認させるような表示をしてはならない。

（契約締結前の書面の交付）

第三十七条の三　銀行は、特定預金等契約を締結しようとするときは、内閣府令で定めるところにより、あらかじめ、顧客に対し、次に掲げる事項を記載した書面を交付するほか、預金者等（銀行法第二条第五項に

規定する預金者等をいう。以下この項において同じ。）の保護に資するため、内閣府令で定めるところにより、当該特定預金等契約の内容その他預金者等に参考となるべき情報の提供を行わなければならない。ただし、投資者の保護に支障を生ずることがない場合として内閣府令で定める場合は、この限りでない。

一　当該銀行の商号

二　（準用せず）

三　当該特定預金等契約の概要

四　手数料、報酬その他の当該特定預金等契約に関して顧客が支払うべき対価に関する事項であつて内閣府令で定めるもの

五　顧客が行う特定預金等契約の締結について金利、通貨の価格、金融商品市場における相場その他の指標に係る変動により損失が生ずることとなるおそれがあるときは、その旨

六　（準用せず）

七　前各号に掲げるもののほか、特定預金等契約の締結の業務の内容に関する事項であつて、顧客の判断に影響を及ぼすこととなる重要なものとして内閣府令で定める事項

2　第三十四条の二第四項の規定は、前項の規定による書面の交付について準用する。

3　（準用せず）

（契約締結時等の書面の交付）

第三十七条の四　銀行は、特定預金等契約が成立したときその他内閣府令で定めるときは、遅滞なく、内閣府令で定めるところにより、書面を作成し、これを顧客に交付しなければならない。ただし、その特定預金等契約の内容その他の事情を勘案し、当該書面を顧客に交付しなくても公益又は投資者保護のため支障

を生ずることがないと認められるものとして内閣府令で定める場合は、この限りでない。
2　第三十四条の二第四項の規定は、前項の規定による書面の交付について準用する。

（書面による解除）

第三十七条の六　銀行と特定預金等契約（当該特定預金等契約の内容その他の事情を勘案して政令で定めるものに限る。）を締結した顧客は、内閣府令で定める場合を除き、第三十七条の四第一項の書面を受領した日から起算して政令で定める日数を経過するまでの間、書面により当該特定預金等契約の解除を行うことができる。
2　前項の規定による特定預金等契約の解除は、当該特定預金等契約の解除を行う旨の書面を発した時に、その効力を生ずる。
3　銀行は、第一項の規定による特定預金等契約の解除があつた場合には、当該特定預金等契約の解除までの期間に相当する手数料、報酬その他の当該特定預金等契約に関して顧客が支払うべき対価（次項において「対価」という。）の額として内閣府令で定める金額を超えて当該特定預金等契約の解除に伴う損害賠償又は違約金の支払を請求することができない。
4　銀行は、第一項の規定による特定預金等契約の解除があつた場合において、当該特定預金等契約に係る対価の前払を受けているときは、これを顧客に返還しなければならない。ただし、前項の内閣府令で定める金額については、この限りでない。
5　前各項の規定に反する特約で顧客に不利なものは、無効とする。

（禁止行為）

第三十八条　銀行又はその役員若しくは使用人は、次に掲げる行為をしてはならない。ただし、第四号から第六号までに掲げる行為にあつては、投資者の保護に欠け、取引の公正を害し、又は特定預金等契約の締結の業務の信用を失墜させるおそれのないものとして内閣府令で定めるものを除く。

一・二 （準用せず）

三 顧客に対し、信用格付業者以外の信用格付業を行う者の付与した信用格付（投資者の保護に欠けるおそれが少ないと認められるものとして内閣府令で定めるものを除く。）について、当該信用格付を付与した者が第六十六条の二十七の登録を受けていない者である旨及び当該登録の意義その他の事項として内閣府令で定める事項を告げることなく提供して、特定預金等契約の締結の勧誘をする行為

四 特定預金等契約（当該特定預金等契約の内容その他の事情を勘案し、投資者の保護を図ることが特に必要なものとして政令で定めるものに限る。）の締結の勧誘の要請をしていない顧客に対し、訪問し又は電話をかけて、特定預金等契約の締結の勧誘をする行為

五 特定預金等契約（当該特定預金等契約の内容その他の事情を勘案し、投資者の保護を図ることが必要なものとして政令で定めるものに限る。）の締結につき、その勧誘に先立つて、顧客に対し、その勧誘を受ける意思の有無を確認することをしないで勧誘をする行為

六 特定預金等契約（当該特定預金等契約の内容その他の事情を勘案し、投資者の保護を図ることが必要なものとして政令で定めるものに限る。）の締結の勧誘を受けた顧客が当該特定預金等契約を締結しない旨の意思（当該勧誘を引き続き受けることを希望しない旨の意思を含む。）を表示したにもかかわらず、当該勧誘を継続する行為

七 （準用せず）

八 前各号に掲げるもののほか、投資者の保護に欠け、若しくは取引の公正を害し、又は特定預金等契約

の締結の業務の信用を失墜させるものとして内閣府令で定める行為

（損失補てん等の禁止）

第三十九条　銀行は、次に掲げる行為をしてはならない。

一　特定預金等契約の締結につき、当該特定預金等契約について顧客に損失が生ずることとなり、又はあらかじめ定めた額の利益が生じないこととなつた場合には自己又は第三者がその全部又は一部を補てんし、又は補足するため、当該特定預金等契約によらないで当該顧客又は第三者に財産上の利益を提供する旨を、当該顧客又はその指定した者に対し、申し込み、若しくは約束し、又は第三者に申し込ませ、若しくは約束させる行為

二　特定預金等契約の締結につき、自己又は第三者が当該特定預金等契約について生じた顧客の損失の全部若しくは一部を補てんし、又はこれらについて生じた顧客の利益に追加するため、当該特定預金等契約によらないで当該顧客又は第三者に財産上の利益を提供する旨を、当該顧客又はその指定した者に対し、申し込み、若しくは約束し、又は第三者に申し込ませ、若しくは約束させる行為

三　特定預金等契約の締結につき、当該特定預金等契約について生じた顧客の損失の全部若しくは一部を補てんし、又はこれらについて生じた顧客の利益に追加するため、当該特定預金等契約によらないで当該顧客又は第三者に対し、財産上の利益を提供し、又は第三者に提供させる行為

2　銀行の顧客は、次に掲げる行為をしてはならない。

一　特定預金等契約の締結につき、銀行又は第三者との間で、前項第一号の約束をし、又は第三者に当該約束をさせる行為（当該約束が自己がし、又は第三者にさせた要求による場合に限る。）

二　特定預金等契約の締結につき、銀行又は第三者との間で、前項第二号の約束をし、又は第三者に当該

約束をさせる行為（当該約束が自己がし、又は第三者にさせた要求による場合に限る。）
三　特定預金等契約の締結につき、銀行又は第三者から、前項第三号の提供に係る財産上の利益を受け、又は第三者に当該財産上の利益を受けさせる行為（前二号の約束による場合であつて当該約束が自己がし、又は第三者にさせた要求によるとき及び当該財産上の利益の提供が自己がし、又は第三者にさせた要求による場合に限る。）

3　第一項の規定は、同項各号の申込み、約束又は提供が事故（銀行又はその役員若しくは使用人の違法又は不当な行為であつて当該銀行とその顧客との間において争いの原因となるものをいう。以下この節及び次節において同じ。）による損失の全部又は一部を補てんするために行うものである場合については、適用しない。ただし、同項第二号の申込み又は約束及び同項第三号の提供にあつては、その補てんに係る損失が事故に起因するものであることにつき、当該金融商品取引業者等があらかじめ内閣総理大臣の確認を受けている場合その他内閣府令で定める場合に限る。【ただし書は準用せず】

4　第二項の規定は、同項第一号又は第二号の約束が事故による損失の全部又は一部を補てんする旨のものである場合及び同項第三号の財産上の利益が事故による損失の全部又は一部を補てんするため提供されたものである場合については、適用しない。

5　（準用せず）

（適合性の原則等）

第四十条　銀行は、業務の運営の状況が次の各号のいずれかに該当することのないように、その業務を行わなければならない。

一　特定預金等契約について、顧客の知識、経験、財産の状況及び特定預金等契約を締結する目的に照らして不適当と認められる勧誘を行つて投資者の保護に欠けることとなつており、又は欠けることとなるおそれがあること。

二　前号に掲げるもののほか、業務に関して取得した顧客に関する情報の適正な取扱いを確保するための措置を講じていないと認められる状況、その他業務の運営の状況が公益に反し、又は投資者の保護に支障を生ずるおそれがあるものとして内閣府令で定める状況にあること。

第四十五条　次の各号に掲げる規定は、当該各号に定める者が特定投資家である場合には、適用しない。ただし、公益又は特定投資家の保護のため支障を生ずるおそれがあるものとして内閣府令で定める場合は、この限りでない。

一　第三十七条、第三十八条第四号から第六号まで及び第四十条第一号　銀行が行う特定預金等契約の締結の勧誘の相手方

二　第三十七条の三（第一項の書面の交付に係る部分に限り、同項第二号及び第六号並びに第三項を除く。）、第三十七条の四及び第三十七条の六　銀行が申込みを受け、又は締結した特定預金等契約の相手方

三・四（準用せず）

第一〇章

取締役等に対する信用供与に関する規制

（取締役等に対する信用の供与）
第十四条　銀行の取締役又は執行役が当該銀行から受ける信用の供与については、その条件が、当該銀行の信用の供与の通常の条件に照らして、当該銀行に不利益を与えるものであってはならない。
2　銀行の取締役又は執行役が当該銀行から信用の供与を受ける場合における会社法第三百六十五条第一項（競業及び取締役会設置会社との取引等の制限）の規定により読み替えて適用する同法第三百五十六条第一項（競業及び利益相反取引の制限）の規定及び同法第四百十九条第二項（執行役の監査委員に対する報告義務等）において準用する同法第三百五十六条第一項の規定による取締役会の承認に対する同法第三百六十九条第一項（取締役会の決議）の規定の適用については、同項中「その過半数（これを上回る割合を定款で定めた場合にあっては、その割合以上）」とあるのは、「その三分の二（これを上回る割合を定款で定めた場合にあっては、その割合）以上に当たる多数」とする。

一　総　論

規定の趣旨は、アームズレングス・ルールなどと同様、銀行がその特定関係者に有利な条件で信用供与を行うことにより、銀行の健全性を害することを防止することと考えられる。

特に、株式会社である銀行の取締役や執行役は、銀行の意思決定や業務執行に関与する立場にある。このため、自らまたは仲間内で有利な条件を設定することを行いやすい立場であると考えられるところ、これらの役職者への信用供与について規律を設けるものである。

二　規制の内容

会社法においても、取締役会設置会社の取締役・執行役が自己または第三者のために会社と取引をしようとするときは、取締役会において、当該取引につき重要な事実を開示し、その承認を受けなければならないこととされている（会社法第三六五条・第四一九条）。

銀行法第一四条では、その要件を加重している。

まず、第一項において、「当該銀行の信用の供与の通常の条件に照らして、当該銀行に不利益を与えるものであつてはならない」としている。

第二項では、会社法の規定を読み替えることにより、これらの承認のために必要な取締役会における取締役の賛成数を、会社法の規定である「過半数以上」から「三分の二以上」に加重している。

第一一章　自己資本比率基準

（経営の健全性の確保）

第十四条の二　内閣総理大臣は、銀行の業務の健全な運営に資するため、銀行がその経営の健全性を判断するための基準として次に掲げる基準その他の基準を定めることができる。

一　銀行の保有する資産等に照らし当該銀行の自己資本の充実の状況が適当であるかどうかの基準

二　銀行及びその子会社その他の当該銀行と内閣府令で定める特殊の関係のある会社（以下この号、第三章及び第四章において「子会社等」という。）の保有する資産等に照らし当該銀行及びその子会社等の自己資本の充実の状況が適当であるかどうかの基準

一　総　論

本条は、いわゆる自己資本比率基準についての規定である。

銀行の保有する資産等に照らし当該銀行の自己資本の充実の状況が適当であるかどうかの基準（単体ベースおよびグループベース）その他の基準を定めることができるとしている。

自己資本比率基準は、金融の国際化の進展等を背景に、一九八〇年代後半から、主として、バーゼル銀行監督委員会で検討が開始され、枠組みが形成された。

バーゼル銀行監督委員会での合意は、その後、内容の変化が進み、当初のものから順に、バーゼルⅠ・バーゼルⅡ・バーゼルⅢなどと称されている。

バーゼル銀行監督委員会での合意をふまえ、わが国でも、自己資本比率基準が導入された。当初、通達により自己資本の充足を求めていたが、平成四年の銀行法改正により、銀行法上に自己資本比率基準に関する規定が定められた。

二 規定の内容

第一四条の二の規定は、内閣総理大臣が定めることができる基準とは、「銀行がその経営の健全性を判断するための基準」とされている。

このため、この基準を用いて経営の健全性を判断する主体は、一義的に「銀行」となっていると考えられる。

第一号（単体ベース）と第二号（グループベース）において、基準の典型例として、銀行の保有する資産等に照らし当該銀行の自己資本の充実の状況が適当であるかどうかの基準を掲げている（バーゼル銀行監督委員会での合意をふまえたものである）。

銀行の保有資産等には、貸付債権・有価証券など、さまざまなものがあるが、それぞれ、返済・償還等が円滑になされないリスクがある。貸付先の破綻等により、貸付けの返済が不可能となれば、銀行の保有資産の額が減少する。一方で、預金等の負債の額が減少するわけではなく、その結果、銀行の純資産額は減少し、銀行の財務内容が悪化することとなる。銀行の自己資本が十分にあれば、このような損失があった場合でもそれを吸収し、信用を維持しつつ、経営継続が可能となる。

このような考え方のもと、資産等と自己資本を照らした基準、すなわち、自己資本比率基準が、重要な柱となっている。

三　早期是正措置との関係

平成一〇年の銀行法改正により、第二六条第二項が創設され、いわゆる「早期是正措置」に係る規定が設けられた。

これにより、当局による銀行に対する命令のうち、自己資本の充実の状況に応じて行うものは、自己資本比率基準に沿って行うことが明示された。また、自己資本比率基準は、銀行が自ら経営の健全性を判断するための基準ということだけではなく、当局による銀行に対する業務改善命令等を発動する目安としても、重要な位置づけをもつに至った。

早期是正措置の内容は、内閣府令・財務省令で定められているが、基準未達成であれば、まず業務改善命令が発せられ、さらに、未達成割合が大きければ、業務縮小・業務停止・銀行業の廃止等の命令が発せられることとなっている。

四　自己資本比率基準（告示）の概要

(1)　総　論

自己資本比率基準の内容は、告示（銀行法第一四条の二の規定に基づき、銀行がその保有する資産等に照らし自己資本の充実の状況が適当であるかどうかを判断するための基準を定める件）において定められている。

国際統一基準（海外営業拠点を有する銀行についての基準）と、国内基準（海外営業拠点を有しない銀行についての基準）がある。

大枠としては、いずれも、資産の額（リスクに応じて一定の係数を乗じ、リスクに見合ったかたちで換算した資産の額）を分母とし、自己資本の額（自己資本の内容に応じ、一定の控除を行うことで算出した自己資本の額）を分子に置いて「自己資本比率」を算出し、この数字が一定水準を上回るよう、基準を定めている。

バーゼルⅢにおいて、①資本の質の向上（Tier1・Tier2 適格要件の厳格化等）、②資本水準の引上げ（普通株式等 Tier1 比率・Tier1 比率の最低水準引上げ等）が行われたこともふまえ、両基準についての見直しが行われた。新基準については、経過措置が置かれ、段階的な適用がなされることとなっている。

⑵ 新たな自己資本比率基準の概要

バーゼルⅢをふまえて新たに策定された自己資本比率基準の内容は、詳細かつ多岐にわたるが、その概要は、次のとおりである。

●新国際統一基準（バーゼルⅢ）（二〇一三年三月期から適用）

［対象金融機関：海外営業拠点（海外支店または海外現地法人）を有する預金取扱金融機関］

○総自己資本比率

$$= \frac{\text{普通株式等 Tier1} + \text{その他 Tier1} + \text{Tier2}}{\text{リスク・アセット}} \geqq 8\%$$

○ Tier1比率 $= \dfrac{\text{普通株式等 Tier1}+\text{その他 Tier1}}{\text{リスク・アセット}} \geqq 6\%$

○普通株式等 Tier1比率 $= \dfrac{\text{普通株式等 Tier1}}{\text{リスク・アセット}} \geqq 4.5\%$

(参考)

1．普通株式等 Tier1とは、最も損失吸収力の高い資本（普通株式、内部留保等）をいう。なお、資本の質の強化および金融システム内でのリスクの蓄積防止の観点から、のれん等の無形資産・繰延税金資産や他の金融機関の資本保有等は、原則普通株式等 Tier1から控除。

(注) その他有価証券の評価差額金を含むその他包括利益（OCI）については、普通株式等 Tier1に算入。

2．その他 Tier1とは、優先株式等をいう。

3．Tier2とは、劣後債、劣後ローン等および一般貸倒引当金（信用リスク・アセットの1.25%が算入上限）等をいう。

4．また、上乗せ基準として、普通株式等 Tier1で充足される「資本保全バッファー」(2.5%)、「カウンター・シクリカル・バッファー」(最大2.5%) および「G-SIBs/D-SIBs バッファー」(最大3.5%) が、2016年より段階的に実施されている。これらを総称して「資本バッファー」と呼び、その概要は次のとおり。(本書第17章「監督」三(2)(ロ)も参照)。

① 「資本保全バッファー」: 将来のストレスに備え、リスク・アセット（信用リスク（資産ごとに自己資本比率告示に定められたリスクウェイトを乗じて得た額の合計額)、マーケット・リスク（資産の市場変動リスク相当額）およびオペレーショナル・リスク（事務事故に係るリスク相当額）などの合計額）対比2.5%の水準に設定される。

② 「カウンター・シクリカル・バッファー」: 各国において、国内の信用供与が過剰と認められる場合に、将来生ずるおそれのある損失をカバーするため、各国裁量により0%〜2.5%の水準（現状、日本においては、金融庁長官が定める場合を除き0%とされている）で設定された比率をベースに、自行が有する国別のエクスポージャーの割合に応じて加重平均して算出される。

③ 「G-SIBs バッファー」: 金融安定理事会（FSB）により「グローバルなシステム上重要な銀行」(G-SIBs) に選定された銀行等に対し、グローバルなシステム上の重要度に応じて1%〜3.5%の水準が設定される（2017年3月現在、日本においては、選定された銀行ごとに1.5%、1.0%の水準が設定されている)。

④ 「D-SIBs バッファー」: 各国当局により「国内のシステム上重要な銀行」(D-SIBs) に選定された銀行等に対し、各国裁量により水準が設定される（2017年3月現在、日本においては、選定された銀行ごとに1.5%、1.0%、0.5%の水準が設定

されている）。

（注）個別行に対し、G-SIBsバッファーとD-SIBsバッファーの両方の適用がある場合には、そのいずれか高い水準が適用されることとなる。

5．リスク・アセットとは、資産の各項目にそれぞれのリスクウェイトを乗じて得た額の合計額（信用リスク）、資産の市場変動リスク相当額（マーケット・リスク）および種々の事故リスク相当額（オペレーショナル・リスク）の和をいう。

6．信用リスクの算出におけるリスクウェイトの例（標準的手法）

・日本国債、地方債、現金等……………0％
・政府関係機関等…………………………10％
・金融機関…………………………………20％
・抵当権付住宅ローン……………………35％
・中小企業・個人…………………………75％
・事業法人……格付に応じ、20％～150％（大宗は100％）

●新国内基準（二〇一四年三月期から適用）

［対象金融機関：海外営業拠点を有しない預金取扱金融機関］

○自己資本比率 $= \dfrac{\text{コア資本}}{\text{リスク・アセット}} \geqq 4\%$

（参考）

1．コア資本とは、損失吸収力の高い普通株式および内部留保を中心にしつつ、強制転換条項付優先株式や一般貸倒引当金（信用リスク・アセットの1.25％が算入上限）等を加えたものをいう。なお、新国際統一基準と同様、無形資産や繰延税金資産、他の金融機関の資本保有等はコア資本から控除。

2. その他有価証券の評価差額金については、コア資本の額に算入しない。

バーゼルⅢをはじめとする国際金融規制改革においては、上記の自己資本比率の強化のほかにも、さまざまな基準が合意され、段階的に適用されている。その内容も自己資本比率の強化と同様多岐に及ぶが、概要は以下のとおり。

五 その他の基準

(1) 流動性基準

① 流動性カバレッジ比率(LCR:Liquidity Coverage Ratio)(二〇一五年から適用)

金融危機の際、多くの銀行が資金繰りに困難を生じた反省に基づき、三〇日間のストレス下での資金流失に対応できるよう、良質の流動資産(以下、「適格流動資産」)を保有することとするもの。その内容は、告示(銀行法第一四条の二の規定に基づき、銀行がその経営の健全性を判断するための基準として定める流動性に係る健全性を判断するための基準)において、概要以下のとおり定められている。

なお、監督指針において、流動性カバレッジ比率が最低水準を下回った場合には、その理由や流動性カバレッジ比率の向上に係る改善策について、銀行法第二四条に基づきすみやかに報告を求めること、さらに確実な改善が必要であると認められる場合には、銀行法第二六条に基づき業務改善命令を発出することとされている。

[対象金融機関:国際統一基準行等]

$$\bigcirc\ \mathrm{LCR} = \frac{\text{適格流動資産}}{\text{30日間のストレス期間に必要となる資金流出額}} \geqq \underset{(2015\text{年})}{60\%} \rightarrow \underset{(2019\text{年})}{100\%}$$

（参考）
1．適格流動資産は、保有資産のうち、現金・中銀預金・国債（リスクウェイト０％のものや母国国債等）のほか、全体の40％を上限に社債・カバードボンド等（それぞれに応じて掛け目を設定）を加えるなどして算出。
2．30日間のストレス期間に必要となる資金流失額は、リテール・中小企業・非金融機関・金融機関等からの預金や与信・流動性枠について、各々設定された流失率を乗じて得られた額を合算して算出。

② **安定調達比率（ＮＳＦＲ：Net Stable Funding Ratio）**（国際合意上の適用時期：二〇一八年）

売却が困難な資産等をもつのであれば、これに対応し、中長期的に安定的な調達（負債・資本）をすることとするもの。その内容は、国際合意において、概要以下のとおり定められている。

［対象金融機関：国際統一基準行等］

$$\bigcirc\ \mathrm{NSFR} = \frac{\text{安定調達額（資本＋預金・市場性調達×流動性に応じたヘアカット）}}{\text{所要安定調達額（資産等×流動性に応じたヘアカット）}} \geqq 100\%$$

（参考）
1．安定調達額（分子）は、資本（一部を除く）に加え、預金やその他の調達に一定の掛け目を乗じて得られた額を足し合わせて算出。
2．所要安定調達額（分母）は、主に資産サイドの諸項目（オフバランス項目も含む）に一定の掛け目を乗じて算出。

(2) レバレッジ比率（国際合意上の適用時期：二〇一八年）（注）

先般の金融危機の根本的な原因は、銀行システムにおける過度なレバレッジの積上げにあるとの反省に基づき、銀行部門におけるレバレッジの積上りを抑制するもの。簡易な指標とすることで、自己資本比率基準を補完。

（注）国際合意では、二〇一五年より、情報開示を通じた市場規律の活用（バーゼルⅢにおける第三の柱）の一環として開示を開始することとされ、わが国でも、二〇一五年より、銀行に対し、業務および財産の状況に関する説明書類の縦覧等を求める銀行法第二一条（本書第一六章「経理およびディスクロージャー」五参照）の規定に基づく告示（銀行法施行規則第一九条の二第一項第五号ニ等の規定に基づき、自己資本の充実の状況等について金融庁長官が別に定める事項）において、以下の内容に係る開示が求められている。

ただし、国際合意では、二〇一八年より、銀行に一律に自己資本を備えさせるため、他の基準と同様、最低所要自己資本基準（バーゼルⅢにおける第一の柱）としての取扱いへの移行が予定されている。

[対象金融機関：国際統一基準行等]

$$\text{○レバレッジ比率} = \frac{\text{Tier1資本}}{\text{エクスポージャー（オンバランス項目＋オフバランス項目）}} \geqq 3\%$$

(3) 総損失吸収力（ＴＬＡＣ）（国際合意上の適用時期：二〇一九年）

巨大銀行に対して、破綻時に備えた損失吸収力を確保させるもの。「大きすぎて潰せない（Too-big-to-fail）」問題に対処し、納税者の負担を回避しつつ、秩序ある破綻処理を可能とするため、二〇一五年に金融安定理事会（ＦＳ

B）が内容を公表。その内容は、国際合意において、概要以下のとおり定められている。

［対象金融機関：グローバルなシステム上重要な銀行（G-SIBs）：わが国では三メガバンクグループのみ（二〇一六年一一月時点）］

○ TLAC 比率 ＝ $\dfrac{\text{バーゼル規制資本・余剰資本＋ TLAC 適格負債等}}{\text{リスク・アセット}}$ ≧ 16%（2019年）→ 18%（2022年）

○ TLAC 比率 ＝ $\dfrac{\text{バーゼル規制資本・余剰資本＋ TLAC 適格負債等}}{\text{エクスポージャー（レバレッジ比率の分母）}}$ ≧ 6％（2019年）→ 6.75%（2022年）

（参考）

1．上記二つの算出式のいずれも満たすことが求められる。

2．バーゼル規制資本・余剰資本は、普通株式等 Tier1＋その他 Tier1＋ Tier2の合計から、資本バッファー充当分を除いて計算される。

3．TLAC 適格負債等としては、一定の要件を満たした持株会社が発行する普通社債等のほか、日本の G-SIBs の場合、わが国の預金保険制度の強靭性を勘案して、リスク・アセット比2.5%（2019年～）、3.5%（2022年～）相当分を算入可能。

（注）　本章および第一七章（監督）の執筆にあたっては、金融庁監督局総務課健全性基準室の吉良宣哉氏、前田壮一氏、細山田海人氏、河内茂雄氏、宮川和久氏の協力を受けた。

第一二章

営業時間等に関する規制

（休日及び営業時間）

第十五条　銀行の休日は、日曜日その他政令で定める日に限る。

2　銀行の営業時間は、金融取引の状況等を勘案して内閣府令で定める。

（臨時休業等）

第十六条　銀行は、内閣府令で定める場合を除き、天災その他のやむを得ない理由によりその営業所において臨時にその業務の全部又は一部を休止するときは、直ちにその旨を、理由を付して内閣総理大臣に届け出るとともに、公告し、かつ、内閣府令で定めるところにより、当該営業所の店頭に掲示しなければならない。銀行が臨時にその業務の全部又は一部を休止した営業所においてその業務の全部又は一部を再開するときも、同様とする。

2　前項の規定にかかわらず、銀行の無人の営業所において臨時にその業務の全部又は一部を休止する場合その他の内閣府令で定める場合については、同項の規定による公告は、することを要しない。

3　第一項の規定にかかわらず、銀行の無人の営業所において臨時にその業務の一部を休止する場合その他の内閣府令で定める場合については、同項の規定による店頭の掲示は、することを要しない。

【**太字**部分（第三項）は、平成二八年改正により挿入】

一　銀行休業日

(1)　概　要

英米などでは、バンク・ホリデーという言葉が、単なる銀行休業日のみならず、社会一般の休日の意味で用いられている。

銀行の業務が社会・経済活動上で重要であるため、銀行休業日が社会一般の休業日と観念されていると思われる（英国では、一八一七年に制定されたBank Holidays Act〔銀行休日法〕というイングランド銀行の休業について定める法律に由来している模様である）。

逆の意味でとらえれば、社会一般の活動日には、銀行の営業が要請されていると考えられる。

(2)　日曜日および法令で定める休業日

銀行法第一五条では、銀行の休日を「日曜日その他政令で定める日に限る」としている。「その他」という言葉なので、「日曜日」と「それ以外に政令で定める日」という意味になる。政令への委任規定は昭和五六年銀行法全面改正の際に設けられた。経済社会情勢の変化に応じ休日を弾力的に定めることができるようにとの趣旨からと考えられる。

銀行法施行令第五条では、概要、次のように定めている（条文は、後掲）。

●国民の祝日
●年末年始（一二月三一日～一月三日）
●土曜日
●営業所ごとの休日（次に掲げる日を休日とできる）
・営業所所在地における一般の休日に当たる日で当該営業所の休日として金融庁長官が告示した日
・銀行の営業所の設置場所の特殊事情等の事情により、休日としても業務の健全かつ適切な運営を妨げるおそれがないものとして金融庁長官が承認した日

●銀行法施行令【傍線は筆者が付したもの】

（休日）
第五条　法第十五条第一項に規定する政令で定める日は、次に掲げる日とする。
一　国民の祝日に関する法律（昭和二十三年法律第百七十八号）に規定する休日
二　十二月三十一日から翌年の一月三日までの日（前号に掲げる日を除く。）
三　土曜日
2　前項各号に掲げる日のほか、次に掲げる日は、銀行の営業所の休日とすることができる。
一　銀行の営業所の所在地における一般の休日に当たる日で当該営業所の休日として金融庁長官が告示した日
二　銀行の営業所の設置場所の特殊事情その他の事情により、当該営業所の休日としても業務の健全かつ適切な運営を妨げるおそれがないものとして当該営業所につき金融庁長官が承認した日

3　銀行は、前項第二号に掲げる日をその営業所の休日とするときは、その旨を当該営業所の店頭に掲示しなければならない。

①　土曜日・年末年始

土曜日については、過去は休業日ではなかったが、昭和五八年八月から第二土曜日が休業日となり、平成元年二月から全土曜日が休業日とされている。また、大晦日も、過去は休業日ではなかったが、平成五年から休業日とされている。

②　営業所ごとに休日とできる日

営業所ごとに休日とできる日の二つある類型のうち、金融庁長官が告示した（銀行の営業所の所在地における一般の休日に当たる日で当該営業所の休日とする日を定める件）日とは、「外国に所在する営業所について、当該営業所の所在地の法令により認められる休日」としている。

もう一つの類型である「休日としても業務の健全かつ適切な運営を妨げるおそれがないものとして金融庁長官が承認した日」については、たとえば、ある施設内に銀行の営業所が設置されているところ、当該施設全体が休業するような場合など、銀行の営業所が営業する必要性・合理性に乏しい場合において、実態に応じて休日を定めることができるようにするためと考えられる。

この承認の申請があった場合の審査基準は、銀行法施行規則第一五条第二項において、次のように定められている。

●銀行法施行規則
（休日の承認の申請等）
第十五条
2　金融庁長官等は、前項の規定による承認の申請があつたときは、次に掲げる基準に適合するかどうかを審査するものとする。
一　金融機関相互間の内国為替取引を通信回線を用いて処理する制度の運営に支障を及ぼすおそれがないこと。
二　当該申請に係る営業所の顧客の利便を著しく損なわないこと。
三　当該申請に係る営業所が当座預金業務を営んでいないこと。

二　銀行の営業時間

銀行の営業時間は、金融取引の状況等を勘案して内閣府令で定めることとされている。これを受け、銀行法施行規則第一六条では、「午前九時～午後三時まで」を原則としている。ただし、①延長は可能であること、②一定の要件に該当する場合には、原則の「午前九時～午後三時まで」からの変更が可能であること等を定めている。

なお、営業時間の変更について、従前は、銀行法施行規則第一六条第三項の規定上、当座預金業務を取り扱っている営業所については、変更ができないこととなっていた。

しかし、インターネット・バンキングの普及など銀行における決済業務の実態面での変化や、銀行が店舗網の効率化を図る場合、当座預金業務を取り扱う営業所については、全面オープンか全面閉鎖の二つの選択肢しかなかったこと等をふまえ、柔軟な取扱いが可能となるよう、平成二八年の改正で銀行法施行規則の規定が見直された。

●銀行法施行規則【傍線は筆者が付したもの】

（営業時間）

第十六条　銀行の営業時間は、午前九時から午後三時までとする。

2　前項の営業時間は、営業の都合により延長することができる。

3　銀行は、その営業所が次のいずれにも該当する場合（前項に該当する場合を除く。）は、当該営業所について営業時間の変更をすることができる。

一　当該営業所の所在地又は設置場所の特殊事情その他の事情により第一項に規定する営業時間とは異なる営業時間とする必要がある場合

二　当該営業所の顧客の利便を著しく損なわない場合

4　銀行は、前項の規定による営業時間の変更をするときは、次に掲げる事項を当該営業所の店頭に掲示しなければならない。

一　変更後の営業時間

二　前号の営業時間の実施期間（実施期間を設定する場合に限る。）

三　当該営業所の最寄りの営業所の名称、所在地及び電話番号その他の連絡先

5　前各項の規定にかかわらず、銀行の外国に所在する営業所の営業時間は、当該営業所の所在地の法令に

より認められる時間とする。

三　臨時休業等

(1)　臨時休業の場合の届出等

銀行は、内閣府令で定める場合を除き、天災等のやむを得ない理由により営業所において臨時にその業務の全部または一部を休止するときは、直ちにその旨を、①理由を付して内閣総理大臣への届出・公告を行い、②かつ、内閣府令で定めるところにより、当該営業所の店頭に掲示しなければならないとされている。

また、銀行が臨時に業務の全部または一部を休止した営業所で、業務を再開するときも、同様の届出・公告・店頭掲示を行わなければならないこととしている。

届出等を行わなくてもよい場合は、銀行法施行規則第一七条第二項で、概要、以下を定めている（条文は、後掲）。

●監督当局より業務の全部または一部の停止を命ぜられた場合

●法第一五条第一項に規定する銀行の休日に、業務を営む銀行の営業所において、現金自動支払機等による業務の全部または一部を休止する場合

●無人の営業所においてその業務の全部または一部を休止する場合

●外国に所在する営業所においてその業務の全部または一部を休止する場合

●銀行代理業者における当該銀行のために営む銀行代理業の業務の全部または一部の休止に伴い、銀行の業務の全部または一部を休止する場合

(2) 無人の営業所における臨時休業等の場合の公告に係る特例

第二項では、第一項の規定にかかわらず、銀行の無人の営業所において臨時に業務の全部または一部を休止する場合その他の内閣府令で定める場合は、公告をすることを不要としている。

公告を要しない場合とは、銀行法施行規則第一七条第四項において、概要、以下を定めている（条文は、後掲）。

●無人営業所においてその業務の全部または一部を休止する場合

●銀行代理業者の無人営業所・事務所において当該銀行のために営む銀行代理業に係る業務の全部または一部を休止する場合

●法第一五条第一項に規定する銀行の休日に、業務を営む銀行の営業所において、現金自動支払機等による業務の全部または一部を休止する場合

●外国に所在する営業所においてその業務の全部または一部を休止する場合

●銀行代理業者における当該銀行のために営む銀行代理業の業務の全部または一部の休止に伴い、銀行の業務の全部または一部を休止する場合

●休業期間が一営業日以内で、営業がすみやかに再開されることが確実に見込まれる場合

無人の営業所など、取り扱う業務が限定的であることが想定される営業所の臨時休業等の場合には、顧客への影響が限定的であり、公告までを求める必要性に乏しいとの考えによるものと思われる。

●銀行法施行規則

（臨時休業の届出等）

第十七条

2　法第十六条第一項に規定する内閣府令で定める場合は、次に掲げる場合とする。

一　法第二十六条第一項、第二十七条又は第五十二条の三十四第一項若しくは第四項の規定により銀行の業務の全部又は一部の停止を命ぜられた場合

二　法第十五条第一項に規定する銀行の休日に、業務の全部又は一部を営む銀行の営業所において、当該休日における現金自動支払機その他の金融庁長官が別に定める機械（以下「現金自動支払機等」という。）による業務の全部又は一部を休止する場合

三　銀行の無人の営業所においてその業務の全部又は一部を休止する場合（前号に該当する場合を除く。）

四　外国に所在する銀行又はその委託を受けて当該銀行の業務を営む者の当該業務を営む営業所においてその業務の全部又は一部を休止する場合

五　当該銀行を所属銀行とする銀行代理業者（法第五十二条の六十一第二項の規定により銀行代理業者とみなされた銀行等（同条第一項に規定する銀行等をいう。）を含む。次項において同じ。）において当該銀行のために営む銀行代理業の業務の全部又は一部の休止に伴い銀行の業務の全部又は一部を休止する場合

3　法第十六条第一項の規定により掲示する場合には、次の各号に掲げる区分に応じ、当該各号に定める日までの間、継続して営業所の店頭に掲示しなければならない。

一　法第十六条第一項前段の規定による掲示　銀行が臨時にその業務の全部又は一部を休止した営業所に

おいてその業務の全部又は一部を再開する日

二　法第十六条第一項後段の規定による掲示　銀行が臨時にその業務の全部又は一部を休止した営業所においてその業務の全部又は一部を再開した日後一月を経過する日

4　法第十六条第二項に規定する内閣府令で定める場合は、次に掲げる場合とする。

一　銀行の無人の営業所において**臨時に**その業務の全部又は一部を休止する場合

二　第二項第二号、第四号又は第五号に該当する場合

三　休業期間が一営業日以内で、営業が速やかに再開されることが確実に見込まれる場合

5　法第十六条第三項に規定する内閣府令で定める場合は、次に掲げる場合とする。

一　銀行の無人の営業所において臨時にその業務の一部を休止する場合

二　休業期間が一営業日以内で、営業が速やかに再開されることが確実に見込まれる場合

【太字部分は、平成二八年改正により挿入】

(3)　平成二八年改正による見直し（無人の営業所における臨時休業等の場合の店頭掲示に係る特例）

前述のとおり、営業所の臨時休業および当該休業に係る営業再開の際は、内閣総理大臣への届出と、公告・店頭掲示が必要とされている。

公告に関しては、第二項において、無人の営業所における臨時休業等の場合は不要とされているが、店頭掲示については、特段の適用排除規定は存在しない。

一方、銀行の営業形態の多様化のなか、無人の営業所等を通じたサービス提供がいっそう進展する可能性があ

る。また、インターネット・バンキングの普及等に伴い、営業所を通じずとも顧客が銀行サービスに接触するルートは拡大している。

こうしたことをふまえ、平成二八年改正において第三項を追加し、顧客への影響が限定的である無人の営業所での臨時休業等に関しては、営業所における店頭掲示を不要としている。営業所における店頭掲示が不要となる要件については、銀行法施行規則第一七条第五項において、以下のように定められている。

●銀行の無人の営業所において臨時にその業務の一部を休止する場合

●休業期間が一営業日以内で、営業が速やかに再開されることが確実に見込まれる場合

第一三章　子会社業務範囲規制

（銀行の子会社の範囲等）

第十六条の二　銀行は、次に掲げる会社（以下この条及び次条第一項において「子会社対象会社」という。）以外の会社を子会社としてはならない。

一　銀行

二　長期信用銀行

二の二　資金決済に関する法律（平成二十一年法律第五十九号）第二条第三項（定義）に規定する資金移動業者（第七号に掲げる会社に該当するものを除く。）のうち、資金移動業（同条第二項に規定する資金移動業をいう。）その他内閣府令で定める業務を専ら営むもの（第五十二条の二十三第一項第一号の二において「資金移動専門会社」という。）

三　金融商品取引業者のうち、有価証券関連業（金融商品取引法第二十八条第八項（通則）に規定する有価証券関連業をいう。以下同じ。）のほか、同法第三十五条第一項第一号から第八号まで（第一種金融商品取引業又は投資運用業を行う者の業務の範囲）に掲げる行為を行う業務その他の内閣府令で定める業務を専ら営むもの（以下「証券専門会社」という。）

四　金融商品取引法第二条第十二項（定義）に規定する金融商品仲介業者のうち、金融商品仲介業（同条第十一項（定義）に規定する金融商品仲介業をいい、次に掲げる行為のいずれかを営む業務に係るものに限る。以下この号において同じ。）のほか、金融商品仲介業に付随する業務その他の内閣府令で定める業務を専ら営むもの（以下「証券仲介専門会社」という。）

イ　金融商品取引法第二条第十一項第一号（定義）に掲げる行為

ロ　金融商品取引法第二条第十七項（定義）に規定する取引所金融商品市場又は同条第八項第三号ロ（定義）に規定する外国金融商品市場における有価証券の売買の委託の媒介（ハに掲げる行為に該当するものを除く。）

ハ　金融商品取引法第二十八条第八項第三号又は第五号（通則）に掲げる行為の委託の媒介

ニ　金融商品取引法第二条第十一項第三号（定義）に掲げる行為

五　保険会社

五の二　保険業法第二条第十八項（定義）に規定する少額短期保険業者（以下「少額短期保険業者」という。）

六　信託業法（平成十六年法律第百五十四号）第二条第二項（定義）に規定する信託会社のうち、信託業務（金融機関の信託業務の兼営等に関する法律（昭和十八年法律第四十三号。以下「兼営法」という。）第一条第一項（兼営の認可）に規定する信託業務をいう。以下同じ。）を専ら営む会社（以下「信託専門会社」という。）

七　銀行業を営む外国の会社

八　有価証券関連業を営む外国の会社（前号に掲げる会社に該当するものを除く。）

九　保険業（保険業法第二条第一項（定義）に規定する保険業をいう。以下同じ。）を営む外国の会社（第七号に掲げる会社に該当するものを除く。）

十　信託業（信託業法第二条第一項（定義）に規定する信託業をいう。以下同じ。）を営む外国の会社（第七号に掲げる会社に該当するものを除く。）

十一　従属業務又は金融関連業務を専ら営む会社（従属業務を営む会社にあつては当該銀行、その子会社（第一号から第二号の二まで及び第七号に掲げる会社に限る。第十項において同じ。）その他これらに類する者として内閣府令で定めるもの**（第十一項において「銀行等」という。）**の営む業務のためにその業務を営んでいるものに限るものとし、金融関連業務を営む会社であつて次に掲げる業務の区分に該当する場合には、当該区分に定めるものに、それぞれ限るものとする。）

イ　証券専門関連業務、保険専門関連業務及び信託専門関連業務のいずれも営むもの　当該会社の議決権について、当該銀行の証券子会社等が合算して、当該銀行又はその子会社（証券子会社等、保険子会社等及び信託子会社等を除く。）が合算して保有する当該会社の議決権の数を超えて保有し、かつ、当該銀行の保険子会社等が合算して保有する当該会社の議決権の数を超えて保有し、かつ、当該銀行の信託子会社等が合算して、当該銀行又はその子会社（証券子会社等、保険子会社等及び信託子会社等を除く。）が合算して保有する当該会社の議決権の数を超えて保有しているもの

ロ　証券専門関連業務及び保険専門関連業務のいずれも営むもの（イに掲げるものを除く。）　当該会社の議決権について、当該銀行の証券子会社等が合算して、当該銀行又はその子会社（証券子会社等及び保険子会社等を除く。）が合算して保有する当該会社の議決権の数を超えて保有し、かつ、当該銀行の保険子会社等が合算して、当該銀行又はその子会社（証券子会社等及び保険子会社等を除く。）が合算して保有する当該会社の議決権の数を超えて保有しているもの

ハ　証券専門関連業務及び信託専門関連業務のいずれも営むもの（イに掲げるものを除く。）　当該会社の議決権について、当該銀行の証券子会社等が合算して、当該銀行又はその子会社（証券子会社等及び信託子会社等を除く。）が合算して保有する当該会社の議決権の数を超えて保有し、かつ、当該銀行の信託子会社等が合算して、当該銀行又はその子会社（証券子会社等及び信託子会社等を除く。）が合算して保有する当該会社の議決権の数を超えて保有しているもの

ニ　保険専門関連業務及び信託専門関連業務のいずれも営むもの（イに掲げるものを除く。）　当該会社の議決権について、当該銀行の保険子会社等が合算して、当該銀行又はその子会社（保険子会社等及び信託子会社等を除く。）が合算して保有する当該会社の議決権の数を超えて保有し、かつ、当該銀行の信託子会社等が合算して、当該銀行又はその子会社（保険子会社等及び信託子会社等を除く。）が合算して保有する当該会社の議決権の数を超えて保有しているもの

ホ　証券専門関連業務を営むもの（イ、ロ及びハに掲げるものを除く。）　当該会社の議決権について、当該銀行の証券子会社等が合算して、当該銀行又はその子会社（証券子会社等を除く。）が合算して保有する当該会社の議決権の数を超えて保有しているもの

ヘ　保険専門関連業務を営むもの（イ、ロ及びニに掲げるものを除く。）　当該会社の議決権について、当該銀行の保険子会社等が合算して、当該銀行又はその子会社（保険子会社等を除く。）が合算して保有する当該会社の議決権の数を超えて保有しているもの

ト　信託専門関連業務を営むもの（イ、ハ及びニに掲げるものを除く。）　当該会社の議決権について、当該銀行の信託子会社等が合算して、当該銀行又はその子会社（信託子会社等を除く。）が合算して保有する当該会社の議決権の数を超えて保有しているもの

十二　新たな事業分野を開拓する会社として内閣府令で定める会社（当該会社の議決権を、当該銀行又はその子会社のうち前号に掲げる会社で内閣府令で定めるもの（次号並びに第十六条の四第七項及び第八項において「特定子会社」という。）以外の子会社が、合算して、同条第一項に規定する基準議決権数を超えて保有していないものに限る。）

十二の二　経営の向上に相当程度寄与すると認められる新たな事業活動を行う会社として内閣府令で定める会社（その事業に係る計画又は当該計画に基づく措置について内閣府令で定める要件に該当しない会社（第十六条の四第一項及び第七項において「特別事業再生会社」という。）にあつては、当該会社の議決権を、当該銀行又はその特定子会社以外の子会社が、合算して、同条第一項に規定する基準議決権数を超えて保有していないものに限る。）

十二の三　前各号に掲げる会社のほか、情報通信技術その他の技術を活用した当該銀行の営む銀行業の高度化若しくは当該銀行の利用者の利便の向上に資する業務又はこれに資すると見込まれる業務を営む会社

十三　前各号及び次号に掲げる会社のみを子会社とする持株会社で内閣府令で定めるもの（当該持株会社になることを予定している会社を含む。）

十四　前各号に掲げる会社のみを子会社とする外国の会社であつて、持株会社と同種のもの又は持株会社に類似するもの（当該会社になることを予定している会社を含み、前号に掲げる会社に該当するものを除く。）

2　前項において、次の各号に掲げる用語の意義は、当該各号に定めるところによる。

一　従属業務　銀行又は前項第二号から第十号までに掲げる会社の営む業務に従属する業務として内閣府令で定めるもの

二　金融関連業務　銀行業、有価証券関連業、保険業又は信託業に付随し、又は関連する業務として内閣府令で定めるもの
三　証券専門関連業務　専ら有価証券関連業に付随し、又は関連する業務として内閣府令で定めるもの
四　保険専門関連業務　専ら保険業に付随し、又は関連する業務として内閣府令で定めるもの
五　信託専門関連業務　専ら信託業に付随し、又は関連する業務として内閣府令で定めるもの
六　証券子会社等　銀行の子会社である次に掲げる会社
イ　証券専門会社、証券仲介専門会社又は有価証券関連業を営む外国の会社
ロ　イに掲げる会社を子会社とする前項第十三号又は第十四号に掲げる会社
ハ　その他の会社であつて、当該銀行の子会社である証券専門会社又は証券仲介専門会社の子会社のうち内閣府令で定めるもの
七　保険子会社等　銀行の子会社である次に掲げる会社
イ　保険会社、少額短期保険業者又は保険業を営む外国の会社
ロ　イに掲げる会社を子会社とする前項第十三号又は第十四号に掲げる会社
ハ　その他の会社であつて、当該銀行の子会社である保険会社又は少額短期保険業者の子会社のうち内閣府令で定めるもの
八　信託子会社等　銀行の子会社である次に掲げる会社
イ　兼営法第一条第一項（兼営の認可）の認可を受けて信託業務を営む銀行（以下「信託兼営銀行」という。）
ロ　信託専門会社又は信託業を営む外国の会社

ハ　イ又はロに掲げる会社を子会社とする前項第十三号又は第十四号に掲げる会社
ニ　その他の会社であつて、当該銀行の子会社である信託兼営銀行又は信託専門会社の子会社のうち内閣府令で定めるもの

【**太字**部分は、平成二八年改正により挿入】

一　総論

(1)　子会社業務範囲規制の趣旨

銀行法第一六条の二では、銀行が子会社としてもつことのできる会社を限定列挙し、それ以外の会社を子会社としてもつことを禁止している。銀行本体に課せられている他業禁止の趣旨（つまり、本業に専念することによる効率性の発揮、他業リスクの回避、利益相反の防止および優越的地位の濫用の防止）をふまえたものである。

親会社は、子会社の議決権を過半数保有することに伴い、子会社の意思決定に直接または間接に関与することができる。銀行がさまざまな業態の子会社を保有することができる場合、形式上は別会社であるとしても、実質的に他業を営むことが可能となり、銀行本体に課せられている他業禁止の趣旨が没却されることとなる。

他方、子会社は、親会社である銀行とは別の法人格をもち、独自の経営陣とガバナンス構造を備え、万が一破綻した場合でも、法的には親会社とのリスク遮断は図られている（もっとも、子会社株式の無価値化による損失は発生する。また、親会社の経営と子会社の経営が緊密な関係のもとに行われる場合、子会社の経営破綻が親会社に及ぼす影響は、さまざまな面で生じる可能性もある）。

このため、銀行の子会社が営むことができる業務は、銀行本体で営むことができる業務よりも、広範囲なものとなっている。

(2) 子会社の業務範囲についての考え方

実際に、ある個別の業務を銀行グループに新たに認めることが適切か否かについては、当該業務が銀行本体の経営の健全性に及ぼす影響をふまえつつ、利用者利便の向上、銀行グループ全体としての経営の効率化、国際競争力の確保等を勘案しつつ、判断されるべきものと考えられる。

そのうえで、個別の業務を、グループ内の銀行本体・子会社・兄弟会社のいずれに認めることが適当かについては、他業禁止の趣旨をふまえつつ、

・当該業務と銀行の本来業務との機能的な親近性
・当該業務のリスクとすでに銀行が負っているリスクとの同質性
・銀行本体へのリスク波及の程度

等を勘案して決定されるものと考えられる。

(3) 子会社の定義関係

① 子会社の定義

子会社の業務範囲の具体的な内容に入る前に、まず、子会社の定義について述べると、銀行法第二条第八項で、次のように定められている（傍線は筆者による）。

（定義等）

第二条

8　この法律において「子会社」とは、会社がその総株主等の議決権の百分の五十を超える議決権を保有する他の会社をいう。この場合において、会社及びその一若しくは二以上の子会社又は当該会社の一若しくは二以上の子会社がその総株主等の議決権の百分の五十を超える議決権を保有する他の会社は、当該会社の子会社とみなす。

留意すべきは、次の二点である。

(イ)　銀行法での子会社とは、議決権の五〇％超という形式基準で判断されており、支配力等の実質基準によるものではない。子会社として保有することができるか否かという重要な判断の基準でもあるため、明確性の観点から、形式基準のみを用いていると考えられる（なお、銀行法では、「子会社」という文言のほか、「子法人等」「子金融機関等」など、類似の文言が用いられている例があるが、内容・範囲には若干の差異がある）。

(ロ)　定義の後段で、「この場合において……」と定められている。条文上、「この場合において」とは、その前に書いてあることを補足する趣旨であり、ここでは、ある会社がその子会社や孫会社等のもつ議決権とあわせて五〇％超の議決権をもつ会社についても、銀行法上は子会社とみなすことが定められている。

そうすると、そのように「みなされた子会社」も、子会社として扱ったうえでこの規定が適用されるため、直接または間接に議決権の五〇％超を保有される会社は、たとえ、何段階にわたる保有関係であっても、すべて銀行法上の子会社であることになる。

② 議決権算定上の除外・算入

また、議決権を算定する際に、除外または算入される特殊なケースが、第二条第一一項で次のように規定されている（傍線は筆者による）。

（定義等）
第二条
11　第八項又は前項の場合において、会社又は議決権の保有者が保有する議決権には、金銭又は有価証券の信託に係る信託財産として所有する株式等に係る議決権（委託者又は受益者が行使し、又はその行使について当該会社若しくは当該議決権の保有者に指図を行うことができるものに限る。）その他内閣府令で定める議決権を含まないものとし、信託財産である株式等に係る議決権で、当該会社又は当該議決権の保有者が委託者若しくは受益者として行使し、又はその行使について指図を行うことができるもの（内閣府令で定める議決権を除く。）及び社債、株式等の振替に関する法律（平成十三年法律第七十五号）第百四十七条第一項又は第百四十八条第一項の規定により発行者に対抗することができない株式に係る議決権を含むものとする。

やや複雑な規定であるが、簡単にいうと、次のような調整を行うための規定である。

(イ) 信託財産として所有する株式等（定義は第二条第七項にあり、株・持分を指す）の議決権であっても、委託者等が行使できるもの等は、信託の受託者の議決権から除き、逆に委託者等の議決権に算入する。

(ロ) 株式の振替機関の帳簿上、株式の実際の発行数を超過する株式の保有が記録されている場合に一時的に行使できなくなる議決権を含む。

また、この規定上、議決権に含まないものの詳細を、内閣府令で定めることとしている。

これを受け、銀行法施行規則第一条の三において、除外する議決権等の詳細が、概要、次のように定められている（条文は、後掲）。有価証券関連業の業務として株式等を保有している場合や、信託・ファンド等を通じて株式等を保有しており、かつ、直接・間接的に議決権行使ができないような場合等を定めている。

●有価証券関連業を営む金融商品取引業者・外国の会社が業務として所有する株式等の議決権

●信託兼営法の規定により元本の補てんまたは利益の補足の契約をしている金銭信託以外の信託に係る信託財産である株式等（議決権について、委託者または受益者が行使し、またはその行使について当該議決権の保有者に指図できるものを除く。）

●投資事業有限責任組合の有限責任組合員となり、組合財産として取得し、または所有する株式等（有限責任組合員が議決権を行使することができる場合および議決権の行使について有限責任組合員が投資事業有限責任組合の無限責任組合員に指図を行うことができる場合を除く。）

●民法に規定する組合契約で会社に対する投資事業を営むことを約するものによって成立する組合（一人または数人の組合員にその業務の執行を委任しているものに限る。）の非業務執行組合員となり、組合財産として取得し、または所有する株式等（非業務執行組合員が議決権を行使することができる場合および議決権の行使について非業務執行組合員が業務の執行を委任された者に指図を行うことができる場合を除く。）

●前二号に準ずる株式等で、金融庁長官の承認を受けたもの

●銀行法施行規則【傍線は筆者が付したもの】

（会社又は議決権の保有者が保有する議決権に含めない議決権）

第一条の三　法第二条第十一項……（略）……の規定により、会社又は議決権の保有者が保有する議決権に含まないものとされる内閣府令で定める議決権は、次に掲げる株式等に係る議決権（法第二条第六項に規定する議決権をいう。第二号……（略）……において同じ。）とする。

一　有価証券関連業（金融商品取引法（昭和二十三年法律第二十五号）第二十八条第八項に規定する有価証券関連業をいう。以下同じ。）を営む金融商品取引業者（同法第二条第九項に規定する金融商品取引業者をいう。以下同じ。）及び外国の会社が業務として所有する株式等

二　金融機関の信託業務の兼営等に関する法律（昭和十八年法律第四十三号）第六条の規定により元本の補てん又は利益の補足の契約をしている金銭信託以外の信託に係る信託財産である株式等（当該株式等に係る議決権について、委託者又は受益者が行使し、又はその行使について当該議決権の保有者に指図を行うことができるものを除く。）

三　投資事業有限責任組合契約に関する法律（平成十年法律第九十号）第二条第二項に規定する投資事業有限責任組合（以下この号、第十七条の七の三第一項及び第三十四条の二十三の二第一項において「投資事業有限責任組合」という。）の有限責任組合員となり、組合財産として取得し、又は所有する株式等（有限責任組合員が議決権を行使することができる場合及び議決権の行使について有限責任組合員が投資事業有限責任組合の無限責任組合員に指図を行うことができる場合を除く。）

四　民法（明治二十九年法律第八十九号）第六百六十七条第一項に規定する組合契約で会社に対する投資事

業を営むことを約するものによつて成立する組合（一人又は数人の組合員にその業務の執行を委任しているものに限る。）の組合員（業務の執行を委任された者を除く。以下この号において「非業務執行組合員」という。）となり、組合財産として取得し、又は所有する株式等（非業務執行組合員が議決権を行使することができる場合及び議決権の行使について非業務執行組合員が業務の執行を委任された者に指図を行うことができる場合を除く。）

五　前二号に準ずる株式等で、金融庁長官の承認を受けたもの

2　法第二条第十一項の規定により、信託財産である株式等に係る議決権で、会社又は当該議決権の保有者が委託者若しくは受益者として行使し、又はその行使について指図を行うことができるものから除かれる内閣府令で定める議決権は、投資信託及び投資法人に関する法律（昭和二十六年法律第百九十八号）第十条の規定により当該会社が投資信託委託会社（同法第二条第十一項に規定する投資信託委託会社をいう。以下同じ。）としてその行使について指図を行う株式等に係る議決権及び同法第十条の規定に相当する外国の法令の規定により当該会社が同法に相当する外国の法令の規定により投資信託委託会社に相当する者としてその行使について指図を行う株式等に係る議決権とする。

3　銀行は、第一項第五号の承認を受けようとするときは、承認申請書に理由書を添付して金融庁長官に提出しなければならない。

4　金融庁長官は、前項の規定による承認の申請があつたときは、当該申請に係る株式等について、当該申請をした銀行が議決権を行使し、又はその行使について指図を行うことができないものであるかどうかを審査するものとする。

二　子会社対象会社

子会社対象会社の概要は、次のとおりである（これらをまとめると、二四四頁の図になる）。

(1)　銀行・長期信用銀行・資金移動専門会社（第一号〜第二号の二）

銀行・長期信用銀行の営む業務は、銀行の本来業務そのものである。他業禁止の趣旨にかんがみると、これらを子会社としてもつこと自体に大きな支障は想定されないと考えられる。

資金移動専門会社についても、資金移動業（少額の為替取引を行う業務）とは、銀行の固有業務の一部分であることをふまえると、同様に考えることができる。

なお、資金移動専門会社の定義は、「資金移動業その他内閣府令で定める業務を専ら営むもの」とされている。資金決済法上、資金移動業者には兼業についての規制がないため、一定の制限を付さなければ、結果的に、幅広い業務を行う会社が銀行の子会社になる可能性が生ずるためである。

これを受け、銀行法施行規則第一七条の二第一項において、資金移動専門会社の専ら営む業務は、資金移動業・従属業務・金融関連業務（いずれも後述）に限られている。

(2)　証券専門会社・証券仲介専門会社（第三号・第四号）

平成四年の銀行法改正により（施行は平成五年から）、銀行が証券会社を子会社としてもつことができることとなった。金融サービスの多様化・ニーズの多様化等を受けてのものである。

なお、証券会社の業務は、平成一〇年の証券取引法改正により専業制が廃止され、兼業の余地が生まれた。これ

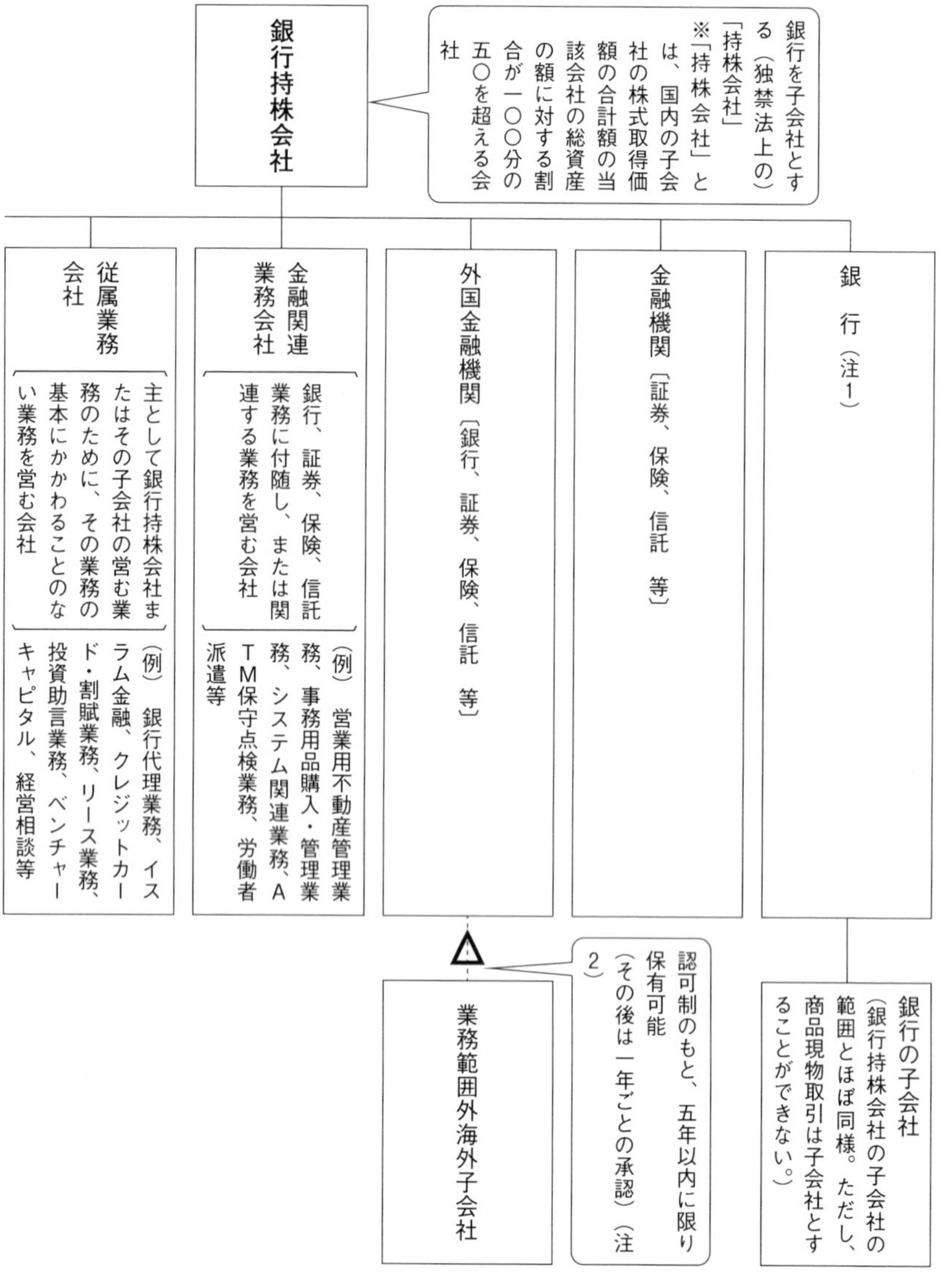
銀行持株会社
銀行を子会社とする（独禁法上の）「持株会社」
※「持株会社」とは、国内の子会社の株式取得価額の合計額の当該会社の総資産の額に対する割合が一〇〇分の五〇を超える会社
銀行（注1）
金融機関（証券、保険、信託 等）
外国金融機関（銀行、証券、保険、信託 等）
金融関連業務会社
銀行、証券、保険、信託業務に付随し、または関連する業務を営む会社
（例）営業用不動産管理業務、事務用品購入・管理業務、システム関連業務、ATM保守点検業務、労働者派遣等
従属業務会社
主として銀行持株会社またはその子会社の営む業務のために、その業務の基本にかかわることのない業務を営む会社
（例）銀行代理業務、イスラム金融、クレジットカード・割賦業務、リース業務、投資助言業務、ベンチャーキャピタル、経営相談等
銀行の子会社（銀行持株会社の子会社の範囲とほぼ同様。ただし、商品現物取引は子会社とすることができない。）
認可制のもと、五年以内に限り保有可能（その後は一年ごとの承認）（注2）
業務範囲外海外子会社

図　銀行グループの業務範囲

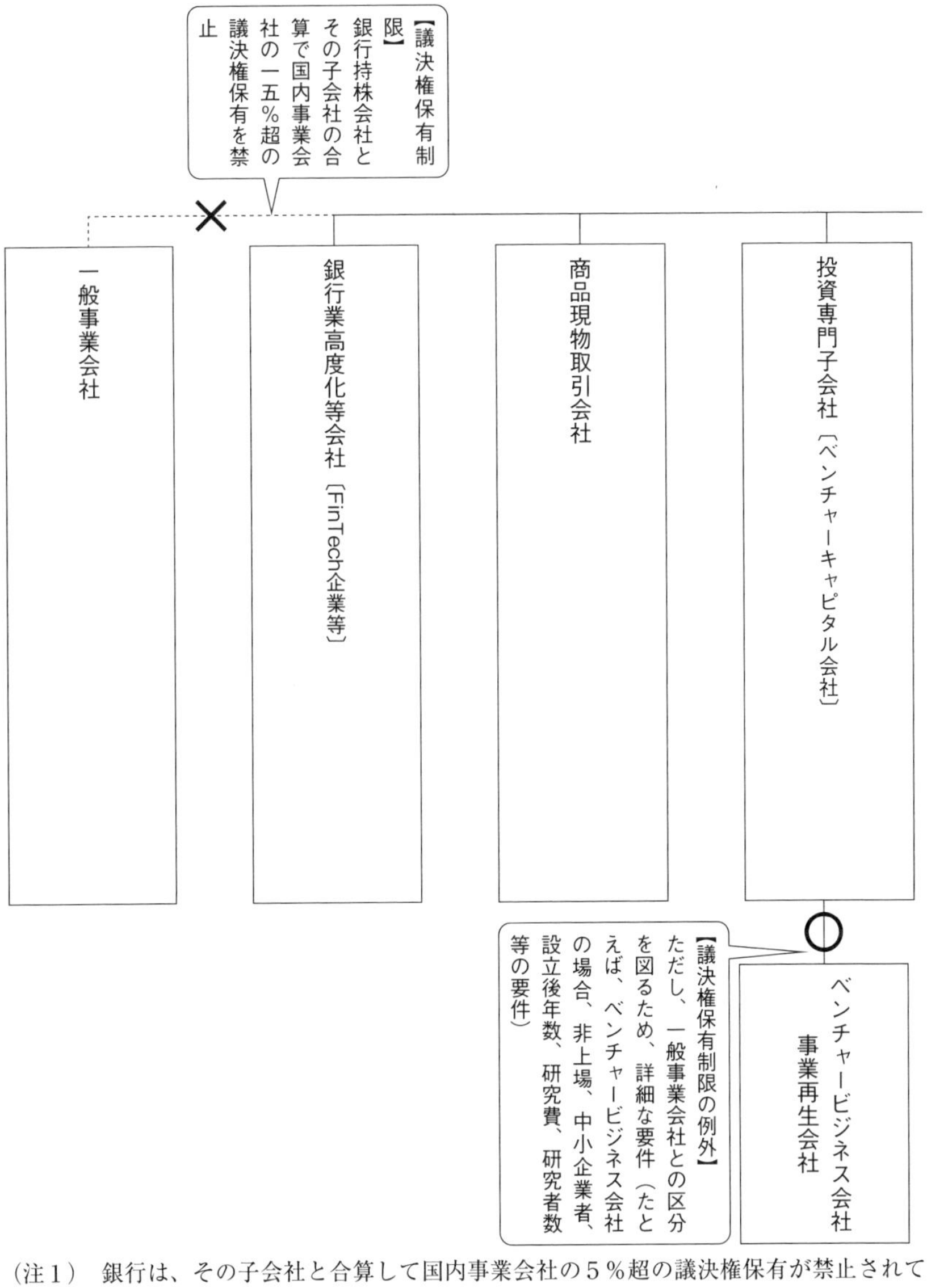

（注１）　銀行は、その子会社と合算して国内事業会社の５％超の議決権保有が禁止されている。

（注２）　外国において子会社対象会社を買収する場合に限る。外国の金融関連業務会社、外国の従属業務会社についても同様。

をふまえ、資金移動業者と同様、証券関係その他一定の業務に限定する必要があるところ、銀行法施行規則第一七条の二第二項において、一定の有価証券に関する業務および従属業務・金融関連業務に限定されている。

(3) 保険会社・少額短期保険業者（第五号・第五号の二）

平成一〇年の銀行法改正（金融システム改革、いわゆる「日本版ビッグバン」の推進の一環として行われたもの）により、銀行が保険子会社をもつことが可能となった。

なお、証券子会社等については、前述のとおり平成四年の銀行法改正（施行は平成五年から）により、その保有が可能となっていた。

その際、保険審議会の答申（平成四年六月）では「保険会社が銀行・信託・証券業務に参入できるようにするとともに、銀行等・信託銀行・証券会社についても保険事業に参入できるようにすることが適当である」とされる一方で、「まず、子会社方式による生・損保の相互乗り入れを含む保険制度の自由化を進めるとともに、健全性維持のためのソルベンシー・マージン基準や新しい経営危機対応制度の導入などの法制化を急ぐことが肝要であり、その定着を見極めた後に子会社方式による他業態への進出も含めた制度改革が完了するよう、段階的に行うことが適当である」とされた。

このような考え方をふまえ、保険関係の制度整備とあわせつつ、平成一〇年の金融システム改革の際に、保険子会社の保有が明記されることとなった。

(4) 信託専門会社（第六号）

信託会社のうち、信託業務を専ら営む会社のことである。

信託業務とは、「金融機関の信託業務の兼営等に関する法律」第一条第一項に規定されており、内閣総理大臣の認可を受けた銀行（信託兼営銀行）が営むことのできる業務である。

具体的には、信託業法に規定する信託業、および、同項各号に掲げられている信託契約代理業・信託受益権売買等業務・財産管理・財産に関する遺言執行等の業務である。

平成一六年の信託業法の制定に伴って、銀行が信託子会社を保有することが可能となった。

(5) 外国の銀行・証券会社・保険会社・信託会社（第七号～第一〇号）

国内で免許を受けていないため銀行等には該当しないが、外国で銀行業を営んでいる外国の会社なども、上記(1)ないし(4)と同様の趣旨で子会社対象会社に含まれる。

(6) 従属業務を専ら営む会社（第一一号）

簡単にいうと、銀行等が行う業務の各種下請け・バックアップ業務等を専ら営む会社のことである。

一定の制約があり、「当該銀行、その子会社（銀行・長期信用銀行・資金移動専門会社・銀行業を営む外国の会社に限る）その他これらに類する者として内閣府令で定めるものの営む業務のためにその業務を営んでいるものに限る」としている（「これらに類する者」は、銀行法施行規則第一七条の二第四項で、当該銀行の親会社である銀行持株会社の子会社（当該銀行の兄弟会社）や、他の銀行等が定められている）。

また、第一一項において、「当該銀行……の営む業務のためにその業務を営んでいるかどうかの基準」は内閣総理大臣が定めることとされており、当該銀行や銀行の子会社等から収入を一定割合以上得ているか等が、告示において の基準として規定されている（本章二(10)①および五参照）。

下請け・バックアップ業務等は、それ単独でみると必ずしも銀行の業務と関係しないものも多く、無制限に許容すれば、他業禁止の趣旨が没却されかねない。そこで、銀行の業務との関連性を有するものに限定するため、このような制約を設けていると考えられる。

従属業務の定義は、第二項第一号にあり、「銀行又は前項第二号から第十号までに掲げる会社（長期信用銀行・資金移動専門会社・証券専門会社・保険会社・信託専門会社等）の営む業務に従属する業務として内閣府令で定めるもの」としている。

これを受け、銀行法施行規則第一七条の三第一項において、概要、次を定めている（条文は、後掲）。

一　営業用不動産管理業務
二　福利厚生業務
三　物品一括購入・管理業務
四　印刷・製本業務
五　広告・宣伝業務
六　自動車運行・保守点検業務
七　調査・情報提供業務
八　ＡＴＭ保守点検業務
九　ダイレクトメール作成・発送業務
一〇　担保評価・担保物件管理、担保財産の売買の代理・媒介業務
一一　消費者ローンの相談・取次ぎ業務
一二　外国為替・対外取引関係業務

一三　事務に係る計算業務
一四　事務に係る文書の作成・保管・発送等業務
一五　事務取次ぎ（コールセンター等）業務
一六　労働者派遣業務・職業紹介業務
一七　コンピュータ関連（システムの設計・保守、プログラムの設計・作成・販売・保守等）業務
一八　教育・研修業務
一九　現金・小切手等輸送業務
二〇　現金・小切手等集配業務
二一　有価証券の受渡し業務
二二　現金・小切手等精査業務
二三　自らを子会社とする保険会社のための投資業務
二四　自らを子会社とする銀行等のための自己競落業務
二五　上に掲げる業務に準ずるものとして金融庁長官が定める業務
二六　上に掲げる業務に附帯する業務

●銀行法施行規則

（銀行の子会社の範囲等）

第十七条の三　法第十六条の二第二項第一号に規定する内閣府令で定めるものは、次に掲げるものとする。

一　他の事業者のための不動産（原則として、自らを子会社とする銀行又はその子会社から取得し、又は賃借し

た事業用不動産に限る。）の賃貸又は他の事業者の所有する不動産若しくはそれに付随する設備の保守、点検その他の管理を行う業務

二　他の事業者の役員又は職員のための福利厚生に関する事務を行う業務

三　他の事業者の事務の用に供する物品の購入又は管理を行う業務

四　他の事業者の事務に係る文書、証票その他の書類の印刷又は製本を行う業務

五　他の事業者の業務に関する広告又は宣伝を行う業務

六　他の事業者のための自動車の運行又は保守、点検その他の管理を行う業務

七　他の事業者の業務に関し必要となる調査又は情報の提供を行う業務（第十号に該当するものを除く。）

八　他の事業者の現金自動支払機等の保守、点検その他の管理を行う業務

九　他の事業者の業務に係る契約の締結についての勧誘又は当該契約の内容に係る説明を行う葉書又は封書の作成又は発送を行う業務

十　他の事業者の行う資金の貸付けその他の信用供与に係る債権の担保の目的となる財産の評価、当該担保の目的となつている財産の管理その他当該財産に関し必要となる事務を行う業務

十の二　他の事業者が資金の貸付けその他の信用供与に係る債権の回収のために担保権を実行する必要がある場合に、当該他の事業者のために当該債権の担保の目的となつている財産（不動産を除く。）の売買の代理又は媒介を行う業務

十一　他の事業者の行う資金の貸付け（住宅の購入に必要な資金の貸付けその他の消費者に対する資金の貸付けに限る。）に関し相談に応ずる業務又は当該資金の貸付けに係る事務の取次ぎその他当該資金の貸付けに関し必要となる事務を行う業務

十二　他の事業者の行う外国為替取引、信用状若しくは旅行小切手に関する業務又は輸出入その他の対外取引のため直接必要な資金に関する貸付け、手形の割引、債務の保証若しくは手形の引受けに関し必要となる事務を行う業務

十三　他の事業者の事務に係る計算を行う業務

十四　他の事業者の事務に係る文書、証票その他の書類の作成、整理、保管、発送又は配送を行う業務

十五　他の事業者と当該他の事業者の顧客との間の事務の取次ぎを行う業務

十六　労働者派遣事業の適正な運営の確保及び派遣労働者の保護等に関する法律（昭和六十年法律第八十八号）第二条第三号に規定する労働者派遣事業又は職業安定法（昭和二十二年法律第百四十一号）第三十条第一項の規定に基づき許可を得て行う職業紹介事業

十七　他の事業者のために電子計算機に関する事務を行う業務（電子計算機を使用することにより機能するシステムの設計若しくは保守又はプログラムの設計、作成、販売（プログラムの販売に伴い必要となる附属機器の販売を含む。）若しくは保守を行う業務を含む。）

十八　他の事業者の役員又は職員に対する教育又は研修を行う業務

十九　他の事業者の現金、小切手、手形又は有価証券の輸送を行う業務（次号及び第二十一号に該当するものを除く。）

二十　他の事業者の主要な取引先に対する現金、小切手、手形又は証書の集配を行う業務

二十一　他の事業者の主要な取引先との間で当該他の事業者の業務に係る有価証券の受渡しを行う業務

二十二　他の事業者のために現金、小切手、手形又は有価証券を整理し、その金額若しくは枚数を確認し、又は一時的にその保管を行う業務

二十三　自らを子会社とする保険会社（法第十六条の二第一項第五号に規定する保険会社をいう。以下同じ。）のために投資を行う業務
二十四　自らを子会社とする銀行、その子会社である銀行、長期信用銀行又は保険会社（以下この号において「親銀行等」という。）が資金の貸付けその他の信用供与に係る債権の回収のために担保権を実行する必要がある場合に、当該親銀行等のために当該債権の担保の目的となっている財産を適正な価格で購入し、並びに購入した財産の所有及び管理その他当該財産に関し必要となる事務を行う業務
二十五　その他前各号に掲げる業務に準ずるものとして金融庁長官が定める業務
二十六　前各号に掲げる業務に附帯する業務（当該各号に掲げる業務を営む者が営むものに限る。）

(7) 金融関連業務を専ら営む会社（第一一号）

簡単にいうと、銀行・証券会社・保険会社・信託会社以外に、金融に関連する業務を営んでいる会社のことである。

従属業務同様、一定の制約があり、「次に掲げる業務の区分に該当する場合には、当該区分に定めるものに限る」とされている。

この区分は、やや複雑であるが、概略をいうと、たとえば、証券専門関連業務を営む会社（保険専門関連業務・信託専門関連業務を兼営する会社を除く）については、証券子会社等のもつ議決権が、銀行本体および非証券子会社等のもつ議決権の合算数よりも多い必要があるとされている（第一一号ホ。証券専門関連業務等の詳細は、銀行法施行規則第一七条の三第三項以下で定められている）。

これは、銀行以外の業態（証券・保険等）の関連業務を営む子会社（銀行にとっては孫会社等）は、あくまで、証券・保険等を営む子会社との関連性があるがゆえに、銀行グループの会社とすることが容認されるとの趣旨を反映させたものと考えられる。

金融関連業務の定義は、第二項第二号にあり、「銀行業、有価証券関連業、保険業又は信託業に付随し、又は関連する業務として内閣府令で定めるもの」としている。これを受け、銀行法施行規則第一七条の三第二項において、次を定めている。

一　銀行等の業務の代理または媒介
一の二　農協等の業務の代理または媒介
一の三　銀行業を営む外国の会社の業務の代理または媒介（国内で営む場合は、カストディ業務に限る）
一の四　資金移動業の代理または媒介
一の五　信託契約代理業
一の六　信託兼営銀行が行う兼営業務を受託する契約の締結の代理または媒介
二　金銭の貸付けまたは金銭の貸借の媒介
二の二　イスラム金融（金銭の貸付けと同視すべきもの）
三　銀行法に規定する付随業務（法第一〇条第二項に規定する業務）
三の二　サービサー業務
三の三　確定拠出年金管理業
三の四　保険募集（保険契約の締結の代理または媒介等）
四　投資信託受益証券・抵当証券の募集または私募、投資顧問・投資一任契約の締結の代理または媒介、集団投

資スキーム等有価証券等運用業
六　商品投資顧問業
七　クレジットカード業
八　個品割賦購入斡旋業
九　プリペイドカード業
一一　リース業
一二　ベンチャーキャピタル
一三　投資信託委託会社・資産運用会社として行う業務
一四　投資助言業務・投資一任契約に係る業務
一四の二　財産運用業務（有価証券等）
一四の三　M&Aに関する相談・仲介業務
一五　経営相談業務
一六　金融経済の調査・研究業務
一七　個人の財産形成相談業務
一八　データ処理・伝送業務（VAN業務）
一八の二　金融機関の業務または財務に関するプログラムの作成等業務
一八の三　年金に係る計算および書類の作成業務
一八の四　算定割当量（排出権）取引業務
一八の五　電子債権記録業

一九　有価証券に関する事務取次ぎ業務　証券専門関連業務

二〇　有価証券に関する顧客の代理　証券専門関連業務

二一　株式会社のＩＲ業務　証券専門関連業務

二二　有価証券に関する情報の提供・助言　証券専門関連業務

二三　組合契約等の締結の媒介等　証券専門関連業務

二四　保険業務代理または事務の代理　保険専門関連業務

二六　保険契約に係る事項の調査　保険専門関連業務

二七　保険業務を行う者の教育　保険専門関連業務

二八　老人・身障者等の福祉に関する役務提供　保険専門関連業務

二九　健康維持増進施設等の運営　保険専門関連業務

三〇　事故等の危険の発生の防止等または損害規模評価のための調査・分析・助言　保険専門関連業務

三一　健康・福祉等に関する調査・分析等　保険専門関連業務

三二　保険会社等・保険募集人の業務に関する電算プログラム作成・販売および計算の受託　保険専門関連業務

三三　自動車修理業者等のあっせん紹介　保険専門関連業務

三四　保険契約者からの保険事故に関する報告の取次ぎ・保険契約相談　保険専門関連業務

三五　財産の管理および当該財産の管理に係る代理事務

三六　信託兼営法第一条第一項第四号から第七号までに掲げる業務（財産に関する遺言の執行、会計の検査、財産の取得・処分・貸借に関する代理または媒介等）

［信託専門関連業務］

［信託専門関連業務］

三七　信託財産評価　［信託専門関連業務］

三八　上に掲げる業務に準ずるものとして金融庁長官が定める業務

三九　上に掲げる業務に附帯する業務

●銀行法施行規則

（銀行の子会社の範囲等）

第十七条の三

2　法第十六条の二第二項第二号に規定する内閣府令で定めるものは、次に掲げるものとする。

一　銀行、長期信用銀行又は信用金庫、信用協同組合若しくは労働金庫（これらの法人をもつて組織する連合会を含む。）の業務（第一号の五に掲げる業務を除く。）の代理又は媒介

一の二　農業協同組合若しくは農業協同組合連合会が行う農業協同組合法第十一条第二項に規定する信用事業（第一号の五に掲げる業務を除く。）、漁業協同組合若しくは漁業協同組合連合会若しくは水産加工業協同組合若しくは水産加工業協同組合連合会が行う水産業協同組合法第五十四条の二第二項に規定する信用事業（同号に掲げる業務を除く。）又は農林中央金庫の業務（同号に掲げる業務を除く。）の代理又は媒介

一の三　銀行業を営む外国の会社の業務の代理又は媒介（国内において営む場合にあつては、有価証券の保護

預り、顧客からの指図に基づく有価証券の取引に関する決済、当該保管している有価証券に係る利金等の授受、指図に基づく当該保管している有価証券の第三者への貸付け若しくは当該保管している有価証券の指図に基づく権利の行使又はこれらに附帯する業務の媒介に限る。）

一の四　資金移動業者が営む資金移動業の代理又は媒介

一の五　信託業法第二条第八項に規定する信託契約代理業（金融機関の信託業務の兼営等に関する法律施行令第三条第二号及び金融機関の信託業務の兼営等に関する法律施行規則第三条第一項第二号に掲げるものを除く。）

一の六　信託業務を営む金融機関が営む金融機関の信託業務の兼営等に関する法律第一条第一項第三号から第七号までに掲げる業務（金融機関の信託業務の兼営等に関する法律施行令第三条第三号及び金融機関の信託業務の兼営等に関する法律施行規則第三条第一項第三号から第五号までに掲げる業務を除く。）を受託する契約の締結の代理又は媒介

二　金銭の貸付け又は金銭の貸借の媒介（手形の割引、売渡担保その他これらに類する方法によつてする金銭の交付又は当該方法によつてする金銭の授受の媒介を含む。）であつて業として行うもの（第一号から第一号の三までに掲げる業務を除く。）

二の二　金銭の貸付け以外の取引に係る業務であつて、金銭の貸付けと同視すべきもの（宗教上の規律の制約により利息を受領することが禁じられており、かつ、当該取引が金銭の貸付け以外の取引であることにつき宗教上の規律について専門的な知見を有する者により構成される合議体の判定に基づき行われるものに限る。）

三　法第十条第二項に規定する業務（同項第八号、第八号の二及び第十八号に掲げる業務、有価証券関連業その他金融庁長官の定める業務に該当するものを除く。）

三の二　債権管理回収業に関する特別措置法（平成十年法律第百二十六号）第二条第二項に規定する債権管

理回収業及び同法第十二条各号に掲げる業務（同条第二号に規定する業務を行う場合にあつては、金融庁長官の定める基準を全て満たす場合に限る。）

三の三　確定拠出年金法（平成十三年法律第八十八号）第二条第七項に規定する確定拠出年金運営管理業又は同法第六十一条第一項各号に掲げる事務を行う業務

三の四　保険業法第二条第二十六項に規定する保険募集（第二十七号及び第三十四条の四十八第一項において「保険募集」という。）

四　金融商品取引法第二条第八項第七号、第十三号及び第十五号に掲げる行為を行う業務

五　削除

六　商品投資に係る事業の規制に関する法律第二条第三項に規定する商品投資顧問業

七　それを提示し若しくは通知して、又はそれと引換えに特定の販売業者又は役務提供事業者から商品若しくは権利を購入し又は役務の提供を受けることができるカードその他の物又は番号、記号その他の符号（以下この号及び次号において「カード等」という。）をこれにより商品若しくは権利を購入しようとする者又は役務の提供を受けようとする者（以下この号及び次号において「利用者」という。）に交付し又は付与し、当該利用者がそのカード等を提示し若しくは通知して、又はそれと引換えに特定の販売業者又は役務提供事業者から商品若しくは権利を購入し又は役務の提供を受けたときは、当該利用者から当該商品若しくは当該権利の代金又は当該役務の対価に相当する額を受領し、当該販売業者又は当該役務提供事業者に当該金額の交付（当該販売業者又は当該役務提供事業者以外の者を通じた当該販売業者又は当該役務提供事業者への交付を含む。）をする業務

八　利用者がカード等を利用することなく特定の販売業者又は役務提供事業者からの商品若しくは権利の

購入又は役務の提供を条件として、当該販売業者又は当該役務提供事業者に当該商品若しくは当該権利の代金又は当該役務の対価に相当する額の交付（当該販売業者又は当該役務提供事業者以外の者を通じた当該販売業者又は当該役務提供事業者への交付を含む。）をし、当該利用者から当該金額を受領する業務

九　資金決済に関する法律第三条第四項に規定する自家型前払式支払手段を発行する業務若しくは同条第五項に規定する第三者型前払式支払手段を発行する業務又はこれらの手段を販売する業務

十　削除

十一　機械類その他の物件を使用させる業務（金融庁長官が定める基準により主として法第十条第二項第十八号に掲げる業務が行われる場合に限る。）

十二　次に掲げる行為により他の株式会社に対しその事業に必要な資金を供給する業務

イ　当該会社に対し資金の貸付けを行うこと。

ロ　当該会社の発行する社債（法第十条第三項第一号に掲げる短期社債を除く。）を取得すること。

ハ　当該会社の発行する新株予約権を取得すること。

ニ　株式に係る配当を受け取ること又は株式に係る売却益を得ることを目的として当該会社の発行する株式を取得すること。

ホ　イからニまでに掲げるいずれかの行為を行うことを目的とする民法第六百六十七条第一項に規定する組合契約又は投資事業有限責任組合契約に関する法律第三条第一項に規定する投資事業有限責任組合契約を締結すること。

十三　投資信託委託会社又は資産運用会社として行う業務（外国においてはこれらと同種類のもの。投資信託委託会社がその運用の指図を行う投資信託財産又は資産運用会社が資産の運用を行う投資法人の資産に属する不

動産の管理を行う業務を含む。）
十四　投資助言業務（金融商品取引法第二十八条第六項に規定する投資助言業務をいう。）又は投資一任契約に係る業務
十四の二　投資信託及び投資法人に関する法律施行令（平成十二年政令第四百八十号）第三条第一号、第二号及び第六号から第八号までに掲げる資産に対する投資として、他人のため金銭その他の財産の運用（その指図を含む。）を行う業務（第四号及び前二号に該当するものを除く。）
十四の三　他の事業者の事業の譲渡、合併、会社の分割、株式交換若しくは株式移転に関する相談に応じ、又はこれらに関し仲介を行う業務
十五　他の事業者の経営に関する相談に応ずる業務
十六　金融その他経済に関する調査又は研究を行う業務
十七　個人の財産形成に関する相談に応ずる業務
十八　主として銀行持株会社、長期信用銀行持株会社若しくは子会社対象会社（法第十六条の二第一項に規定する子会社対象会社又は法第五十二条の二十三第一項に規定する子会社対象会社をいう。次号及び第三十二号において同じ。）に該当する会社その他金融庁長官の定める金融機関の業務に関するデータ又は事業者の財務に関するデータの処理を行う業務及びこれらのデータの伝送役務を提供する業務
十八の二　主として銀行持株会社、長期信用銀行持株会社若しくは子会社対象会社に該当する会社その他金融庁長官の定める金融機関の業務又は事業者の財務に関する電子計算機のプログラムの作成若しくは販売（プログラムの販売に伴い必要となる附属機器の販売を含む。）を行う業務及び計算受託業務（第三十二号に該当するものを除く。）

十八の三　確定給付企業年金法（平成十三年法律第五十号）第二条第一項に規定する確定給付企業年金その他これに準ずる年金に係る掛金又は給付金等の計算に関する業務及び書類等の作成又は授受に関する業務

十八の四　法第十一条第四号に掲げる業務

十八の五　電子記録債権法（平成十九年法律第百二号）第五十一条第一項に規定する電子債権記録業

十九　有価証券の所有者と発行者との間の当該有価証券に関する事務の取次ぎを行う業務

二十　有価証券に関する顧客の代理

二十一　株式会社の株式の発行による事業資金の調達を容易にすることを目的として当該株式会社に係る広告、宣伝又は調査を行う業務その他当該株式会社に対する投資者の評価を高めることに資する業務

二十二　有価証券に関連する情報の提供又は助言（第十九号及び前号に該当するものを除く。）

二十三　民法第六百六十七条第一項に規定する組合契約又は商法第五百三十五条に規定する匿名組合契約の締結の媒介、取次ぎ又は代理を行う業務（有価証券関連業に該当するものを除く。）

二十四　保険会社又は少額短期保険業者の保険業に係る業務の代理（第三号の四に掲げる業務に該当するものを除く。）又は事務の代行

二十五　削除

二十六　保険事故その他の保険契約に係る事項の調査を行う業務

二十七　保険募集を行う者の教育を行う業務

二十八　老人福祉施設等（老人福祉法（昭和三十八年法律第百三十三号）第五条の三に規定する老人福祉施設及び同法第二十九条第一項に規定する有料老人ホームをいう。）に関する役務その他老人、身体障害者等の福祉

に関する役務の提供を行う業務
二十九　健康の維持若しくは増進のための運動を行う施設又は温泉を利用して健康の維持若しくは増進を図るための施設の運営を行う業務
三十　事故その他の危険の発生の防止若しくは危険の発生に伴う損害の防止若しくは軽減を図るため、又は危険の発生に伴う損害の規模等を評価するための調査、分析又は助言を行う業務
三十一　健康、福祉又は医療に関する調査、分析又は助言を行う業務
三十二　主として保険持株会社、少額短期保険持株会社（保険業法第二百七十二条の三十七第二項に規定する少額短期保険持株会社をいう。）、子会社対象会社に該当する会社（保険会社、少額短期保険業者又は保険業を営む外国の会社に限る。）又は保険募集人の業務に関する電子計算機のプログラムの作成又は販売（プログラムの販売に伴い必要となる附属機器の販売を含む。）を行う業務及び計算受託業務
三十三　自動車修理業者等のあっせん又は紹介に関する業務
三十四　保険契約者からの保険事故に関する報告の取次ぎを行う業務又は保険契約に関し相談に応ずる業務
三十五　財産の管理に関する業務（第三号に掲げる業務に該当するものを除き、当該業務を営む会社の議決権を保有する信託子会社等が受託する信託財産と同じ種類の財産につき、業務方法書に規定する信託財産の管理の方法と同じ方法により管理を行うものに限る。）及び当該業務に係る代理事務
三十六　金融機関の信託業務の兼営等に関する法律第一条第一項第四号から第七号までに掲げる業務（第六号及び前号、金融機関の信託業務の兼営等に関する法律施行令第三条第三号並びに金融機関の信託業務の兼営等に関する法律施行規則第三条第一項第三号及び第四号に掲げる業務に該当するものを除き、当該業務を行う会

社を子会社とする銀行又は当該業務を行う会社を子会社とする銀行持株会社の子会社である銀行の信託子会社等のうちに信託兼営銀行に相当するものがない場合における当該業務の範囲については、当該信託子会社等が信託業法第二十一条第二項の承認を受けた業務に係るものに限る。）

三十七　信託を引き受ける場合におけるその財産（不動産を除く。）の評価に関する業務

三十八　その他前各号に掲げる業務に準ずるものとして金融庁長官が定める業務

三十九　前各号に掲げる業務に附帯する業務（当該各号に掲げる業務を営む者が営むものに限る。）

3　法第十六条の二第二項第三号に規定する内閣府令で定めるものは、次に掲げるものとする。

一　前項第十九号から第二十三号までに掲げる業務

二　その他前号に掲げる業務に準ずるものとして金融庁長官が定める業務

三　前項第三十九号に掲げる業務のうち、前二号に掲げる業務に附帯する業務に係るもの

4　法第十六条の二第二項第四号に規定する内閣府令で定めるものは、次に掲げるものとする。

一　第二項第二十四号から第三十四号までに掲げる業務

二　その他前号に掲げる業務に準ずるものとして金融庁長官が定める業務

三　第二項第三十九号に掲げる業務のうち、前二号に掲げる業務に附帯する業務に係るもの

5　法第十六条の二第二項第五号に規定する内閣府令で定めるものは、次に掲げるものとする。

一　第二項第三十五号から第三十七号までに掲げる業務

二　その他前号に掲げる業務に準ずるものとして金融庁長官が定める業務

三　第二項第三十九号に掲げる業務のうち、前二号に掲げる業務に附帯する業務に係るもの

6　法第十六条の二第二項第六号ハに規定する内閣府令で定めるものは、当該銀行の子会社である証券専門

会社又は証券仲介専門会社が、その総株主等の議決権の百分の五十を超える議決権を保有する同条第一項第十三号に規定する持株会社とする。

7　法第十六条の二第二項第七号ハに規定する内閣府令で定めるものは、当該銀行の子会社である保険会社又は少額短期保険業者が、その総株主等の議決権の百分の五十を超える議決権を保有する同条第一項第十三号に規定する持株会社とする。

8　法第十六条の二第二項第八号ニに規定する内閣府令で定めるものは、当該銀行の子会社である信託兼営銀行又は信託専門会社が、その総株主等の議決権の百分の五十を超える議決権を保有する同条第一項第十三号に規定する持株会社とする。

9　第一条の六第三項の規定は、前三項の場合においてこれらの規定に規定する者が保有する議決権について準用する。この場合において、同条第三項中「第百四十七条第一項又は第百四十八条第一項（これらの規定を同法第二百二十八条第一項、第二百三十五条第一項、第二百三十九条第一項及び第二百七十六条（第二号に係る部分に限る。）において準用する場合を含む。）」とあるのは「第百四十七条第一項又は第百四十八条第一項」と、「株式又は出資」とあるのは「株式」と読み替えるものとする。

(8) ベンチャービジネス会社（第一二号）

少し複雑な規定となっている。留意点は、主に次の三点である。

① 新たな事業分野を開拓する会社（ベンチャービジネス会社）の要件

「新たな事業分野を開拓する会社として内閣府令で定める会社」の定義は、銀行法施行規則第一七条の二第六項・第九項において、概要、次の要件の両方を満たす会社と定められている（条文は、後掲）。

●非上場会社

●中小企業者で、設立の日以後一定期間内・研究開発費や新事業従事者が一定割合以上等の要件を満たす会社、および、株式を取得した際（銀行の子会社となった際）にこの要件に該当していた会社

●銀行法施行規則【傍線は筆者が付したもの】

（専門子会社の業務等）

第十七条の二

6　法第十六条の二第一項第十二号に規定する内閣府令で定める会社は、金融商品取引所に上場されている株式又は金融商品取引法第六十七条の十一第一項の店頭売買有価証券登録原簿に登録されている株式の発行者である会社以外の会社であつて、次の各号のいずれかに該当する会社とする。

一　中小企業者（中小企業等経営強化法（平成十一年法律第十八号）第二条第一項に規定する中小企業者をいう。以下この項及び第十二項において同じ。）であつて、設立の日又は新事業活動（会社が現に行っている事業と異なる種類の事業であつて、新商品の開発又は生産、新役務の開発又は提供、商品の新たな生産又は販売の方式の導入、役務の新たな提供の方式の導入その他の新たな事業活動をいう。次号及び第三号において同じ。）の開始の日以後十年を経過しておらず、かつ、前事業年度又は前年においてイに掲げる金額の口に掲げる金額に対する割合が百分の三を超えているもの

イ　試験研究費その他新たな技術若しくは新たな経営組織の採用、市場の開拓又は新たな事業の開始のために特別に支出される費用の合計額

ロ　総収入金額から固定資産又は法人税法（昭和四十年法律第三十四号）第二条第二十一号に規定する有価証券の譲渡による収入金額を控除した金額

二　中小企業者であつて、設立の日又は新事業活動の開始の日以後二年を経過しておらず、常勤の新事業活動従事者（新商品の開発又は生産、新役務の開発又は提供、商品の新たな生産又は販売の方式の導入、役務の新たな提供の方式の導入その他の新たな事業活動に従事する者であつて、研究者に該当しない者に限る。以下この号において同じ。）の数が二人以上であり、かつ、当該新事業活動従事者の数の常勤の役員及び従業員の数の合計に対する割合が十分の一以上であるもの

三　中小企業者であつて、設立の日又は新事業活動の開始の日以後一年を経過しておらず、常勤の研究者の数が二人以上であり、かつ、当該研究者の数の常勤の役員及び従業員の数の合計に対する割合が十分の一以上であるもの

四　中小企業等経営強化法第十条第一項に規定する認定を受けている会社

7・8　（略）

9　第六項に規定する会社のほか、会社であつて、その議決権を銀行若しくはその子会社（子会社となる会社を含む。以下この項において同じ。）の担保権の実行による株式等の取得又は第十七条の四第一項第一号に掲げる事由によらずに取得されたとき（当該会社の議決権が当該銀行又はその子会社により二回以上にわたり取得された場合においては、当該銀行若しくはその子会社の担保権の実行による株式等の取得又は同号に掲げる事由によらずに最後に取得されたとき）に第六項に規定する会社に該当していたものも、その議決権が当該銀行若しくはその子会社の担保権の実行による株式等の取得又は同号に掲げる事由によらずに新たに取得されない限り、当該銀行に係る法第十六条の二第一項第十二号に規定する内閣府令で定める会社に該当するもの

とする。

10　（略）

11　第六項から前項まで（第八項を除く。）の規定にかかわらず、特定子会社（第十三項に規定する会社をいう。以下この項及び次項並びに第十七条の七の三第二項において同じ。）がその取得した第六項若しくは第九項に規定する会社（以下この項において「新規事業分野開拓会社」という。）又は第七項に規定する会社若しくは前項において読み替えて準用する第九項の内閣府令で定める会社に該当するもの（以下この章及び第三十五条第一項第十三号において「事業再生会社」という。）の議決権を処分基準日（新規事業分野開拓会社の議決権にあつてはその取得の日から十五年を経過する日をいい、事業再生会社の議決権にあつてはその取得の日から十年を経過する日（当該議決権が第七項に規定する会社（同項第五号又は第六号に該当するものに限る。）の議決権である場合であつて、当該会社が当該支援を受けている期間が当該議決権の取得の日から十年を超えるときは、当該支援が終了する日）をいう。以下この項において同じ。）までに処分しないときは、当該新規事業分野開拓会社及び当該事業再生会社（以下この項、第十七条の六第一項第九号及び第十七条の七の三第三項において「新規事業分野開拓会社等」という。）は、処分基準日の翌日からは新規事業分野開拓会社にあつては当該銀行に係る法第十六条の二第一項第十二号に規定する内閣府令で定める会社に、事業再生会社にあつては当該銀行に係る同項第十二号の二に規定する内閣府令で定める会社にそれぞれ該当しないものとする。ただし、当該処分を行えば当該銀行又はその子会社が保有する当該新規事業分野開拓会社等の議決権の数が当該処分基準日における基礎議決権数（国内の会社（法第十六条の四第一項に規定する国内の会社をいう。以下この章及び第五章において同じ。）及び事業再生会社（第八項に定める要件に該当するものに限る。次項、第十七条の六第一項第九号、第十七条の七の三第三項及び第三十五条第一項第十三号において同じ。）の議決権についてはその総株主等の議決権に百分の五を乗じて得た議決権の数、外国の会社の議決権についてはその総株主等の議決権に百分の五十を乗じて得た議決権の数をいう。以下この項及び次項において同じ。）を下回ることとなる場合において、当該特定子会社が当該取得の日から処分基準日までの間に当該銀行又はその子会社の保有する当該新規事業分野開拓会社等の議決権のうち当該処分基準日における基礎議決権数を超える部分の議決権を処分したときは、この限りでない。

② 投資専門会社経由での保有

第一二号カッコ書では「当該会社の議決権を、当該銀行・その子会社のうち特定子会社以外の子会社が、合算して、基準議決権数（五％）を超えて保有していないもの」に限るとされている。

特定子会社の定義は、この号の委任を受けた銀行法施行規則第一七条の二第一三項において、「次条（銀行法施行規則第十七条の三）第二項第十二号に掲げる業務・これに附帯する業務を専ら営む会社」とされ、簡単にいうと、株式会社に対し、エクイティ性・非エクイティ性の資金供給を行い、投資に対する収益確保を図る会社を定めている。投資専門会社と称されるものである。ここでは、ベンチャービジネス会社に投資する投資専門会社なので、いわゆるベンチャーキャピタル会社などが該当することになる。

●銀行法施行規則

（専門子会社の業務等）

第十七条の二

13　法第十六条の二第一項第十二号に規定する内閣府令で定めるものは、次条第二項第十二号に掲げる業務及びこれに附帯する業務を専ら営む会社とする。

（銀行の子会社の範囲等）

第十七条の三

2　法第十六条の二第二項第二号に規定する内閣府令で定めるものは、次に掲げるものとする。

十二　次に掲げる行為により他の株式会社に対しその事業に必要な資金を供給する業務

イ　当該会社に対し資金の貸付けを行うこと。

ロ　当該会社の発行する社債（法第十条第三項第一号に掲げる短期社債を除く。）を取得すること。

ハ　当該会社の発行する新株予約権を取得すること。

ニ　株式に係る配当を受け取ること又は株式に係る売却益を得ることを目的として当該会社の発行する株式を取得すること。

ホ　イからニまでに掲げるいずれかの行為を行うことを目的とする民法第六百六十七条第一項に規定する組合契約又は投資事業有限責任組合契約に関する法律第三条第一項に規定する投資事業有限責任組合契約を締結すること。

③　**議決権保有期間**

銀行法施行規則第一七条の二第一一項（条文は、前掲）により議決権の「取得の日から十五年を経過する日」までに議決権を処分することが求められている。

なお、同項のただし書の規定は、銀行による一般事業会社への出資上限に係る一般ルールは議決権の五％（外国の会社については五〇％）までである（第一五章参照）ところ、この項によってなすべき処分は、議決権の全部の処分ではなく、五％等の範囲内となるように処分すればよい旨の確認的規定である。

④ まとめ

簡単にまとめると、対象となるのは、(イ)ベンチャービジネス会社であって、(ロ)銀行が投資専門会社を経由して孫会社としてもつ会社であり、(ハ)一般の事業会社に適用される上限（五％等）を超える議決権保有期間は一五年間、ということになる（ただし、第一五章に述べるとおり、議決権の五％以内の出資であれば、銀行による直接の株式保有も可能である）。

(9) 事業再生会社（第一一号の二）

この号も、少し複雑な規定となっている。

① 事業再生会社

対象は「経営の向上に相当程度寄与すると認められる新たな事業活動を行う会社として内閣府令で定める会社」である。

「経営の向上に相当程度寄与すると認められる新たな事業活動を行う会社として内閣府令で定める会社」の範囲は、銀行法施行規則第一七条の二第七項・第一〇項（第一〇項はベンチャービジネス会社について規定した第九項を準用）に規定されている。

簡単にいうと、(イ)非上場会社であって、(ロ)一定の公的な枠組みまたはこれに準ずる当該銀行が関与するデット・エクイティ・スワップ等の枠組みのもとで、経営強化・改善等を進めている会社、および、株式を取得した際（銀行の子会社となった際）にこの要件に該当していた会社を指している（条文は、後掲）。

このような会社を銀行の子会社とすることが認められるに至ったのは、融資の条件変更や債権放棄だけでは再生できず、事業を再構築する必要があるような企業について、信頼できる枠組みのもとで、デット・エクイティ・スワップ等を講じたほうが、デフォルトに終わるのではなく、結果として、銀行の健全性維持の観点からも合理的と考えられたためである。

② 特別事業再生会社

事業再生会社のうち、特別事業再生会社については、当該銀行・特定子会社以外の子会社が、合算して、基準議決権数（五％）を超えて保有していないものに限るとしている。特定子会社とは、前述のとおり、投資専門会社のことである。このため、「特別事業再生会社」は、銀行が投資専門会社経由で孫会社としてであればもつことができる（五％以内であれば、銀行による直接の株式保有も可能）ことになる。

特別事業再生会社の定義に関し、銀行法施行規則第一七条の二第八項では、事業再生会社のうち、概要、以下の要件のいずれにも該当しない会社のことを、特別事業再生会社としている（条文は、後掲）。

●合理的な経営改善のための計画のもと、デット・エクイティ・スワップによって銀行またはその子会社が株式取得する場合は、特定調停の成立、再生計画の決定、更生計画の決定、産業競争力強化法に規定する特定認証紛争解決手続に基づく事業再生計画の作成のいずれかが認められること

●それ以外の場合は、特定調停の成立、再生計画の決定、更生計画の決定のいずれかがなされていること

裁判所が関与する再生・更生手続のような公的な枠組みと比べ、私的整理についてはその実効性が劣り、「特別事業再生会社」のような子会社をもつことには、銀行の健全性に影響を与えるリスクが高まるとの側面もあるところ、このような会社については、銀行の直接の子会社ではなく、投資専門会社を通じた銀行の孫会社として容認するということと考えられる。

③　議決権保有期間

銀行法施行規則第一七条の二第一一項により、特定子会社は「議決権の取得の日から十年を経過する日（東日本大震災事業者再生支援機構法による支援が十年を超える場合は、支援終了の日）」までに議決権を処分することが求められている。

なお、同項のただし書の規定は、銀行による一般事業会社への出資上限に係る一般ルールは議決権の五％（外国の会社については五〇％）までであるところ、この項によってなすべき処分は、議決権の全部の処分ではなく、五％等の範囲内となるように処分すればよい旨の確認的規定である。

また、銀行法施行規則第一七条の二第一二項により、銀行および特定子会社以外の銀行子会社が事業再生会社の議決権を取得した場合には「議決権の取得の日から三年を経過する日（中小企業者の議決権については五年を経過する日）」までに議決権を処分することが求められている。

●銀行法施行規則

（専門子会社の業務等）

第十七条の二

7　法第十六条の二第一項第十二号の二に規定する内閣府令で定める会社は、金融商品取引所に上場されている株式又は金融商品取引法第六十七条の十一第一項の店頭売買有価証券登録原簿に登録されている株式の発行者である会社以外の会社であつて、次の各号のいずれかに該当する会社とする。

一　中小企業等経営強化法第八条第一項に規定する承認を受けている会社

二　民事再生法（平成十一年法律第二百二十五号）第百七十四条第一項の規定による再生計画認可の決定を

受けている会社

三　会社更生法（平成十四年法律第百五十四号）第百九十九条第一項の規定による更生計画認可の決定を受けている会社

四　株式会社地域経済活性化支援機構法（平成二十一年法律第六十三号）第二十五条第四項に規定する再生支援決定を受けている会社

五　株式会社東日本大震災事業者再生支援機構法（平成二十三年法律第百十三号）第十九条第四項に規定する支援決定を受けている会社

六　株式会社東日本大震災事業者再生支援機構法第五十九条第一項に規定する産業復興機構による支援を受けている会社

七　産業競争力強化法（平成二十五年法律第九十八号）第二十四条第一項若しくは第二十六条第一項の認定を受けている会社又は同法第百二十一条第一項の認定に係る同項の中小企業承継事業再生計画に従って事業を承継している会社

八　合理的な経営改善のための計画（法第五十二条の六十一第一項に規定する銀行等、株式会社商工組合中央金庫、保険会社（外国保険会社等を含む。）、銀行持株会社、長期信用銀行持株会社若しくは保険業法第二条第十六項に規定する保険持株会社又はこれらの子会社（以下この号において「特定金融機関等」という。）が、当該特定金融機関等に対する会社の債務について次に掲げる措置のいずれかを実施することを内容とするものであって、当該措置の実施により相当の期間内に当該会社の経営の状況が改善されることが見込まれるものに限る。）を実施している会社

イ　当該債務の全部又は一部を免除する措置

ロ　当該債務の全部又は一部を消滅させるために株式を取得する措置
ハ　当該債務に係る債権の全部又は一部が当該会社に対する他の債権に後れることとする措置（当該会社の財務指標が当該特定金融機関等及び当該会社の間であらかじめ定めた一定の基準を下回つた場合に、当該会社が期限の利益を喪失する措置を併せて講じているものに限る。）

8　法第十六条の二第一項第十二号の二に規定する内閣府令で定める要件は、次の各号に掲げる場合の区分に応じ、当該各号に定めるものとする。
一　銀行又はその子会社が前項に規定する会社（同項第八号に該当するものに限る。）の議決権を同号ロに掲げる措置により取得する場合　次のいずれかに該当すること。
イ　特定債務等の調整の促進のための特定調停に関する法律（平成十一年法律第百五十八号）第二条第三項に規定する特定調停が成立していること。
ロ　民事再生法第百七十四条第一項の規定による再生計画認可の決定を受けていること。
ハ　会社更生法第百九十九条第一項の規定による更生計画認可の決定を受けていること。
ニ　産業競争力強化法第二条第十六項に規定する特定認証紛争解決手続に基づき事業再生計画が作成されていること。
二　前号に掲げる場合以外の場合　同号イからハまでのいずれかに該当すること。

9　第六項に規定する会社のほか、会社であつて、その議決権を銀行若しくはその子会社（子会社となる会社を含む。以下この項において同じ。）の担保権の実行による株式等の取得又は第十七条の四第一項第一号に掲げる事由によらずに取得されたとき（当該会社の議決権が当該銀行又はその子会社により二回以上にわたり取得された場合においては、当該銀行若しくはその子会社の担保権の実行による株式等の取得又は同号に掲げる事由によらずに最後に取得されたとき）に第六項に規定する会社に該当していたものも、その議決権が当該銀行若しくはその子会社の担保権の実行による株式等の取得又は同号に掲げる事由によらずに新たに取得されない限り、当該銀行に係る法第十六条の二第一項第十二号に規定する内閣府令で定める会社に該当するものとする。

10　前項の規定は、第七項に規定する会社に該当していたものに準用する。この場合において、前項中「第十六条の二第一項第十二号」とあるのは、「第十六条の二第一項第十二号の二」と読み替えるものとする。

11　第六項から前項まで（第八項を除く。）の規定にかかわらず、特定子会社（第十三項に規定する会社をいう。以下この項及び次項並びに第十七条の七の三第二項において同じ。）がその取得した第六項若しくは第九項に規定する会社（以下この項において「新規事業分野開拓会社」という。）又は第七項に規定する会社若しくは前項において読み替えて準用する第九項の内閣府令で定める会社に該当するもの（以下この章及び第三十五条第一項第十三号において「事業再生会社」という。）の議決権を処分基準日（新規事業分野開拓会社の議決権にあってはその取得の日から十五年を経過する日をいい、事業再生会社の議決権にあってはその取得の日から十年を経過する日（当該議決権が第七項に規定する会社（同項第五号又は第六号に該当するものに限る。）の議決権である場合であつて、当該会社が当該支援を受けている期間が当該議決権の取得の日から十年を超えるときは、当該支援が終了する日）をいう。以下この項において同じ。）までに処分しないときは、当該新規事業分野開拓会社及び当該事業再生会社（以下この項、第十七条の六第一項第九号及び第十七条の七の三第三項において「新規事業分野開拓会社等」という。）は、処分基準日の翌日からは新規事業分野開拓会社にあつては当該銀行に係る法第十六条の二第一項第十二号に規定する内閣府令で定める会社に、事業再生会社にあつては当該銀行に係る同項第十二号の二に規定する内閣府令で定める会社にそれぞれ該当しないものとする。ただし、当該処分を行えば当該銀行又はその子会社が保有する当該新規事業分野開拓会社等の議決権の数が当該処分基準日における基礎議決権数（国内の会社（法第十六条の四第一項に規定する国内の会社をいう。以下この章及び第五章において同じ。）及び事業再生会社（第八項に定める要件に該当するものに限る。次項、第十七条の六第一項第九号、第十七条の七の三第三項及び第三十五条第一項第十三号において同じ。）の議決権についてはその総株主等の議決権に百分の五を乗じて得た議決権の数、外国の会社の議決権についてはその総株主等の議決権に百分の五十を乗じて得た議決権の数をいう。以下この項及び次項において同じ。）を下回ることとなる場合において、当該特定子会社が当該取得の日から処分基準日までの間に当該銀行又はその子会社の保有する当該新規事業分野開拓会社等の議決権のうち当該処分基準日における基礎議決権数を超える部分の議決権を処分したときは、この限りでない。

12　第七項及び第十項の規定にかかわらず、銀行又はその特定子会社以外の子会社がその取得した事業再生会社の議決権を処分基準日（その取得の日から次の各号に掲げる議決権の区分に応じ、当該各号に定める期間を経過する日をいう。以下この項において同じ。）までに処分しないときは、当該事業再生会社は、処分基準日の翌日からは当該銀行に係る法第十六条の二第一項第十二号の二に規定する内閣府令で定める会社に該当しないものとする。ただし、当該処分を行えば当該銀行又はその特定子会社以外の子会社が保有する当該事業再生会社の議決権の数が当該処分基準日における基礎議決権数を下回ることとなる場合において、当該銀行又はその特定子会社以外の子会社が当該取得の日から処分基準日までの間に当該銀行又はその特定子会社以外の子会社の保有する当該事業再生会社の議決権のうち当該処分基準日における基礎議決権数を超える部分の議決権を処分したときは、この限りでない。

一　中小企業者の発行する株式等に係る議決権　五年

二　中小企業者以外の会社の発行する株式等に係る議決権　三年
13　（略）
14　（略）
15　法第二条第十一項の規定は、第八項、第九項（第十項において読み替えて準用する場合を含む。）、第十一項及び第十二項に規定する議決権について準用する。

⑽　平成二八年改正による見直し（第一一号の修正・第一二号の三の追加等）

①　第一一号の修正（従属業務に係る収入依存度規制の緩和）

第一一号のカッコ書のなかで、改正前は「従属業務を営む会社にあつては主として当該銀行、その子会社……の営む業務のためにその業務を営んでいるものに限る」となっていたところ、改正により「主として」の文言を削除した。

従属業務のうち、銀行のシステム管理やATM保守など、業務のIT化が進展するなかで、業務の効率化やIT投資の戦略的な実施の関連から複数の銀行グループ間の連携・協働が強く求められる業務について、一律に五〇%以上とされていた収入依存度（従属業務に係る収入の五〇%以上をグループ内の銀行等から得ることを必要とすること）の引下げを可能とするための修正である（収入依存度の具体的な内容は、第一一項を受けた告示において定められている）。

収入依存度規制が設けられている趣旨は、従属業務は銀行業からみれば他業であるため、無制限にこれを許容すると健全性の観点から適切でないと考えられる一方、銀行業務の遂行に必要な業務であることから、銀行業務との一体性を確保しうる範囲に限定して、その取扱いを許容する点にある。

一方で、従属業務には、ＩＴシステムの開発のように、初期コストは高額であるが、その後、規模の経済が働き、追加的費用は逓減していくといったものも存在する。こうしたものについても、同様に収入依存度規制を当てはめると、コストが過大となり、結果として、戦略的なＩＴ投資が損なわれるおそれがありうる。

このため、「主として」の文言を削除し、告示上、親銀行グループ等からの収入依存度が五〇％を下回る旨の制度設計を行うことを可能とすることとしている。

なお、これを受けた告示の改正によって、従属業務の類型のうち、次の業務については、親銀行グループ等からの収入依存度が四〇％に緩和されている。

(Ⅰ)　ＡＴＭ保守点検業務

(Ⅱ)　事務に係る計算業務

(Ⅲ)　コンピュータ関連（システムの設計・保守、プログラムの設計・作成・販売・保守等）業務

(Ⅳ)　(Ⅰ)～(Ⅲ)までに掲げる業務とあわせて営まれる場合の(i)消費者ローンの相談・取次ぎ業務、(ii)事務に係る文書の作成・保管・発送等業務、(iii)事務取次ぎ（コールセンター等）業務、(iv)現金・小切手等輸送業務、(v)現金・小切手等集配業務

②　第一二号の三の追加（FinTech企業等の追加）

本号では、「情報通信技術その他の技術を活用した当該銀行の営む銀行業の高度化若しくは当該銀行の利用者の利便の向上に資する業務又はこれに資すると見込まれる業務を営む会社」を子会社対象会社の類型に追加している。

(イ) 背　景

近年、FinTechと呼ばれるIT技術を活用した金融サービス事業が拡大しつつある。たとえば、新たな決済サービスなどが、IT企業またはそれとの連携によって提供されている。欧米金融機関では、こうした技術の取込みを目的に、決済関連をはじめとするIT企業への出資・買収を通じ、金融サービスを拡充している。

日本の銀行グループでも、IT企業等への出資を通じ、IT技術の革新の成果を銀行業務に取り込みたいとの声がある一方で、従来の銀行法の枠組みは、こうした動きに十分応えることができるものとなっていなかった。

「子会社対象会社」として、たとえば、従属業務・金融関連業務を営む会社等については、本条第七項の認可を前提に、銀行の子会社として保有（五〇％超の出資）することが許容されているが、FinTechの動きに対応した出資を銀行グループが行う場合、出資対象会社の業務には、さまざまなものが想定されうる。

当該業務が銀行自身の業務に従属するものとなることが明確に認められるものであれば従属業務として、また、それが金融関連のサービスに結実していくと認められるものであれば金融関連業務として、銀行の子会社の業務範囲として従来の銀行法が定める類型に含まれる余地もある。しかし、出資の時点ではその確実性が十分見込めず、厳密には他業への出資と整理せざるをえないものも多く存在する。

また、従来、他業と整理されてきている業務のなかにも、銀行業との間で強い親近性を有し、銀行業と組み合わせることで利用者利便の高い金融サービスの提供につながることが期待されるものも、増大していくことが予想される（たとえば、商流情報を活用した融資審査などを可能とするECモール事業など、種々のものがありうる）。

FinTech関連業務の進展をはじめ、銀行グループを取り巻く環境にさまざまな展開が予想されるなか、日本の銀行グループが、環境変化に対応しつつ成長を続けていくためには、イノベーションを取り込みながら、柔軟に業務展開を行っていくことが重要である。

そのためには、銀行グループが行うことができる業務を法令上、あらかじめすべて列挙しておくのではなく、列挙された業務に加えて、より柔軟な業務展開を可能とする枠組みを設けることが適切と考えられ、本号は、このような枠組みとして新設された。

(ロ) 改正の内容

FinTech の進展に代表される銀行グループを取り巻く環境の変化があるとしても、銀行グループに他業禁止規制が課されている趣旨が減殺されることはない。

したがって、銀行業との親近性がまったく認められない業務を営む会社についてまで、制約なく銀行グループに取り込むことができる枠組みとすることは適当ではないと考えられる。

そこで、従前の子会社業務範囲規制の枠組みを維持しつつ、従前の規制範囲より広範な類型の業務を包含しうる「情報通信技術その他の技術を活用した当該銀行の営む銀行業の高度化若しくは当該銀行の利用者の利便の向上に資する業務又はこれに資すると見込まれる業務を営む会社」を新たに追加した。

ここで、「情報通信技術」は「技術」の例示にすぎないため、FinTch 企業など情報通信当該技術を用いた業務を営む会社のみが本号の対象となるわけではない。

また、「資する業務」と「資すると見込まれる業務」とあるところ、たとえば、ECモールの事例のように、すでに一定程度確立された「他業」であるものの銀行業との間で親近性を有しており、銀行業と組み合わせることにより利用者利便の高い金融サービスの提供につながると考えられる業務については「資する業務」に位置づけられると考えられる。

他方、たとえば、決済に用いられうる新技術の開発を行う会社など、将来的に「従属業務」や「金融関連業務」に収斂される可能性があるものの、出資段階では当該事業の結実の見通しが定かではなく、厳密には他業となる業務については「資すると見込まれる業務」に位置づけられるものと考えられる。

実務においては、両者のいずれに該当するかによって認可審査基準は異ならない一方で、「資すると見込まれる業務」については、認可時に、将来的に「資する業務」となるために進めていく開発計画の提出を求められ、認可後も定期的に報告させる等の措置がとられており、一定の取扱いの違いが設けられている。

三　子会社業務範囲規制の例外

（銀行の子会社の範囲等）
第十六条の二
3　第一項の規定は、子会社対象会社以外の会社が、銀行又はその子会社の担保権の実行による株式等の取得、銀行又はその子会社による同項第十二号又は第十二号の二に掲げる会社の株式等の取得その他内閣府令で定める事由により当該銀行の子会社となる場合には、適用しない。ただし、当該銀行は、その子会社となつた会社が当該事由（当該銀行又はその子会社による同項第十二号又は第十二号の二に掲げる会社の株式等の取得その他内閣府令で定める事由を除く。）の生じた日から一年を経過する日までに子会社でなくなるよう、所要の措置を講じなければならない。
4　第一項の規定は、銀行が、現に子会社対象会社以外の外国の会社を子会社としている同項第七号から第十一号までに掲げる会社（同号に掲げる会社にあつては、外国の会社に限る。第六項において同じ。）又は特例対象持株会社（持株会社（子会社対象会社を子会社としている会社に限る。）又は外国の会社であつて持株会社と同種のもの若しくは持株会社に類似するもの（子会社対象会社を子会社としているものに限り、持株会社を除く。）

をいう。第六項において同じ。）を子会社とすることにより子会社対象会社以外の外国の会社を子会社とする場合には、適用しない。ただし、当該銀行は、当該子会社対象会社以外の外国の会社が子会社となつた日から五年を経過する日までに当該子会社対象会社以外の外国の会社が子会社でなくなるよう、所要の措置を講じなければならない。

5　銀行は、前項ただし書の期限又はこの項の規定により延長された期限が到来する場合には、その子会社となつた子会社対象会社以外の外国の会社を引き続き子会社とすることについて内閣総理大臣の承認を受けて、一年を限り、これらの期限を延長することができる。

6　内閣総理大臣は、銀行につき次の各号のいずれかに該当する場合に限り、前項の承認をするものとする。

一　当該銀行が、その子会社となつた子会社対象会社以外の外国の会社又は当該会社を子会社としている第一項第七号から第十一号までに掲げる会社若しくは特例対象持株会社の本店又は主たる事務所の所在する国の金融市場又は資本市場の状況その他の事情に照らして、前項の期限までにその子会社となつた子会社対象会社以外の外国の会社が子会社でなくなるよう、所要の措置を講ずることができないことについてやむを得ない事情があると認められること。

二　当該銀行が子会社とした第一項第七号から第十一号までに掲げる会社又は特例対象持株会社の事業の遂行のため、当該銀行がその子会社となつた子会社対象会社以外の外国の会社を引き続き子会社とすることについてやむを得ない事情があると認められること。

(1) 担保権の実行等による株式の取得等

第三項では、第一項による子会社業務範囲規制の例外として、担保権の実行、ベンチャー会社・事業再生会社の株式の取得等の事由により、結果的になんらかの会社が銀行の子会社になった場合は、それを容認するとしている。ただし、その日から一年以内に、非子会社化することを求めている。

いわば、不可抗力的なやむを得ない場合であり、一年という猶予期間を置いたうえで例外とするものと考えられる。ただし、ベンチャー会社・事業再生会社の株式の取得等の事由に伴い銀行の子会社となった場合には、例外的にこの一年の猶予期間は適用されず、当該ベンチャー会社・事業再生会社を保有する限りにおいて、一年を超えて保有することができる（第三項ただし書）。

担保権の実行、ベンチャー会社・事業再生会社の株式の取得以外の事由は、銀行法施行規則第一七条の四で次のように定められており、代物弁済による取得、議決権行使ができなかった株式に係る議決権取得、株式の併合・分割・無償割当て等が該当するとしている。

●銀行法施行規則

（法第十六条の二第一項の規定等が適用されないこととなる事由）

第十七条の四　法第十六条の二第三項本文に規定する内閣府令で定める事由は、次に掲げる事由とする。

一　銀行又はその子会社の代物弁済の受領による株式等の取得

二　銀行又はその子会社が所有する議決権を行使することができない株式又は持分に係る議決権の取得（当該銀行又はその子会社の意思によらない事象の発生により取得するものに限る。）

三　銀行又はその子会社が株式を所有する会社の株式の転換（当該株式がその発行会社に取得され、その引換えに他の種類の株式が交付されることをいう。以下同じ。）（当該銀行又はその子会社の請求による場合を除く。）
四　銀行又はその子会社が株式等を所有する会社の株式等の併合若しくは分割又は株式無償割当て（会社法第百八十五条に規定する株式無償割当てをいう。以下同じ。）
五　銀行又はその子会社が株式等を所有する会社の定款の変更による株式等に係る権利の内容又は一単元の株式の数の変更
六　銀行又はその子会社が株式等を所有する会社の自己の株式等の取得
七　銀行の子会社である法第十六条の二第一項第十二号又は第十二号の二に掲げる会社による株式等の取得
2　法第十六条の二第三項ただし書に規定する内閣府令で定める事由は、前項第七号に掲げる事由とする。
3　法第十六条の二第八項に規定する内閣府令で定める事由は、銀行若しくはその子会社の担保権の実行による株式等の取得又は第一項第一号から第六号までに掲げる事由とする。

(2)　外国の銀行等を子会社とする場合の例外

第四項の規定は、銀行が外国の銀行・証券会社・保険会社などを子会社とする場合、これらの外国の会社が保有している子会社がわが国銀行法に定める子会社対象会社以外のものであっても、銀行の子会社（孫会社）とすることを五年間容認する旨の規定である。

金融の国際化が進むなか、外国の金融機関に資本参加・買収する事案も出てくるところ、期間を区切って、柔軟な取扱いを容認しているものと考えられる。

第五項の規定は、第四項で定めた猶予期間を、内閣総理大臣の承認があれば一年延長し、さらに一年ごとに内閣総理大臣の承認があれば延長を可能とする（規定中に「この項の規定により延長された期限が到来する場合」も含まれているため）ものである。

子会社が所在する外国における事情や業務遂行上の要請等もありうるところ、実態に応じた柔軟な取扱いを可能としているものと考えられる。

承認に係る基準は、第六項で規定されている。

四　子会社とすることについての認可

（銀行の子会社の範囲等）

第十六条の二

7　銀行は、子会社対象会社のうち、第一項第一号から第十一号まで、又は第十二号の三から第十四号までに掲げる会社（従属業務（第二項第一号に掲げる従属業務をいう。以下この項及び第十項において同じ。）又は銀行業に付随し、若しくは関連する業務として内閣府令で定めるものを専ら営む会社（従属業務を営む会社にあつては、当該銀行の営む業務のためにその業務を営んでいる会社に限る。）を除く。以下この条及び第十六条の四第四項第一号において「子会社対象銀行等」という。）を子会社としようとするとき（**第一項第十二号の三に掲げる会社にあつては、当該銀行又はその子会社が合算してその基準議決権数（同条第一項に規定する基準議決権数をいう。次項及び第十項において同じ。）を超える議決権を取得し、又は保有しようとするとき**）は、第三十条第一項から第三項まで又は金融機関の合併及び転換に関する法律（昭和四十三年法律第八十六号）第五条第一項（認可）の規定により合併、会社分割又は事業の譲受けの認可を受ける場合を除き、あらかじめ、内閣総理大臣の認可を受けなければならない。

8　前項の規定は、子会社対象銀行等が、銀行又はその子会社の担保権の実行による株式等の取得その他の内閣府令で定める事由により当該銀行の子会社（**第一項第十二号の三に掲げる会社にあつては、当該銀行又はその子会社が合算してその基準議決権数を超える議決権を保有する会社。以下この項において同じ。**）となる場合には、適用しない。ただし、当該銀行は、その子会社となつた子会社対象銀行等を引き続き子会社とすることについて内閣総理大臣の認可を受けた場合を除き、当該子会社対象銀行等が当該事由の生じた日から一年を経過する日までに子会社でなくなるよう、所要の措置を講じなければならない。

9　第七項の規定は、銀行が、その子会社としている第一項各号に掲げる会社を当該各号のうち他の号に掲げる会社（子会社対象銀行等に限る。）に該当する子会社としようとするときについて準用する。

10　銀行は、当該銀行又はその子会社が合算してその基準議決権数を超える議決権を保有している子会社対象会社（当該銀行の子会社及び第一項第十二号の三に掲げる会社を除く。）が同号に掲げる会社となつたことを知つたときは、引き続きその基準議決権数を超える議決権を保有することについて内閣総理大臣の認可を受けた場合を除き、これを知つた日から一年を経過する日までに当該同号に掲げる会社が当該銀行又はその子会社が合算してその基準議決権数を超える議決権を保有する会社でなくなるよう、所要の措置を講じなければならない。

【**太字**部分は、平成二八年改正により挿入】

⑴ 認可の対象

第七項は、銀行が子会社を保有しようとするときには、当該会社が、従属業務を専ら営む会社のうち一定の条件を満たす場合、一定の金融関連業務を営む会社である場合、またはベンチャー会社・事業再生会社である場合もしくは金融機関の合併及び転換に関する法律（昭和四三年法律第八六号）で認可を受ける場合を除き、あらかじめ内閣総理大臣の認可を受けることを求めている。

子会社の保有が、銀行の健全性等に影響を及ぼすおそれがあるか等の観点から、チェックを求めているものと考えられる。

認可の例外について、従属業務や一定の金融関連業務を営む会社に関しては、バックアップ業務など銀行の業務との関連性が想定される業務を専ら営むものであるため、認可対象とする必要性が低いとの考え方によるものと思われる。

ベンチャー会社や事業再生会社を認可の例外としているのは、これらの会社への出資は投資専門会社（ベンチャーキャピタル等）を通じてのみ許容されているところ、ベンチャーキャピタルの業務は専門的・機動的な投資判断や事業再生上の判断をもとに議決権を取得したうえで後日リターンを得ること等を目的とするものであり、当局が事案ごとに個別の認可をすることは必ずしも適当ではなく、むしろ、問題が生じれば、継続的な監督のなかで適切な対応を求めるとの考え方によるものと思われる。

金融機関の合併及び転換に関する法律で認可を得ている場合は、重複して認可を受ける必要性は乏しいため、認可の例外としているものと考えられる。

(2) 認可の例外

第八項では、担保権の実行のようなやむを得ないような事情により銀行が子会社対象会社を子会社とする場合に認可を求めることは必ずしも適当ではないことから、認可の例外としていると考えられる。ただ、別途認可を受けた場合を除き、一年以内に非子会社とすることを求めている。

第九項の規定は、子会社が業種を転換する場合、その業務内容が変わり、銀行の健全性に及ぼす影響にも変化が生じうることから、あらためての認可を必要としているものと考えられる。

(3) 平成二八年改正による見直し

① 第七項・第八項の修正

銀行による子会社化に際し、認可が要求される子会社対象会社の類型として、平成二八年改正で新設された第一項第一二号の三に規定される会社（FinTech 企業等）を追加している。

あわせて、当該会社（「基準議決権数」とは国内の会社についての概念であるため、国内の会社に限られる）に対して、銀行グループから五％超～五〇％以下の出資をする場合についても、認可の対象に追加することとしている（カッコ書の追加）。

第一項第一二号の三に規定される会社に対し、五％超の出資をする場合に認可の対象としているのは、①当該会社の業務には、銀行業に資するまたは資すると見込まれるものの厳密には他業の要素を含むものも想定され、他業禁止規制の観点から、出資の適正性を確認する必要性が他の類型の子会社対象会社に比して高いこと、②どのような業務であれば出資が容認されるかは、出資を検討している銀行が当該業務を銀行業の高度化や利用者の利便性の向上にどのように活用する計画を有しているか等をふまえた個別具体的な事案ごとの判断によらざるをえないこと、等によるものである。

当該認可にあたっての審査事項については、従来の子会社対象会社の認可に関する扱いと同様に、銀行法第五八条の包括的な委任に基づき、内閣府令（銀行法施行規則第一七条の五の二第二項）において規定されている。その内容は、

・グループの財務の健全性に問題がないこと

・当該銀行の業務の状況に照らし、当該銀行の業務の健全かつ適切な運営に支障をきたす著しいおそれがないと見込まれること

・優越的地位の濫用や利益相反取引が行われる著しいおそれがないこと

・当該出資が、当該銀行の業務の高度化または利用者の利便の向上に資するものであると見込まれること

等について審査することとなっている。

② 第一〇項の新設

第七項において、第一項第一二号の三に規定される会社（FinTech企業等）に対して五％超～五〇％以下の出資をする場合についても認可を要するものと整理したことに伴い、銀行（およびその子会社）が合算して五％超～五〇％以下の出資を行っている子会社対象会社が、業務内容の変更等により第一項第一二号の三に規定される会社となったことを銀行が知った場合についても、認可対象に加えることとしている。

また、銀行が当該認可を取得しない場合には、一年以内に、所要の措置を講ずることを義務づけることとしている。

なお、本項では、銀行が、当該会社が「情報通信技術その他の技術を活用した当該銀行の営む銀行業の高度化若

しくは当該銀行の利用者の利便の向上に資する業務又はこれに資すると見込まれる業務」を行う会社と「なったことを知ったとき」に認可を要することとし、また認可を取得しない場合にも、当該銀行が五％を超える議決権を保有することについて一年の猶予期間を設けている。

これは、五％超～五〇％以下の出資を行う会社については、銀行がその機関決定等について事前に把握することができるとは限らないことにかんがみ、銀行自身の意思に基づく事象ではない点で共通する本条第八項に規定される場合（担保権実行等による株式取得）と同様に扱うとの整理によるものである。

五　従属業務についての基準等

（銀行の子会社の範囲等）

第十六条の二

11　第一項第十一号又は第七項の場合において、会社が銀行等又は銀行の営む業務のために従属業務を営んでいるかどうかの基準は、**当該従属業務を営む会社の当該銀行等又は当該銀行からの当該従属業務に係る収入の額の当該従属業務に係る総収入の額に占める割合等を勘案して**内閣総理大臣が定める。

12　銀行が信託兼営銀行である場合における第一項第十一号の規定の適用については、同号イ、ハ、ニ及びト中「当該銀行の信託子会社等が合算して、当該銀行又はその子会社」とあるのは、「当該銀行又はその信託子会社等が合算して、当該銀行の子会社」とする。

【**太字**部分は、平成二八年改正により挿入】

第一一項は、従属業務を銀行・銀行のグループ会社等のために営んでいるかどうかの具体的な基準について、内閣総理大臣が定めることとする規定である。

平成二八年改正により、従属業務会社に対する収入依存度規制を緩和する観点から、第一項第一一号と平仄をあわせ、「主として」の文言を削除した。加えて、委任の趣旨を明確化する観点から、「当該従属業務を営む会社の当該銀行等又は当該銀行からの当該従属業務に係る収入の額の当該従属業務に係る総収入の額に占める割合等を勘案して」との文言を追加している。

なお、「割合等を勘案」するとしているのは、基準を定める際、収入依存度という数量基準に加え、銀行本体など、たとえば、銀行グループ内の特定の法人からの収入を得ているかといったような観点からの基準も想定されうるところ、こうした点も規定上読み込めるような文言としている。

第一二項は、信託兼営銀行である場合に、第一項第一一号で「銀行」と「信託子会社」が登場しているところ、必要な読替えを行っている。

第一四章

銀行グループの経営管理

第十六条の三　銀行（子会社対象会社を子会社としているものであつて、他の銀行又は銀行持株会社の子会社でないものに限る。）は、当該銀行の属する銀行グループ（銀行及びその子会社の集団をいう。次項において同じ。）の経営管理を行わなければならない。

2　前項の「経営管理」とは、次に掲げるものをいう。

一　銀行グループの経営の基本方針その他これに準ずる方針として内閣府令で定めるものの策定及びその適正な実施の確保

二　銀行グループに属する会社相互の利益が相反する場合における必要な調整

三　銀行グループの業務の執行が法令に適合することを確保するために必要なものとして内閣府令で定める体制の整備

四　前三号に掲げるもののほか、銀行グループの業務の健全かつ適切な運営の確保に資するものとして内閣府令で定めるもの

【平成二八年改正により挿入】

この条文は、平成二八年改正により新設された。

「銀行およびその子会社の集団」を「銀行グループ」と定義し、銀行グループにおいてその頂点に位置する銀行は、その業務として銀行グループの経営管理を行わなければならないことを規定している。

平成二八年改正では、銀行を擁する金融グループの経営管理の実効性を確保するため、銀行持株会社に銀行持株会社グループの「経営管理」機能の発揮を求めるとともに、「経営管理」として求められる機能の内容を明確化することとしている（第二二章、第五二条の二一の解説参照）。

他方、銀行を擁する金融グループといってもその態様はさまざまであり、銀行持株会社のもとでグループを形成し、当該銀行持株会社において統合的にグループ全体の経営管理を行うもののみならず、持株会社を設置することなく、銀行自身が子会社を有することによりグループを形成し、当該銀行がグループ全体の経営管理を行う形態をとるものも多い。

しかし、グループ全体の経営管理をより実効的なものとしていく必要性・重要性は、銀行持株会社のもとで形成されるグループと銀行のもとで形成されるグループとで、異なるものではない。

そこで、本条を新設し、銀行グループの頂点に位置する銀行は、銀行持株会社グループに属し銀行持株会社の経営管理を受ける者を除き、その業務として銀行グループの「経営管理」を行わなければならないことを規定している。

銀行グループの頂点に位置する銀行が、「経営管理」として具体的に行わなければならない業務は、第二項において、各号列記のかたちで明示されている。

なお、各号列記のかたちで規定した内容に関しては、銀行持株会社の経営管理について定める改正後の第五二条の二一第四項と同様になっていることから、第二二章の当該規定の解説部分を参照されたい。

（参考）

銀行持株会社は、そもそも業務執行を担わず、銀行およびその子会社の経営管理を行うことを念頭に導入された制度であることから、その業務範囲には、銀行法上「経営管理」が明記されている（改正前銀行法第五二条の二一）。

他方、銀行については、改正前銀行法においては子銀行の経営管理を行えることにつき、明示的な規定は置かれていなかった。

もっとも、銀行法上、子会社を保有することが許容され、そのもとでグループを形成することが想定されている以上、銀行自身もグループの経営管理を行えることは当然に想定されていた。

経営管理およびこれに附帯する業務は、銀行法第一〇条第二項の「その他の銀行業に付随する業務」に含まれうるものと考えられる。

平成二八年改正は、このような状況から一歩進め、銀行グループの頂点に位置する銀行に銀行グループの「経営管理」を求めるものである。

第一五章

議決権の取得等の制限（五％ルール）

（銀行等による議決権の取得等の制限）
第十六条の四　銀行又はその子会社は、国内の会社（第十六条の二第一項第一号から第六号まで、第十一号及び第十二号の二から第十三号までに掲げる会社（同項第十二号の二に掲げる会社にあつては、特別事業再生会社を除く。）並びに特例対象会社を除く。次項から第六項までにおいて同じ。）の議決権については、合算して、その基準議決権数（国内の会社の総株主等の議決権に百分の五を乗じて得た議決権の数をいう。以下この条において同じ。）を超える議決権を取得し、又は保有してはならない。
2〜6　（略）
7　前各項の場合において、第十六条の二第一項第十二号に掲げる会社又は特別事業再生会社の議決権の取得又は保有については、特定子会社は、銀行の子会社に該当しないものとみなす。
8　第一項の「特例対象会社」とは、地域の活性化に資すると認められる事業を行う会社として内閣府令で定める会社（当該会社の議決権を、当該銀行又はその特定子会社以外の子会社が、合算して、同項に規定する基準議決権数を超えて保有していないものに限る。）及び第十六条の二第一項第十二号又は第十二号の二に掲げる会社（当該銀行の子会社であるものに限る。）と内閣府令で定める特殊の関係のある会社をいう。

9 （略）

【平成二八年改正により、第一六条の三が第一六条の四となった】

一 総　論

銀行子会社対象会社（議決権の五〇％超を保有できる会社）以外の会社の議決権の取得・保有については、第一六条の四において、銀行およびその子会社のもつ議決権を合算し、原則として五％までとしている。「五％ルール」などと称されている（後述するが、銀行持株会社およびその子会社の場合、一五％までとされている）。

この議決権取得制限は、銀行本体や銀行子会社に業務範囲規制が設けられていることと同じ観点によるものと考えられる。

子会社の業務範囲は、銀行本体の業務範囲よりやや広く定められているが、これは、他業禁止の考え方をふまえつつ、銀行本体に及ぼす影響・利用者利便・銀行グループ全体としての経営の効率化・国際競争力の確保等を勘案し、銀行子会社が行うことに問題はないと考えられる業務を限定列挙して定めたものと考えられる。

その一方、銀行が一般事業会社の議決権を、五〇％以下の範囲内で幅広く保有した場合、これらの規制の趣旨が没却されるおそれがあることから、一定の制約を定めたものと考えられる。

二 五％ルール導入の背景等

五％ルールが導入されたのは、平成一〇年一二月に施行された銀行法改正によってである。

ただし、それ以前から、独占禁止法による規制が存在していた（現在も存在している）。

独占禁止法第一一条では「銀行業又は保険業を営む会社は、他の国内の会社の議決権をその総株主の議決権の百分の五（保険業を営む会社にあっては、百分の十）を超えて有することとなる場合には、その議決権を取得し、又は保有してはならない」とされている（公正取引委員会の認可を受けた場合等の例外は許容されている）。

独占禁止法の規定は、競争政策の観点から（資金力をもつ銀行による産業支配が行われ、その結果、競争が制限されること等を防ぐため）設けられていると考えられる。

銀行法の五％ルールは、前述のとおり、銀行法の観点から、銀行グループによる他業禁止の趣旨を徹底するためと考えられるが、五％という水準自体は、独占禁止法ですでに存在していた水準を参考に設定されたとの経緯がある。

なお、経緯的には、銀行持株会社グループが保有する一般事業者の議決権を一五％までとする「一五％ルール」がまず定められた（独占禁止法の改正により純粋持株会社の設立が認められ、それに伴い銀行持株会社制度が銀行法で定められた、平成一〇年三月施行の銀行法改正による）。

その後、平成一〇年一二月施行の銀行法改正により銀行本体・子会社合算での「五％ルール」が導入された。五％と一五％とで差異があるのは、出資先が破綻した場合の銀行本体へのリスク波及の程度が、親子会社関係のほうがより直接的であると考えられることによる。

三　取得制限の対象となる議決権

取得制限の対象となるのは、国内の会社の議決権である。ただし、第一項のカッコ書において、国内の会社から除外されているものがある。除外されているのは、①国内の子会社対象会社（ベンチャー会社・特別事業再生会社を除く）、②特例対象会社である。

外国の会社は、そもそも、本条による取得制限の対象となっていない（議決権の五〇％超の保有は、子会社業務範囲規制の対象となる）。

その背景として、銀行による株式保有のあり方は国によりさまざまであり、銀行による一般事業会社の株式保有に関して厳格な制限を設けない国も少なくないという事情がある。わが国の銀行が国際的なグループ展開を図ろうとするなかで、こうした国に所在する銀行を子会社としようとする場合、本条による取得制限が障害となる可能性がある（外国の銀行を子会社とすることは、前条の規定により可能だが、その銀行の出資先が取得制限に抵触する）。このようなことを回避するため、規制対象外としていると考えられる（健全性維持等、個別の銀行監督上の要請から、外国会社の議決権取得に制約が生じることはありうる）。

子会社対象会社が取得制限の対象から除外されているのは、子会社（＝五〇％超の保有）として保有することを認める以上、五％ルールの対象とすることは、基本的に論理不整合であり、規制の重複関係を整理するために除外されていると考えられる。

子会社対象会社のうち、ベンチャー会社・特別事業再生会社については、取得制限の対象から除外されていないが、これは、第一六条の二の規定により、特定子会社（投資専門会社）経由でのみ銀行の子会社（正確には孫会社）とすることが認められているところ、銀行が直接もつ議決権については、本条の対象とするためである。なお、特定子会社がもつこれらの会社の議決権を、銀行が保有する議決権の合算対象から外すため、第七項が設けられている。

また、子会社対象会社ではないにもかかわらず取得制限の対象外とされる「特例対象会社」は、本条第八項で定義されている。詳細は、銀行法施行規則第一七条の七の三で定められているが、概要、次のとおりである（条文は、後掲）。

●地域経済活性化支援機構（REVIC）が関与するファンドから出資を受けている会社・事業再生計画の作成にREVICが関与している会社（銀行単体および特定子会社以外の子会社が五％超出資していないもの、かつ、特定子会社の五％超の保有分は一〇年間に限るもの（地域経済の再活性化事業会社））

●銀行の子会社に該当するベンチャー会社・事業再生会社の子会社等であって、銀行単体やこれら以外の子会社が五％超保有していない会社

特例対象会社には、五％ルールが適用されない結果、五〇％までの保有が可能となる。もっともこの場合においても銀行等の健全性確保に十分留意する必要があることから、地域経済の再活性化事業会社については、本条第八項により、対象会社の属性が一定範囲のものに限定されている。加えて、基準議決権数を超える出資は、銀行の直接の子会社ではなく特定子会社（投資専門会社）経由の孫会社としてのみ可能とされ、また、内閣府令において当該出資の保有期間には一〇年の制限が付されている。

●銀行法施行規則

（特例対象会社）

第十七条の七の三　法第十六条の四第八項に規定する内閣府令で定める会社は、次の各号のいずれかに該当するものから出資を受けている会社又は事業の再生の計画の作成に株式会社地域経済活性化支援機構が関与している会社（銀行の子法人等に該当しないものに限る。次項において「特例事業再生会社」と総称する。）とする。

一　株式会社地域経済活性化支援機構法第二十二条第一項第八号に掲げる業務の実施により設立される株式会社が無限責任組合員となる投資事業有限責任組合であつて、当該銀行又はその子会社が当該投資事

業有限責任組合の組合員となつているもの
二　株式会社地域経済活性化支援機構法第二十二条第一項第八号に掲げる業務の実施により設立される株式会社が無限責任組合員となる投資事業有限責任組合であつて、当該株式会社に当該銀行又はその子会社が出資しているもの

2　前項の規定にかかわらず、特定子会社がその取得した特例事業再生会社の議決権を処分基準日（その取得の日から十年を経過する日をいう。以下この項において同じ。）までに処分しないときは、当該特例事業再生会社は、処分基準日の翌日からは当該銀行に係る法第十六条の四第八項に規定する内閣府令で定める会社に該当しないものとする。ただし、当該処分を行えば当該銀行又はその子会社が保有する当該特例事業再生会社の議決権の数が当該処分基準日における基礎議決権数（その総株主等の議決権に百分の五を乗じて得た議決権の数をいう。以下この項において同じ。）を下回ることとなる場合において、当該特定子会社が当該取得の日から処分基準日までの間に当該銀行又はその子会社の保有する当該特例事業再生会社の議決権のうち当該処分基準日における基礎議決権数を超える部分の議決権を処分したときは、この限りでない。

3　法第十六条の四第八項に規定する内閣府令で定める特殊の関係のある会社は、新規事業分野開拓会社等又は事業再生会社の子会社等（子法人等及び関連法人等をいう。第三十四条の二十三の二第三項において同じ。）であつて、当該会社の議決権を、当該銀行又はその子会社である新規事業分野開拓会社等若しくは事業再生会社以外の子会社が、合算して、当該会社の総株主等の議決権に百分の五を乗じて得た議決権の数を超えて保有していないものとする。

4　法第二条第十一項の規定は、前二項に規定する議決権について準用する。

四　議決権取得等制限の例外等

（銀行等による議決権の取得等の制限）

第十六条の四

2　前項の規定は、銀行又はその子会社が、担保権の実行による株式等の取得その他の内閣府令で定める事由により、国内の会社の議決権をその基準議決権数を超えて取得し、又は保有することとなる場合には、適用しない。ただし、当該銀行又はその子会社は、合算してその基準議決権数を超えて取得し、又は保有することとなつた部分の議決権については、当該銀行があらかじめ内閣総理大臣の承認を受けた場合を除き、その取得し、又は保有することとなつた日から一年を超えてこれを保有してはならない。

3　前項ただし書の場合において、内閣総理大臣がする同項の承認の対象には、銀行又はその子会社が国内の会社の議決権を合算してその総株主等の議決権の百分の五十を超えて取得し、又は保有することとなつた議決権のうち当該百分の五十を超える部分の議決権は含まれないものとし、内閣総理大臣が当該承認をするときは、銀行又はその子会社が合算してその基準議決権数を超えて取得し、又は保有することとなつた議決権のうちその基準議決権数を超える部分の議決権を速やかに処分することを条件としなければならない。

4　銀行又はその子会社は、次の各号に掲げる場合には、第一項の規定にかかわらず、当該各号に定める日に保有することとなる国内の会社の議決権がその基準議決権数を超える場合であつても、同日以後、当該議決権をその基準議決権数を超えて保有することができる。ただし、内閣総理大臣は、銀行又はその子会社が、次の各号に掲げる場合に国内の会社の議決権を合算してその総株主等の議決権の百分の五十を超えて保有することとなるときは、当該各号に規定する認可（第四号に該当する場合には、免許。次項において同じ。）をしてはならない。

一　第十六条の二第七項の認可を受けて当該銀行が子会社対象銀行等を子会社としたとき（内閣府令で定める場合に限る。）　その子会社とした日

二　第三十条第一項又は金融機関の合併及び転換に関する法律第五条第一項（認可）の認可を受けて当該銀行が合併により設立されたとき　その設立された日

三　当該銀行が第三十条第一項又は金融機関の合併及び転換に関する法律第五条第一項（認可）の認可を受けて合併をしたとき（当該銀行が存続する場合に限る。）　その合併をした日

四　第三十条第二項の認可を受けて共同新設分割により設立された会社が第四条第一項の免許を受けて当該銀行になつたとき　その免許を受けた日

五　当該銀行が第三十条第二項の認可を受けて吸収分割により事業を承継したとき（内閣府令で定める場合に限る。）　その吸収分割をした日

六　当該銀行が第三十条第三項の認可を受けて事業の譲受けをしたとき（内閣府令で定める場合に限る。）　その事業の譲受けをした日

5　内閣総理大臣は、前項各号に規定する認可をするときは、当該各号に定める日に銀行又はその子会社が合算してその基準議決権数を超えて保有することとなる国内の会社の議決権のうちその基準議決権数を超える部分の議決権を、同日から五年を経過する日までに内閣総理大臣が定める基準に従つて処分することを条件としなければならない。

6　銀行又はその子会社が、国内の会社の議決権を合算してその基準議決権数を超えて保有することとなった場合には、その超える部分の議決権は、当該銀行が取得し、又は保有するものとみなす。
7・8　（略）
9　第二条第十一項の規定は、第一項から第七項までの場合において銀行又はその子会社が取得し、又は保有する議決権について準用する。

第二項から第六項までにおいて、五％ルールの例外が定められている。担保権の実行による場合など、子会社業務範囲規制の例外を定める場合（第一三章三の解説参照）とほぼ同様の考え方から、例外が規定されている。

第九項は、議決権の算定方法の詳細について、第二条第一一項の規定（子会社・銀行主要株主を定義するうえでの議決権の算定方法）の規定を準用している。

第一六章　経理およびディスクロージャー

一　事業年度

（事業年度）
第十七条　銀行の事業年度は、四月一日から翌年三月三十一日までとする。

会社の事業年度について、銀行に関しては、四月一日から翌年三月三一日までとすることを定めている。

昭和五六年銀行法全面改正前は、半年決算制がとられていたが、昭和四九年の商法改正により一年決算制が多くの企業に導入されたことをふまえ、銀行についても一年決算制が導入された。また、国の会計年度や多くの企業の事業年度が四月から三月までとされており、この慣行もふまえ、四月から三月までと定めたものと考えられる。

この事業年度に基づき、各銀行で作成される財務書類等を通じ、銀行間の比較が可能となり、また、各銀行の経営状況を定点観測することも可能となる。これにより、株主・預金者その他の債権者等による経営状況の監視が容易となり、また、当局による適正な監督を行ううえでの一基盤を整えるものと考えられる。

二　資本準備金・利益準備金の額

（資本準備金及び利益準備金の額）
第十八条　銀行は、剰余金の配当をする場合には、会社法第四百四十五条第四項（資本金の額及び準備金の額）の規定にかかわらず、内閣府令で定めるところにより、当該剰余金の配当により減少する剰余金の額に五分の一を乗じて得た額を資本準備金又は利益準備金として計上しなければならない。

会社法第四四五条の規定では、剰余金の配当をする場合には、「株式会社は……、当該剰余金の配当により減少する剰余金の額に十分の一を乗じて得た額を資本準備金又は利益準備金として計上しなければならない」とされている。

銀行法では、この「十分の一」という数字を「五分の一」に加重している。銀行の健全性を確保するため、剰余金が生じた際に、配当として外部流出させるだけでなく内部留保を手厚くするため、この規定が設けられていると考えられる。

三　業務報告書等

（業務報告書等）
第十九条　銀行は、事業年度ごとに、業務及び財産の状況を記載した当該事業年度の中間事業年度（当該事業年度の四月一日から九月三十日までの期間をいう。以下同じ。）に係る中間業務報告書及び当該事業年度に係る業務報告書を作成し、内閣総理大臣に提出しなければならない。

2　銀行が子会社等を有する場合には、当該銀行は、事業年度ごとに、前項の報告書のほか、当該銀行及び当該子会社等の業務及び財産の状況を連結して記載した当該事業年度の中間事業年度に係る中間業務報告書及び当該事業年度に係る業務報告書を作成し、内閣総理大臣に提出しなければならない。

3　前二項の報告書の記載事項、提出期日その他これらの報告書に関し必要な事項は、内閣府令で定める。

銀行の業務の健全かつ適切な運営を当局が監督するうえで、業務・財産の状況を継続的に把握する必要がある。このため、事業年度の前半における状況を記載する中間業務報告書と、事業年度通期の状況を記載する業務報告書の当局への提出を求めている。

また、銀行が「子会社等」（定義は、第一四条の二第二号にあり、自己資本比率規制上の「子会社等」と同一の範囲である）をもつ場合、銀行グループ全体の業務・財産の状況を把握する観点から、第二項において、連結ベースでの業務報告書の提出を求めている。

業務報告書の記載事項・提出時期等は、銀行法施行規則第一八条において定められている。基本的な構成は、銀行単体ベースの業務報告書は「事業概況書・貸借対照表・損益計算書・株主資本等変動計算書・キャッシュフロー計算書」、連結ベースの業務報告書は「事業概況書・連結財務諸表」であり、提出期限は期間経過後三カ月以内とされている。

なお、銀行法施行規則第一八条第五項において、やむを得ない理由により業務報告書を提出期限内に提出できない場合、事前に当局の承認を得れば、提出期限の延期を行うことが可能とされている。

●銀行法施行規則

（業務報告書等）

第十八条 法第十九条第一項の規定による中間業務報告書は、事業年度開始の日から当該事業年度の九月三十日までの間の業務及び財産の状況について、中間事業概況書、中間貸借対照表、中間損益計算書、中間株主資本等変動計算書及び中間キャッシュ・フロー計算書（外国銀行支店にあつては中間事業概況書、中間貸借対照表及び中間損益計算書）に分けて、別紙様式第一号（特定取引勘定設置銀行にあつては別紙様式第一号の二、外国銀行支店にあつては別紙様式第二号（特定取引勘定届出外国銀行支店にあつては別紙様式第二号の二））により作成し、当該期間経過後三月以内に金融庁長官等に提出しなければならない。

2 法第十九条第一項の規定による業務報告書は、事業概況書、貸借対照表、損益計算書、株主資本等変動計算書及びキャッシュ・フロー計算書（外国銀行支店にあつては事業概況書、貸借対照表及び損益計算書）に分けて、別紙様式第三号（特定取引勘定設置銀行にあつては別紙様式第三号の二、外国銀行支店にあつては別紙様式第四号（特定取引勘定届出外国銀行支店にあつては別紙様式第四号の二））により作成し、事業年度経過後三月以内に金融庁長官等に提出しなければならない。

3 法第十九条第二項の規定による中間業務報告書は、事業年度開始の日から当該事業年度の九月三十日までの間の銀行及びその子会社等（法第十四条の二第二号に規定する子会社等をいう。以下この章、次章及び第三十五条第一項において同じ。）の業務及び財産の状況について、中間事業概況書及び中間連結財務諸表に分けて、別紙様式第五号により作成し、当該期間経過後三月以内に金融庁長官等に提出しなければならない。

4 法第十九条第二項の規定による業務報告書は、事業概況書及び連結財務諸表に分けて、別紙様式第五号の二により作成し、事業年度経過後三月以内に金融庁長官等に提出しなければならない。

5　銀行は、やむを得ない理由により前各項に規定する期間内に中間業務報告書又は業務報告書の提出をすることができない場合には、あらかじめ金融庁長官（令第十七条の二の規定により当該銀行の本店の所在地を管轄する財務局長（当該所在地が福岡財務支局の管轄区域内にある場合にあつては、福岡財務支局長）が当該報告書を受理する場合にあつては、その財務局長又は福岡財務支局長）の承認を受けて、当該提出を延期することができる。

6　銀行は、前項の規定による承認を受けようとするときは、承認申請書に理由書を添付して金融庁長官等に提出しなければならない。

7　金融庁長官等は前項の規定による承認の申請があつたときは、当該申請をした銀行が第五項の規定による提出の延期をすることについてやむを得ないと認められる理由があるかどうかを審査するものとする。

四　貸借対照表等の公告等

（貸借対照表等の公告等）

第二十条　銀行は、事業年度ごとに、内閣府令で定めるところにより、当該事業年度の中間事業年度に係る貸借対照表及び損益計算書（以下この条において「中間貸借対照表等」という。）並びに当該事業年度に係る貸借対照表及び損益計算書（以下この条において「貸借対照表等」という。）を作成しなければならない。

2　銀行が子会社等を有する場合には、当該銀行は、事業年度ごとに、中間貸借対照表等及び貸借対照表等のほか、内閣府令で定めるところにより、当該銀行及び当該子会社等につき連結して記載した当該事業年度の中間事業年度に係る貸借対照表及び損益計算書（以下この条において「中間連結貸借対照表等」という。）並びに当該事業年度に係る貸借対照表及び損益計算書（以下この条において「連結貸借対照表等」という。）を作成しなければならない。

3　中間貸借対照表等、貸借対照表等、中間連結貸借対照表等及び連結貸借対照表等は、電磁的記録（電子的方式、磁気的方式その他人の知覚によっては認識することができない方式で作られる記録であつて、電子計算機による情報処理の用に供されるものとして内閣府令で定めるものをいう。以下同じ。）をもつて作成することができる。

4　銀行は、内閣府令で定めるところにより、その中間事業年度経過後三月以内に中間貸借対照表等及び中間連結貸借対照表等を、その事業年度経過後三月以内に貸借対照表等及び連結貸借対照表等を公告しなければならない。ただし、やむを得ない理由により当該三月以内にこれらの書類の公告をすることができない場合には、内閣総理大臣の承認を受けて、当該公告を延期することができる。

5　前項の規定にかかわらず、その公告方法（会社法第二条第三十三号（定義）に規定する公告方法をいう。以下同じ。）が第五十七条第一号に掲げる方法である銀行は、内閣府令で定めるところにより、中間貸借対照表等、貸借対照表等、中間連結貸借対照表等及び連結貸借対照表等の要旨を公告することで足りる。この場合においては、同項ただし書の規定を準用する。

6　前項に規定する銀行は、内閣府令で定めるところにより、その中間事業年度経過後三月以内に中間貸借対照表等及び中間連結貸借対照表等の内容である情報を、その事業年度経過後三月以内に貸借対照表等及び連結貸借対照表等の内容である情報を、五年間継続して電磁的方法（電子情報処理組織を使用する方法その他の情報通信の技術を利用する方法であって内閣府令で定めるものをいう。以下同じ。）により不特定多数の者が提供を受けることができる状態に置く措置をとることができる。この場合においては、第四項の規定による公告をしたものとみなす。

7　金融商品取引法第二十四条第一項（有価証券報告書の提出）の規定により有価証券報告書を内閣総理大臣に提出しなければならない銀行については、前各項の規定は、適用しない。

銀行が、銀行業という公共性の高い業務を行い、預金者等をはじめ多数の関係者との取引を継続しつつ信用秩序の中核として業務運営を行う主体であることにかんがみ、財務の状況を示す書類の作成と、一般への公告を行う旨を定めている。

書類としては、貸借対照表・損益計算書につき、中間期ベース・通期ベースの両方で、かつ、子会社等を有する場合には連結ベースでの作成と公告が必要としている。

第七項において、有価証券報告書の提出が義務づけられている銀行については、有価証券報告書による公表がなされることから、この条文の規定は適用されないとしている。

五　説明書類の縦覧等

（業務及び財産の状況に関する説明書類の縦覧等）

第二十一条　銀行は、事業年度ごとに、業務及び財産の状況に関する事項として内閣府令で定めるものを記載した当該事業年度の中間事業年度に係る説明書類及び当該事業年度に係る説明書類を作成し、当該銀行の営業所（無人の営業所その他の内閣府令で定める営業所を除く。次項及び第四項において同じ。）に備え置き、公衆の縦覧に供しなければならない。前条第一項の規定により作成した書類についても、同様とする。

2　銀行が子会社等を有する場合には、当該銀行は、事業年度ごとに、当該銀行及び当該子会社等の業務及び財産の状況に関する事項として内閣府令で定めるものを当該銀行及び当該子会社等につき連結して記載した当該事業年度の中間事業年度に係る説明書類及び当該事業年度に係る説明書類を作成し、前項前段の規定により作成した書類とともに当該銀行の営業所に備え置き、公衆の縦覧に供しなければならない。前条第一項及び第二項の規定により作成した書類についても、同様とする。

3　第一項前段又は前項前段に規定する中間事業年度に係る説明書類及び事業年度に係る説明書類は、電磁的記録をもつて作成することができる。

4　第一項前段に規定する中間事業年度に係る説明書類及び事業年度に係る説明書類又は同項後段に規定する書類が電磁的記録をもつて作成されているときは、銀行の営業所において、当該電磁的記録に記録された情報を電磁的方法により不特定多数の者が提供を受けることができる状態に置く措置として内閣府令で定めるものをとることができる。この場合においては、同項前段に規定する中間事業年度に係る説明書類及び事業年度に係る説明書類又は同項後段に規定する書類を、同項の規定により備え置き、公衆の縦覧に供したものとみなす。

5　前項の規定は、第二項前段に規定する中間事業年度に係る説明書類及び事業年度に係る説明書類又は同項後段に規定する書類について準用する。

6　前各項に定めるもののほか、第一項又は第二項の書類を公衆の縦覧に供する期間その他これらの規定の適用に関し必要な事項は、内閣府令で定める。

7　銀行は、前各項に規定する事項のほか、預金者その他の顧客が当該銀行及びその子会社等の業務及び財産の状況を知るために参考となるべき事項の開示に努めなければならない。

第二〇条では、貸借対照表等の財務状況を計数で示す書類の作成・公告が義務づけられているところ、第二一条では、これらの書類に加え、業務・財産の状況に関する説明書（一般に「ディスクロージャー誌」と称されている）の作成と営業所での備置き・公衆縦覧を義務づけている。

前述したように、銀行の取引相手には、預金者等をはじめ多数の関係者が存在する。また信用秩序の中核として業務運営を行う主体である。こうしたことにかんがみ、銀行の業務・財産の状況が預金者等をはじめとする一般の人にとってわかりやすいよう、説明書類を作成し、閲覧が可能となるよう、店舗での備置き・公衆縦覧（公衆縦覧とは、一般の人がみようと思えばみえるような状態に置くことをいう）を義務づけていると考えられる。

また、紙による書類の閲覧のみならず、パソコンの画面等での閲覧でもよいこととしている。

具体的な記載事項は、第二一条各項および銀行法施行規則第一九条の二・第一九条の三で規定されており、また、縦覧の開始時期については、銀行法施行規則第一九条の四第一項において、中間事業年度または事業年度経過後四カ月以内（外国銀行支店については六カ月以内）とされている。これについても第二項において、業務報告書と同様、やむを得ない理由により当該期間内に縦覧が開始できない場合は、事前に当局の承認を受けることにより開始時期を延期することが可能とされている。

第七項では、こうした必要記載事項に加え、預金者等にとって参考となるべき事項の開示に努めなければならないとされ、銀行自身による開示の充実を努力義務として定めている。また、銀行法施行規則第一九条の五では、特に参考となるべき事項として、事業年度、中間事業年度だけでなく、四半期ごとに開示の充実に努めるべきことが定められている。また、参考となるべき事項のうち特に重要なものとして、告示において、自己資本比率等が規定されている。

●銀行法施行規則

第十九条の五　銀行は、四半期ごとに、法第二十一条第七項に規定する預金者その他の顧客が当該銀行及びその子会社等の業務及び財産の状況を知るために参考となるべき事項のうち特に重要なもの（金融庁長官が別に定める事項を含む。）の開示に努めなければならない。

六　事業報告等の記載事項

（事業報告等の記載事項等）

第二十二条　**銀行が会社法第四百三十五条第二項（計算書類等の作成及び保存）の規定により作成する事業報告及び附属明細書の記載事項又は記録事項は、内閣府令で定める。**

会社法の規定に基づく事業報告・附属明細書の記載・記録事項は、法務省令により定めることとされているが、銀行の特殊性にかんがみ、銀行に関しては、内閣府令で定めることとしている。

具体的には、銀行法施行規則第二〇条により、銀行法施行規則の別紙様式に従っての作成が求められている。

●銀行法施行規則

（事業報告等の記載事項）

第二十条　法第二十二条の規定による事業報告は、別紙様式第九号（特定取引勘定設置銀行にあつては別紙様式第九号の二）により作成しなければならない。

2　法第二十二条の規定による附属明細書は、別紙様式第十号により作成しなければならない。

七　株主等の帳簿閲覧権の否認

（株主等の帳簿閲覧権の否認）

第二十三条　会社法第四百三十三条（会計帳簿の閲覧等の請求）の規定は、銀行の会計帳簿及びこれに関する資料については、適用しない。

会社法第四三三条では、概要、総株主（議決権を行使することができない株主を除く）の議決権の三％（下回る割合を定款で定めた場合は、その割合）以上の議決権を有する株主または発行済株式（自己株式を除く）の三％（下回る割合を定款で定めた場合は、その割合）以上の数の株式を有する株主は、株式会社の営業時間内は、いつでも、請求の理由を示して「会計帳簿又はこれに関する資料の閲覧又は謄写」を請求することができるとされている（条文は、後掲）。

また、同条の第二項以下で、一定の場合を除き請求を拒むことができないことや、親会社社員が裁判所の許可を得て会計帳簿等の閲覧・謄写を請求することができることなどが定められている。

銀行法第二三条は、会社法のこの規定を「銀行の会計帳簿及びこれに関する資料」には適用しない旨を定めている。

銀行が多くの関係者との間で取引を行い、また、取引の性格上、取引先の財産・信用に関する状況など、秘密に属する事柄が記載されている可能性が高い。

このような資料に閲覧や謄写を認めた場合、銀行の取引先に不利益が発生する可能性があるほか、信用を基礎に数多くの関係者との取引を行い、これにより成り立っている銀行の営業基盤を損なうといった弊害があると考えられる。また、銀行は、通常の事業会社と異なり、免許業者として当局による検査・監督がなされるという特性もある。こうしたことにかんがみ、会社法による閲覧・謄写請求の規定を適用しないとしているものと考えられる。

●会社法

（会計帳簿の閲覧等の請求）

第四百三十三条　総株主（株主総会において決議をすることができる事項の全部につき議決権を行使することができない株主を除く。）の議決権の百分の三（これを下回る割合を定款で定めた場合にあっては、その割合）以上の議決権を有する株主又は発行済株式（自己株式を除く。）の百分の三（これを下回る割合を定款で定めた場合にあっては、その割合）以上の数の株式を有する株主は、株式会社の営業時間内は、いつでも、次に掲げる請求をすることができる。この場合においては、当該請求の理由を明らかにしてしなければならない。

一　会計帳簿又はこれに関する資料が書面をもって作成されているときは、当該書面の閲覧又は謄写の請

求
二　会計帳簿又はこれに関する資料が電磁的記録をもって作成されているときは、当該電磁的記録に記録された事項を法務省令で定める方法により表示したものの閲覧又は謄写の請求
2　前項の請求があったときは、株式会社は、次のいずれかに該当すると認められる場合を除き、これを拒むことができない。
一　当該請求を行う株主（以下この項において「請求者」という。）がその権利の確保又は行使に関する調査以外の目的で請求を行ったとき。
二　請求者が当該株式会社の業務の遂行を妨げ、株主の共同の利益を害する目的で請求を行ったとき。
三　請求者が当該株式会社の業務と実質的に競争関係にある事業を営み、又はこれに従事するものであるとき。
四　請求者が会計帳簿又はこれに関する資料の閲覧又は謄写によって知り得た事実を利益を得て第三者に通報するため請求したとき。
五　請求者が、過去二年以内において、会計帳簿又はこれに関する資料の閲覧又は謄写によって知り得た事実を利益を得て第三者に通報したことがあるものであるとき。
3　株式会社の親会社社員は、その権利を行使するため必要があるときは、裁判所の許可を得て、会計帳簿又はこれに関する資料について第一項各号に掲げる請求をすることができる。この場合においては、当該請求の理由を明らかにしてしなければならない。
4　前項の親会社社員について第二項各号のいずれかに規定する事由があるときは、裁判所は、前項の許可

をすることができない。

第一七章　監　督

一　報告または資料の提出

（報告又は資料の提出）
第二十四条　内閣総理大臣は、銀行の業務の健全かつ適切な運営を確保するため必要があると認めるときは、銀行（当該銀行を所属銀行とする銀行代理業者を含む。）に対し、その業務又は財産の状況に関し報告又は資料の提出を求めることができる。
2　内閣総理大臣は、銀行の業務の健全かつ適切な運営を確保するため特に必要があると認めるときは、その必要の限度において、当該銀行の子法人等（子会社その他銀行がその経営を支配している法人として内閣府令で定めるものをいう。次項、次条第二項及び第五項並びに第四十七条第二項において同じ。）又は当該銀行から業務の委託を受けた者（その者から委託（二以上の段階にわたる委託を含む。）を受けた者を含み、前項の銀行代理業者を除く。次項並びに次条第二項及び第五項において同じ。）に対し、当該銀行の業務又は財産の状況に関し参考となるべき報告又は資料の提出を求めることができる。
3　銀行の子法人等又は当該銀行から業務の委託を受けた者は、正当な理由があるときは、前項の規定による報告又は資料の提出を拒むことができる。

(1) 総論

銀行が果たす役割の重要性にかんがみ、銀行業を営むためには免許が必要とされ、免許を付与する段階で、適格性について審査が行われる。

また、参入段階での適格性の審査のみならず、銀行が実際に営業を開始した後、諸規制に適合しつつ健全かつ適切な運営が行われていくことを確保していくことが重要である。

その役割は、一義的には法人である銀行自身において果たされるべきものと考えられるが、免許を付与し、監督を行う当局としても、銀行の業務・財産の状況を適切に監視し、問題がある場合には是正を求め、場合によって、業務停止・免許の取消し等の対応を講じる必要がある。

このような観点から、銀行法では、当局が銀行の業務・財産の状況について把握するための権限を定めていると考えられる。

(2) 銀行・銀行代理業者に対する報告・資料の提出の求め

第二四条第一項では、銀行・銀行代理業者に対して、報告または資料の提出を求めることができる旨を規定している。

当局に報告・資料の提出を求める権限があるということと裏腹の関係で、これらを求められた場合、銀行には、それに応じる受忍義務が生ずる。

この義務を正当に履行しなかった場合、すなわち、この規定による報告・資料の提出をせず、または虚偽の報告・資料の提出をした場合、第六三条第二号の規定により、一年以下の懲役または三〇〇万円以下の罰金に処せられる。

権限の行使はまったく無制限に認められるわけではなく、「銀行の業務の健全かつ適切な運営を確保するため必要があると認めるとき」に限定されている。

したがって、特段の目的等なく恣意的に権限を行使することは認められない。他方、「必要があると認めるとき」とあるため、必要性の判断は、一義的に当局に委ねられている。銀行の公共性にかんがみ、また、業務の健全・適切な運営を確保するためには業務の実態を適時・適切に把握していく必要があることをふまえてのものと考えられる。

(3) 銀行の子法人等・業務委託先に対する報告・資料の提出の求め

第二項は、銀行の子法人等・銀行から業務の委託を受けた者（そこから先、さらに何段階かの委託があった場合の各段階の受託者すべてを含む）に対して、報告または資料の提出を求めることができる旨を規定している。

第一項では、当該銀行を所属銀行とする銀行代理業者も対象とされているが、これは、銀行の固有業務について代理・媒介する業者であるため、銀行と同様に扱っている。他方、第二項では、銀行の子法人等・委託先業者という当該銀行または当該銀行の業務に関係性を有する者であるが、必ずしも当該銀行の固有業務に携わっているとは限らない者が対象である。

このため、「特に必要があると認めるとき」「その必要の限度において」と要件を加重するとともに、報告・資料の内容を「当該銀行の業務又は財産の状況に関し参考となるべき」ものに限定している。

加えて、第三項において「正当な理由があるとき」は、報告・資料の提出を拒むことができる旨を規定し、銀行の業務の健全・適切な運営の必要性と、関係者の利益保護との調和を図っている。

二　立入検査

（立入検査）

第二十五条　内閣総理大臣は、銀行の業務の健全かつ適切な運営を確保するため必要があると認めるときは、当該職員に銀行（当該銀行を所属銀行とする銀行代理業者を含む。）の営業所その他の施設に立ち入らせ、その業務若しくは財産の状況に関し質問させ、又は帳簿書類その他の物件を検査させることができる。

2　内閣総理大臣は、前項の規定による立入り、質問又は検査を行う場合において特に必要があると認めるときは、その必要の限度において、当該職員に銀行の子法人等若しくは当該銀行から業務の委託を受けた者の施設に立ち入らせ、銀行に対する質問若しくは検査に必要な事項に関し質問させ、又は帳簿書類その他の物件を検査させることができる。

3　前二項の場合において、当該職員は、その身分を示す証明書を携帯し、関係人の請求があつたときは、これを提示しなければならない。

4　第一項及び第二項の規定による権限は、犯罪捜査のために認められたものと解してはならない。

5　前条第三項の規定は、第二項の規定による銀行の子法人等又は当該銀行から業務の委託を受けた者に対する質問及び検査について準用する。

第二五条では、当局の職員が銀行の営業所等の施設に直接立ち入って、質問・検査を行うことができる旨を定めている。

このような権限を認めている趣旨は、第二四条に基づき報告・資料の提出を求めることができることと同趣旨に基づくものと考えられる。遠隔地から報告・資料の提出を求めるのみならず、現場の状況の目視による把握、実際に業務にあたる職員への質問や、持出しがむずかしい書類・設備等の把握等が必要な場合も想定されるところ、現場に立ち入っての質問・検査ができる旨定めているものと考えられる。

第四項において、第一項・第二項の規定による立入検査の権限は、犯罪捜査のために認められたものと解してはならない旨が規定されている。

本条に基づく立入検査は、あくまで、銀行の業務の健全かつ適切な運営を確保するという監督上の必要から、その限度において行使されるものであり、刑事手続的なものとして行われるものでないことを確認するために置かれているものと考えられる（行政上の監督等に伴う立入検査に関しては、同様の規定が置かれている例が多い）。

三　行政処分等

（業務の停止等）

第二十六条　内閣総理大臣は、銀行の業務若しくは財産又は銀行及びその子会社等の財産の状況に照らして、当該銀行の業務の健全かつ適切な運営を確保するため必要があると認めるときは、当該銀行に対し、措置を講ずべき事項及び期限を示して、当該銀行の経営の健全性を確保するための改善計画の提出を求め、若しくは提出された改善計画の変更を命じ、又はその必要の限度において、期限を付して当該銀行の業務の全部若しくは一部の停止を命じ、若しくは当該銀行の財産の供託その他監督上必要な措置を命ずることができる。

2　前項の規定による命令（改善計画の提出を求めることを含む。）であつて、銀行又は銀行及びその子会社等の自己資本の充実の状況によつて必要があると認めるときにするものは、内閣府令・財務省令で定める銀行又は銀行及びその子会社等の自己資本の充実の状況に係る区分に応じ、それぞれ内閣府令・財務省令で定めるものでなければならない。

（免許の取消し等）

第二十七条　内閣総理大臣は、銀行が法令、定款若しくは法令に基づく内閣総理大臣の処分に違反したとき又は公益を害する行為をしたときは、当該銀行に対し、その業務の全部若しくは一部の停止若しくは取締役、執行役、会計参与、監査役若しくは会計監査人の解任を命じ、又は第四条第一項の免許を取り消すことができる。

第二十八条　内閣総理大臣は、前二条の規定により、銀行に対し、その業務の全部又は一部の停止を命じた場合において、その整理の状況に照らして必要があると認めるときは、第四条第一項の免許を取り消すことができる。

（資産の国内保有）

第二十九条　内閣総理大臣は、預金者等の保護その他公益のため必要があると認めるときは、その必要の限度において、政令で定めるところにより、銀行に対し、その資産のうち政令で定めるものを国内において保有することを命ずることができる。

(1) 総　論

第二六条から第二九条までの規定では、銀行の経営状況等に問題がある場合において内閣総理大臣が講じることのできる処分権限について規定している。

第二六条第一項では、業務改善計画の策定・その変更・業務の一部停止・財産の供託およびその他監督上必要な措置を命ずることができるとされている。

(2) 早期是正措置等

(イ) 早期是正措置

第二六条第二項は、内閣総理大臣による命令のうち、自己資本の充実の状況によって必要があると認めるときにするものは、内閣府令・財務省令で定める区分に応じ、それぞれ内閣府令・財務省令で定めるものでなければならない旨が規定されている。いわゆる「早期是正措置」である。

銀行の自己資本比率が低下し、健全性に懸念が生ずるような場合を念頭に、自己資本比率の水準をいくつかの段階に区分し、当該区分に対応して銀行の健全性維持等のために発動されることとなる命令の内容を定めている。自己資本比率という指標を用い、発動されることとなる命令の内容をあらかじめ定めておくことにより、銀行自身による健全性の維持・回復のための努力を促し、また、銀行破綻に伴う混乱等を回避するため当局による迅速な対応がなされることを確保するものと考えられる。

具体的内容は、「銀行法第二十六条第二項に規定する区分等を定める命令」において定められている（主要な部分のみ後掲）。

いくつかの指標に分けて規定されているが、単体自己資本比率ベースでは、国際統一基準が適用される銀行と、国内基準が適用される銀行ごとに、それぞれ自己資本比率が一定水準（国際統一基準行：国際統一基準ベースで、単体普通株式等Tier1比率四・五％以上・単体Tier1比率六％以上・単体総自己資本比率八％以上、国内基準行：国内基準ベースで単体自己資本比率四％以上等）を下回った場合、水準に応じ、概要、以下のような命令が発動されることとされている

① 経営の健全性を確保するための合理的と認められる改善計画（原則として資本の増強に係る措置を含むものとする）の提出の求めおよびその実行の命令

② 次に掲げる自己資本の充実に資する措置に係る命令（海外営業拠点を有する銀行にあってはロに掲げる命令を除く）

イ　資本の増強に係る合理的と認められる計画の提出およびその実行

ロ　配当または役員賞与の禁止またはその額の抑制

ハ　総資産の圧縮または増加の抑制　等

③ 自己資本の充実・大幅な業務の縮小・合併・銀行業の廃止等の措置のいずれかを選択したうえ、当該選択に係る措置を実施することの命令

④ 業務の全部または一部の停止の命令

(ロ)　社外流出制限措置

二〇一六年より、国際統一基準行については、健全性強化の一環として、最低所要自己資本を上回る十分な量の資本バッファーの積立てが求められることとなった。資本バッファーについては、「銀行法第二十六条第二項に規定する区分等を定める命令」第一条第一項第二号において、後掲のように定められており、その水準を下回った場

合には、その程度に応じ、社外流出制限措置が課せられることとなる。なお、社外流出制限措置として、資本バッファー比率を下回った場合、当該資本バッファー比率を回復するための計画である「社外流出制限計画」の提出およびその実行を求めることとしている（比率の基準については第一一章四(2)参照）。

●銀行法第二十六条第二項に規定する区分等を定める命令（抄）

（自己資本の充実の状況に係る区分及びこれに応じた命令）

第一条　銀行法（以下「法」という。）第二十六条第二項の内閣府令・財務省令で定める銀行の自己資本の充実の状況に係る区分及び当該区分に応じ内閣府令・財務省令で定める命令は、次条及び第二条の二に定める場合を除き、次の各号に掲げる区分に応じ、当該各号に掲げる表のとおりとする。

一　単体自己資本比率（第七項に規定する単体自己資本比率をいう。次条第一項において同じ。）を指標とする区分

区分	自己資本の充実の状況に係る区分		命令
	海外営業拠点を有する銀行	海外営業拠点を有しない銀行	
非対象区分	国際統一基準に係る単体自己資本比率のうち次のイからハまでに掲げる比率の区分に応じ、当該イからハまでに定める範囲 イ　単体普通株式等Tier1比率　四・五パーセント以上 ロ　単体Tier1比率　六パーセント以上	国内基準に係る単体自己資本比率　四パーセント以上	

	ハ　単体総自己資本比率　八パーセント以上		
第一区分	国際統一基準に係る単体自己資本比率のうち次のイからハまでに掲げる比率の区分に応じ、当該イからハまでに定める範囲 イ　単体普通株式等 Tier1比率　二・二五パーセント以上四・五パーセント未満 ロ　単体 Tier1比率　三パーセント以上六パーセント未満 ハ　単体総自己資本比率　四パーセント以上八パーセント未満	国内基準に係る単体自己資本比率 二パーセント以上四パーセント未満	経営の健全性を確保するための合理的と認められる改善計画（原則として資本の増強に係る措置を含むものとする。）の提出の求め及びその実行の命令
第二区分	国際統一基準に係る単体自己資本比率のうち次のイからハまでに掲げる比率の区分に応じ、当該イからハまでに定める範囲 イ　単体普通株式等 Tier1比率　一・一三パーセント以上二・二五パーセント未満 ロ　単体 Tier1比率　一・五パーセント以上三パーセント未満 ハ　単体総自己資本比率　二パーセント以上四パーセント未満	国内基準に係る単体自己資本比率 一パーセント以上二パーセント未満	次に掲げる自己資本の充実に資する措置に係る命令（海外営業拠点を有する銀行にあってはロに掲げる命令を除く。） イ　資本の増強に係る合理的と認められる計画の提出及びその実行 ロ　配当又は役員賞与の禁止又はその額の抑制 ハ　総資産の圧縮又は増加の抑制 ニ　取引の通常の条件に照らして不利益を被るものと認められる条件による預金又は定期積金等の受入れの禁止又は抑制 ホ　一部の営業所における業務の縮小 ヘ　本店を除く一部の営業所の廃止 ト　法第十条第二項各号に掲げる業務その

			他の銀行業に付随する業務、法第十一条の規定により営む業務又は担保付社債信託法（明治三十八年法律第五十二号）その他の法律により営む業務の縮小又は新規の取扱いの禁止 チ　その他金融庁長官が必要と認める措置
第二区分の二	国際統一基準に係る単体自己資本比率のうち次のイからハまでに掲げる比率の区分に応じ、当該イからハまでに定める範囲 イ　単体普通株式等 Tier1比率　〇パーセント以上一・一三パーセント未満 ロ　単体 Tier1比率　〇パーセント以上一・五パーセント未満 ハ　単体総自己資本比率　〇パーセント以上二パーセント未満	国内基準に係る単体自己資本比率　〇パーセント以上一パーセント未満	自己資本の充実、大幅な業務の縮小、合併又は銀行業の廃止等の措置のいずれかを選択した上当該選択に係る措置を実施することの命令
第三区分	国際統一基準に係る単体自己資本比率のうち次のイからハまでに掲げる比率の区分に応じ、当該イからハまでに定める範囲 イ　単体普通株式等 Tier1比率　〇パーセント未満 ロ　単体 Tier1比率　〇パーセント未満 ハ　単体総自己資本比率　〇パーセント未満	国内基準に係る単体自己資本比率　〇パーセント未満	業務の全部又は一部の停止の命令

二　第八項に規定する単体資本バッファー比率を指標とする区分

自己資本の充実の状況に係る区分		命令
資本バッファー非対象区分	単体資本バッファー比率が最低単体資本バッファー比率以上である場合	
資本バッファー第一区分	単体資本バッファー比率が最低単体資本バッファー比率の四分の三の比率以上最低単体資本バッファー比率未満である場合	社外流出制限計画（社外流出額の制限に係る内容（調整税引後利益の六十パーセントの額から、その事業年度において既に支出した社外流出額を控除した額（当該額が零を下回る場合には、零とする。）を上限として社外流出額を制限する内容をいう。）を含む単体資本バッファー比率を回復するための合理的と認められる改善計画をいう。）の提出の求め及びその実行の命令
資本バッファー第二区分	単体資本バッファー比率が最低単体資本バッファー比率の二分の一の比率以上最低単体資本バッファー比率の四分の三の比率未満である場合	社外流出制限計画（社外流出額の制限に係る内容（調整税引後利益の四十パーセントの額から、その事業年度において既に支出した社外流出額を控除した額（当該額が零を下回る場合には、零とする。）を上限として社外流出額を制限する内容をいう。）を含む単体資本バッファー比率を回復するための合理的と認められる改善計画をいう。）の提出の求め及びその実行の命令
資本バッファー第三区分	単体資本バッファー比率が最低単体資本バッファー比率の四分の一の比率以上最低単体資本バッファー比率の二分の一の比率未満である場合	社外流出制限計画（社外流出額の制限に係る内容（調整税引後利益の二十パーセントの額から、その事業年度において既に支出した社外流出額を控除した額（当該額が零を下回る場合には、零とする。）を上限とし

		て社外流出額を制限する内容をいう。）を含む単体資本バッファー比率を回復するための合理的と認められる改善計画をいう。）の提出の求め及びその実行の命令
資本バッファー第四区分	単体資本バッファー比率が最低単体資本バッファー比率の四分の一の比率未満である場合	社外流出制限計画（社外流出額を零に制限する内容を含む単体資本バッファー比率を回復するための合理的と認められる改善計画をいう。）の提出の求め及びその実行の命令

2　法第二十六条第二項の内閣府令・財務省令で定める銀行及びその子会社等（法第十四条の二第二号に規定する子会社等をいう。以下この条及び次条において同じ。）の自己資本の充実の状況に係る区分及び当該区分に応じ内閣府令・財務省令で定める命令は、次条及び第二条の二に定める場合を除き、次の各号に掲げる区分に応じ、当該各号に掲げる表のとおりとする。

一　第十二項に規定する連結自己資本比率を指標とする区分

自己資本の充実の状況に係る区分			命令
	海外営業拠点を有する銀行及びその子会社等	海外営業拠点を有しない銀行及びその子会社等	
非対象区分	国際統一基準に係る連結自己資本比率のうち次のイからハまでに掲げる比率の区分に応じ、当該イからハまでに定める範囲 イ　連結普通株式等Tier1比率　四・五	国内基準に係る連結自己資本比率 四パーセント以	

	パーセント以上 ロ　連結Tier1比率　六パーセント以上 ハ　連結総自己資本比率　八パーセント以上	上	
第一区分	国際統一基準に係る連結自己資本比率のうち次のイからハまでに掲げる比率の区分に応じ、当該イからハまでに定める範囲 イ　連結普通株式等Tier1比率　二・二五パーセント以上四・五パーセント未満 ロ　連結Tier1比率　三パーセント以上六パーセント未満 ハ　連結総自己資本比率　四パーセント以上八パーセント未満	国内基準に係る連結自己資本比率 二パーセント以上四パーセント未満	経営の健全性を確保するための合理的と認められる改善計画（原則として資本の増強に係る措置を含むものとする。）の提出の求め及びその実行の命令
第二区分	国際統一基準に係る連結自己資本比率のうち次のイからハまでに掲げる比率の区分に応じ、当該イからハまでに定める範囲 イ　連結普通株式等Tier1比率　一・一三パーセント以上二・二五パーセント未満 ロ　連結Tier1比率　一・五パーセント以上三パーセント未満 ハ　連結総自己資本比率　二パーセント以上四パーセント未満	国内基準に係る連結自己資本比率 一パーセント以上二パーセント未満	次に掲げる自己資本の充実に資する措置に係る命令（海外営業拠点を有する銀行及びその子会社等にあってはロに掲げる命令を除く。） イ　資本の増強に係る合理的と認められる計画の提出及びその実行 ロ　配当又は役員賞与の禁止又はその額の抑制 ハ　総資産の圧縮又は増加の抑制 ニ　取引の通常の条件に照らして不利益を被るものと認められる条件による預金又は定期積金等の受入れの禁止又は抑制

			ホ　一部の営業所における業務の縮小 ヘ　本店を除く一部の営業所の廃止 ト　子会社等の業務の縮小 チ　子会社等の株式又は持分の処分 リ　法第十条第二項各号に掲げる業務その他の銀行業に付随する業務、法第十一条の規定により営む業務又は担保付社債信託法その他の法律により銀行が営む業務の縮小又は新規の取扱いの禁止 ヌ　その他金融庁長官が必要と認める措置
第二区分の二	国際統一基準に係る連結自己資本比率のうち次のイからハまでに掲げる比率の区分に応じ、当該イからハまでに定める範囲 イ　連結普通株式等Tier1比率　○パーセント以上一・一三パーセント未満 ロ　連結Tier1比率　○パーセント以上一・五パーセント未満 ハ　連結総自己資本比率　○パーセント以上二パーセント未満	国内基準に係る連結自己資本比率 ○パーセント以上一パーセント未満	自己資本の充実、大幅な業務の縮小、合併又は銀行業の廃止等の措置のいずれかを選択した上当該選択に係る措置を実施することの命令
第三区分	国際統一基準に係る連結自己資本比率のうち次のイからハまでに掲げる比率の区分に応じ、当該イからハまでに定める範囲 イ　連結普通株式等Tier1比率　○パーセント未満	国内基準に係る連結自己資本比率 ○パーセント未満	業務の全部又は一部の停止の命令

	ロ　連結Tier1比率　○パーセント未満 ハ　連結総自己資本比率　○パーセント未満	

二　第十三項に規定する連結資本バッファー比率を指標とする区分

自己資本の充実の状況に係る区分		命令
資本バッファー非対象区分	連結資本バッファー比率が最低連結資本バッファー比率以上である場合	
資本バッファー第一区分	連結資本バッファー比率が最低連結資本バッファー比率の四分の三の比率以上最低連結資本バッファー比率未満である場合	社外流出制限計画（社外流出額の制限に係る内容（調整税引後利益の六十パーセントの額から、その連結会計年度（連結財務諸表の作成に係る期間をいう。以下同じ。）において既に支出した社外流出額を控除した額（当該額が零を下回る場合には、零とする。）を上限として社外流出額を制限する内容をいう。）を含む連結資本バッファー比率を回復するための合理的と認められる改善計画をいう。）の提出の求め及びその実行の命令
資本バッファー第二区分	連結資本バッファー比率が最低連結資本バッファー比率の二分の一の比率以上最低連結資本バッファー比率の四分の三の比率未満である場合	社外流出制限計画（社外流出額の制限に係る内容（調整税引後利益の四十パーセントの額から、その連結会計年度において既に支出した社外流出額を控除した額（当該額が零を下回る場合には、零とする。）を上限として社外流出額を制限する内容をいう。）を含む連結資本バッファー比率を回復するための合理的と認めら

		れる改善計画をいう。）の提出の求め及びその実行の命令
資本バッファー第三区分	連結資本バッファー比率が最低連結資本バッファー比率の四分の一の比率以上最低連結資本バッファー比率の二分の一の比率未満である場合	社外流出制限計画（社外流出額の制限に係る内容（調整税引後利益の二十パーセントの額から、その連結会計年度において既に支出した社外流出額を控除した額（当該額が零を下回る場合には、零とする。）を上限として社外流出額を制限する内容をいう。）を含む連結資本バッファー比率を回復するための合理的と認められる改善計画をいう。）の提出の求め及びその実行の命令
資本バッファー第四区分	連結資本バッファー比率が最低連結資本バッファー比率の四分の一の比率未満である場合	社外流出制限計画（社外流出額を零に制限する内容を含む連結資本バッファー比率を回復するための合理的と認められる改善計画をいう。）の提出の求め及びその実行の命令

3　第一項第一号及び前項第一号に掲げる表中「海外営業拠点」とは、外国に所在する支店又は法第十六条の二第一項第七号に掲げる会社（銀行の子会社であるものに限る。）であって、その所在地において常勤の役員又は従業員を持つものをいう。

4　第一項第一号及び第二項第一号に掲げる表中「国際統一基準」とは、法第十四条の二各号に掲げる基準（以下この条において「自己資本比率基準」という。）のうち海外営業拠点（前項に規定する海外営業拠点をいう。次項において同じ。）を有する銀行に係るものをいう。

5　第一項第一号及び第二項第一号に掲げる表中「国内基準」とは、自己資本比率基準のうち海外営業拠点を有しない銀行に係るものをいう。

6　第一項第一号及び第二項第一号に掲げる表中「定期積金等」とは、法第二条第四項に規定する定期積金等をいう。

7　第一項第一号に掲げる表中「単体自己資本比率」とは、自己資本比率基準のうち法第十四条の二第一号に掲げる基準に係る算式により得られる比率であって、次項に規定する単体資本バッファー比率以外の比率をいい、同表中「単体普通株式等Tier1比率」、「単体Tier1比率」及び「単体総自己資本比率」とは、単体自己資本比率のうち国際統一基準（第四項に規定する国際統一基準をいう。次項、第十二項及び第十三項において同じ。）に係る算式により得られる比率をいう。

8　第一項第二号に掲げる表中「単体資本バッファー比率」とは、自己資本比率基準のうち法第十四条の二第一号に掲げる基準に係る算式により得られる比率であって、国際統一基準に係る算式により得られる比率をいう。

9　第一項第二号に掲げる表中「最低単体資本バッファー比率」とは、法第十四条の二第一号に掲げる基準に係る算式において、単体資本バッファー比率（前項に規定する単体資本バッファー比率をいう。次条第四項において同じ。）について指標となる一定水準の比率をいう。

10　第一項第二号に掲げる表中「社外流出額」とは、銀行における次に掲げる事由（単体普通株式等Tier1比率（第七項に規定する単体普通株式等Tier1比率をいう。以下この項において同じ。）を減少させるものに限る。）に係る額の合計額（特別の理由がある場合において金融庁長官が承認したときは、その承認した額を除く。）をいう。

一　剰余金の配当

二　自己株式（銀行が有する自己の株式をいう。）の取得（取得請求権付株式（会社法（平成十七年法律第八十六号）第二条第十八号に規定する取得請求権付株式をいう。第十五項第二号及び第三条第八項第二号において同じ。）及び取得条項付株式（同法第二条第十九号に規定する取得条項付株式をいう。第十五項第二号及び第三条第八項第二号において同じ。）の取得、同法第四百六十一条第一項の規定により、その行為により株主に対して交付する金銭等（同項に規定する金銭等をいう。第十五項第二号及び第三条第八項第二号において同じ。）の帳簿価額の総額が、その行為が効力を生ずる日における分配可能額を超えてはならないとされる同法第四百六十一条第一項各号（第八号を除く。）に掲げる行為による取得並びに同法第四百六十四条第一項の規定により、業務執行者（同項に規定する業務執行者をいう。第十五項第二号及び第三条第八項第二号において同じ。）が、同法第四百六十四条第一項の超過額を支払う義務を負うものとされる株式の取得に限り、当事者の一方の意思表示により当該当事者間において一定価格による株式の売買取引を成立させることができる権利の行使による取得を含む。）

三　単体普通株式等 Tier1比率に算入できる株式に係る自己新株予約権（銀行が有する自己の新株予約権をいう。）の取得

四　その他 Tier1資本調達手段（第七項に規定する単体 Tier1比率に算入できる資本調達手段をいい、単体普通株式等 Tier1比率に算入できる資本調達手段を除く。）に対する配当又は利息の支払及び買戻し又は償還

五　当該銀行の役員及び経営上重要な従業員に対する賞与その他これに準ずる財産上の利益の支払

六　その他前各号に掲げる事由に準ずるもの

11　第一項第二号に掲げる表中「調整税引後利益」とは、社外流出制限計画（同表各項（資本バッファー非対象区分の項を除く。）命令の欄に規定する社外流出制限計画をいう。）の実行に係る事業年度の前事業年度にお

ける損益計算書の税引前当期純利益の額に、当該前事業年度において費用として計上された前項に規定する社外流出額に相当する額を加算した額から、当該相当する額が費用として計上されなかった場合に納付すべき税額に相当する額を控除した額をいう。

12　第二項第一号に掲げる表中「連結自己資本比率」とは、自己資本比率基準のうち法第十四条の二第二号に掲げる基準に係る算式により得られる比率であって、次項に規定する連結資本バッファー比率以外の比率をいい、同表中「連結普通株式等 Tier1比率」、「連結 Tier1比率」及び「連結総自己資本比率」とは、連結自己資本比率のうち国際統一基準に係る算式により得られる比率をいう。

13　第二項第二号に掲げる表中「連結資本バッファー比率」とは、自己資本比率基準のうち法第十四条の二第二号に掲げる基準に係る算式により得られる比率であって、国際統一基準に係る算式により得られる比率をいう。

14　第二項第二号に掲げる表中「最低連結資本バッファー比率」とは、法第十四条の二第二号に掲げる基準に係る算式において、連結資本バッファー比率（前項に規定する連結資本バッファー比率をいう。次条第四項において同じ。）について指標となる一定水準の比率をいう。

15　第二項第二号に掲げる表中「社外流出額」とは、銀行及びその子会社等（当該銀行及びその子会社等の連結自己資本比率（第十二項に規定する連結自己資本比率をいう。次条第一項において同じ。）の算出に当たり当該銀行の連結の範囲に含まれるものに限る。以下この項において同じ。）における次に掲げる事由（連結普通株式等 Tier1比率（第十二項に規定する連結普通株式等 Tier1比率をいう。以下この項において同じ。）を減少させるものに限る。）に係る額（当該銀行及びその子会社等相互間の流出額を除く。）の合計額（特別の理由がある場合において金融庁長官が承認したときは、その承認した額を除く。）をいう。

一　剰余金の配当
二　自己株式（銀行及びその子会社等（会社に限る。次号において同じ。）が有する自己の株式をいう。）の取得（取得請求権付株式及び取得条項付株式の取得、会社法第四百六十一条第一項の規定により、その行為により株主に対して交付する金銭等の帳簿価額の総額が、その行為が効力を生ずる日における分配可能額を超えてはならないとされる同項各号（第八号を除く。）に掲げる行為による取得並びに同法第四百六十四条第一項の規定により、業務執行者が、同項の超過額を支払う義務を負うものとされる株式の取得に限り、当事者の一方の意思表示により当該当事者間において一定価格による株式の売買取引を成立させることができる権利の行使による取得を含む。）
三　連結普通株式等 Tier1比率に算入できる株式に係る自己新株予約権（銀行及びその子会社等が有する自己の新株予約権をいう。）の取得
四　その他 Tier1資本調達手段（第十二項に規定する連結 Tier1比率に算入できる資本調達手段をいい、連結普通株式等 Tier1比率に算入できる資本調達手段を除く。）に対する配当又は利息の支払及び買戻し又は償還
五　当該銀行の役員及び経営上重要な従業員並びに当該銀行の子会社等（主要なものに限る。第三条第八項第五号において同じ。）の経営上重要な役員及び従業員に対する賞与その他これに準ずる財産上の利益の支払
六　その他前各号に掲げる事由に準ずるもの
16　第二項第二号に掲げる表中「調整税引後利益」とは、社外流出制限計画（同表各項（資本バッファー非対象区分の項を除く。）命令の欄に規定する社外流出制限計画をいう。）の実行に係る連結会計年度の前連結会計年度における連結損益計算書の税金等調整前当期純利益の額に、当該前連結会計年度において費用として

計上された前項に規定する社外流出額に相当する額を加算した額から、当該相当する額が費用として計上されなかった場合に納付すべき税額に相当する額を控除した額をいう。

第二条　銀行が、その自己資本比率（単体自己資本比率又は連結自己資本比率をいう。以下この条において同じ。）が当該銀行又は当該銀行及びその子会社等が従前に該当していた前条第一項第一号又は第二項第一号に掲げる表の区分に係る自己資本比率の範囲を超えて低下したことを知った後、速やかに、その自己資本比率を当該銀行又は当該銀行及びその子会社等が該当するこれらの表の区分に係る自己資本比率の範囲を超えて確実に改善するための合理的と認められる計画を金融庁長官に提出した場合には、当該銀行について、当該区分に応じた命令は、当該銀行又は当該銀行及びその子会社等の自己資本比率以上で当該計画の実施後に見込まれる当該銀行又は当該銀行及びその子会社等の自己資本比率以下の自己資本比率に係るこれらの表の区分（非対象区分を除く。）に掲げる命令とする。ただし、当該計画が合理的でないことが明らかになった場合には、当該銀行について、当該銀行又は当該銀行及びその子会社等が該当するこれらの表の区分に係る命令は、同条第一項（単体自己資本比率に係る部分に限る。）又は第二項（連結自己資本比率に係る部分に限る。）のとおりとする。

2　前条第一項第一号又は第二項第一号に掲げる表の第三区分に該当する銀行の貸借対照表又は銀行及びその子会社等に係るこれらの会社について連結して記載した貸借対照表の資産の部に計上されるべき金額（次の各号に掲げる資産については、当該各号に定める価額とする。次項において同じ。）の合計額がこれらの貸借対照表の負債の部に計上されるべき金額の合計額を上回る場合又は上回ると見込まれる場合には、当該銀行について、当該区分に応じた命令は、同条第一項第一号又は第二項第一号に掲げる表の第二区分の二に掲げる命令を含むものとする。

一　有価証券　自己資本比率の算出を行う日（以下この項において「算出日」という。）の公表されている最終価格に基づき算出した価額又はこれに準ずるものとして合理的な方法により算出した価額

二　有形固定資産　算出日の適正な評価価格に基づき算出した価額

三　前二号に掲げる資産以外の資産で帳簿価額が算出日において評価した価額と著しく異なるもの　当該評価した価額

3　前条第一項第一号又は第二項第一号に掲げる表の第三区分以外の区分に該当する銀行の貸借対照表又は銀行及びその子会社等に係るこれらの会社について連結して記載した貸借対照表の資産の部に計上されるべき金額の合計額がこれらの貸借対照表の負債の部に計上されるべき金額の合計額を下回る場合又は下回ると見込まれる場合には、当該銀行について、当該区分に応じた命令は、同条第一項第一号又は第二項第一号に掲げる表の第三区分に掲げる命令を含むものとする。

4　銀行が適格性の認定等に係る合併等（預金保険法（昭和四十六年法律第三十四号）第六十五条に規定する適格性の認定等に係る同法第五十九条第二項に規定する合併等をいう。第四条第四項各号において同じ。）を行った救済金融機関（同法第五十九条第一項に規定する救済金融機関をいう。第四条第四項第二号において同じ。）又は特定適格性認定等に係る特定合併等（同法第百二十六条の三十一に規定する特定適格性認定等に係る同法第百二十六条の二十八第二項に規定する特定合併等をいう。第四条第四項各号において同じ。）を行った特定救済金融機関等（同法第百二十六条の二十八第一項に規定する特定救済金融機関等をいう。第四条第四項第二号において同じ。）に該当する場合には、当該銀行について、当該銀行又は当該銀行及びその子会社等が該当する前条第一項各号又は第二項各号に掲げる表の区分に応じた命令は、当該銀行又は当該銀行及びその子会社等の自己資本比率以上の自己資本比率又は資本バッファー比率（単体資本バッファー比率又は連結資本バッファー比

率をいう。以下この項及び次条において同じ。）以上の資本バッファー比率に係るこれらの表の区分に掲げる命令とする。

5　銀行が預金保険法附則第七条第一項第一号に規定する協定銀行である場合には、当該銀行について、当該銀行又は当該銀行及びその子会社等が該当する前条第一項各号又は第二項各号に掲げる表の区分に応じた命令は、これらの表の非対象区分又は資本バッファー非対象区分に掲げる命令とする。

第二条の二　銀行は、社外流出制限計画（第一条第一項第二号に掲げる表各項（資本バッファー非対象区分の項を除く。）命令の欄又は同条第二項第二号に掲げる表各項（資本バッファー非対象区分の項を除く。）命令の欄に規定する社外流出制限計画をいう。以下この条において同じ。）の実行に係る事業年度又は連結会計年度に続く事業年度又は連結会計年度において、業務報告書（法第十九条第一項又は第二項の規定による業務報告書をいう。以下この条において同じ。）に記載した資本バッファー比率に対応する第一条第一項第二号又は第二項第二号に掲げる表の自己資本の充実の状況に係る区分（これらの表の資本バッファー非対象区分を除く。以下この条において「業務報告書に記載した資本バッファー比率に係る区分」という。）が、従前に該当していた区分と異なる場合には、当該銀行は、業務報告書に記載した資本バッファー比率に係る区分に係る社外流出制限計画を速やかに金融庁長官に提出するものとする。この場合において、当該銀行について、これらの表の区分に応じた命令は、業務報告書に記載した資本バッファー比率に係る区分に掲げる命令とする。

第一八章　合併等、廃業および解散

一　合併、会社分割および事業譲渡等

(1)　認　可

（合併、会社分割又は事業の譲渡若しくは譲受けの認可等）
第三十条　銀行を全部又は一部の当事者とする合併（当該合併後存続する会社又は当該合併により設立される会社が銀行であるものに限るものとし、金融機関の合併及び転換に関する法律第三条（合併）の規定による合併に該当するものを除く。以下この章において「合併」という。）は、内閣総理大臣の認可を受けなければ、その効力を生じない。
2　銀行を当事者とする会社分割は、政令で定めるものを除き、内閣総理大臣の認可を受けなければ、その効力を生じない。
3　銀行を当事者とする事業の全部又は一部の譲渡又は譲受けは、政令で定めるものを除き、内閣総理大臣の認可を受けなければ、その効力を生じない。

4　銀行が信用金庫、信用協同組合又は労働金庫（これらの法人をもって組織する連合会を含む。以下この章において「信用金庫等」という。）から事業の全部又は一部を譲り受ける場合においては、当該信用金庫等を会社とみなして、私的独占の禁止及び公正取引の確保に関する法律（昭和二十二年法律第五十四号）第十六条（事業の譲受け等の制限）及び同条に係る同法の規定を適用する。

会社法上、合併、会社分割、事業の全部または一部の譲渡および事業の全部の譲受けについては、原則として株主総会の特別決議等によって（会社法七八三条一項、七九五条一項、四六七条一項、三〇九条一項一一号・一二号）、また、事業の一部の譲受けについては原則として、取締役会決議等によって（会社法三六二条四項一号）、行うことができるものとされている。

債権者異議手続や反対株主の株式買取りに係る手続など、会社法所定の手続を踏む限りにおいて、当該合併等の当事者となる会社の自由な判断によって行うことができる。

これに対し、銀行法第三〇条は、銀行を当事者とする合併、会社分割、事業の譲渡および事業の譲受け（以下、「合併等」）について、その効力要件として、内閣総理大臣の認可に係らしめることとしている。

その趣旨は、銀行の合併等が当事者間の合意等のみに委ねられると、銀行法の目的である信用秩序の維持、預金者等の保護、金融の円滑その他に照らして、たとえば、次のような望ましくない結果を招来するおそれがあることによると考えられる。

●優良銀行が不良銀行との間で合併等を行い、不良銀行から不良資産を承継することによりその資産内容の悪化をきたし、銀行の経営基礎を危うくするおそれがあること

●営業地域等、営業基盤を異にする銀行同士が合併し、一方の地域等から資金を引き上げてしまうことにより、

その地域等の産業や家計に必要な資金が不足する結果を招く等、金融の円滑に支障をきたすおそれがあること
●銀行間の過当競争を激化させ、これにより弊害が生ずるおそれがあること

なお、第三〇条第一項から第三項までに定める「認可」は私法上の行為の発生要件であって、当該認可を受けない合併の決議に基づいてなされた行為は、当然に無効である。また、当該認可は、補充的行為であるから、合併等の決議そのものが不存在または無効の場合には、これを有効ならしめるものではなく、認可後であっても決議の取消しをなすことは妨げられないものと考えられる。

(2) 認可審査

第三十一条　内閣総理大臣は、前条の認可の申請があつたときは、次に掲げる基準に適合するかどうかを審査しなければならない。
一　前条の規定による合併、会社分割、事業の全部又は一部の譲渡又は譲受け（以下この条において「合併等」という。）が、当該合併等の当事者である銀行等（銀行及び長期信用銀行をいう。第五十二条の六十一を除き、以下同じ。）又は信用金庫等が業務を行つている地域（会社分割により事業の一部を承継させ、若しくは承継する場合又は事業の一部の譲渡若しくは譲受けに係る場合にあつては、当該一部の事業が行われている地域に限る。）における資金の円滑な需給及び利用者の利便に照らして、適当なものであること。
二　合併等が金融機関相互間の適正な競争関係を阻害する等金融秩序を乱すおそれがないものであること。
三　前条の認可の申請をした銀行又は合併により設立される銀行が、合併等の後に、その業務を的確、公

正かつ効率的に遂行する見込みが確実であること。

認可審査に際しては、概要、以下の基準への適合性が審査されることになる（第三一条各号）。

① 合併等が、当該合併等の当事者である銀行等が業務を行っている地域における資金の円滑な需給および利用者の利便に照らして、適当なものであること。

② 合併等が金融機関相互間の適正な競争関係を阻害する等金融秩序を乱すおそれがないものであること。

③ 合併等の認可の申請をした銀行または合併により設立される銀行が、合併等の後に、その業務を的確、公正かつ効率的に遂行する見込みが確実であること。

(3) みなし免許

（みなし免許）

第三十二条　第三十条第一項の認可を受けて合併により設立される銀行業を営む会社は、当該設立の時に、第四条第一項の内閣総理大臣の免許を受けたものとみなす。

合併により設立される銀行業を営む会社は、第三〇条第一項の認可に係るチェックを受けていることもあり、改めて免許申請を行わなくても、設立の時に、免許を受けたものとみなすという規定である。

(4) 債権者異議手続に係る特例

（合併の場合の債権者の異議の催告）

第三十三条　銀行が合併の決議をした場合においては、預金者等その他政令で定める債権者に対する会社法第七百八十九条第二項、第七百九十九条第二項又は第八百十条第二項（債権者の異議）の規定による催告は、することを要しない。

（会社分割の場合の債権者の異議の催告）

第三十三条の二　銀行が会社分割の決議をした場合においては、預金者等その他政令で定める債権者に対する会社法第七百八十九条第二項、第七百九十九条第二項又は第八百十条第二項（債権者の異議）の規定による催告は、することを要しない。

2　会社法第七百五十九条第二項及び第三項（株式会社に権利義務を承継させる吸収分割の効力の発生等）、第七百六十一条第二項及び第三項（持分会社に権利義務を承継させる吸収分割の効力の発生等）、第七百六十四条第二項及び第三項（株式会社を設立する新設分割の効力の発生等）並びに第七百六十六条第二項及び第三項（持分会社を設立する新設分割の効力の発生等）の規定は、前項の規定により催告をすることを要しないものとされる預金者等その他政令で定める債権者には、適用しない。

（事業の譲渡又は譲受けの場合の債権者の異議の催告等）

第三十四条　銀行を当事者とする事業の全部の譲渡又は譲受けについて株主総会の決議（会社法第四百六十八条（事業譲渡等の承認を要しない場合）の規定により同法第四百六十七条第一項（事業譲渡等の承認等）の決議に

よらずに事業の全部の譲受けを行う場合には、取締役会の決議又は執行役の決定）がされたときは、当該銀行は、当該決議又は決定の日から二週間以内に、当該決議又は決定の要旨及び当該事業の全部の譲渡又は譲受けに異議のある債権者は一定の期間内に異議を述べるべき旨を官報に公告し、かつ、預金者等その他政令で定める債権者以外の知れている債権者には、各別にこれを催告しなければならない。

2　前項の期間は、一月を下つてはならない。

3　第一項の規定にかかわらず、銀行が、同項の規定による公告を、官報のほか、第五十七条の規定による定款の定めに従い、同条各号に掲げる公告方法によりするときは、同項の各別の催告は、することを要しない。

4　債権者が第一項の期間内に異議を述べなかつたときは、当該債権者は、当該事業の全部の譲渡又は譲受けについて承認したものとみなす。

5　債権者が第一項の期間内に異議を述べたときは、当該銀行は、弁済し、又は相当の担保を提供し、若しくは当該債権者に弁済を受けさせることを目的として信託会社若しくは信託業務を営む他の金融機関に相当の財産を信託しなければならない。ただし、当該事業の全部の譲渡又は譲受けをしても当該債権者を害するおそれがないときは、この限りでない。

第三十五条　銀行を当事者とする事業の一部の譲渡又は譲受けについて株主総会若しくは取締役会の決議又は執行役の決定がされたときは、当該銀行は、当該決議又は決定の日から二週間以内に、当該決議又は決定の要旨及び当該事業の一部の譲渡又は譲受けに異議のある債権者は一定の期間内に異議を述べるべき旨を官報に公告することができる。ただし、預金者等その他政令で定める債権者以外の知れている債権者には、各別にこれを催告しなければならない。

2　前項の期間は、一月を下つてはならない。
3　前条第三項から第五項までの規定は、第一項の規定によりされた公告及び催告に係る債権者の異議について準用する。
（会社分割又は事業の譲渡の公告等）
第三十六条　銀行は、会社分割により事業の全部若しくは一部を承継させ、又は事業の全部若しくは一部を譲渡したときは、遅滞なくその旨を公告しなければならない。
2　その公告方法が第五十七条第一号に掲げる方法である銀行が前項の規定による公告をしたときは、当該公告をした銀行の債務者に対して民法（明治二十九年法律第八十九号）第四百六十七条（指名債権の譲渡の対抗要件）の規定による確定日付のある証書による通知があつたものとみなす。この場合においては、当該公告の日付をもつて確定日付とする。

(イ)　**合併・会社分割の場合の特例**

会社法上、合併または会社分割により害される可能性のある、当該合併または会社分割の当事者となる会社の債権者は、当該合併または会社分割について異議を述べることができるとされている。また、異議を述べた債権者に対し、会社は弁済等の措置をとらなくてはならないとされている（債権者異議手続：会社法七八九条、七九九条、八一〇条）。

この際、当事会社は、当該合併または会社分割に係る一定の事項とともに、債権者は一定の期間内に異議を述べることができる旨を官報に公告し、かつ、知れている債権者に対しては各別に催告をしなければならないものとされている。

この点について、銀行法は、第三三条・第三三条の二の規定において例外を設け、預金者等については催告を要しないものとしている。

銀行の場合には預金者が多数にのぼることから、すべからく催告を要することになると、①莫大な労力と費用がかかること、②催告を受けなかった預金者が存在した場合、合併または分割手続の瑕疵を主張して無効の訴えを提起される可能性があり、法的安定性が失われること、③通常の会社と異なり、銀行の合併または分割は内閣総理大臣の認可に係らしめられており、預金者を害するような合併または会社分割が行われるとは考えがたいこと等によるものと考えられる。

(ロ) 事業の譲渡・譲受けの場合の特例

事業の譲渡および譲受けに対しては、会社法上、債権者異議手続は設けられていない。

合併や会社分割は包括承継であり、その対象となった債務や契約上の地位は合併契約書または分割契約書の記載に従って当然に移転してしまうため別途債権者保護の手続が必要となる。これに対し、事業の譲渡および譲受けは、通常の債務引受等が一括して行われているにすぎないとの整理になるため、民法の原則に従い、譲渡会社の債務が免責的に引き受けられるときは、各債権者の承諾が個別に要求されるため、重ねて債権者保護のための手続を設ける必要がないことによる。

しかし、銀行を当事者とする場合、預金者をはじめその債権者が多数にのぼることから、法律関係の早期安定を図る必要がある。このため、事業の全部の譲渡および譲受けの場合においても、銀行に対し、債権者異議手続によることを義務づけ（第三四条第一項）、別途個別の債権者の承諾を取得しなくとも、債務引受等の効果が生ずることとしている（第三四条第四項）。

事業の一部の譲渡または譲受けの場合については、その重要性が全部の場合に比して限定されることから、銀行の裁量により、債権者異議手続のうち、公告について省略することができるとされている（第三五条）。

また、事業の譲渡の対象となる債権について、通常の会社であれば個別の債務者に対して、確定日付ある通知または承諾によって対抗要件を具備しなければならないところ、銀行の債務者が融資先など多岐にわたっており、そのすべてに対しての対抗要件具備を要求すれば法律関係の安定性および早期確定の観点から適当でないと考えられることから、事業の譲渡の公告をもって、民法四六七条の規定による確定日付のある証書による通知とみなすこととしている（第三六条）。

二　銀行の廃業、解散および清算等

銀行が、廃業または解散により銀行業を終了しようとする場合、銀行が自己の業務を恣意的に終了することは許されないというのが銀行法における基本的な考え方である。これは、銀行が有する公共性に基づくものと考えられる。

銀行業の終了には、銀行側のイニシアチブで終了させる場合（第三七条）と当局（内閣総理大臣）が免許を取り消す場合（第四〇条）とが存在する。

銀行が廃業（銀行業の廃止）ではなく解散する場合には、合併、破産の場合を除き、清算に移行することになる。清算は会社法に基づき、裁判所の監督のもとに行われることとなるが、銀行の特殊性に配慮し、裁判所の権限を強化するとともに当局も意見陳述等で一定の関与が可能な仕組みとしている。

(1) 銀行業の任意終了

（廃業及び解散等の認可）

第三十七条　次に掲げる事項は、内閣総理大臣の認可を受けなければ、その効力を生じない。

一　銀行業の廃止に係る定款の変更についての株主総会の決議

二　銀行を全部又は一部の当事者とする合併（第三十条第一項に規定する合併及び金融機関の合併及び転換に関する法律第三条（合併）の規定による合併に該当するものを除く。）

三　銀行の解散についての株主総会の決議

2　内閣総理大臣は、前項の認可の申請があつたときは、次に掲げる基準のいずれかに適合するかどうかを審査しなければならない。

一　当該銀行業の廃止、合併又は解散が当該銀行の業務及び財産の状況に照らしてやむを得ないものであること。

二　当該銀行業の廃止、合併又は解散が、当該銀行が業務を営んでいる地域における資金の円滑な需給及び利用者の利便に支障を及ぼすおそれのないものであること。

3　（略）

（廃業等の公告等）

第三十八条　銀行は、前条第一項の認可を受けたときは、内閣府令で定めるところにより、直ちに、その旨及び当該認可を受けた事項の内容を公告するとともに、当該銀行を所属銀行とする銀行代理業者に通知し、かつ、一月を下らない期間、すべての営業所の公衆の目につきやすい場所に掲示しなければならない。

（定款の解散事由の規定の効力）
第三十九条　銀行は、会社法第四百七十一条第一号及び第二号（解散の事由）の規定にかかわらず、同条第一号又は第二号に掲げる事由によっては、解散しない。

①　内閣総理大臣の認可

一般の株式会社が事業終了を意図することは私的自治の原則に従って自由であり、会社法上、一般的な制約が課されることはない。しかし、銀行が銀行業務を終了させたいと意図する場合には、内閣総理大臣の認可を受けなければ、効力を生じないとされている（第三七条第一項）。

これは、銀行は多数の債権・債務関係を有するところ、廃止・解散等を銀行の自由に委ねれば、取引先や経済全般に多大の不利・不便を与えるおそれがあること、特に預金者の利益を害するおそれがあること等に基づくものと考えられる。

なお、付随業務をはじめとする、「銀行業」（第二章参照）以外の銀行が行う業務を廃止することについては、上記の認可は不要となる。他方、「銀行業」を廃止する場合には、たとえその一部の廃止であっても、定款の目的変更に当たる限り、第三七条第一項第一号により、内閣総理大臣の認可を要することになる。

第三七条第一項の規定による認可の法的性質は、合併の認可と同じで、行政法学上の「認可」に該当すると考えられる。すなわち、第三者の行為を補充してその法律上の効力を完成せしめる行政行為である。したがって、認可を受けない決議に基づいてなされた行為は無効である。他方、認可は補充的行為であるから、決議そのものが不存在または無効の場合に、これを有効な決議とするものではない。

② 認可審査

認可審査にあたっては、次の基準のいずれかに適合するか否かを審査することとなる（第三七条第二項）。

・当該銀行業の廃止、合併または解散が当該銀行の業務および財産の状況に照らしてやむを得ないものであること

・当該銀行業の廃止、合併または解散が、当該銀行が業務を営んでいる地域における資金の円滑な需給および利用者の利便に支障を及ぼすおそれのないものであること

(2) 銀行の強制終了

（免許の取消しによる解散）
第四十条　銀行は、第二十七条又は第二十八条の規定により第四条第一項の内閣総理大臣の免許を取り消されたときは、解散する。

銀行は、第二七条または第二八条の規定により免許を取り消された場合には、解散しなければならないこととなっている。

免許を失うと、銀行の要件を欠くため銀行ではなくなり、銀行法の適用対象から外れることになる。この結果、第四〇条が存在しなければ、銀行免許を取り消された株式会社が、自発的に解散しない限り、預金者を擁したまま存続することになる。

免許を取り消される銀行は、その業務運営または経営状態が著しく不良であるか営業態度が反社会的である等の

問題を有している可能性が高い。このため、存続させて矯正を図るより、清算して財産を分配したほうが、預金者等の利益のためになる可能性が高い。

そこで銀行法は、免許取消の効果として銀行の私法上の人格を否定することとしている。これによりすみやかに清算手続に移行し、債権、債務の整理を図ったほうが預金者保護の実をあげうるとの考えによるものと思われる。

なお、銀行は、銀行業以外の業務（付随業務や法定他業）を兼営している例が多いと思われるが、銀行が本業としての免許を取り消された場合、第四〇条の規定に基づいて解散せざるをえないので、銀行業以外の業務を営むこともできなくなることとなる。

(3) 免許の失効

（免許の失効）

第四十一条 銀行が次の各号のいずれかに該当するときは、第四条第一項の内閣総理大臣の免許は、効力を失う。

一 銀行業の全部を廃止したとき。

二 会社分割により事業の全部を承継させ、又は事業の全部を譲渡したとき。

三 解散したとき（設立、株式移転、合併（当該合併により銀行を設立するものに限る。）又は新設分割を無効とする判決が確定したときを含む。）。

四 当該免許を受けた日から六月以内に業務を開始しなかつたとき（やむを得ない理由がある場合において、

あらかじめ内閣総理大臣の承認を受けたときを除く。）。

銀行法第二条では、銀行法第四条の免許を取得した者を「銀行」と定義している。この結果、免許を一度取得すれば、実際に銀行業を営んでいなくとも銀行という名称を用いた営業を行うことができることとなり一般公衆の誤解を招きかねない。

しかし、銀行が銀行業を営まなくなったときに免許だけを維持し続ける意義はなく、むしろ積極的に銀行免許を当然に失効させることが望ましい。

そこで、銀行業の全部を廃止したとき（第一号）、会社分割または事業譲渡により事業の全部をほかのエンティティに移管したとき（第二号）、株主総会の解散決議、解散判決、合併、破産手続の開始決定等、いかなる理由によるかを問わず銀行が解散したとき（第三号）、銀行免許を受けた日から六カ月以内に業務を開始しなかったとき（第四号）について、銀行免許は当然に失効することとされている。

(4) 免許取消等があった場合の関係規定の適用等

（免許の取消し等の場合のみなし銀行）

第四十二条　銀行が第二十七条若しくは第二十八条の規定により第四条第一項の内閣総理大臣の免許を取り消された場合又は前条の規定により当該免許が効力を失つた場合においては、当該銀行であつた会社は、第三十六条、第三十八条及び第四十六条第一項の規定の適用については、なお銀行とみなす。

（他業会社への転移等）

第四十三条　銀行が第四十一条第一号の規定に該当して第四条第一項の内閣総理大臣の免許が効力を失つた場合において、当該銀行であつた会社に従前の預金又は定期積金等の債務が残存するときは、政令で定める場合を除き、内閣総理大臣は、当該会社が当該債務を完済する日又は当該免許が効力を失つた日以後十年を経過する日のいずれか早い日まで、当該会社に対し、当該債務の総額を限度として財産の供託を命じ、又は預金者等の保護を図るため当該債務の処理若しくは資産の管理若しくは運用に関し必要な命令をすることができる。

2　前項の規定は、銀行等以外の会社が合併又は会社分割により銀行の預金又は定期積金等の債務を承継した場合について準用する。

3　第二十四条第一項並びに第二十五条第一項、第三項及び第四項の規定は、前二項の規定の適用を受ける会社について準用する。

第四二条は、銀行が免許を取り消され、または免許が失効した場合においても、一部の規定、すなわち、①第三六条（会社分割または事業の譲渡の際に公告をもって、民法四六七条の規定による確定日付のある証書による通知とみなす等の規定）、②第三八条（廃業・解散等の認可を受けたときの公告等を義務づける規定）、③第四六条（清算手続等において、裁判所は内閣総理大臣の意見を求めることができる等の規定）の規定上、なお銀行とみなすとしている。銀行の免許取消等に係る一連の手続のなかにおいて、銀行とみなすことにより、当該手続に係る規定を継続的に適用するためである。

第四三条は、銀行免許が失効した場合であって、預金債務等が残存する場合に、その債務の処理等のため、当局が必要な命令をすることができることを定めている（第一項）。また、当局が報告・資料の提出を求めることができる旨の規定（第二五条第一項）、立入検査をすることができる旨の規定（第二五条第一項、第三項および第四項）を準用するとしている。

(5) 清算手続

（清算人の任免等）

第四十四条　銀行が第四条第一項の内閣総理大臣の免許の取消しにより解散した場合には、裁判所は、利害関係人若しくは内閣総理大臣の請求により又は職権をもつて、清算人を選任する。当該清算人の解任についても、同様とする。

2　前項の場合を除くほか、裁判所は、利害関係人若しくは内閣総理大臣の請求により又は職権をもつて、清算人を解任することができる。この場合においては、裁判所は、清算人を選任することができる。

3　破産手続開始の決定を受けて復権を得ない者又は外国の法令上これと同様に取り扱われている者は、清算をする銀行（次項並びに次条第三項、第五項、第七項及び第八項において「清算銀行」という。）の清算人となることができない。

4　清算銀行の清算人に対する会社法第四百七十八条第八項（清算人の就任）において準用する同法第三百三十一条第一項第三号（取締役の資格等）の規定の適用については、同号中「この法律」とあるのは、「銀行法、この法律」とする。

（清算の監督）

第四十五条　銀行の清算は、裁判所の監督に属する。

2　銀行の清算の監督は、銀行の本店の所在地を管轄する地方裁判所の管轄に属する。

3　裁判所は、清算銀行の清算事務及び財産の状況を検査するとともに、当該清算銀行に対し、財産の供託を命じ、その他清算の監督に必要な命令をすることができる。この場合においては、当該検査をさせるため、特別検査人を選任することができる。

4　会社法第八百七十一条本文（理由の付記）、第八百七十二条（第一号に係る部分に限る。）（即時抗告）、第八百七十五条（非訟事件手続法の規定の適用除外）及び第八百七十六条（最高裁判所規則）の規定は前項前段の規定による命令について、同法第八百七十四条（第二号に係る部分に限る。）（不服申立ての制限）、第八百七十五条及び第八百七十六条の規定は同項後段の規定による特別検査人の選任について、それぞれ準用する。

5　裁判所は、第三項後段の規定により特別検査人を選任した場合には、清算銀行が当該特別検査人に対して支払う報酬の額を定めることができる。

6　会社法第八百七十条第一項（第一号に係る部分に限る。）（陳述の聴取）、第八百七十二条（第四号に係る部分に限る。）（即時抗告）、第八百七十五条（非訟事件手続法の規定の適用除外）及び第八百七十六条（最高裁判所規則）の規定は、前項の報酬の額の決定について準用する。

7　清算銀行の清算人は、その就任の日から二週間以内に、次に掲げる事項を裁判所に届け出なければならない。

一　解散の事由（会社法第四百七十五条第二号又は第三号（清算の開始原因）に掲げる場合に該当することとなつた清算銀行にあつては、その旨）及びその年月日

二　清算人の氏名及び住所

8　清算銀行の清算人は、会社法第四百九十二条第三項（財産目録等の作成等）の規定により同項に規定する財産目録等について株主総会の承認を受けた場合には、遅滞なく、当該財産目録等（当該財産目録等が電磁的記録をもつて作成されている場合にあつては、当該電磁的記録に記録された事項を記載した書面）を裁判所に提出しなければならない。

（清算手続等における内閣総理大臣の意見等）

第四十六条　裁判所は、銀行の清算手続、破産手続、再生手続、更生手続又は承認援助手続において、内閣総理大臣に対し、意見を求め、又は検査若しくは調査を依頼することができる。

2　内閣総理大臣は、前項に規定する手続において、必要があると認めるときは、裁判所に対し、意見を述べることができる。

3　第二十五条第一項、第三項及び第四項の規定は、第一項の規定により内閣総理大臣が裁判所から検査又は調査の依頼を受けた場合について準用する。

銀行も株式会社であり、解散した場合には清算手続に移行することとなる（会社法第四七五条第一号）。もっとも、銀行の公共性を考慮して、以下のように裁判所の監督の強化および裁判所と監督当局との連携強化を目的とした会社法の特則が定められている。

(イ)　**裁判所の監督の強化**

まず、会社法上、原則として取締役が清算人となることとされている（同法第四七八条第一項第一号）が、銀行が免許を取り消されたことに伴い解散したときは、裁判所は、利害関係人もしくは内閣総理大臣の請求により、または職権により清算人を選任しなければならないとしている（第四四条第一項）。

また、会社法上、清算人の解任は株主総会の権限であり、裁判所は、重要な事由が存在し、かつ、株式保有割合等一定の要件を満たす株主の要求があった場合に限り清算人を解任することができる（会社法四七九条）が、銀行については、裁判所は、利害関係人もしくは内閣総理大臣の請求により、または職権により清算人を解任することができるとされている（銀行法第四四条第二項）。

さらに、裁判所は、銀行の清算手続を進めるにあたって、会社法に規定されていない権限として、①清算事務および財産の状況の検査、②財産の供託命令、③その他清算の監督に必要な命令を行う権限を与えられている（第四五条）。

(ロ) 内閣総理大臣の意見等

銀行法は、銀行の清算手続・破産手続・再生手続・整理手続・更生手続・承認援助手続において、①裁判所が内閣総理大臣に対し意見を求め、または検査もしくは調査を依頼することができる権限を有する旨定め（第四六条第一項）、②内閣総理大臣の裁判所に対する意見陳述権を定めている（同条第二項）。

第一九章　外国銀行支店

一　外国銀行免許

（外国銀行の免許等）
第四十七条　外国銀行が日本において銀行業を営もうとするときは、当該外国銀行は、内閣府令で定めるところにより、当該外国銀行の日本における銀行業の本拠となる一の支店（以下この章において「主たる外国銀行支店」という。）を定めて、第四条第一項の内閣総理大臣の免許を受けなければならない。
2　前項の規定により、外国銀行が第四条第一項の内閣総理大臣の免許を受けたときは、その主たる外国銀行支店及び当該外国銀行の日本における他の支店その他の営業所（以下この章において「従たる外国銀行支店」という。）（以下この章において「外国銀行支店」と総称する。）を一の銀行とみなし、当該外国銀行の日本における代表者を当該一の銀行とみなされた外国銀行支店の取締役とみなして、この法律の規定を適用する。ただし、第四条の二、第五条、第六条、第七条の二第四項、第八条、第十三条第二項及び第四項、第十四条第二項、第二章の二、第十八条、第十九条第二項、第二十条第二項、第二十一条第二項、第二十二条、第二十三条、第二十四条第二項及び第三項（これらの規定中子法人等に係る部分に限る。）、第二十五条第二項及び第五項（これらの規定中子法人等に係る部分に限る。）、第三十条第一項及び第二項、第三十二条から第三十三条の二まで、第三十六条（会社分割に係る部分に限る。）、第三十七条第一項第二号及び第三号、第三十九条、第四十条、第四十一条第二号（会社分割に係る部分に限る。）及び第三号、第四十三条、第四十四条、第七章の三、第五十三条第一項（第一号、第五号及び第八号を除く。）、第二項、第三項及び第五項、第五十五条第二項及び第三項、第五十六条第五号から第九号まで、第五十七条並びに第五十七条の二第二項の規定を除く。

3　前項の場合において、第十条第二項（第八号の二に係る部分に限る。）及び次章の規定並びにこれらの規定に係る第九章及び第十章の規定の適用については、外国銀行支店に係る外国銀行の主たる営業所及びその外国における支店その他の営業所（以下この項において「外国銀行外国営業所」と総称する。）は、一の外国銀行とみなし、当該外国銀行支店が行う当該外国銀行支店に係る外国銀行の外国銀行外国営業所とその顧客の取引の仲介（外国銀行の業務の代理又は媒介に相当するものとして内閣府令で定めるものに限る。）は、当該一の外国銀行の業務の媒介とみなし、当該取引の仲介に係る外国銀行外国営業所は、当該外国銀行支店が当該一の外国銀行の業務の媒介の委託を受ける旨の契約の相手方とみなす。

4　外国銀行に対する第四条第一項の内閣総理大臣の免許に係る特例、外国銀行支店に対しこの法律の規定を適用する場合における技術的読替えその他外国銀行支店に対するこの法律の規定の適用に関し必要な事項は、政令で定める。

第一項において、外国銀行が日本において銀行業を営もうとする際は、日本に本拠を置く銀行と同様、免許を受けなければならないとされている。また、免許を受ける際には、日本における本拠となる一の支店を定めなければならないとされている。

第二項以下では、外国銀行については、銀行全体をとらえるのではなく、日本における支店等のみを一つの銀行とみなして銀行法を適用する旨を定め、その際に必要な調整などを定めている。

外国銀行とは、第一〇条第二項第八号において「外国の法令に準拠して外国において銀行業を営む者（第四条第五項に規定する銀行等を除く）」と定義されている。

また、第四条第五項で、銀行等とは「銀行・長期信用銀行その他内閣府令で定める金融機関」とされ、これを受け、銀行法施行規則第四条の二では、株式会社商工組合中央金庫・信用金庫連合会・農林中央金庫が定められている。邦銀等も外国で活動する際には、外国の法令に準拠して銀行業を営むため、邦銀およびそれに準ずる金融機関を除外し、規制の重複を排除している。

邦銀を前提とした規定は適用が除外されたり（第二項）、読み替えて適用される（第四項）が、これら以外の規定は、すべて、邦銀と同様に適用される。このため、たとえば、免許審査にあたっては、第四条第三項に規定されている「相互主義」の規定なども、適用される。

外国銀行支店に対して適用除外とする規定の代表例は、概要、以下のとおりである。外国に本拠を置く法人であるものの、銀行法の規定の適用に関する限りで日本国内の支店を一の銀行とみなしているところ、性質上、適用が合理的でないもの等を適用除外としている。
●第四条の二（銀行は、株式会社かつ取締役会等を設置するものでなければならないこと等を定める規定）
●第五条（最低資本金の額等を定める規定）
●第六条（銀行の商号について定める規定）
●第一三条第二項および第四項（大口信用供与等規制について子会社等を合算する規定）

二　資産の国内保有

（外国銀行支店の資本金に対応する資産の国内保有）
第四十七条の二　外国銀行支店は、常時、政令で定めるところにより、十億円を下回らない範囲内において政令で定める額以上の資本金に対応する資産を国内において保有していなければならない。

第二九条の規定により、当局は銀行および外国銀行支店に対し、わが国銀行の海外における活動や外国銀行支店の業務展開に対応して、日本国内の預金者等の保護その他公益のため必要があると認めるときは、資産のうち一定部分を国内において保有するよう命ずることができることとされている。

また、外国銀行支店に対し、当期純利益の一〇分の一を利益準備金として計上し、二〇億円に達するまで積み立てるとともに、当該利益準備金の額に相当する資産の積立を義務づけていた。

しかし、健全性確保や預金者保護の観点からは、当期純利益が生じた段階で初めて積立を義務づける規制は不十分な面があり、外国銀行支店に対し、利益の積立にかえて銀行業の免許の付与の際から、常時、国内銀行の最低資本金（二〇億円）に相当する資産の積立を義務づけることが適当と考えられ、平成二五年銀行法等改正により、第四七条の二の規定が設けられた。

三　従たる外国銀行支店の設置・資料提出・届出等

（従たる外国銀行支店の設置等）
第四十七条の三　外国銀行支店は、従たる外国銀行支店の設置、種類の変更又は廃止をしようとするときは、内閣府令で定める場合を除き、内閣府令で定めるところにより、内閣総理大臣の認可を受けなければならない。

（外国銀行支店の資料の提出等）
第四十八条　内閣総理大臣は、外国銀行支店の業務の健全かつ適切な運営を確保するため必要があると認めるときは、外国銀行支店（当該外国銀行支店を所属銀行とする銀行代理業者を含む。）に対し、外国銀行支店に係る外国銀行（当該外国銀行と政令で定める特殊の関係のある者を含む。）の業務又は財産の状況に関する報告又は資料の提出を求めることができる。

（外国銀行支店の届出）
第四十九条　外国銀行支店は、当該外国銀行支店に係る外国銀行が次の各号のいずれかに該当するときは、内閣府令で定めるところにより、その旨を内閣総理大臣に届け出なければならない。
一　資本金又は出資の額を変更したとき。
二　商号又は本店の所在地を変更したとき。
三　合併をし、会社分割により事業を承継させ、若しくは承継し、又は事業の全部若しくは重要な一部の譲渡若しくは譲受け（当該外国銀行支店のみに係るものを除く。）をしたとき。

四　解散（合併によるものを除く。）をし、又は銀行業の廃止をしたとき。
五　銀行業に係る免許（当該免許に類する許可、登録その他の行政処分を含む。）を取り消されたとき。
六　破産手続開始の決定があつたとき。
七　その他内閣府令で定める場合に該当するとき。
2　外国銀行支店は、次の各号のいずれかに該当するときは、内閣府令で定めるところにより、その旨を内閣総理大臣に届け出なければならない。
一　主たる外国銀行支店又は従たる外国銀行支店の位置の変更をしようとするとき（内閣府令で定める場合を除く。）。
二　従たる外国銀行支店（支店でない営業所を除く。以下この号において同じ。）を主たる外国銀行支店とし、主たる外国銀行支店を従たる外国銀行支店としようとするとき。
三　その他内閣府令で定める場合に該当するとき。

（外国銀行支店の公告方法）
第四十九条の二　外国銀行支店は、公告方法として、次に掲げる方法のいずれかを定めなければならない。
一　時事に関する事項を掲載する日刊新聞紙に掲載する方法
二　電子公告（会社法第二条第三十四号（定義）に規定する電子公告をいう。以下同じ。）
2　会社法第九百四十条第三項（電子公告の公告期間等）、第九百四十一条（電子公告調査）、第九百四十六条（調査の義務等）、第九百四十七条（電子公告調査を行うことができない場合）、第九百五十一条第二項（財務諸表等の備置き及び閲覧等）、第九百五十三条（改善命令）及び第九百五十五条（調査記録簿等の記載等）の規定は、外国銀行支店が電子公告によりこの法律又は他の法律の規定による公告（会社法の規定による公告を除く。）をする場合について準用する。この場合において、同法第九百四十条第三項中「前二項」とあるのは「銀行法第四十七条第二項の規定により外国銀行支店を一の銀行とみなして適用する同法第五十七条の二第一項」と読み替えるものとするほか、必要な技術的読替えは、政令で定める。

（外国銀行に対する免許の失効）

第五十条　第四十九条第一項第三号から第六号までのいずれかに該当して同項の規定による届出（同項第三号に係る届出にあつては当該合併後当該外国銀行支店に係る外国銀行が消滅することとなる合併、当該外国銀行支店に係る事業の全部を承継させることとなる会社分割及び事業の全部の譲渡に係る届出に限るものとし、同項第四号に係る届出にあつては銀行業の一部の廃止に係る届出を除く。）があつたときは、当該届出をした外国銀行支店に係る外国銀行に対する第四条第一項の内閣総理大臣の免許は、効力を失う。

（外国銀行支店の清算）

第五十一条　外国銀行支店は、次の各号のいずれかに該当するときは、日本にある財産の全部について清算をしなければならない。

一　第二十七条又は第二十八条の規定により当該外国銀行支店に係る外国銀行に対する第四条第一項の内閣総理大臣の免許を取り消されたとき。

二　第四十一条第一号又は前条の規定により当該外国銀行支店に係る外国銀行に対する第四条第一項の内閣総理大臣の免許が効力を失つたとき。

2　前項の規定により外国銀行支店が清算をする場合には、裁判所は、利害関係人若しくは内閣総理大臣の請求により又は職権をもつて、清算人を選任する。当該清算人の解任についても、同様とする。

3　会社法第四百七十六条（清算株式会社の能力）、第二編第九章第一節第二款（清算株式会社の機関）、第四百

九十二条（財産目録等の作成等）、同節第四款（債務の弁済等）、第五百八条（帳簿資料の保存）、同章第二節（第五百十条、第五百十一条及び第五百十四条を除く。）（特別清算）、第七編第三章第一節（総則）及び第三節（特別清算の手続に関する特則）並びに第九百三十八条第一項から第五項まで（特別清算に関する裁判による登記の嘱託）の規定は、その性質上許されないものを除き、第一項の規定による日本にある外国銀行支店の財産についての清算について準用する。

4　第四条第一項の免許を受けた外国銀行については、会社法第八百二十条（日本に住所を有する日本における代表者の退任）の規定は、適用しない。

5　外国銀行支店に対する会社法第八百二十二条第一項（日本にある外国会社の財産についての清算）の規定の適用については、同項中「利害関係人」とあるのは、「利害関係人若しくは内閣総理大臣」とする。

（外国銀行の駐在員事務所の設置の届出等）

第五十二条　外国銀行（外国銀行が外国銀行支店を設けている場合は、当該外国銀行支店。以下この条において同じ。）は、次に掲げる業務を行うため、日本において駐在員事務所その他の施設を設置しようとする場合（他の目的により設置している事務所その他の施設において当該業務を行おうとする場合を含む。）には、あらかじめ、当該業務の内容、当該業務を行う施設の所在地その他内閣府令で定める事項を内閣総理大臣に届け出なければならない。

一　銀行の業務に関する情報の収集又は提供

二　その他銀行の業務に関連を有する業務

2　内閣総理大臣は、公益上必要があると認めるときは、外国銀行に対し、前項の施設において行う同項各号に掲げる業務に関し報告又は資料の提出を求めることができる。

3　外国銀行は、その設置した第一項の施設を廃止したとき、当該施設において行う同項各号に掲げる業務を廃止したときその他同項の規定により届け出た事項を変更したときは、遅滞なくその旨を内閣総理大臣に届け出なければならない。

第四七条の三から第五二条までの規定は、本店が国外に存在し、当該本店の所在国の法制の適用を受ける等の外国銀行支店の特性をふまえ、外国銀行支店の監督等を行ううえで必要な事項を定める規定である。

第二〇章　外国銀行代理業務に関する特則

一　認可等

（外国銀行代理業務に係る認可等）

第五十二条の二　銀行は、第十条第二項第八号の二に掲げる業務（次条第二号から第四号までを除き、以下「外国銀行代理業務」という。）を営もうとするときは、当該外国銀行代理業務の委託を受ける旨の契約の相手方である外国銀行（次条第二号から第四号までを除き、以下「所属外国銀行」という。）ごとに、内閣府令で定めるところにより、あらかじめ、内閣総理大臣の認可を受けなければならない。

2　前項の規定にかかわらず、銀行は、外国銀行グループ（外国銀行及びその子会社である外国銀行その他の内閣府令で定める者の集団をいう。）ごとに、認可を受けて当該外国銀行グループに属する外国銀行を所属外国銀行とする外国銀行代理業務を営むことができる。

3　第一項の規定は、銀行が当該銀行の子会社である外国銀行その他の内閣府令で定める外国銀行を所属外国銀行として外国銀行代理業務を営もうとするときは、適用しない。この場合において、当該銀行は、当該外国銀行代理業務に係る所属外国銀行ごとに、内閣府令で定めるところにより、あらかじめ、内閣総理大臣に届け出なければならない。
【太字部分（第二項）は、平成二八年改正により挿入】

(1) 認可制

邦銀および外国銀行支店が、外国銀行代理業務（外国銀行の業務の代理または媒介業務）を営もうとする場合、委託元である外国銀行（所属外国銀行）に対しては、わが国の監督当局の直接の監督権限が及ばないため、日本国内で外国銀行代理業務を行う者に対する監督を通じ、問題ある外国銀行によって不適切な金融サービスが日本国内で提供されることを防ぐ必要がある。

そうした観点から、第一項において、委託元である外国銀行ごとに個別に認可を受ける必要があると定めている（個別認可制）。

なお、個別の業務が外国銀行代理業務に該当するか否か等、当該業務の取扱いについては、金融庁より「外国銀行代理業務に関するQ＆A」が公表されている。

(2) 認可制の例外（届出）

わが国の銀行が外国の銀行を子会社とする場合、子会社とすることについて認可が必要である。当該子会社である外国の銀行を所属銀行として、国内で外国銀行代理業務を行う場合、これについて認可を求めると、二重の認可が必要になる。

このため、第三項において、こうした場合には、認可は求めず、ただ、国内の銀行が外国銀行代理業務を受託していることを当局が把握するため、届出を求めている。

⑶　平成二八年改正による見直し（包括認可制の導入）

平成二八年改正により、第二項を新設し、包括認可制を導入した。

その背景として、たとえば、日本に本拠地を置く企業グループが世界各地に置く支店・関係会社に対し、外国銀行グループが世界各地に置く当該外国銀行グループの拠点（外国銀行）を活用し、グループ一体でサービス提供することがある。

その際、当該外国銀行グループの日本の拠点銀行や在日支店としては、世界各地の同一グループ内の拠点銀行ごとにそれらを所属銀行とする外国銀行代理業務の認可を個別に受けなければ、サービスを提供する相手方企業グループの日本の本店等との交渉など、これら拠点銀行の業務の代理・媒介に当たる行為ができず、機動的なサービス提供の支障になるとして、制度の見直しを求める声があった。

こうした状況をふまえ、平成二八年改正により、個別認可制を原則としつつ、特例として、邦銀および外国銀行支店が外国銀行代理業務を行う場合には、委託元の外国銀行グループ単位での包括的な認可制を導入することとした。

第二項の包括的な認可を受けた後、当該グループ内において委託元となる外国銀行が新たに所属外国銀行として加わる際には、外国銀行代理業務を受託していることを当局が把握するため、銀行法施行規則第三五条第一項第一六号の二の規定に基づき、当局に対し、そのつど、届け出ることとされている。

二　各種法令の規定に関する特例

（外国銀行の免許に関する特例）

第五十二条の二の二　次の各号に掲げる場合には、当該各号に定める業務（第十条第一項第一号又は第三号に掲げる業務に限る。）については、第四条第一項及び第四十七条第一項の規定は、適用しない。

一　銀行が、前条第一項若しくは第二項の認可を受け、又は同条第三項の規定による届出をして外国銀行代理業務を営んでいる場合　当該外国銀行代理業務に係る所属外国銀行の当該外国銀行代理業務に係る業務

二　長期信用銀行が、長期信用銀行法第六条の三第一項若しくは第二項（外国銀行代理業務に係る認可等）の認可を受け、又は同条第三項の規定による届出をして外国銀行代理業務（同条第一項に規定する外国銀行代理業務をいう。）を営んでいる場合　当該外国銀行代理業務に係る所属外国銀行（同条第一項に規定する所属外国銀行をいう。）の当該外国銀行代理業務に係る業務

三　信用金庫連合会が、信用金庫法第五十四条の二第二項（外国銀行代理業務に係る認可等）の規定による届出をして外国銀行代理業務（同項に規定する外国銀行代理業務をいう。）を営んでいる場合　当該外国銀行代理業務に係る所属外国銀行（同条第一項に規定する所属外国銀行をいう。）の当該外国銀行代理業務に係る業務

四　農林中央金庫が、農林中央金庫法第五十九条の四第二項（外国銀行代理業務に係る認可等）の規定による届出をして外国銀行代理業務（同条第一項に規定する外国銀行代理業務をいう。）を営んでいる場合　当

該外国銀行代理業務に係る所属外国銀行（同条第一項に規定する所属外国銀行をいう。）の当該外国銀行代理業務に係る業務

（出資の受入れ、預り金及び金利等の取締りに関する法律の特例）

第五十二条の二の三　銀行が、第五十二条の二第一項若しくは第二項の認可を受け、又は同条第三項の規定による届出をして外国銀行代理業務を営んでいる場合には、当該外国銀行代理業務に係る所属外国銀行が業としてする預り金（出資の受入れ、預り金及び金利等の取締りに関する法律（昭和二十九年法律第百九十五号）第二条第二項（預り金の禁止）に規定する預り金をいう。）であつて当該外国銀行代理業務に係るものについては、同法第二条第一項の規定は、適用しない。

（貸金業法の特例）

第五十二条の二の四　銀行が、第五十二条の二第一項若しくは第二項の認可を受け、又は同条第三項の規定による届出をして外国銀行代理業務を営んでいる場合には、当該外国銀行代理業務に係る所属外国銀行が業として行う貸付け（貸金業法（昭和五十八年法律第三十二号）第二条第一項（定義）に規定する貸付けをいう。）であつて当該外国銀行代理業務に係るものについては、同法第二条第一項に規定する貸金業に該当しないものとみなす。

第五二条の二の規定に基づいて銀行が外国銀行代理業務を営む場合、所属銀行である外国銀行の立場からすると、国内の銀行を通じて、わが国銀行法の免許を受けることなく、銀行業に相当する業務や、出資法が禁止する預り金をすること、また、貸金業に相当する業務を営んでいるように思われる。

他方、このような業務については、国内で銀行免許を受け、かつ、外国銀行代理業務認可を受けた銀行を通じ

て、その適正な運営を確保することが想定されている。

このため、このような業務について、銀行免許・外国銀行免許を求める規定や、預り金の禁止規定を適用せず、また、貸金業に規定する貸金業に該当しないものとみなす（貸金業法に基づく登録その他の規定が適用されないこととなる）ことを定めている。

三　外国銀行代理銀行・所属外国銀行に関する諸規制

（外国銀行代理銀行についての金融商品取引法の準用）
第五十二条の二の五　金融商品取引法第三章第一節第五款（第三十四条の二第六項から第八項まで（特定投資家が特定投資家以外の顧客とみなされる場合）並びに第三十四条の三第五項及び第六項（特定投資家以外の顧客である法人が特定投資家とみなされる場合）を除く。）（特定投資家）、同章第二節第一款（第三十五条から第三十六条の四まで（第一種金融商品取引業又は投資運用業を行う者の業務の範囲、第二種金融商品取引業又は投資助言・代理業のみを行う者の兼業の範囲、業務管理体制の整備、顧客に対する誠実義務、標識の掲示、名義貸しの禁止、社債の管理の禁止等）、第三十七条第一項第二号（広告等の規制）、第三十七条の二（取引態様の事前明示義務）、第三十七条の三第一項第二号及び第六号並びに第三項（契約締結前の書面の交付）、第三十七条の五から第三十七条の七まで（保証金の受領に係る書面の交付、書面による解除、指定紛争解決機関との契約締結義務等）、第三十八条第一号、第二号及び第七号並びに第三十八条の二（禁止行為）、第三十九条第三項ただし書及び第五項（損失補てん等の禁止）並びに第四十条の二から第四十条の七まで（最良執行方針等、分別管理が確保されていない場合の売買等の禁止、金銭の流用が行われている場合の募集等の禁止、特定投資家向け有価証券の売買等の制限、特定投資家向け有価証券に関する告知義務、のみ行為の禁止、店頭デリバティブ取引に関する電子情報処理組織の使用義務等）を除く。）（通則）及び第四十五条（第三号及び第四号を除く。）（雑則）の規定は、外国銀行代理銀行（第五十二条の二第一項若しくは第二項の認可を受け、又は同条第三項の規定による届出をして外国銀行代理業務を営んでいる銀行をいう。以下同じ。）が行う外国銀行代理業務に係る特定預金等契約の締結の代理又は媒介について準用する。この場合において、これらの規定中「金融商品取引契約」とあるのは「特定預金等契約」と、「金融商品取引業」とあるのは「特定預金等契約の締結の代理又は媒介の業務」と、「締結の勧誘又は締結」とあるのは「締結の勧誘又は締結の代理若しくは媒介」と、これらの規定（同法第三十四条の規定を除く。）中「金融商品取引行為」とあるのは「特定預金等契約の締結」と、同法第三十四条中「顧客を相手方とし、又は顧客のために金融商品取引行為（第二条第八項各号に掲げる行為をいう。以下同じ。）を行うことを内容とする契約」とあるのは「銀行法第十三条の四に規定する特定預金等契約」と、「を過去に当該特定投資家との間で締結」とあるのは「の締結の代理又は媒介を過去に当該特定投資家との間で」と、「を締結する」とあるのは「の締結の代理又は媒介をする」と、同法第三十四条の二第五項第二号中「締結する」とあるのは「締結の代理又は媒介をする」と、同法第三十四条の三第二項第四号イ中「と対象契約」とあるのは「による代理若しくは媒介により対象契約」と、同条第四項第二号中「締結する」とあるのは「締結の代理又は媒介をする」と、同法第三十七条の三第一項中「を締結しようとするとき」とあるのは「の締結の代理又は媒介を行うとき」と、「交付しなければならない」とあるのは「交付するほか、預金者等（銀行法第二条第五項に規定する預金者等をいう。以下この項において同じ。）の保護に資するため、内閣府令で定めるところにより、当該特定預金等契約の内容その他預金者等に参考となるべき情報の提供を行わなければならない」と、同項第一号中「金融商品取引業者等」とあるのは「外国銀行代理銀行（銀行法第五十二条の二の五に規定する外国銀行代理銀行をいう。）の所属外国銀行（同法第五十二条の二第一項に規定する所属外国銀行をいう。）」と、同法第三十九条第一項第一号中「有価証券の売買その他の取引（買戻価格があらかじめ定められている買戻条件付売買その他の政令で定める取引を除く。）又はデリバティブ取引（以下この条において「有価証券売買取引等」という。）」とあるのは「特定預金等契約の締結」と、「有価証券又はデリバティブ取引（以下この条において「有価証券等」という。）」とあるのは「特定預金等契約」と、「顧客（信託会社等（信託会社又は金融機関の信託業務の兼営等に関する法律第一条第一項の認可を受けた金融機関をいう。以下同じ。）が、信託契約に基づいて信託をする者の計算において、有価証券の売買又はデリバティブ取引を行う場合にあつては、当該信託をする者を含む。以下この条において同じ。）」とあるのは「顧客」と、「補足するため」とあるのは「補足するため、当該特定預金等契約によらないで」と、同項第二号中「有価証券売買取引等」とあるのは「特定預金等契約の締結」と、「有価証券等」とあるのは「特定預金等契約」と、「追加するため」とあるのは「追加するため、当該特定預金等契約によらないで」と、同項第三号中「有価証券売買取引等」とあるのは「特定預金等契約の締結」と、「有価証券等」とあるのは「特定預金等契約」と、「追加するため、」とあるのは「追加するため、当該特定預金等契約によらないで」と、同条第二項中「有価証券売買取引等」とあるのは「特定預金等契約の締結」と、同条第三項中「原因となるものとして内閣府令で定めるもの」とあるのは「原因となるもの」と、同法第四十五条第二号中「第三十七条の二から第三十七条の六まで、第四十条の二第四項及び第四十三条の四」とあるのは「第三十七条の三（第一項の書面の交付に係る部分に限り、同項第二号及び第六号並びに第三項を除く。）及び第三十七条の四」と、「締結した」とあるのは「締結の代理若しくは媒介をした」と読み替えるものとするほか、必要な技術的読替えは、政令で定める。

（所属外国銀行に係る説明書類等の縦覧）

第五十二条の二の六　外国銀行代理銀行は、内閣府令で定めるところにより、その所属外国銀行及びその所属外国銀行を子会社とする持株会社で外国の法令に準拠して設立された会社（以下この項において「外国銀行持株会社」という。）がその事業年度ごとに作成した書面であつて、当該所属外国銀行又は当該外国銀行持株会社の業務及び財産の状況に関する事項を記載したもの（第二十一条第一項及び第二項並びに第五十二条の二十九第一項に規定する事業年度に係る説明書類又はこれに類するものであつて、日本語又は英語により記載したものに限る。）を、当該所属外国銀行のために外国銀行代理業務を営む国内のすべての営業所（無人の営業所を除く。次項において同じ。）に備え置き、公衆の縦覧に供しなければならない。

2　前項に規定する書面が電磁的記録をもつて作成されているときは、外国銀行代理業務を営むすべての営業所において、当該書面の内容である情報を電磁的方法により不特定多数の者が提供を受けることができる状態に置く措置として内閣府令で定めるものをとることができる。この場合においては、同項に規定する書面を、同項の規定により備え置き、公衆の縦覧に供したものとみなす。

（外国銀行代理業務の健全化措置）

第五十二条の二の七　外国銀行代理銀行は、内閣府令で定めるところにより、その所属外国銀行の業務又は財産の状況に関する事項の顧客への説明その他の当該外国銀行代理銀行が営む外国銀行代理業務の健全かつ適切な運営を確保するための措置を講じなければならない。

（所属外国銀行に関する資料の提出等）

第五十二条の二の八　内閣総理大臣は、外国銀行代理業務の健全かつ適切な運営を確保するため必要があると認めるときは、外国銀行代理銀行に対し、その所属外国銀行（当該所属外国銀行と政令で定める特殊の関係のある者を含む。）の業務又は財産の状況に関する報告又は資料の提出を求めることができる。

（所属外国銀行に関する届出等）

第五十二条の二の九　外国銀行代理銀行は、その所属外国銀行（外国銀行代理銀行（外国銀行支店に限る。）が営む外国銀行代理業務に係る所属外国銀行（当該外国銀行支店に係る外国銀行に限る。）を除く。）が次の各号のいずれかに該当するときは、内閣府令で定めるところにより、その旨を内閣総理大臣に届け出なければならない。

一　資本金又は出資の額を変更したとき。

二　商号又は本店の所在地を変更したとき。

三　合併をし、会社分割により事業を承継させ、若しくは承継し、又は事業の全部若しくは重要な一部の譲渡若しくは譲受け（当該外国銀行支店のみに係るものを除く。）をしたとき。

四　解散（合併によるものを除く。）をし、又は銀行業の廃止をしたとき。

五　銀行業に係る免許（当該免許に類する許可、登録その他の行政処分を含む。）を取り消されたとき。

六　破産手続開始の決定があつたとき。

七　その他内閣府令で定める場合に該当するとき。

2　外国銀行代理銀行は、前項（第二号から第六号までに係る部分に限る。）の規定による届出をしたときは、内閣府令で定めるところにより、その届出をした内容を公告するとともに、一月を下らない期間、当該届出に係る所属外国銀行に係る外国銀行代理業務を営む当該外国銀行代理銀行のすべての営業所の公衆の目につきやすい場所に掲示しなければならない。

（準用）
第五十二条の二の十　第五十二条の四十、第五十二条の四十一、第五十二条の四十三から第五十二条の四十五（第四号を除く。）まで、第五十二条の四十九及び第五十二条の五十第一項の規定は、銀行代理業者に係るものにあつては外国銀行代理銀行について、所属銀行に係るものにあつては所属外国銀行について、銀行代理業に係るものにあつては外国銀行代理業務について、それぞれ準用する。この場合において、第五十二条の四十五第五号中「所属銀行の業務」とあるのは、「外国銀行代理業務」と読み替えるものとするほか、必要な技術的読替えは、政令で定める。

外国銀行代理業務の適正な遂行を確保するため、国内の銀行や外国銀行支店に課されている規制に準じ、利用者保護のための説明義務・説明書類の縦覧・当局による監督のための規定等が定められている。

第二一章　株　主

一　通　則

(1) 総　論

銀行法では、銀行業の公共性にかんがみ、銀行業を行うには免許を必要とし、免許付与の段階で適格性を審査している。また、業務開始後も、業務運営の適切性を維持する観点から、各種ルールを定めている。

一方、銀行の株式会社という組織形態をふまえると、大口株主が、株主権を背景に、会社に対して有形無形の影響力を及ぼすことが生じうる。

たとえば、機関銀行化などと称されるが、預金保険制度などを背景に一般公衆から集めた預金等が、大口株主の意向に従い、その取引先および関係者への信用供与として使われる可能性がある。このように、銀行の大口株主が銀行の経営に不当な影響力を及ぼした場合、銀行経営の健全性が阻害される危険性がある。

また、大口株主自身に反社会性や公序良俗の観点からの問題があった場合、銀行経営への影響力行使を通じ、銀行業が反社会的な目的等のために利用され、経済社会に悪影響が生じるとともに、銀行業への信認、および、金融システムの安定性にも悪影響を及ぼす可能性がある。

現実の問題として、銀行免許の新規取得の場合は、免許審査の過程において、当該免許申請者の適格性を、その組織・株主構成等もふまえて審査することは、ある程度可能である。しかし、既存銀行の株式を取得して大口株主となる者が現れる場合、免許審査の段階では対応をとることができない、という課題があった。

こうした観点から、平成一三年の銀行法改正により、銀行の大口株主に対する規制の枠組みが整備された。当該整備以前は、既存銀行の株式を取得して銀行業に参入するような場合、発行済株式の五〇％超の株式が一の会社により取得される場合に届出を求める規定があるのみであった。

なお、平成一三年改正の背景には、異業種による銀行業への参入の動きが本格化し、インターネット専業銀行の出現など、新たな形態の銀行業が登場するという状況があった。こうした動きは、顧客への優れた金融サービスの提供、金融業の活性化につながる等の面があり、積極的に評価すべきとする見方もあった一方で、現実の問題として、銀行経営の健全性確保の観点から適切なルール整備を行う必要性も認識され、制度整備に至った。

また、単に事業会社を念頭に置いた「異業種」ということだけではなく、個人等であっても、銀行の経営に影響力を及ぼしうる大口株主が不当に影響力を行使する可能性もあり、これもふまえ、枠組みが整備された。

⑵　議決権の算定方法

大口株主に適用される規定について述べる前に、大口株主に該当するか否かを判定する際の議決権の算定方法について概説する。

銀行法第三条の二において「次の各号に掲げる者は、それぞれ当該各号に定める数の銀行の議決権の保有者とみなして、第七章の三第一節及び第二節、第八章並びに第九章の規定を適用する」とあり、この規定が、大口株主について定める本章（第七章の三）第一節・第二節に適用されることとなる。

やや複雑な規定であるが、その概要は（条文は、後掲）、次のとおりである。まとめると、①法人格がなくとも、社団性があり、代表者等を通じて議決権行使がなされる場合は、銀行に対する影響力を当該団体自体が行使しうることから、これら団体を議決権の保有者として取り扱うこと（第一号）、②直接保有するのみならず、間接的（子会社・関連会社などを通じて）に議決権を保有する場合もありうるところ、間接保有であっても銀行に対する影響力をもちうることから、議決権の算定に含めるとともに、必要な調整を行うこと（第二号以下）を定めるものである。

このため、たとえば、銀行持株会社の大口株主は、その子会社である銀行の大口株主として諸規制が課せられることとなる。

●第一号

法人でない団体（法人でない社団・財団で代表者または管理者の定めがあるものに限る）

⇓　当該団体の名義で保有される銀行の議決権を保有するものとみなす

●第二号

連結財務諸表規則第二条第一号に規定する連結財務諸表提出会社で、連結対象法人に銀行を含むもののうち、他の会社の財務諸表に連結される会社以外の会社

⇓　当該会社が保有する当該銀行の議決権（会社法の規定により、株の持合いにより議決権を行使できないものを除く）の数に、連結する会社が保有する議決権（子会社の場合はすべて、関連会社の場合は持分等に応じた調整を加えた数）を合算して算出される数の議決権を保有するものとみなす

●第三号

前号の会社に連結されない会社等が会社等集団（議決権五〇％超の保有関係にある会社等の集団）に属し、かつ、当該会社等集団に属する会社等が保有する銀行議決権の合算が主要株主基準値（原則二〇％）以上の場合（「特

定会社等集団」という）であって、当該会社等集団に属する会社等で、その議決権の五〇％超をもつ親会社等がない会社等

⇓ 特定会社等集団が保有する議決権の合算数を保有するものとみなす

●第四号

第三号に規定する特定会社等集団に属する会社等のうちに第三号に掲げる会社等（＝議決権の五〇％超をもつ親会社等がない会社等）がない場合において、当該特定会社等集団に属する貸借対照表上の資産の額が最多の会社等

⇓ 特定会社等集団が保有する議決権の合算数を保有するものとみなす

●第五号

個人が議決権の過半数を保有するそれぞれの会社等が保有する同一の銀行の議決権の数（当該会社等が前各号に掲げる者であるときは、当該各号に定める数）を合算した数（当該個人も当該銀行の議決権を保有する場合は、当該個人が保有する当該銀行の議決権の数も加算した数。「合算議決権数」という）が当該銀行の議決権の二〇％以上である者

⇓ 合算議決権数を保有するものとみなす

●第六号

銀行の議決権の保有者（前各号に掲げる者を含む）のうち、その保有する当該銀行の議決権の数（当該保有者が前各号に掲げる者であるときは、当該各号に定める数）とその共同保有者（共同して当該議決権に係る株式を取得・譲渡・議決権の行使等を行うことを合意している者。当該議決権の保有者が前各号に掲げる者に該当する場合は、連結対象の会社等を除き、当該議決権の保有者と政令で定める特別な関係を有する者を含む）の保有する当該銀行の議決

権数を合算した数（「共同保有議決権数」という）が当該銀行の議決権数の二〇％以上の数である者

⇓　共同保有議決権数を保有するものとみなす

●第七号　前各号に掲げる者に準ずる者として内閣府令で定める者

○銀行持株会社の主要株主基準値以上の数の議決権の保有者（第一号に掲げる者を含み、第二号から第六号までに掲げる者を除く）

⇓　保有する当該銀行持株会社の議決権割合に当該銀行持株会社の子銀行の総株主の議決権の数を乗じて得た数、または、当該者・当該銀行持株会社および当該銀行持株会社の子会社等が保有する当該銀行持株会社の子である銀行の議決権の数を合算して得た数のうち、いずれか少ない数を保有するものとみなす

○第二号から第六号までの規定中「銀行」を「銀行持株会社」と読み替えたならば当該各号に掲げる者となる者（当該各号に掲げる者および前号に掲げる者を除く）

⇓　当該各号に定める議決権数が当該銀行持株会社の議決権数に占める割合に当該銀行持株会社の子銀行の総株主の議決権の数を乗じて得た数、または、当該者・当該者の連結する会社等・当該者に係る会社等集団に属する会社等・当該者の合算議決権数を計算する場合に議決権を合算する会社等・当該銀行持株会社の子会社等が保有する当該子銀行の議決権の数をそれぞれ合算して得た数のうち、いずれか少ない数を保有するものとみなす

第三条の二　次の各号に掲げる者は、それぞれ当該各号に定める数の銀行の議決権の保有者とみなして、第七章の三第一節及び第二節、第八章並びに第九章の規定を適用する。

一　法人でない団体（法人に準ずるものとして内閣府令で定めるものに限る。）　当該法人でない団体の名義を

もつて保有される銀行の議決権の数

二　内閣府令で定めるところにより連結してその計算書類その他の書類を作成するものとされる会社（次号において「連結基準対象会社」という。）であつて、その連結する会社その他の法人（前号に掲げる法人でない団体を含む。以下この項において「会社等」という。）のうちに銀行を含むもののうち、他の会社の計算書類その他の書類に連結される会社以外の会社　当該会社の当該銀行に対する実質的な影響力を表すものとして内閣府令で定めるところにより計算される数

三　連結基準対象会社以外の会社等（銀行の議決権の保有者である会社等に限り、前号に掲げる会社の計算書類その他の書類に連結されるものを除く。）が会社等集団（当該会社等及び当該会社等が他の会社等に係る議決権の過半数を保有していることその他の当該会社等と密接な関係を有する会社等として内閣府令で定める会社等の集団をいう。以下この項において同じ。）に属し、かつ、当該会社等集団が当該会社等集団に属する全部の会社等の保有する一の銀行の議決権の数を合算した数（以下この号及び次号において「会社等集団保有議決権数」という。）が当該銀行の主要株主基準値以上の数である会社等集団（以下この号及び次号において「特定会社等集団」という。）である場合において、当該特定会社等集団に属する会社等のうち、その会社等に係る議決権の過半数の保有者である会社等がない会社等　当該特定会社等集団に係る会社等集団保有議決権数

四　特定会社等集団に属する会社等のうちに前号に掲げる会社等がない場合において、当該特定会社等集団に属する会社等のうちその貸借対照表上の資産の額が最も多い会社等　当該特定会社等集団に係る会社等集団保有議決権数

五　銀行の議決権の保有者である会社等（第二号から前号までに掲げる者を含む。以下この号において同じ。）

に係る議決権の過半数の保有者である個人のうち、当該個人がその議決権の過半数の保有者である会社等がそれぞれ保有する一の銀行の議決権の数（当該会社等が前各号に掲げる者であるときは、それぞれ当該各号に定める数）を合算した数（当該個人が当該銀行の議決権の保有者である場合にあつては、当該合算した数に当該個人が保有する当該銀行の議決権の数を加算した数。以下この号において「合算議決権数」という。）が当該銀行の総株主の議決権の百分の二十以上の数である者　当該個人に係る合算議決権数

六　銀行の議決権の保有者（前各号に掲げる者を含む。以下この号において同じ。）のうち、その保有する当該銀行の議決権の数（当該議決権の保有者が前各号に掲げる者であるときは、それぞれ当該各号に定める数）とその共同保有者（銀行の議決権の保有者が、当該銀行の議決権の他の保有者（前各号に掲げる者を含む。）と共同して当該議決権に係る株式を取得し、若しくは譲渡し、又は当該銀行の株主としての議決権その他の権利を行使することを合意している場合における当該他の保有者（当該議決権の保有者が第二号に掲げる会社である場合においては当該会社の計算書類その他の書類に連結される会社等を、当該議決権の保有者が第三号又は第四号に掲げる会社等である場合においては当該会社等が属する会社等集団に属する当該会社等以外の会社等を、当該議決権の保有者が前号に掲げる個人である場合においては当該個人がその議決権の過半数の保有者である会社等を除き、当該議決権の保有者と政令で定める特別な関係を有する者を含む。）をいう。）の保有する当該銀行の議決権の数（当該共同保有者が前各号に掲げる者であるときは、それぞれ当該各号に定める数）を合算した数（以下この号において「共同保有議決権数」という。）が当該銀行の総株主の議決権の百分の二十以上の数である者　共同保有議決権数

七　前各号に掲げる者に準ずる者として内閣府令で定める者　銀行に対する実質的な影響力を表すものと

して内閣府令で定めるところにより計算される数

●銀行法施行規則【傍線は筆者が付したもの】

（法人に準ずるもの）

第一条の四　法第三条の二第一項第一号に規定する法人に準ずるものとして内閣府令で定めるものは、法人でない社団又は財団で代表者又は管理人の定めがあるものとする。

（計算書類等に係る連結の方法等）

第一条の五　法第三条の二第一項第二号に規定する内閣府令で定めるところにより連結してその計算書類その他の書類を作成するものとされる会社は、連結財務諸表の用語、様式及び作成方法に関する規則（昭和五十一年大蔵省令第二十八号。以下「連結財務諸表規則」という。）第二条第一号に規定する連結財務諸表提出会社とする。

2　法第三条の二第一項第二号に規定する内閣府令で定めるところにより計算される数は、当該会社の保有する当該銀行の特定議決権（法第二条第六項に規定する議決権から会社法第八百七十九条第三項の規定により議決権を有するものとみなされる株式についての議決権を除いたものをいう。以下この条において同じ。）の数に、その連結する会社等（同号に規定する会社等をいう。以下この条から第一条の七までにおいて同じ。）について、次の各号に掲げる区分に従い、それぞれ当該各号に定める当該銀行の特定議決権の数を合算した数に係る特定議決権比率（その保有する一の銀行の特定議決権の数を当該銀行の総株主の特定議決権の数で除して得た数をいう。）を当該銀行の総株主の議決権の数に乗じて得た数とする。

一　当該会社の子会社（財務諸表等規則第八条第三項に規定する子会社をいう。）　その保有する当該銀行の特定議決権の数

二　当該銀行に係る議決権の行使について財務諸表等規則第八条第六項第三号に規定する認められる者及び同意している者となる者　その保有する当該銀行の特定議決権の数

三　当該会社の関連会社（財務諸表等規則第八条第五項に規定する関連会社をいう。）（前号に掲げる者を除く。）当該関連会社の純資産のうち当該会社に帰属する部分の当該純資産に対する割合を当該関連会社の保有する当該銀行の特定議決権の数に乗じて得た数

（密接な関係を有する会社等）

第一条の六　法第三条の二第一項第三号に規定する内閣府令で定める会社等は、次に掲げる会社等とする。

一　当該会社等が他の会社等の総株主又は総出資者の議決権の過半数を保有している場合における当該他の会社等

二　他の会社等が当該会社等の総株主又は総出資者の議決権の過半数を保有している場合における当該他の会社等

2　前項の場合において、他の会社等によつてその総株主又は総出資者の議決権の過半数を保有されている会社等が保有する議決権は、当該他の会社等が保有する議決権とみなす。

3　前二項の場合において、会社等又は他の会社等が保有する議決権には、社債、株式等の振替に関する法律（平成十三年法律第七十五号）第百四十七条第一項又は第百四十八条第一項（これらの規定を同法第二百二十八条第一項、第二百三十五条第一項、第二百三十九条第一項及び第二百七十六条（第二号に係る部分に限る。）において準用する場合を含む。）の規定により発行者に対抗することができない株式又は出資に係る議決権を

含むものとする。

（連結基準対象会社等に準ずる者）

第一条の七　法第三条の二第一項第七号に規定する内閣府令で定める者及び内閣府令で定めるところにより計算される数は、次の各号に掲げる者の区分に応じ当該各号に定める数とする。

一　銀行持株会社の主要株主基準値以上の数の議決権の保有者（法第三条の二第一項第一号に掲げる者を含み、同項第二号から第六号までに掲げる者を除く。）その保有する当該銀行持株会社の議決権の数を当該銀行持株会社の総株主の議決権の数で除して得た数に当該銀行持株会社の子会社である銀行の総株主の議決権の数を乗じて得た数又は当該者、当該銀行持株会社及び当該銀行持株会社の子会社等（法第五十二条の二十五に規定する子会社等をいう。次号において同じ。）が保有する当該銀行持株会社の子会社である銀行の議決権の数を合算して得た数のうちいずれか少ない数

二　法第三条の二第一項第二号から第六号までの規定中「銀行」を「銀行持株会社」と読み替えて適用することとしたならば当該各号に掲げる者となる者（当該各号に掲げる者及び前号に掲げる者を除く。）それぞれ当該各号に定める議決権の数を当該議決権に係る株式を発行した銀行持株会社の総株主の議決権の数で除して得た数に当該銀行持株会社の子会社である銀行の総株主の議決権の数を乗じて得た数又は当該者、当該者の連結する会社等、当該者に係る会社等集団（同項第三号に規定する会社等集団をいう。）に属する会社等、当該者の合算議決権数（同項第五号に規定する合算議決権数をいう。）を計算する場合においてその保有する議決権を合算若しくは加算する会社等若しくは個人若しくは当該者の共同保有者（同項第六号に規定する共同保有者をいう。第三十四条の五において同じ。）、当該銀行持株会社及び当該銀行持株会社の子会社等が保有する当該銀行持株会社の子会社である銀行の議決権の数をそれぞれ合算して得

た数のうちいずれか少ない数

●連結財務諸表の用語、様式及び作成方法に関する規則

(定義)

第二条 この規則において、次の各号に掲げる用語の意義は、当該各号に定めるところによる。

一 連結財務諸表提出会社 法の規定により連結財務諸表を提出すべき会社及び指定法人をいう。

●会社法

(議決権の数)

第三百八条 株主(株式会社がその総株主の議決権の四分の一以上を有することその他の事由を通じて株式会社がその経営を実質的に支配することが可能な関係にあるものとして法務省令で定める株主を除く。)は、株主総会において、その有する株式一株につき一個の議決権を有する。ただし、単元株式数を定款で定めている場合には、一単元の株式につき一個の議決権を有する。

2 (略)

(特別清算事件の管轄)

第八百七十九条 第八百六十八条第一項の規定にかかわらず、法人が株式会社の総株主(株主総会において決議をすることができる事項の全部につき議決権を行使することができない株主を除く。次項において同じ。)の議決権の過半数を有する場合には、当該法人(以下この条において「親法人」という。)について特別清算事件、破産事件、再生事件又は更生事件(以下この条において「特別清算事件等」という。)が係属しているときに

おける当該株式会社についての特別清算開始の申立ては、親法人の特別清算事件等が係属している地方裁判所にもすることができる。

2　前項に規定する株式会社又は親法人及び同項に規定する株式会社が他の株式会社の総株主の議決権の過半数を有する場合には、当該他の株式会社についての特別清算開始の申立ては、親法人の特別清算事件等が係属している地方裁判所にもすることができる。

3　前二項の規定の適用については、第三百八条第一項の法務省令で定める株主は、その有する株式について、議決権を有するものとみなす。

4　（略）

(3) 銀行議決権大量保有報告書・変更報告書の提出義務

（銀行等の議決権保有に係る届出書の提出）

第五十二条の二の十一　一の銀行の総株主の議決権の百分の五を超える議決権又は一の銀行持株会社の総株主の議決権の百分の五を超える議決権の保有者（国、地方公共団体その他これらに準ずるものとして政令で定める法人（第五十二条の九において「国等」という。）を除く。以下この章及び第九章において「銀行議決権大量保有者」という。）は、内閣府令で定めるところにより、銀行議決権大量保有者となつた日から五日（日曜日その他政令で定める休日の日数は、算入しない。次条第一項において同じ。）以内（保有する議決権の数に増加がない場合その他の内閣府令で定める場合にあつては、内閣府令で定める日以内）に、次に掲げる事項を記載した届出書（以下この章において「銀行議決権保有届出書」という。）を内閣総理大臣に提出しなければならない。

一　議決権保有割合（銀行議決権大量保有者の保有する当該銀行議決権大量保有者がその総株主の議決権の百分の五を超える議決権の保有者である銀行又は銀行持株会社の議決権の数を、当該銀行又は当該銀行持株会社の総株主の議決権で除して得た割合をいう。以下この章において同じ。）に関する事項、取得資金に関する事項、保有の目的その他の銀行又は銀行持株会社の議決権の保有に関する重要な事項として内閣府令で定める事項

二　商号、名称又は氏名及び住所

三　法人である場合においては、その資本金の額（出資総額を含む。）及びその代表者の氏名

四　事業を行つているときは、営業所の名称及び所在地並びにその事業の種類

2　第二条第十一項の規定は、前項の場合において銀行議決権大量保有者が保有する議決権について準用する。

（銀行議決権保有届出書に関する変更報告書の提出）

第五十二条の三　銀行議決権大量保有者は、一の銀行の総株主の議決権の百分の五を超える議決権又は一の銀行持株会社の総株主の議決権の百分の五を超える議決権の保有者となつた日の後に、前条第一項各号に掲げる事項の変更があつた場合（議決権保有割合の変更の場合にあつては、百分の一以上増加し又は減少した場合に限る。）には、内閣府令で定めるところにより、その日から五日以内（保有する議決権の数に増加がない場合その他の内閣府令で定める場合にあつては、内閣府令で定める日以内）に、当該変更に係る報告書（以下この条及び次条において「変更報告書」という。）を内閣総理大臣に提出しなければならない。ただし、議決権

保有割合が百分の一以上減少したことによる変更報告書で当該変更報告書に記載された議決権保有割合が百分の五以下であるものを既に提出している場合その他の内閣府令で定める場合については、この限りでない。

2　議決権保有割合が減少したことにより変更報告書を提出する者は、短期間に大量の議決権を譲渡したものとして政令で定める基準に該当する場合においては、内閣府令で定めるところにより、譲渡の相手方及び対価に関する事項についても当該変更報告書に記載しなければならない。

3　銀行議決権保有届出書又は変更報告書（以下この節において「提出書類」という。）を提出する日の前日までに、新たに変更報告書を提出しなければならない事由が生じた場合には、当該変更報告書は、第一項本文の規定にかかわらず、提出されていない当該提出書類の提出と同時に内閣総理大臣に提出しなければならない。

4　提出書類を提出した者は、当該提出書類に記載された内容が事実と相違し、又は記載すべき事項若しくは誤解を生じさせないために必要な事実の記載が不十分であり、若しくは欠けていると認めるときは、訂正報告書を内閣総理大臣に提出しなければならない。

5　第二条第十一項の規定は、第一項及び第二項の場合において銀行議決権大量保有者が保有する議決権について準用する。

第五二条の二の一一では、銀行または銀行持株会社（銀行持株会社については、後述する）の議決権の五％超を保有する者を「銀行議決権大量保有者」と称し、休日を除いて五日以内に、「銀行議決権保有届出書」を内閣総理大臣に提出しなければならない旨が規定されている。

また、第五二条の三は、報告書の内容に変更があった場合（ただし、議決権の保有割合については、一％以上の変更が生じた場合に限る。）に、変更報告書を提出しなければならないとする規定である。

当局において、銀行の大口株主について把握し、監督に役立てることを可能とするための規定である。

⑷　銀行・金融商品取引業者等に関する議決権大量保有報告書提出に関する特例

（銀行議決権保有届出書等に関する特例）

第五十二条の四　銀行、金融商品取引業者（有価証券関連業を営む者に限る。）、信託会社（信託業法第三条又は第五十三条第一項の免許を受けたものに限る。）その他の内閣府令で定める者のうち基準日を内閣総理大臣に届け出た者が保有する議決権で当該議決権に係る株式の発行者である銀行又は銀行持株会社の営業活動を支配することを保有の目的としないもの（議決権保有割合が内閣府令で定める数を超えた場合及び保有の態様その他の事情を勘案して内閣府令で定める場合を除く。以下この条において「特例対象議決権」という。）に係る銀行議決権保有届出書は、第五十二条の二の十一第一項の規定にかかわらず、議決権保有割合が初めて百分の五を超える数となつた基準日における当該議決権の保有状況に関する事項であつて、内閣府令で定めるものを記載したものを、内閣府令で定めるところにより、当該基準日の属する月の翌月十五日までに、内閣総理大臣に提出しなければならない。

2　特例対象議決権に係る変更報告書（当該議決権が特例対象議決権以外の議決権になる場合の変更に係るものを除く。）は、次の各号に掲げる場合の区分に応じ当該各号に定める日までに、内閣府令で定めるところにより、内閣総理大臣に提出しなければならない。

一　前項の銀行議決権保有届出書に係る基準日の後の基準日における議決権保有割合が当該銀行議決権保有届出書に記載された議決権保有割合より百分の一以上増加し又は減少した場合その他の同項に規定する内閣府令で定めるものの重要な変更があつた場合　当該後の基準日の属する月の翌月十五日
二　当該銀行議決権保有届出書に係る基準日の属する月の後の月の末日において議決権保有割合が大幅に増加し又は減少した場合として内閣府令で定める基準に該当することとなつた場合　当該末日の属する月の翌月十五日
三　変更報告書に係る基準日の後の基準日における議決権保有割合が当該変更報告書に記載された議決権保有割合より百分の一以上増加し又は減少した場合その他の前項に規定する内閣府令で定めるものの重要な変更があつた場合　当該後の基準日の属する月の翌月十五日
四　前三号に準ずる場合として内閣府令で定める場合　内閣府令で定める日
3　前二項の基準日とは、第一項に規定する内閣府令で定める者が内閣府令で定めるところにより内閣総理大臣に届出をした三月ごとの月の末日をいう。
4　第二条第十一項の規定は、第一項及び第二項の場合において銀行議決権大量保有者が保有する特例対象議決権について準用する。

「銀行、金融商品取引業者（有価証券関連業を営む者に限る。）、信託会社（信託業法第三条又は第五十三条第一項の免許を受けたものに限る。）その他の内閣府令で定める者のうち基準日を内閣総理大臣に届け出た者」が保有する議決権について、「当該議決権に係る株式の発行者である銀行又は銀行持株会社の営業活動を支配することを保有の目的としないもの（議決権保有割合が内閣府令で定める数を超えた場合及び保有の態様その他の事情を勘案して内閣府令で定める場合を除く。)」である場合は、基準日の属する月の翌月一五日までの提出で足りることとしている。

なお、対象者は、銀行法施行規則第三四条の五第二項において、銀行、一定の金融商品取引業者・信託会社のほか、保険会社・農林中央金庫・株式会社商工組合中央金庫、外国銀行等が定められている。

銀行・有価証券関連業を営む金融商品取引業者などは、有価証券売買等に伴い、銀行の議決権を結果として多く保有することになったり、その議決権数にも頻繁な変動が生じる可能性もあるところ、(内閣府令で定める数(銀行法施行規則第三四条の五第三項において一〇%とされている)以上の大量の議決権を保有する場合などを除き)三カ月分まとめての報告書提出で足りることとしている。

(5) 訂正報告書提出命令、報告・資料の提出の求め、および、立入検査

(訂正報告書の提出命令)

第五十二条の五　内閣総理大臣は、第五十二条の二の十一第一項、第五十二条の三第一項若しくは第三項又は前条第一項若しくは第二項の規定により提出書類の提出を受けた場合において、当該提出書類に形式上の不備があり、又は当該提出書類に記載すべき事項のうち重要なものの記載が不十分であると認めるときは、当該提出書類の提出をした者に対し、訂正報告書の提出を命ずることができる。この場合においては、行政手続法(平成五年法律第八十八号)第十三条第一項(不利益処分をしようとする場合の手続)の規定による意見陳述のための手続の区分にかかわらず、聴聞を行わなければならない。

第五十二条の六　内閣総理大臣は、提出書類のうちに重要な事項について虚偽の記載があり、又は記載すべき事項のうち重要なもの若しくは誤解を生じさせないために必要な重要な事実の記載が欠けていることを

発見したときは、いつでも、当該提出書類の提出をした者に対し、訂正報告書の提出を命ずることができる。この場合においては、行政手続法第十三条第一項（不利益処分をしようとする場合の手続）の規定による意見陳述のための手続の区分にかかわらず、聴聞を行わなければならない。

（銀行議決権大量保有者による報告又は資料の提出）

第五十二条の七　内閣総理大臣は、提出書類のうちに重要な事項について虚偽の記載があり、又は記載すべき事項のうち重要なもの若しくは誤解を生じさせないために必要な重要な事実の記載が欠けている疑いがあると認めるときは、当該提出書類を提出した銀行議決権大量保有者に対し、当該提出書類に記載すべき事項又は誤解を生じさせないために必要な事実に関し参考となるべき報告又は資料の提出を求めることができる。

（銀行議決権大量保有者に対する立入検査）

第五十二条の八　内閣総理大臣は、提出書類のうちに重要な事項について虚偽の記載があり、又は記載すべき事項のうち重要なもの若しくは誤解を生じさせないために必要な重要な事実の記載が欠けている疑いがあると認めるときは、当該職員に当該提出書類を提出した銀行議決権大量保有者の事務所その他の施設に立ち入らせ、当該提出書類に記載すべき事項若しくは誤解を生じさせないために必要な事実に関し質問させ、又は当該銀行議決権大量保有者の帳簿書類その他の物件を検査させることができる。

2　前項の場合において、当該職員は、その身分を示す証明書を携帯し、関係人の請求があつたときは、これを提示しなければならない。

3　第一項の規定による権限は、犯罪捜査のために認められたものと解してはならない。

報告書の内容に不備や虚偽の記載等があった場合に、真正な内容を把握するため、当局が、訂正報告書の提出、報告・資料の提出を求め、また、立入検査ができる旨を定めている。

二　主要株主

(1)　総　論

大口株主のうち、銀行に対し、実質的に影響力を行使しうる株主については、銀行の業務の健全かつ適切な運営を確保する観点から、より慎重なチェックと、必要に応じた継続的なモニタリングが求められる。なお、企業会計上の実質影響力基準は、議決権の二〇％（一定の場合に一五％以上）を一つの目安としている。このため、銀行の議決権の二〇％以上（一定の場合に一五％以上）を保有する「銀行主要株主」については、内閣総理大臣の認可を必要とし、監督のための諸規定を置いている。

(2)　銀行主要株主に係る認可等

（銀行主要株主に係る認可等）
第五十二条の九　次に掲げる取引若しくは行為により一の銀行の主要株主基準値以上の数の議決権の保有者になろうとする者又は銀行の主要株主基準値以上の数の議決権の保有者である会社その他の法人の設立をしようとする者（国等並びに第五十二条の十七第一項に規定する持株会社になろうとする会社、同項に規定する者及び銀行を子会社としようとする銀行持株会社を除く。）は、あらかじめ、内閣総理大臣の認可を受けなければばならない。
一　当該議決権の保有者になろうとする者による銀行の議決権の取得（担保権の実行による株式の取得その他の内閣府令で定める事由によるものを除く。）
二　当該議決権の保有者になろうとする者がその主要株主基準値以上の数の議決権を保有している会社による第四条第一項の免許の取得
三　その他政令で定める取引又は行為
2　前項各号に掲げる取引又は行為以外の事由により一の銀行の主要株主基準値以上の数の議決権の保有者になつた者（国等並びに銀行持株会社及び第五十二条の十七第二項に規定する特定持株会社を除く。以下この条及び第六十五条において「特定主要株主」という。）は、当該事由の生じた日の属する当該銀行の事業年度の終了の日から一年を経過する日（以下この項及び第四項において「猶予期限日」という。）までに銀行の主要株主基準値以上の数の議決権の保有者でなくなるよう、所要の措置を講じなければならない。ただし、当該特定主要株主が、猶予期限日後も引き続き銀行の主要株主基準値以上の数の議決権の保有者であることについて内閣総理大臣の認可を受けた場合は、この限りでない。
3　特定主要株主は、前項の規定による措置により銀行の主要株主基準値以上の数の議決権の保有者でなくなつたときは、遅滞なく、その旨を内閣総理大臣に届け出なければならない。当該措置によることなく銀行の主要株主基準値以上の数の議決権の保有者でなくなつたときも、同様とする。
4　内閣総理大臣は、第一項の認可を受けずに同項各号に掲げる取引若しくは行為により銀行の主要株主基準値以上の数の議決権の保有者になつた者若しくは銀行の主要株主基準値以上の数の議決権の保有者として設立された会社その他の法人又は第二項ただし書の認可を受けることなく猶予期限日後も銀行の主要株主基準値以上の数の議決権の保有者である者に対し、当該銀行の主要株主基準値以上の数の議決権の保有者でなくなるよう、所要の措置を講ずることを命ずることができる。

第五十二条の十　内閣総理大臣は、前条第一項又は第二項ただし書の認可の申請があつたときは、次に掲げる基準に適合するかどうかを審査しなければならない。

一　当該認可の申請をした者（以下この条において「申請者」という。）が会社その他の法人である場合又は当該認可を受けて会社その他の法人が設立される場合にあつては、次に掲げる基準に適合すること。

イ　取得資金に関する事項、保有の目的その他の当該申請者又は当該認可を受けて設立される会社その他の法人（以下この号において「法人申請者等」という。）による銀行の主要株主基準値以上の数の議決権の保有に関する事項に照らして、当該法人申請者等がその主要株主基準値以上の数の議決権の保有者であり、又はその主要株主基準値以上の数の議決権の保有者となる銀行の業務の健全かつ適切な運営を損なうおそれがないこと。

ロ　法人申請者等及びその子会社（子会社となる会社を含む。）の財産及び収支の状況に照らして、当該法人申請者等がその主要株主基準値以上の数の議決権の保有者であり、又はその主要株主基準値以上の数の議決権の保有者となる銀行の業務の健全かつ適切な運営を損なうおそれがないこと。

ハ　法人申請者等が、その人的構成等に照らして、銀行の業務の公共性に関し十分な理解を有し、かつ、十分な社会的信用を有する者であること。

二　前号に掲げる場合以外の場合にあつては、次に掲げる基準に適合すること。

イ　取得資金に関する事項、保有の目的その他の当該申請者による銀行の主要株主基準値以上の数の議決権の保有に関する事項に照らして、当該申請者がその主要株主基準値以上の数の議決権の保有者であり、又はその主要株主基準値以上の数の議決権の保有者となる銀行の業務の健全かつ適切な運営を損なうおそれがないこと。

ロ　当該申請者の財産の状況（当該申請者が事業を行う者である場合においては、収支の状況を含む。）に照らして、当該申請者がその主要株主基準値以上の数の議決権の保有者であり、又はその主要株主基準値以上の数の議決権の保有者となる銀行の業務の健全かつ適切な運営を損なうおそれがないこと。

ハ　当該申請者が、銀行の業務の公共性に関し十分な理解を有し、かつ、十分な社会的信用を有する者であること。

第五二条の九第一項では、「銀行の主要株主基準値以上の数の議決権の保有者になろうとする者」等は、あらかじめ、内閣総理大臣の認可を受けなければならない旨を規定する。

主要株主基準値とは、第二条第九項に定義があり、次のとおりとされている。基本的に、会社法等の規定と同様、いわゆる実質影響力基準に従っている。

（定義等）

第二条

9　この法律において「主要株主基準値」とは、総株主の議決権の百分の二十（会社の財務及び営業の方針の決定に対して重要な影響を与えることが推測される事実が存在するものとして内閣府令で定める要件に該当する者が当該会社の議決権の保有者である場合にあつては、百分の十五）をいう。

第二項は、担保権の実行による場合や、その他受動的な要因等で主要株主基準値以上の数の議決権を保有するに至った場合の猶予を認める規定である。

第五二条の一〇は、認可申請があった際の審査基準を定めている。銀行免許の審査基準に準じたものとなっている。

(3) 銀行主要株主に係る監督等

（銀行主要株主による報告又は資料の提出）

第五十二条の十一　内閣総理大臣は、銀行の業務の健全かつ適切な運営を確保するため特に必要があると認めるときは、その必要の限度において、当該銀行の主要株主基準値以上の数の議決権の保有者である銀行主要株主に対し、当該銀行の業務又は財産の状況に関し参考となるべき報告又は資料の提出を求めることができる。

（銀行主要株主に対する立入検査）

第五十二条の十二　内閣総理大臣は、銀行の業務の健全かつ適切な運営を確保するため特に必要があると認めるときは、その必要の限度において、当該職員に当該銀行の主要株主基準値以上の数の議決権の保有者である銀行主要株主の事務所その他の施設に立ち入らせ、当該銀行若しくは当該銀行主要株主の業務若しくは財産の状況に関し質問させ、又は当該銀行主要株主の帳簿書類その他の物件を検査させることができる。

2　前項の場合において、当該職員は、その身分を示す証明書を携帯し、関係人の請求があつたときは、これを提示しなければならない。

3　第一項の規定による権限は、犯罪捜査のために認められたものと解してはならない。

（銀行主要株主に対する措置命令）

第五十二条の十三　内閣総理大臣は、銀行主要株主が第五十二条の十各号に掲げる基準（当該銀行主要株主に係る第五十二条の九第一項又は第二項ただし書の認可に第五十四条第一項の規定に基づく条件が付されている場合にあつては、当該条件を含む。）に適合しなくなつたときは、当該銀行主要株主に対し、措置を講ずべき期限を示して、当該基準に適合させるために必要な措置をとるべき旨の命令をすることができる。

（銀行主要株主に対する改善計画の提出の求め等）

第五十二条の十四　内閣総理大臣は、銀行主要株主（銀行の総株主の議決権の百分の五十を超える議決権の保有者に限る。以下この条において同じ。）の業務又は財産の状況（銀行主要株主が会社その他の法人である場合にあつては、当該銀行主要株主の子会社その他の当該銀行主要株主と内閣府令で定める特殊の関係のある会社の財産の状況を含む。）に照らして、当該銀行の業務の健全かつ適切な運営を確保するため特に必要があると認めるときは、その必要の限度において、当該銀行主要株主に対し、措置を講ずべき事項及び期限を示して、当該銀行の経営の健全性を確保するための改善計画の提出を求め、若しくは提出された改善計画の変更を命じ、又はその必要の限度において監督上必要な措置を命ずることができる。

2　内閣総理大臣は、銀行主要株主に対し前項の規定による命令をした場合において、当該命令に係る措置の実施の状況に照らして必要があると認めるときは、当該銀行主要株主がその総株主の議決権の百分の五十を超える議決権の保有者である銀行に対し、その業務の健全かつ適切な運営を確保するために必要な措置を命ずることができる。

（銀行主要株主に係る認可の取消し等）
第五十二条の十五　内閣総理大臣は、銀行主要株主が法令若しくは法令に基づく内閣総理大臣の処分に違反したとき又は公益を害する行為をしたときは、当該銀行主要株主に対し監督上必要な措置を命じ、又は当該銀行主要株主の第五十二条の九第一項若しくは第二項ただし書の認可を取り消すことができる。この場合において、同条第一項の認可のうち設立に係るものは、当該認可を受けて設立された会社その他の法人である銀行主要株主に対して与えられているものとみなす。
2　銀行主要株主は、前項の規定により第五十二条の九第一項又は第二項ただし書の認可を取り消されたときは、内閣総理大臣が指定する期間内に銀行の主要株主基準値以上の数の議決権の保有者でなくなるよう、所要の措置を講じなければならない。
（外国銀行主要株主に対する法律の適用関係）
第五十二条の十六　銀行の主要株主基準値以上の数の議決権の保有者であつて外国人又は外国法人であるもの（以下この条において「外国銀行主要株主」という。）に対しこの法律を適用する場合における特例及び技術的読替えその他外国銀行主要株主に対するこの法律の規定の適用に関し必要な事項は、政令で定める。

第五二条の一一から一六までの規定は、銀行主要株主（この定義は、第二条第一〇項にあり、次のように定められている）に対する監督等の規定である。

> **（定義等）**
> **第二条**
> **10　この法律において「銀行主要株主」とは、銀行の主要株主基準値以上の数の議決権の保有者（他人（仮設人を含む。）の名義をもつて保有する者を含む。以下同じ。）であつて、第五十二条の九第一項の認可を受けて設立され、又は同項若しくは同条第二項ただし書の認可を受けているものをいう。**

報告・資料の提出を求めることができる旨、立入検査ができる旨、審査基準に合致しなくなった場合の措置命令等が規定されているが、第五二条の一四の規定は、五〇％超の議決権を有する銀行主要株主についてのみ適用される規定である。

第五二条の一四の規定の考え方として、平成一三年法改正の際、改正に先立ち、金融審議会第一部会で取りまとめられた報告（銀行業等における主要株主に関するルール整備及び新たなビジネス・モデルと規制緩和等について：平成一二年一二月二一日）が参考になる。同報告では、次のように記載されている（傍線は筆者が付したもの）。

> (6)　銀行経営悪化時の対応
> 経営が悪化し、債務超過に陥るとか、預金払戻しの停止を迫られるおそれが大きいなど回復の見込みがなくなった銀行は、極力早期に破綻処理手続に入ることが適切である。しかし、その段階に至らず、何らかの支援措置により銀行経営が改善することが見込まれる場合には、主要株主にその支援を求めることが適当か否かがひとつの論点となる。これについては、株主有限責任の原則との関係に留意しなければなら

ない。

諸外国の例を見ると、例えば、英国ではコンフォート・レターという手法で一定の株主に対しあらかじめ支援の意思の確認を求めている。

また、銀行の破綻はセーフティネットの存在により、預金者全体の負担やさらには公的な負担に結びつく可能性があることに留意する必要がある。

したがって、特に50％超保有の主要株主の場合には、単独で銀行の支配力を有しているのであるから、銀行持株会社に対する現行法上の規定を参照し、銀行経営の健全性確保のための何らかの措置を求めることが考えられる。

それ以下の主要株主については、原則として、特段の措置は求めないが、銀行と実質的に一体となって経営が行われているような場合には、何らかの協力を求めることについて検討することが適当である。ただし、その場合においても、異業種からの参入に対する障壁とならないよう留意する必要がある。


第五二条の一四は、破綻処理手続には至らず、なんらかの支援措置により銀行経営が改善することが見込まれるような場合に、五〇％超の大口株主に対しては、単独で銀行の支配力を有している地位にかんがみ、たとえば追加出資等の銀行経営の健全性確保のための措置を求めることができる旨の規定を設けたものである。

なお、第五二条の一四第一項では「銀行主要株主（銀行の総株主の議決権の百分の五十を超える議決権の保有者に限る。以下この条において同じ。）の業務又は財産の状況（……子会社等の財産の状況を含む。）に照らして、当該銀行の業務の健全かつ適切な運営を確保するため特に必要があると認めるとき」との要件を設けており、五〇％超の大口株主の業務や財産の状況をふまえつつ、特に必要があると認める場合に限定する旨が示されている。

第二三章　銀行持株会社

一　銀行持株会社制度導入の背景

⑴　銀行持株会社制度導入の経緯

昭和五六年全面改正時の銀行法は、銀行単体を規制対象とし、銀行の親会社や株主についての詳細な規定をもたなかった。厳格な子会社業務範囲規制、および独占禁止法において純粋持株会社の設立が認められないなかで、銀行が子会社・兄弟会社などとともにグループを形成して、多様な金融業務を営むことがそもそも想定されていなかったためと思われる。

一方、平成九年六月の独占禁止法の改正により、戦後わが国で認められていなかった純粋持株会社の設立が解禁された。この際、持株会社は、「子会社の株式の取得価額の合計額の当該会社の総資産の額に対する割合が百分の五十を超える会社」という客観的基準により定義された。

銀行業、証券業等の金融業を営む会社を子会社とする持株会社（いわゆる金融持株会社）については、銀行法等の金融関係業法の手当を待って解禁されることになり、それは同年一二月の金融持株会社関係二法の成立により実現された。

これにより、銀行法には新たに第七章の二が設けられ、銀行持株会社に関する規律が導入された。

当時、日本版ビッグバンによる金融システム改革の検討が進められており、銀行持株会社制度導入はその一環でもあった。実際、銀行法等における金融持株会社に関する規定は、平成一〇年の金融システム改革法によりさらに整備された。

このような二段階の立法を経て、銀行法の規制体系は単体中心の規制からグループ規制も加味した体系へと転換することになった。

(2) 銀行持株会社制度導入の意義

銀行持株会社の解禁に係る経緯は以上のとおりであるが、銀行持株会社の解禁に係る実質的な意義は、以下のような点にあると考えられる。

まず、銀行の経営形態に新たな選択肢を提供することである。持株会社の活用により、分社化を通じた専門化・高度化した金融サービスの提供が可能となるとともに、特定の部門からの撤退が円滑化されると考えられる。

また、持株会社の傘下で金融業務を営む子会社間における相乗効果（シナジー効果）の発揮も想定される。

このような持株会社の活用により、金融分野での競争の促進と銀行経営の効率化が期待されるとともに、利便性や資産運用の効率性を高めるような金融サービスの開発・提供が促進され、利用者利便の向上に資するとの意義が想定される。

二　銀行持株会社の定義

（定義等）
第二条
12　この法律において「持株会社」とは、**子会社（国内の会社に限る。）の株式等の取得価額（最終の貸借対照表において別に付した価額があるときは、その価額）の合計額の総資産の額（内閣府令で定める方法による資産の合計金額をいう。）から内閣府令で定める資産の額（内閣府令で定めるところにより算出した額をいう。）を除いた額に対する割合が百分の五十を超える会社**をいう。
13　この法律において「銀行持株会社」とは、銀行を子会社とする持株会社であつて、第五十二条の十七第一項の認可を受けて設立され、又は同項若しくは同条第三項ただし書の認可を受けているものをいう。
【**太字**部分は、平成二八年改正により修正された】

持株会社に関し、銀行法では、「銀行持株会社」が各種規制の名宛人とされているが、定義に関しては、「持株会社」がまず定義され、このうち銀行を子会社とし、かつ第五二条の一七の認可を受けたものが「銀行持株会社」に該当する、との二段階の構造としている。

銀行法上の「持株会社」の定義は、平成九年改正以来、独占禁止法第九条第一項第四号の定義を引用するかたちで規定されてきた。

そして、「銀行持株会社」はこの「持株会社」に包含される概念として定義されたため、総資産に占める国内子会社の株式の取得価額が一〇〇分の五〇を超える会社、すなわち子会社の経営管理のみをその機能とし、自らは独自の事業を行わない会社だけが銀行持株会社規制の対象とされてきた。

換言すれば、自ら独自の事業を行いながら銀行を子会社として保有する、いわゆる事業親会社については「銀行持株会社」を名宛人とする規制の対象とはならず、別途「銀行主要株主」としての規制が及ぶことになる（主要株主に関する規制については第二一章参照）。

平成二八年改正において、第二条第一二項の文言は改められ、独占禁止法の引用は行われないこととなった。しかし、その基本的なコンセプトについては改正前から変更はない。すなわち、当該改正における変更点は、従前の以下の算式の分母の算定に際し、総資産の価額から、内閣府令で定める資産の額を除くという点にあった。

子会社株式の取得価額　÷　総資産の価額　＞　50％

この見直しの趣旨は、「大きすぎて潰せない問題」（too big to fail）を解決することを目的として国際的に導入が決められたいわゆるＴＬＡＣ（Total Loss Absorbing Capacity）規制に対応することにある。

ＴＬＡＣ規制とは、金融安定理事会（ＦＳＢ）において合意された、グローバルなシステム上重要な銀行（日本では、いわゆる三メガバンクグループが該当）に対し、破綻時における十分な損失吸収力を確保させる観点から、自己資本に加えて長期社債等（ＴＬＡＣ適格社債）を、あらかじめ発行・保有させること等を内容とする規制のことである。

ＴＬＡＣ規制への対応に伴い、三メガバンクグループの銀行持株会社が子会社株式以外の種類の資産を相当程度保有することとなり、これにより、従前の「銀行持株会社」の定義との不整合が生じる可能性が生じたため、定義との関係で、総資産の額を調整することとした。したがって、当該改正によって、従前銀行持株会社に含まれなかった会社がこれに含まれたり、逆に従前含まれた会社が規制の対象外となったりすることはないことになる。なお、銀行法が銀行持株会社を直接の規制の対象とする第一の目的は銀行経営の健全性の確保にあり、国内市場における事業支配力の過度な集中の防止を目的とする独占禁止法上の規制とはその規制趣旨が異なっている。

一方、平成九年の銀行法改正当時において、銀行法上の「持株会社」を独占禁止法上の「持株会社」と同一の概念としたことについては、当該改正が独占禁止法の改正による持株会社の解禁を契機として行われたものであり、両者の概念を統一させることが自然であること、また、新たな持株会社制度の利用を検討する事業者にとっても両法の定義を統一することが便宜である等の考え方に基づくものと考えられる。

三　認可

（銀行持株会社に係る認可等）

第五十二条の十七　次に掲げる取引若しくは行為により銀行を子会社とする持株会社になろうとする会社又は銀行を子会社とする持株会社の設立をしようとする者は、あらかじめ、内閣総理大臣の認可を受けなければならない。

一　当該会社又はその子会社による銀行の議決権の取得（担保権の実行による株式の取得その他の内閣府令で定める事由によるものを除く。）

二　当該会社の子会社による第四条第一項の免許の取得

三　その他政令で定める取引又は行為

既存の会社が銀行を子会社とする「持株会社」となるか、あるいは銀行を子会社とする「持株会社」を設立するには、あらかじめ内閣総理大臣の認可を受けて、銀行法上の「銀行持株会社」となることが必要である。

銀行持株会社は、子会社である銀行を含む銀行持株会社グループ（銀行持株会社およびその子会社からなる集団）の経営管理等を業務とするが、経営管理のあり方は子銀行の経営の健全性に大きな影響を与えるものである。また、銀行持株会社グループに属する他の会社の経営状況の悪化や不祥事等についても、少なくともレピュテーションリスクのかたちでの子銀行への波及は免れない。

そこで、銀行経営の健全性確保の観点からは、銀行持株会社に対しても銀行に準じた規制の対象とすると同時に、銀行と同様に、当局が事前に、銀行持株会社になろうとする会社についてその適格性について審査を行うこととし、本条において認可の制度が設けられている。

なお、担保権の実行や代物弁済としての受領等、銀行の経営管理を目的としない銀行株式の取得や、銀行による自己株式取得などによる意図しない議決権保有割合の増加によって、ある会社が銀行を子会社とする「持株会社」となってしまう場合、このような会社について「銀行持株会社」の認可を取得させる必要性は低いと考えられる。

そこで、銀行法はこのような会社を「特定持株会社」と整理したうえで、当該会社が特定持株会社となった日の属する事業年度の終了の日から一年を経過する日までに、銀行を子会社とする持株会社でなくなるための所要の措置を講ずれば足りるものとしている（五二条の一七第一項第一号カッコ書、第三項）。

四　認可の基準等

第五十二条の十八　内閣総理大臣は、前条第一項又は第三項ただし書の認可の申請があつたときは、次に掲げる基準に適合するかどうかを審査しなければならない。
一　当該認可の申請をした会社又は当該認可を受けて設立される会社（以下この条において「申請者等」という。）及びその子会社（子会社となる会社を含む。次号において同じ。）の収支の見込みが良好であること。
二　申請者等及びその子会社が保有する資産等に照らしこれらの者の自己資本の充実の状況が適当であること。
三　申請者等が、その人的構成等に照らして、その子会社であり、又はその子会社となる銀行の経営管理を的確かつ公正に遂行することができる知識及び経験を有し、かつ、十分な社会的信用を有する者であること。

2　銀行持株会社（外国の法令に準拠して設立されたものを除く。）は、株式会社であつて次に掲げる機関を置くものでなければならない。
一　取締役会
二　監査役会、監査等委員会又は指名委員会等
三　会計監査人

銀行持株会社になろうとする者に係る認可制度は、銀行持株会社による経営管理が直接子銀行の経営の健全性に

影響を与えるものであること、および子銀行以外の子会社に関する経営管理についても、レピュテーションリスク等を通じて子銀行の経営に重要な影響を与えることをふまえて設けられている。

このような観点から、認可審査に際しては、銀行の経営の健全性の観点から経営陣の体制や経営能力等に照らし銀行の適正な経営管理能力を有し、かつ、銀行の有する公共性にかんがみ社会的に信用を得ることのできる者であるかについて審査するとともに、銀行持株会社になろうとする会社およびその子会社について、子銀行の経営の健全性の確保の観点から、財産的基礎や事業内容等に照らしてグループ全体としての収支の見込みが良好であるかや、連結ベースでの自己資本の充実の状況が適当であるか否かについて審査することとしている（第五二条の一八第一項各号）。

また、銀行持株会社の会社形態は株式会社でなければならないものとされているが、これは銀行の会社形態について述べたところ（第二章）と同様、株式会社形態の資金調達の容易性、ディスクロージャーの充実および機関設計の重厚さなどを評価したものである。銀行持株会社が、単に形式的な株式保有主体であるにとどまらず、経営管理業務を通じて銀行の経営を左右する存在であることをふまえ、銀行と同様の形態を要することとされたものと考えられる。

五　銀行持株会社の業務範囲

（銀行持株会社の業務範囲等）

第五十二条の二十一　**銀行持株会社（他の銀行又は銀行持株会社の子会社でないものに限る。次条において同じ。）は、当該銀行持株会社の属する銀行持株会社グループの経営管理を行わなければならない。**

2　銀行持株会社は、当該銀行持株会社の属する**銀行持株会社グループの経営管理**（当該銀行持株会社並びに当該銀行持株会社の子会社である銀行、第五十二条の二十三第一項各号に掲げる会社及び第五十二条の二十三の二第一項に規定する特例子会社対象会社に係るものに限る。）及びこれに附帯する業務のほか、他の業務を営むことができない。

3　銀行持株会社は、その業務を営むに当たつては、その子会社である銀行の業務の健全かつ適切な運営の確保に努めなければならない。

4　第一項及び第二項の「経営管理」とは、次に掲げるものをいう。

一　銀行持株会社グループの経営の基本方針その他これに準ずる方針として内閣府令で定めるものの策定及びその適正な実施の確保

二　銀行持株会社グループに属する会社相互の利益が相反する場合における必要な調整

三　銀行持株会社グループの業務の執行が法令に適合することを確保するために必要なものとして内閣府令で定める体制の整備

四　前三号に掲げるもののほか、銀行持株会社グループの業務の健全かつ適切な運営の確保に資するものとして内閣府令で定めるもの

第五十二条の二十一の二　銀行持株会社は、前条第二項の規定にかかわらず、当該銀行持株会社の銀行持株会社グループに属する二以上の会社（銀行を含む場合に限る。）に共通する業務であつて、当該業務を当該銀行持株会社において行うことが当該銀行持株会社グループの業務の一体的かつ効率的な運営に資するものとして内閣府令で定めるものを、当該会社に代わつて行うことができる。

2　銀行持株会社は、前項に規定する内閣府令で定める業務を行おうとするときは、あらかじめ、内閣総理

大臣の認可を受けなければならない。

【太字部分は、平成二八年改正による挿入】

(1) 経営管理およびその附帯業務（平成二八年改正による見直し）

(イ) 経営管理

銀行持株会社は、親会社として銀行や他の銀行持株会社を有するいわゆる中間持株会社を除き、自らが属する銀行持株会社グループの経営管理を行わなければならないこととしている（第五二条の二一第一項）。

平成二八年改正前においては、第五二条の二一第一項に相当する規定は存在せず、銀行持株会社の業務範囲については、同条第二項に該当する規定のみが存在し、銀行持株会社はその子会社の「経営管理およびこれに附帯する業務」以外の業務を営むことができないとされているだけであり、経営管理の実施が銀行持株会社に義務づけられているわけではなかった。

しかし、近時、銀行を擁する金融グループについて、グループ単位での経営管理が強く意識されるに至った。すなわち、メガバンクグループにおいては、銀行以外の子会社や海外子会社のグループ全体に占める収益の割合が増加傾向にあり、その業務の規模・複雑性・国際性などをふまえた、より実効的なグループ全体の経営管理が求められるようになっている。また、地域銀行グループにおいても、持株会社を活用した経営統合の動きが活発化するなか、特性の異なる各傘下銀行間の相互の連携を図りつつ、グループ一体としての経営管理を行っていくことが重要となっている。

このような状況のもと、金融グループにおける経営管理「形態」のあるべき姿は区々であることを前提としつつ、それぞれの金融グループの経営管理を十分に実効的なものとするため、各金融グループにおける経営管理の「機能」の面では、グループ全体の経営方針が明確に策定され、それがグループ内のエンティティに浸透・徹底されるとともに、経営方針の実行に伴う各種リスクを的確に把握し、リスク顕在化時にも適切に対応できる体制の構築・運用を行うことなどが求められると考えられる。

平成二八年改正においては、このような背景に基づいて、銀行持株会社グループの頂点に位置する銀行持株会社は、グループの経営管理を行わなければならない旨が規定された（第五二条の二一第一項）。また、経営管理の内容は、以下を定めている。

① グループの経営の基本方針その他これに準ずる方針として内閣府令で定めるものの策定およびその適正な実施の確保（四項一号）

② グループ内の会社相互の利益相反管理・調整（同項二号）

③ グループのコンプライアンス体制の整備（同項三号）

④ ①〜③のほか、銀行持株会社グループの業務の健全かつ適切な運営の確保に資するものとして内閣府令で定めるもの（同項四号）

上記①の内閣府令で定めるものとしては、銀行持株会社グループの収支、資本の分配、自己資本の充実、その他のリスク管理に係る方針および災害等発生時における、銀行持株会社グループの危機管理に係る体制の整備に係る方針が、上記④の内閣府令で定めるものとしては、銀行グループの再建計画（告示で定める者（本稿執筆時点においては、三メガバンクグループの銀行持株会社および三井住友トラスト・ホールディングス株式会社）に限る）の策定がそれぞれ求められている（銀行法施行規則第三四条の一四の二第一項、第三項）。

(ロ) 附帯業務

銀行持株会社は、以上の経営管理業務のほかに、これに「附帯する業務」を営むことができるものとされている。「附帯する業務」には、平成九年の立法当時より、傘下の子会社のためにグループを代表して資金調達を行うこと等が含まれるものと解されてきたが、その外延は必ずしも明らかでなかった。

他方、「附帯する業務」に含まれる場合、後述の共通・重複業務の執行とは異なり、銀行持株会社が特段の認可等を得ることなく当該業務を営むことができるため、「附帯する業務」への該当性は、実務に直結する重要な意義を有する。

この点、平成二八年銀行法等改正に係る内閣府令のパブリックコメントへの回答により、たとえば、次に掲げる事項については「附帯する業務」に含まれることが示されている。

〔銀行法第五二条の二一第四項第一号の附帯業務の例〕

- 経営の基本方針、リスク管理方針、危機管理体制の整備に関する方針以外のグループ単位での方針の策定および その適正な実施の確保
- 子会社役職員もしくは従業員に対する、経営の基本方針、リスク管理方針、危機管理体制の整備に関する方針および上記方針に係る研修または教育
- グループを代表して行う資金調達
- グループ一体での人事企画・管理
- リスク事象のモニタリング

〔銀行法第五二条の二一第四項第三号の附帯業務の例〕

●反社会的勢力との取引の管理
●顧客情報管理
●コンプライアンスに係るモニタリング
●子会社に対する内部監査
●子会社において生じた事象に係る法令解釈
●子会社役員もしくは従業員に対するコンプライアンスに係る研修または教育

当然のことながら、「附帯する業務」はこれに限られるものではなく、その該当性は個別具体的な事案に応じた判断に委ねられることとなる。もっとも、論理的には、「附帯する業務」と後述の「共通・重複業務」の区別は以下のとおりと考えられる。

すなわち、前者は、自己の本来的な業務である経営管理に附帯するものとして自らの業務の一環として行われるものであり、後者は、本来的には銀行等の子会社の業務であるものの、業務の効率化の観点から、子会社にかわってこれを行うものであるという整理ができるように思われる。

(2) 共通・重複業務（平成二八年改正による見直し）

上記のように、平成二八年改正以前において、銀行持株会社が営むことができる業務は、「経営管理及びこれに附帯する業務」に限定され、銀行持株会社自身が具体的な業務の執行を行うことは、経営管理に附帯する業務に該当するものを除いては、認められていなかった。

銀行持株会社による業務の執行を認めると、銀行持株会社に本来的に期待されている経営管理機能の発揮が疎かになる可能性や、子会社との間に利益相反が生ずる可能性があることなどを理由とした制約であったものと考えられる。

他方、グループ内の各エンティティにおいて共通・重複する業務については、持株会社が統括的・一元的に実施したほうがコスト削減につながり、グループ全体の効率的なリスク管理も行いやすいことから、持株会社がこうした業務の執行を担うという選択肢も柔軟に認めてほしいとの声があった。

このような点をふまえ、平成二八年改正において、第五二条の二一の二として共通・重複業務の執行に係る規定が新たに設けられた。銀行持株会社グループ内の、銀行を含む二以上の会社に共通する業務であって、持株会社が統括的・一元的に実施することが、銀行持株会社の本来業務である銀行持株会社グループの業務の一体的・効率的な経営管理に資すると考えられるものとして内閣府令において定めるものに限り許容することとしている（第一項）。

銀行持株会社において行うことができる共通・重複業務の内容は、実務の状況をふまえて機動的に規定する必要があることから、内閣府令で定めることとされているが、内閣府令においては、幅広く、以下の業務を行うことができるものとされている（銀行法施行規則第三四条の一四の三各号）。なお、下記と同種と思われる業務であっても、たとえば、銀行持株会社が策定した経営の基本方針を浸透・徹底させるために子会社の役員または従業員を対象とした研修を行うことのように、経営管理の附帯業務として認可不要で認められるものもあると考えられる。

●資産の運用
●M&Aの交渉
●システムの設計・保守、プログラムの設計・作成・保守

●不動産管財業務
●福利厚生に関する事務
●文書等の印刷・製本
●備品の一括購入・管理・リース
●広告・宣伝
●業務に関し必要となる調査または情報の提供
●融資審査業務
●金融商品開発業務
●バックオフィス業務（事務に係る計算、文書の作成・保管・発送等）
●コールセンター業務
●役職員の教育・研修
●上記業務に附帯する業務

銀行持株会社の本来的な業務は銀行持株会社グループの経営管理であるから、共通・重複業務の執行によって、経営管理が疎かになり、あるいは銀行持株会社グループの収支が悪化するようなことがあってはならない。

このため、実際に銀行持株会社が共通・重複業務を執行するにあたっては、次のような観点（銀行法施行規則第三四条の一四の四第二項参照）に照らし、その可否について実質的に判断していくことが必要と考えられ、銀行持株会社による共通・重複業務の実施は当局による認可に係らしめることとされている（銀行法五二条の二一の二第二項）。

●申請をした銀行持株会社が当該認可に係る業務を行うことにより、当該銀行持株会社グループの業務の一体的かつ効率的な運営が促進されると見込まれるか。
●申請をした銀行持株会社が、子会社の経営管理に係る体制等に照らし、当該認可に係る業務を開始した後も、当該銀行持株会社の属する銀行持株会社グループの経営管理を的確かつ公正に遂行することができるか。
●申請をした銀行持株会社が、その人的構成に照らし、当該認可に係る業務を的確かつ公正に遂行することができるか。

六　銀行持株会社の子会社の業務範囲

銀行持株会社が子会社として保有することができる会社（子会社対象会社）の類型は、銀行法第五二条の二三第一項各号に列挙されている。その内容は基本的に銀行の子会社対象会社として同法第一六条の二第一項各号において列挙されるものと同一の内容となっている（それぞれの類型については、銀行の子会社対象会社について述べた第一三章を参照されたい）。

銀行持株会社は子銀行の経営管理を行う主体であり、両者は実質的に一体として観念でき、銀行による他業禁止の趣旨が同様に妥当するため、銀行持株会社を頂点とするグループを構成するか、銀行を頂点とするグループを構成するかに関し、規制は基本的に中立であるべきためと考えられる。

もっとも、親子会社間と兄弟会社（親会社の子会社）間では、後者のほうが、リスク遮断効果が高く、相互に経営に与える影響が少ない仕組みであることは否定できない。そこで、銀行法においては、銀行持株会社に、銀行より広範な業務範囲を認める枠組みが導入されている（第五二条の二三の二）。

具体的には、商品デリバティブ取引に係る商品の現物売買を営む会社について、「特例子会社対象会社」として、銀行持株会社の子会社としてのみ保有することが可能とされている。

（銀行持株会社の子会社の範囲等の特例）

第五十二条の二十三の二　銀行持株会社は、前条第一項の規定にかかわらず、次に掲げる会社（以下「特例子会社対象会社」という。）を子会社（当該銀行持株会社の子会社である銀行の子会社を除く。以下「持株特定子会社」という。）とすることができる。

一　特例子会社対象業務を専ら営む会社（次に掲げる会社を除く。）

イ　前条第一項第十号イ又はロに掲げる業務を専ら営む会社（同号イに掲げる業務（次項において「従属業務」という。）を営む会社に限る。）であつて、当該銀行持株会社、その子会社（銀行並びに同条第一項第一号及び第六号に掲げる会社に限る。）その他これらに類する者として内閣府令で定めるものの営む業務のためにその業務を営んでいる会社

ロ　前条第一項第十一号及び第十一号の二に掲げる会社

二　前条第一項各号（第十一号及び第十一号の二を除く。）に掲げる会社が営むことができる業務及び特例子会社対象業務を専ら営む会社（前号ロに掲げる会社を除く。）

2　前項各号の「特例子会社対象業務」とは、子会社対象会社（前条第一項第十一号及び第十一号の二に掲げる会社を除く。）が営むことができる業務（従属業務を除く。以下この項において「特定業務」という。）以外の業務であつて、第十条第二項第十四号に規定する金融等デリバティブ取引に係る同号に規定する商品の売買その他の特定業務に準ずるものとして内閣府令で定めるものをいう。

3　銀行持株会社は、第一項の規定により特例子会社対象会社を持株特定子会社としようとするときは、あらかじめ、当該持株特定子会社が営もうとする特例子会社対象業務（前項に規定する特例子会社対象業務を

いう。以下この条及び第六十五条第十七号において同じ。）を定めて、内閣総理大臣の認可を受けなければならない。

4　銀行持株会社は、第一項の規定により特例子会社対象会社を持株特定子会社としている場合には、当該持株特定子会社が、その営む特例子会社対象業務につき当該特例子会社対象業務の内容その他の事情を勘案し、当該銀行持株会社の子会社である銀行の業務の健全かつ適切な運営を確保するために必要と認められる要件として内閣府令で定めるものを満たすために必要な措置を講じなければならない。

5　第三項の規定は、特例子会社対象会社が、前条第七項に規定する内閣府令で定める事由により銀行持株会社の持株特定子会社となる場合には、適用しない。ただし、当該銀行持株会社は、その持株特定子会社となつた特例子会社対象会社を引き続き持株特定子会社とすることについて内閣総理大臣の認可を受けた場合を除き、当該特例子会社対象会社が当該事由の生じた日から一年を経過する日までに持株特定子会社でなくなるよう、所要の措置を講じなければならない。

6　第三項の規定は、銀行持株会社が、その持株特定子会社としている特例子会社対象会社を同項の認可に係る特例子会社対象業務以外の特例子会社対象業務を営む持株特定子会社としようとするときについて準用する。

7　第四項の規定は、第五項本文に規定する場合（同項ただし書の規定により内閣総理大臣の認可を受けて持株特定子会社となつた特例子会社対象会社を引き続き持株特定子会社とする場合を除く。）には、適用しない。

七　銀行持株会社による出資制限

第一四章で述べたとおり、子会社とすることが可能である類型の会社および特例対象会社（地域経済活性化等の関連する事業を行う会社として内閣府令で定める会社）を除いた国内の会社（一般事業会社）については、銀行持株会社グループに属するすべてのエンティティからの出資比率は、当該会社の総議決権の一五％以内でなければならないものとされている（いわゆる一五％ルール、銀行法第五二条の二四第一項）。

当該「一五％」の数値は、銀行の他業禁止の要請および銀行持株会社の子会社の業務範囲制限の逸脱の防止の要請がある一方で、銀行持株会社を活用したグループによる業務展開を念頭に、両者のバランスをふまえ、銀行単体の場合の五％より高い値が設定されているものである。「六」において述べたように、親子会社間と兄弟会社（親会社の子会社）間では、後者のほうが、リスク遮断効果が高く、相互に経営に与える影響が少ない仕組みであることからすれば、このように組織形態によって出資比率の上限に差異が生ずることも合理的であるものと考えられる。

八　銀行持株会社に対する監督

（銀行持株会社等による報告又は資料の提出）

第五十二条の三十一　内閣総理大臣は、銀行の業務の健全かつ適切な運営を確保するため必要があると認めるときは、当該銀行を子会社とする銀行持株会社に対し、当該銀行の業務又は財産の状況に関し参考となるべき報告又は資料の提出を求めることができる。

2　内閣総理大臣は、第二十四条第一項の規定により銀行に対して報告又は資料の提出を求め、及び前項の規定により当該銀行を子会社とする銀行持株会社に対して報告又は資料の提出を求める場合において、特に必要があると認めるときは、その必要の限度において、当該銀行持株会社の子法人等（子会社その他銀行持株会社がその経営を支配している法人として内閣府令で定めるものをいい、当該銀行を除く。次項並びに次条第二項及び第五項において同じ。）又は当該銀行持株会社から業務の委託を受けた者（その者から委託（二以上の段階にわたる委託を含む。）を受けた者を含む。次項並びに次条第二項及び第五項において同じ。）に対し、当該銀行又は当該銀行持株会社の業務又は財産の状況に関し参考となるべき報告又は資料の提出を求めることができる。

3　銀行持株会社の子法人等又は当該銀行持株会社から業務の委託を受けた者は、正当な理由があるときは、前項の規定による報告又は資料の提出を拒むことができる。

（銀行持株会社等に対する立入検査）

第五十二条の三十二　内閣総理大臣は、銀行の業務の健全かつ適切な運営を確保するため必要があると認めるときは、当該職員に当該銀行を子会社とする銀行持株会社の事務所その他の施設に立ち入らせ、当該銀行若しくは当該銀行持株会社の業務若しくは財産の状況に関し質問させ、又は当該銀行持株会社の帳簿書類その他の物件を検査させることができる。

2　内閣総理大臣は、第二十五条第一項の規定による銀行に対する立入り、質問又は検査を行い、及び前項の規定による当該銀行を子会社とする銀行持株会社に対する立入り、質問又は検査を行う場合において、特に必要があると認めるときは、その必要の限度において、当該職員に当該銀行持株会社の子法人等若しくは当該銀行持株会社から業務の委託を受けた者の営業所その他の施設に立ち入らせ、当該銀行若しくは当該銀行持株会社に対する質問若しくは検査に必要な事項に関し質問させ、又は帳簿書類その他の物件を検査させることができる。
3～5　（略）
（銀行持株会社に対する改善計画の提出の求め等）
第五十二条の三十三　内閣総理大臣は、銀行持株会社の業務又は銀行持株会社及びその子会社等の財産の状況に照らして、当該銀行持株会社の子会社である銀行の業務の健全かつ適切な運営を確保するため必要があると認めるときは、当該銀行持株会社に対し、措置を講ずべき事項及び期限を示して、当該銀行の経営の健全性を確保するための改善計画の提出を求め、若しくは提出された改善計画の変更を命じ、又はその必要の限度において監督上必要な措置を命ずることができる。
2　前項の規定による命令（改善計画の提出を求めることを含む。次項において同じ。）であつて、銀行持株会社及びその子会社等の自己資本の充実の状況によつて必要があると認めるときにするものは、内閣府令・財務省令で定める銀行持株会社及びその子会社等の自己資本の充実の状況に係る区分に応じ内閣府令・財務省令で定めるものでなければならない。
3　内閣総理大臣は、銀行持株会社に対し第一項の規定による命令をした場合において、当該命令に係る措置の実施の状況に照らして特に必要があると認めるときは、当該銀行持株会社の子会社である銀行に対し、その業務の健全かつ適切な運営を確保するために必要な措置を命ずることができる。
（銀行持株会社に係る認可の取消し等）
第五十二条の三十四　内閣総理大臣は、銀行持株会社が法令、定款若しくは法令に基づく内閣総理大臣の処分に違反したとき又は公益を害する行為をしたときは、当該銀行持株会社に対しその取締役、執行役、会計参与、監査役若しくは会計監査人の解任その他監督上必要な措置を命じ、若しくは当該銀行持株会社の第五十二条の十七第一項若しくは第三項ただし書の認可を取り消し、又は当該銀行持株会社の子会社である銀行に対しその業務の全部若しくは一部の停止を命ずることができる。この場合において、同条第一項の認可のうち設立に係るものは、当該認可を受けて設立された銀行持株会社に対して与えられているものとみなす。

2〜4（略）

銀行法は、銀行持株会社が銀行の経営管理を行う立場にあることから、銀行持株会社を直接の監督対象としており、銀行に対するのと同様に、監督当局は、一定の条件のもと、報告徴求（第五二条の三一）、立入検査（第五二条の三二）、業務改善計画の提出その他業務の改善に必要な措置の命令（第五二条の三三）および認可取消しまたは業務停止命令（第五二条の三四）を行う権限を有する。

これらの各種監督措置はあくまで銀行の健全性確保のために設けられたものである。このため、たとえば、銀行持株会社に対する報告徴求および立入検査は、子銀行の業務の健全かつ適切な運営を確保するため必要があると認めるときに限って行うことができるものとされている。

また、銀行に係る監督の規定と同様に、監督当局は銀行持株会社の子会社（銀行の兄弟会社）に対しても報告徴求及び立入検査を行うことができるが、銀行・銀行持株会社に対する報告徴求・立入検査を行う場合に「特に必要があると認められる場合」に限って行うことができるとされており、兄弟会社のみに着目して独立して報告徴求および立入検査を行うことはできない。

第五二条の三三第一項に規定される「監督上必要な措置」としては、たとえば、子会社である銀行の健全性に懸念が生じた場合において、当該銀行の健全な経営の遂行を確保するため、追加的出資などによる健全性回復のための措置等が想定される。

九　銀行持株会社に係るその他の規制

銀行持株会社は銀行の経営管理をその第一次的な業務とするものであり、実質的に銀行と一体とみられること、銀行持株会社グループ形態をとることによって銀行に対する規制が潜脱されるのを防止する必要があること、および銀行の健全性確保の前提として銀行持株会社グループの健全性が必要であること等の理由により、銀行持株会社（または銀行持株会社およびその子会社等）を名宛人として、銀行規制と同様の規制が課されている。

具体的には、本章「八」までに述べた業務範囲規制、出資規制に加え、大口信用供与規制、自己資本比率規制、利益相反管理体制の整備、事業報告書の提出、貸借対照表の作成・公告及びディスクロージャー誌の作成・公衆縦覧等が課されている。

各規制の詳細については、該当の章を参照されたい。

第二三章　銀行代理業

一　総　論

⑴　制度導入の背景

平成一七年改正による銀行代理業制度導入前は、営業所の一形態として代理店が定められ、届出制の対象とされていた。

当該代理店は、法人である場合には委託元の銀行の一〇〇%出資子会社または兄弟会社、個人である場合には委託元の銀行出身の職員であった者などに限られ、加えて、銀行の代理業務を専業として営むなど、社会的信用や業務遂行能力が明確である場合に限定して、設置を認められていた。

一方、当該代理店は有効な販売チャネルでありうるものの、当時の規制のもとでは十分に活用されていないとの問題意識から、出資要件の撤廃・緩和、業務拡大などを望む声が出されるようになった。

このため、顧客保護を図ると同時に、柔軟・多様な販売チャネルを通じ、顧客にとって、充実したサービスをより容易に受けられるよう、平成一七年改正により代理店制度の見直しが行われた。

(2) 銀行代理業制度の概要

銀行代理業とは、第二条第一四項において、銀行のために、銀行固有業務に該当する行為（預金等の受入れ・資金の貸付け・為替取引）を内容とする契約の締結の代理または媒介を行う営業と定義されている。銀行の中核業務に関して銀行と顧客の橋渡し的な役割を担う業務であり、その適正な遂行の確保は、銀行・顧客の双方にとって重要な意義をもつ。

代理店制度では、銀行の一〇〇％子会社であることや専業規制等があり、一般事業者が参入することは困難な状況にあったが、銀行代理業制度では、一般の個人や事業会社も参入可能とし、他方、不適格な者の参入を抑止するため、許可制を導入した。許可の際に、財産的基礎、社会的信用、業務遂行能力等の適格性を審査することとしている。

また、銀行代理業者に対して、兼業の承認を受ける義務・分別管理義務・顧客に対する説明義務・利益相反行為の禁止等の規制を課すとともに、委託元となる銀行（所属銀行）に対し、銀行代理業者に対する業務の指導等の措置を講じる義務を課している。

加えて、行政当局は、銀行代理業者に対して、報告徴求・立入検査のほか、業務改善命令・許可の取消し・業務停止を命じることができることとされている。

二　銀行代理業の定義

（定義等）

14 第二条　この法律において「銀行代理業」とは、銀行のために次に掲げる行為のいずれかを行う営業をいう。

一　預金又は定期積金等の受入れを内容とする契約の締結の代理又は媒介

二　資金の貸付け又は手形の割引を内容とする契約の締結の代理又は媒介

三　為替取引を内容とする契約の締結の代理又は媒介

(1)　銀行代理業の定義とその意義

銀行のために、銀行の固有業務に該当する行為のいずれかを内容とする契約の締結の代理または媒介を行う営業を、銀行代理業と定義している。

銀行の固有業務に該当する行為を内容とする契約の締結の代理または媒介を行い、契約が締結されると、契約締結の効果は銀行に帰属する。この意味で、銀行の業務に関する重要な行為を、銀行から委託されて遂行する業務と考えることができる。

前述のとおり、銀行法では、銀行業の公共性等にかんがみ、銀行業を免許制の対象とするとともに、各種規制を設けて銀行の業務の健全かつ適切な運営の確保を図っている。一方、銀行代理業者の業務遂行になんらの制度的枠組みがなく、当該銀行代理業者の行為に重大な問題が発生する場合、銀行に対して諸規制を設けている趣旨が没却されるおそれがある。

このため、銀行代理業を営む者に関し、第五二条の三六以下の規定により許可制の対象とするとともに諸規制を課し、これにより、銀行代理業の健全かつ適切な運営を確保し、もって銀行の業務の健全かつ適切な運営の確保を図ることとしている。

固有業務以外に、銀行は、付随業務や他法の定めにより営む業務を行うことができるが、これらの業務の代理・媒介については、銀行代理業の対象とはされていない。これらの業務は、銀行法上の免許を要せずに営むことができる業務であるため、免許が必要である銀行業とは一線を画した位置づけと整理されているものと考えられる

(2) 銀行代理業への該当性等

条文上「代理」とあるが、これは、代理人（銀行代理業者）が本人（銀行）にかわって第三者（顧客）に対して意思表示をし、または相手方（顧客）からの意思表示を受けて、その法律効果をすべて直接本人（銀行）に帰属させることであり、民法の代理（民法第九九条）と同趣旨と考えられる。

また、「媒介」とは、一般に、他人の間に立って、他人を当事者とする法律行為の成立に尽力する事実行為をいうとされている。

「媒介」に該当するか否かについては、個別事例に基づき判断されるものであるが、その要件として、以下を満たすものが考えられる。

① 当事者となる両者を具体的に特定することに関与していること

② 当事者となる両者に直接働きかけを行い、両者もその働きかけについて認識を行っていること

③　法律行為の一部に直接かかわる役務を提供すること

④　当事者となる両者の間で法律行為が直接成立しうる状況に置くこと

なお、監督指針において、たとえば、銀行代理業の許可が必要な場合として、①勧誘行為、②勧誘を目的とした商品説明、③契約の締結に向けた条件交渉、④契約の申込みの受領（単に契約申込書の受領・回収または契約申込書の誤記・記載もれ・必要書類の添付もれの指摘のみを行う場合を除く）、⑤契約の承諾、が示されている。

逆に、銀行代理業の許可が不要な場合としては、①顧客のために行う代理・媒介行為、②媒介に至らない行為を銀行から受託して行う場合で、たとえば、(イ)商品案内チラシ・パンフレット・契約申込書等の単なる配布・交付、(ロ)契約申込書およびその添付書類当の受領・回収、(ハ)金融商品説明会における一般的な銀行取扱商品の仕組み・活用法等についての説明など、事務処理の一部のみを銀行から受託して行うにすぎない場合などが示されている。

三　許可制等

（許可）

第五十二条の三十六　銀行代理業は、内閣総理大臣の許可を受けた者でなければ、営むことができない。

2　銀行代理業者は、所属銀行の委託を受け、又は所属銀行の委託を受けた銀行代理業者の再委託を受ける場合でなければ、銀行代理業を営んではならない。

3　銀行代理業者は、あらかじめ、所属銀行の許諾を得た場合でなければ、銀行代理業の再委託をしてはならない。

（許可の申請）
第五十二条の三十七　前条第一項の許可を受けようとする者（次条第一項及び第五十二条の四十二第四項において「申請者」という。）は、次に掲げる事項を記載した申請書を内閣総理大臣に提出しなければならない。
一　商号、名称又は氏名
二　法人であるときは、その役員の氏名
三　銀行代理業を営む営業所又は事務所の名称及び所在地
四　所属銀行の商号
五　他に業務を営むときは、その業務の種類
六　その他内閣府令で定める事項
2　前項の申請書には、次に掲げる書類を添付しなければならない。
一　法人であるときは、定款及び登記事項証明書（これらに準ずるものを含む。）
二　銀行代理業の業務の内容及び方法として内閣府令で定めるものを記載した書類
三　その他内閣府令で定める書類

(1)　許可制

銀行代理業は、内閣総理大臣の許可を受けた者でなければ、営むことができないとされている。

代理店制度の時代、その設置については、届出制とされていた。これは、当該代理店制度のもとでは、代理店について、委託元の銀行の一〇〇％子会社などの出資規制や専業規制が課せられ、代理店となる者は金融機関または

金融機関に関連する者に限定されるため、専門性等の面で、利用者保護に重大な問題が発生する蓋然性が高くないとの考え方によっていたものと考えられる。

他方、現行の銀行代理業制度においては、柔軟・多様な販売チャネルの提供を可能とするとの考え方に立ち、出資規制や専業規制は課されていない。

前述のとおり、銀行代理業者の業務遂行になんらの制度的枠組みがなく、当該代理業者の行為に重大な問題が発生する場合、銀行業の公共性等にかんがみ、銀行に対して諸規制を設けている趣旨が没却されるおそれがある。このため、許可制を設けていると考えられる。

⑵ 所属銀行制

銀行代理業は、所属銀行の委託（再委託も含む）を受ける場合に限り、営むことができることとしている（第二項）。いわゆる所属銀行制をとっている。

所属銀行には、顧客保護・決済システムの安定性確保等の観点から、①銀行代理業者が顧客に与えた損害の賠償責任、②銀行代理業者への指導等の義務を負うことが、第五二条の五八以下の規定で定められている。

また、銀行代理業者は、別の銀行代理業者に再委託することが認められている。

代理店制度のもとでは、代理店に対する監督が委託元の銀行を介した間接的なものとなっており、当該代理店の業務の健全性の実効性を確保する観点から、再委託を禁止していた。

他方、銀行代理業者は、銀行法上、当局による直接の監督対象とされるとともに、所属銀行制を採用し、委託元の銀行は、銀行代理業者の指導等の義務、当該銀行代理業者が顧客に与えた損害の賠償責任を負うことが明確化されていることなどから、再委託を認めている。ただし、委託契約が何重にも連なることは、銀行、銀行代理業者、顧客との関係をいたずらに複雑なものとし、責任の所在が不明確となるため、十分な監督も行えないおそれがあることから、再々委託は認められていない。

(3) 許可の基準

（許可の基準）
第五十二条の三十八　内閣総理大臣は、第五十二条の三十六第一項の許可の申請があつたときは、申請者が次に掲げる基準に適合するかどうかを審査しなければならない。
一　銀行代理業を遂行するために必要と認められる内閣府令で定める基準に適合する財産的基礎を有する者であること。
二　人的構成等に照らして、銀行代理業を的確、公正かつ効率的に遂行するために必要な能力を有し、かつ、十分な社会的信用を有する者であること。
三　他に業務を営むことによりその銀行代理業を適正かつ確実に営むことにつき支障を及ぼすおそれがあると認められない者であること。

銀行免許を付与するか否かを判断するに際し、適合するかどうかを審査すべき基準が定められている。第一号は財務面の基準、第二号は体制面の基準、第三号は兼業業務に関する基準である。また、審査に係る詳細な基準は、銀行法施行規則第三四条の三六・第三四条の三七において定められている。

●第一号（財務面の基準）

銀行代理業者が行った行為の効果は所属銀行（委託元の銀行）に属し、銀行代理業者自体は預金債務等を負うことがないため、銀行に求められるような高度な財産的基礎を求める必要はない。他方、銀行代理業に係る顧客から交付を受けた金銭等の費消・流用の防止等の適切な業務運営の確保、安定的・継続的サービスの提供を確保する観点から、最低限必要な財産的基礎が求められている。

具体的な財産的基礎の基準は、銀行代理業の許可申請者の純資産額（資産－負債）が、法人の場合は五〇〇万円以上、個人の場合は三〇〇万円以上であること（銀行法施行規則第三四条の三六）等とし、また、銀行代理業開始後三事業年度を通じて、当該財産的基礎の基準を維持できると見込まれることとしている（同第三四条の三七第二号）。

●第二号（体制面の基準）

財務面の裏付けだけでは、銀行代理業の実施は不可能であり、適正な能力を有する人材等が必要である。銀行法施行規則第三四条の三七第三号ないし第五号において、概要、次の事項等を審査するとしている。

○業務遂行能力

◇申請者が個人（二以上の事務所で銀行代理業を営む者を除く）であるとき

・その営む銀行代理業の業務に関する十分な知識を有する者であること

これに加えて、

・事業性資金に係る規格化された貸付商品（財務情報の機械的処理のみで、貸付け可否・条件が設定されることが決められている商品）で、契約締結審査に関与しない場合は、貸付業務に一年以上従事した者またはこれと同等以上の能力を有する者であること（申請者が兼業業務を営まない場合を除く）

・当座預金を取り扱う場合（貸付けは取り扱わない）は、当座預金または貸付業務に通算三年以上従事した者

またはこれと同等以上の能力を有する者であること

・当座預金・貸付け（預金担保貸付け等を除く）を取り扱う場合は、貸付業務に三年以上従事またはこれと同等以上の能力を有する者であること

◇申請者が法人・二以上の事務所で銀行代理業を営む個人であるとき

・法令等遵守確保業務の責任者（当該銀行代理業の業務に関する十分な知識を有するものに限る）を当該業務を営む営業所または事務所ごとに配置

・当該責任者を指揮し法令等遵守確保を統括管理する統括責任者（当該銀行代理業の業務に関する十分な知識を有するものに限る）を主たる事務所の当該業務を統括する部署に配置（主たる営業所または事務所以外の営業所または事務所において銀行代理業を営まない法人を除く）

これに加えて、

・事業性資金に係る規格化された貸付商品で、契約締結審査に関与しない場合は、配置された責任者・統括責任者のうちそれぞれ一名以上は、貸付業務に一年以上従事した者またはこれと同等以上の能力を有すると認められる者であること（申請者が兼業業務を営まない場合および申請者が保険会社その他金融庁長官が定めるものである場合を除く）。

・当座預金を取り扱う場合（貸付けは取り扱わない）は、配置された責任者・統括責任者のうちそれぞれ一名以上は、当座預金または貸付業務に通算三年以上従事した者またはこれと同等以上の能力を有する者であること

・当座預金・貸付け（預金担保貸付け等を除く）を取り扱う場合は、配置された責任者・統括責任者のうちそれぞれ一名以上は、貸付業務に三年以上従事またはこれと同等以上の能力を有する者であること

なお、責任者・統括責任者については、平成二八年一二月二七日付で公表された金融審議会金融制度ワーキング・グループ報告において、「十分な知識を有する者の営業店毎の配置義務や専門部署の設置義務等の見直しについて検討を進めるべきである」とされており、今後、これらについて検討が行われるものと考える。

○業務運営体制

◇預金・為替業務を取り扱う場合には、オンライン処理など、銀行代理業の内容に応じた必要な事務処理の体制が整備されていること

◇社内規則等を定め、これに基づく業務の運営が検証されるなど、法令等を遵守した運営が確保されていると認められること

◇人的、資本的構成または組織等により、銀行代理業を的確、公正、効率的に遂行することについて支障が生じるおそれがあると認められないこと

○社会的信用

申請者（法人の場合にはその役員を含む）が、次に該当しないこと

◇成年被後見人または被保佐人

◇破産者で復権を得ない者

◇禁錮以上の刑に処せられ、その刑の執行を終わり、またはその刑の執行を受けることがなくなった日から五年を経過しない者

◇銀行業等の免許、銀行代理業等の許可の取消し等の日から五年を経過していない者

◇銀行法に基づく銀行、銀行代理業者等の役員の解任を命ぜられた者　　等

他に業務を営むことによりその銀行代理業を適正かつ確実に営むことにつき支障を及ぼすおそれがある場合、銀行代理業の適正な継続は困難となる。銀行法施行規則第三四条の三七第六号・第七号において、概要、次の事項等を審査するとしている。

●第三号（兼業基準）

◇兼業の内容が法令に抵触するものでないこと
◇兼業の内容が銀行代理業者としての社会的信用を損なうおそれがないこと
◇銀行代理業の内容が、事業性資金の貸付け等を内容とする契約の締結の代理または媒介（所属銀行が受け入れたその顧客の預金等または国債を担保として行う契約に係るものおよび規格化された貸付商品〔貸付金額が一〇〇〇万円を上限とするものに限る〕であってその契約の締結に係る審査に関与しないものを除く）であることその他の兼業業務における顧客との間の取引関係に照らして、所属銀行と銀行代理業者の利益が相反する取引が行われる可能性があると認められるものでないこと（申請者が保険会社その他金融庁長官が定める者である場合を除く）
◇兼業業務による取引上の優越的地位を不当に利用して、銀行代理業に係る顧客の保護に欠ける行為が行われるおそれがあると認められないこと
◇銀行代理業の内容に照らして兼業業務を営むことが顧客の保護に欠け、または所属銀行の業務の健全かつ適切な遂行に支障を及ぼす行為が行われるおそれがあると認められないこと

これに加えて、

◇主たる兼業業務の内容が、貸付けその他の信用の供与を行う業務である場合は、その業務について所属銀行と銀行代理業者の利益が相反する取引が行われる可能性がないと認められるときを除き、銀行代理業として行う貸付け（所属銀行の顧客の預金等または国債を担保として行う契約に係るものを除く）の内容および方法が、次に

掲げる要件のいずれにも該当すること
・貸付資金で購入する物品または物件を担保として行う貸付契約に係るものであること（事業の用に供するための資金に係るものを除く）
・規格化された貸付商品であってその契約の締結に係る審査に関与するものでないこと
・兼業業務として信用の供与を行っている顧客に対し、銀行代理業に係る資金の貸付けまたは手形の割引を内容とする契約の締結の代理または媒介を行うときは、あらかじめ顧客の書面による同意を得て、所属銀行に対し、兼業業務における信用の供与の残高その他の所属銀行が契約の締結の判断に影響を及ぼすこととなる重要な事項を告げることとしていること

●銀行法施行規則

（財産的基礎）

第三十四条の三十六　法第五十二条の三十八第一項第一号に規定する内閣府令で定める基準は、第三十四条の三十四第六号に規定する財産に関する調書又は同条第七号に規定する貸借対照表若しくはこれに代わる書面に計上された資産の合計額から負債の合計額を控除した額（次項において「純資産額」という。）が、次の各号に掲げる区分に応じ、当該各号に掲げる額以上であることとする。

一　個人　三百万円

二　法人　五百万円

2　次に掲げる者は、法第五十二条の三十八第一項第一号に規定する財産的基礎を有するものとみなす。

一　個人（純資産額が負の値でない者に限る。）であって所属銀行（当該個人が銀行代理業再委託者の再委託を

受けて銀行代理業を営む場合は、当該銀行代理業再委託者を含む。）が銀行代理業に係る損害についての保証人（純資産額が前項各号に規定する額以上である者に限る。）の保証を徴している者その他の前項に規定する基準と同等以上の財産的基礎を有していると認められる者

二　地方公共団体

（銀行代理業の許可の審査）

第三十四条の三十七　金融庁長官等は、法第五十二条の三十六第一項に規定する許可の申請があつた場合において、法第五十二条の三十八第一項に規定する審査をするときは、次に掲げる事項に配慮するものとする。

一　個人又は法人（外国法人で国内に事務所を有しないものを除く。）であること。

二　前条第一項又は第二項に該当し、かつ、銀行代理業開始後三事業年度を通じて同条第一項又は第二項に該当すると見込まれること。

三　銀行代理業に関する能力を有する者の確保の状況、銀行代理業の業務運営に係る体制等に照らし、次に掲げる要件に該当する等、十分な業務遂行能力を備えていると認められること。

イ　申請者が個人（二以上の事務所で銀行代理業を営む者を除く。）であるときは、その営む銀行代理業の業務に関する十分な知識を有する者であること。ただし、特別銀行代理行為（当座預金の受入れを内容とする契約の締結の代理若しくは媒介又は法第二条第十四項第二号に掲げる行為（所属銀行が受け入れたその顧客の預金等又は国債を担保として行う貸付契約に係るもの及び事業以外の用に供する資金に係る定型的な貸付契約であつてその契約の締結に係る審査に関与しないものを除く。）をいう。ロにおいて同じ。）を行う場合にあつては、次に掲げる特別銀行代理行為の内容の区分に応じ、それぞれ次に掲げる要件を満たす

者であること。

(1)　事業の用に供する資金に係る規格化された貸付商品（資金需要者に関する財務情報の機械的処理のみにより、貸付けの可否及び貸付条件が設定されることがあらかじめ決められている貸付商品をいう。ロ並びに第六号ハ及び第七号ロにおいて同じ。）であつてその契約の締結に係る審査に関与しない場合　資金の貸付け業務に一年以上従事した者又はこれと同等以上の能力を有すると認められる者であること（申請者が兼業業務を営まない場合を除く。）。

(2)　法第二条第十四項第二号に掲げる行為を行わない場合　当座預金業務又は資金の貸付け業務に通算して三年以上従事した者又はこれと同等以上の能力を有すると認められる者であること。

(3)　(1)及び(2)以外の場合　資金の貸付け業務に三年以上従事した者又はこれと同等以上の能力を有すると認められる者であること。

ロ　申請者が法人（二以上の事務所で銀行代理業を営む個人を含む。）であるときは、その営む銀行代理業の業務に係る法令等の遵守を確保する業務に係る責任者（当該銀行代理業の業務に関する十分な知識を有するものに限る。）を当該業務を営む営業所又は事務所ごとに、当該責任者を指揮し法令等の遵守の確保を統括管理する業務に係る統括責任者（当該銀行代理業の業務に関する十分な知識を有するものに限る。）を主たる営業所又は事務所の当該業務を統括する部署に（主たる営業所又は事務所以外の営業所又は事務所において銀行代理業を営まない法人を除く。）、それぞれ配置していること。ただし、特別銀行代理行為を行う場合にあつては、うちそれぞれ一名以上は、次に掲げる特別銀行代理行為の内容の区分に応じ、それぞれ次に掲げる要件を満たす者であること。

(1)　事業の用に供する資金に係る規格化された貸付商品であつてその契約の締結に係る審査に関与し

ない場合　資金の貸付け業務に一年以上従事した者又はこれと同等以上の能力を有すると認められる者であること（申請者が兼業業務を営まない場合及び申請者が保険会社その他金融庁長官が定めるものである場合を除く。）。

(2)　法第二条第十四項第二号に掲げる行為を行わない場合　当座預金業務又は資金の貸付け業務に通算して三年以上従事した者又はこれと同等以上の能力を有すると認められる者であること。

(3)　(1)及び(2)以外の場合　資金の貸付け業務に三年以上従事した者又はこれと同等以上の能力を有すると認められる者であること。

ハ　法第二条第十四項第一号及び第三号に規定する行為を行う場合にあつては、オンライン処理その他の適切な方法により処理する等銀行代理業の業務の態様に応じ必要な事務処理の体制が整備されていること。

ニ　銀行代理業に関する社内規則等を定め、これに基づく業務の運営の検証がされる等、法令等を遵守した運営が確保されると認められること。

ホ　人的構成、資本構成又は組織等により、銀行代理業を的確、公正かつ効率的に遂行することについて支障が生じるおそれがあると認められないこと。

四　申請者が個人であるときは、次のいずれにも該当しないこと。

イ　成年被後見人若しくは被保佐人又は外国の法令上これらと同様に取り扱われている者

ロ　破産者で復権を得ないもの又は外国の法令上これと同様に取り扱われている者

ハ　禁錮以上の刑（これに相当する外国の法令による刑を含む。）に処せられ、その刑の執行を終わり、又はその刑の執行を受けることがなくなつた日から五年を経過しない者

ニ　次のいずれかに該当する場合において、その取消しの日（更新の拒否の場合にあつては、当該更新の拒否の処分がなされた日。ヘ及び次号イにおいて同じ。）前三十日以内にその法人の取締役、執行役、会計参与、監査役、会計監査人、理事、監事若しくはこれらに準ずる者又は日本における代表者（法第四十七条第二項に規定する日本における代表者をいう。ト(1)において同じ。）であつた者でその取消しの日から五年を経過しない者

(1)　法第二十七条若しくは第二十八条の規定により法第四条第一項の免許を取り消され、法第五十二条の十五第一項の規定により法第五十二条の九第一項若しくは第二項ただし書の認可を取り消され、法第五十二条の三十四第一項の規定により法第五十二条の十七第一項若しくは第三項ただし書の認可を取り消され、又は法第五十二条の五十六第一項の規定により法第五十二条の三十六第一項の許可を取り消された場合

(2)　長期信用銀行法第十七条において準用する法第二十七条若しくは第二十八条の規定により長期信用銀行法第四条第一項の免許を取り消され、同法第十七条において準用する法第五十二条の十五第一項の規定により長期信用銀行法第十六条の二の二第一項若しくは第二項ただし書の認可を取り消され、同法第十七条において準用する法第五十二条の三十四第一項の規定により長期信用銀行法第十六条の二の四第一項若しくは第三項ただし書の認可を取り消され、又は同法第十七条において準用する法第五十二条の五十六第一項の規定により長期信用銀行法第十六条の五第一項の許可を取り消された場合

(3)　信用金庫法第八十九条第一項において準用する法第二十七条若しくは第二十八条の規定により信用金庫法第四条の免許を取り消され、又は同法第八十九条第五項において準用する法第五十二条の

五十六第一項の規定により信用金庫法第八十五条の二第一項の許可を取り消された場合

(4) 労働金庫法第九十五条の規定により同法第六条の免許を取り消され、又は同法第九十四条第三項において準用する法第五十二条の五十六第一項の規定により労働金庫法第八十九条の三第一項の許可を取り消された場合

(5) 中小企業等協同組合法第百六条第二項若しくは協同組合による金融事業に関する法律第六条第一項において準用する法第二十七条若しくは第二十八条の規定により解散を命ぜられ、又は協同組合による金融事業に関する法律第六条の五第一項において準用する法第五十二条の五十六第一項の規定により協同組合による金融事業に関する法律第六条の三第一項の許可を取り消された場合

(6) 農業協同組合法第九十二条の四第一項において準用する法第五十二条の五十六第一項の規定により農業協同組合法第九十二条の二第一項の許可を取り消され、又は同法第九十五条の二の規定により農業協同組合若しくは農業協同組合連合会が解散を命ぜられた場合

(7) 水産業協同組合法第百二十一条の四第一項において準用する法第五十二条の五十六第一項の規定により水産業協同組合法第百二十一条の二第一項の許可を取り消され、又は同法第百二十四条の二の規定により漁業協同組合、漁業協同組合連合会、水産加工業協同組合若しくは水産加工業協同組合連合会が解散を命ぜられた場合

(8) 農林中央金庫法第九十五条の四第一項において準用する法第五十二条の五十六第一項の規定により農林中央金庫法第九十五条の二第一項の許可を取り消され、又は同法第八十六条の規定により解散を命ぜられた場合

(9) 貸金業法（昭和五十八年法律第三十二号）第六条第一項の規定により同法第三条第一項の登録の更

新を拒否され、又は同法第二十四条の六の四第一項若しくは第二十四条の六の五第一項の規定により同法第三条第一項の登録を取り消された場合

⑽　法、長期信用銀行法、信用金庫法、労働金庫法、中小企業等協同組合法、協同組合による金融事業に関する法律、農業協同組合法、水産業協同組合法、農林中央金庫法又は貸金業法に相当する外国の法令の規定により当該外国において受けている⑴から⑼までに規定する免許、許可、認可若しくは登録（当該免許、許可、認可若しくは登録に類するその他の行政処分を含む。以下この号において同じ。）と同種類の免許、許可、認可若しくは登録を取り消され、又は当該免許、許可、認可若しくは登録の更新を拒否された場合

ホ　法第五十二条の十五第一項の規定により法第五十二条の九第一項若しくは第二項ただし書の認可を取り消された場合、法第五十二条の五十六第一項（長期信用銀行法第十七条、信用金庫法第八十九条第五項、労働金庫法第九十四条第三項、協同組合による金融事業に関する法律第六条の五第一項、農業協同組合法第九十二条の四第一項、水産業協同組合法第百二十一条の四第一項及び農林中央金庫法第九十五条の四第一項において準用する場合を含む。）の規定により法第五十二条の三十六第一項の許可、長期信用銀行法第十六条の五第一項の許可、信用金庫法第八十五条の二第一項の許可、労働金庫法第八十九条の三第一項の許可、協同組合による金融事業に関する法律第六条の三第一項の許可、農業協同組合法第九十二条の二第一項の許可、水産業協同組合法第百二十一条の二第一項の許可若しくは農林中央金庫法第九十五条の二第一項の許可を取り消された場合、長期信用銀行法第十七条において準用する法第五十二条の十五第一項の規定により長期信用銀行法第十六条の二の二第一項若しくは第二項ただし書の認可を取り消された場合又は貸金業法第六条第一項の規定により同法第三条第一項の登録の更新を拒否され、

若しくは同法第二十四条の六の四第一項若しくは第二十四条の六の五第一項の規定により同法第三条第一項の登録を取り消された場合において、その取消しの日から五年を経過しない者

ヘ　法に相当する外国の法令の規定により当該外国において受けている法第五十二条の九第一項若しくは第二項ただし書若しくは法第五十二条の三十六第一項若しくは貸金業法第三条第一項と同種類の認可、許可若しくは登録を取り消され、又は当該認可、許可若しくは登録の更新を拒否された場合において、その取消しの日から五年を経過しない者

ト　次に掲げる者であつて、その処分を受けた日から五年を経過しない者

(1)　法第二十七条若しくは法第五十二条の三十四第一項の規定により解任を命ぜられた取締役、執行役、会計参与、監査役、会計監査人若しくは日本における代表者又は法第五十二条の五十六第二項の規定により解任を命ぜられた役員

(2)　長期信用銀行法第十七条において準用する法第二十七条若しくは法第五十二条の三十四第一項の規定により解任を命ぜられた取締役、執行役、会計参与、監査役若しくは会計監査人又は長期信用銀行法第十七条において準用する法第五十二条の五十六第二項の規定により解任を命ぜられた役員

(3)　信用金庫法第八十九条第一項において準用する法第二十七条の規定により解任を命ぜられた理事、監事若しくは会計監査人又は信用金庫法第八十九条第五項において準用する法第五十二条の五十六第二項の規定により解任を命ぜられた役員

(4)　労働金庫法第九十五条第一項の規定により改任を命ぜられた理事、監事若しくは会計監査人又は労働金庫法第九十四条第三項において準用する法第五十二条の五十六第二項の規定により解任を命ぜられた役員

(5) 協同組合による金融事業に関する法律第六条第一項において準用する法第二十七条の規定により解任を命ぜられた理事、監事若しくは会計監査人又は協同組合による金融事業に関する法律第六条の五第一項において準用する法第五十二条の五十六第二項の規定により解任を命ぜられた役員

(6) 農業協同組合法第九十二条の四第一項において準用する法第五十二条の五十六第二項の規定により解任を命ぜられた役員又は農業協同組合法第九十五条第二項の規定により改選を命ぜられた役員

(7) 水産業協同組合法第百二十一条の四第一項において準用する法第五十二条の五十六第二項の規定により解任を命ぜられた役員又は水産業協同組合法第百二十四条第二項の規定により改選を命ぜられた役員

(8) 農林中央金庫法第九十五条の四第一項において準用する法第五十二条の五十六第二項の規定により解任を命ぜられた役員又は農林中央金庫法第八十六条の規定により解任を命ぜられた理事、経営管理委員、監事若しくは会計監査人

(9) 貸金業法第二十四条の六の四第二項の規定により解任を命ぜられた役員

(10) 法、長期信用銀行法、信用金庫法、労働金庫法、中小企業等協同組合法、協同組合による金融事業に関する法律、農業協同組合法、水産業協同組合法、農林中央金庫法又は貸金業法に相当する外国の法令の規定により解任を命ぜられた取締役、執行役、会計参与、監査役、会計監査人又はこれらに準ずる者

チ 法、長期信用銀行法、信用金庫法、労働金庫法、中小企業等協同組合法、協同組合による金融事業に関する法律、農業協同組合法、水産業協同組合法、農林中央金庫法、貸金業法若しくは出資の受入れ、預り金及び金利等の取締りに関する法律（昭和二十九年法律第百九十五号）又はこれらに相当する

外国の法令の規定に違反し、罰金の刑（これに相当する外国の法令による刑を含む。）に処せられ、その刑の執行を終わり、又はその刑の執行を受けることがなくなつた日から五年を経過しない者

五　申請者が法人であるときは、次のいずれにも該当しないこと。

イ　前号ニ(1)から(10)までのいずれかに該当する場合において、その取消しの日から五年を経過しない者

ロ　前号チに規定する法律の規定又はこれらに相当する外国の法令の規定に違反し、罰金の刑（これに相当する外国の法令による刑を含む。）に処せられ、その刑の執行を終わり、又はその刑の執行を受けることがなくなつた日から五年を経過しない者

ハ　役員のうちに前号イからチまでのいずれかに該当する者のある者

六　主たる兼業業務の内容が資金の貸付け、手形の割引、債務の保証又は手形の引受けその他の信用の供与を行う業務以外である場合においては、次のいずれにも該当しないこと。

イ　兼業業務の内容が法令に抵触するものであること。

ロ　兼業業務の内容が銀行代理業者としての社会的信用を損なうおそれがあること。

ハ　銀行代理業の内容が、事業の用に供するための資金の貸付け又は手形の割引を内容とする契約の締結の代理又は媒介（所属銀行が受け入れたその顧客の預金等又は国債を担保として行う契約に係るもの及び規格化された貸付商品（貸付けの金額が一千万円を上限とするものに限る。）であつてその契約の締結に係る審査に関与しないものを除く。）であることその他の兼業業務における顧客との間の取引関係に照らして、所属銀行と銀行代理業者の利益が相反する取引が行われる可能性があると認められるものであること（申請者が保険会社その他金融庁長官が定める者である場合を除く。）。

ニ　兼業業務による取引上の優越的地位を不当に利用して、銀行代理業に係る顧客の保護に欠ける行為

が行われるおそれがあると認められること。

ホ　その他銀行代理業の内容に照らして兼業業務を営むことが顧客の保護に欠け、又は所属銀行の業務の健全かつ適切な遂行に支障を及ぼす行為が行われるおそれがあると認められること。

七　主たる兼業業務の内容が資金の貸付け、手形の割引、債務の保証又は手形の引受けその他の信用の供与を行う業務である場合においては、前号イからホまでのいずれにも該当せず、かつ、その業務について所属銀行と銀行代理業者の利益が相反する取引が行われる可能性がないと認められるときを除き、銀行代理業として行う法第二条第十四項第二号に掲げる行為（所属銀行が受け入れたその顧客の預金等又は国債を担保として行う契約に係るものを除く。）の内容及び方法が、次に掲げる要件のいずれにも該当すること。

イ　貸付資金で購入する物品又は物件を担保として行う貸付契約に係るものであること（事業の用に供するための資金に係るものを除く。）。

ロ　規格化された貸付商品であつてその契約の締結に係る審査に関与するものでないこと。

ハ　兼業業務として信用の供与を行つている顧客に対し、銀行代理業に係る資金の貸付け又は手形の割引を内容とする契約の締結の代理又は媒介を行うときは、あらかじめ顧客の書面による同意を得て、所属銀行に対し、兼業業務における信用の供与の残高その他の所属銀行が契約の締結の判断に影響を及ぼすこととなる重要な事項を告げることとしていること。

（銀行代理業の許可の予備審査）

第三十四条の三十八　法第五十二条の三十六第一項の規定により銀行代理業の許可を受けようとする者は、法第五十二条の三十七に定めるところに準じた書面を金融庁長官等に提出して予備審査を求めることができる。

⑷　変更の届出

（変更の届出）

第五十二条の三十九　銀行代理業者は、第五十二条の三十七第一項各号に掲げる事項に変更があつたときは、その日から**三十日**以内に、その旨を内閣総理大臣に届け出なければならない。

2　銀行代理業者は、第五十二条の三十七第二項第二号に掲げる書類に定めた事項を変更しようとするときは、内閣府令で定めるところにより、あらかじめ、その旨を内閣総理大臣に届け出なければならない。

【**太字**部分は、平成二八年改正による修正部分】

監督の実効性を確保する観点から、銀行代理業者は、許可申請書に記載した事項について変更があったときは、その日から三〇日以内に、その旨を内閣総理大臣に届け出なければならないこととしている。

なお、届出期限については、銀行代理業制度創設時においては二週間以内とされていたが、銀行代理業者より、たとえば役員の変更については、銀行代理業者が多数の企業を擁する大企業グループに含まれている場合、その変更届出の期間が二週間以内となっている場合は、実務的な観点から事実上対応が不可能などの指摘があったところから、平成二八年改正において、二週間以内から三〇日以内に変更されている。

四　銀行代理業者の業務範囲

（業務の範囲）
第五十二条の四十二　銀行代理業者は、銀行代理業及び銀行代理業に付随する業務のほか、内閣総理大臣の承認を受けた業務を営むことができる。

銀行代理業者が銀行代理業以外の業務を兼業する場合には、①自己のグループ先や取引先等への情実融資、②資金の貸付けの代理・媒介を通じた優越的地位の濫用、③顧客の個人情報の不正利用、といった弊害が生じる懸念が存在する。

このため、銀行代理業の業務の適正な遂行の観点から、銀行代理業者に対しては、業務範囲を制限している。

五　分別管理

（分別管理）
第五十二条の四十三　銀行代理業者は、第二条第十四項各号に掲げる行為（以下この章において「銀行代理行為」という。）に関して顧客から金銭その他の財産の交付を受けた場合には、内閣府令で定めるところにより、自己の固有財産と分別して管理しなければならない。

銀行代理業者は、内閣総理大臣の承認を受けて他業を営むことができるが、銀行代理業を行うにあたって、顧客から資金の交付を受けた場合、当該資金は、預金や為替を通じ決済に使用されるものであり、決済システムにおける信用の連鎖にもかかわることから、銀行代理業者による当該資金の他業への流用を防止する必要がある。

このような観点から、銀行代理業者が銀行代理業に関して交付を受けた財産が、確実に所属銀行に引き渡されるよう、銀行代理業者に対し、顧客資金の分別管理を義務づけるものである。

具体的には、管理場所を区別することその他の方法により銀行代理行為（預金等の受入れ、資金の貸付け等、為替取引の契約の締結の代理・媒介を行う行為）に関して顧客から交付を受けた金銭その他の財産が自己の固有の財産であるか、またはいずれの所属銀行に係るものであるかが直ちに判断できる状態で管理する必要がある。

六　銀行代理業者の監督等

（銀行代理業者による報告又は資料の提出）

第五十二条の五十三　内閣総理大臣は、銀行代理業者の銀行代理業の健全かつ適切な運営を確保するため必要があると認めるときは、当該銀行代理業者に対し、その業務又は財産の状況に関し報告又は資料の提出を求めることができる。

（銀行代理業者に対する立入検査）

第五十二条の五十四　内閣総理大臣は、銀行代理業者の銀行代理業の健全かつ適切な運営を確保するため必要があると認めるときは、当該職員に当該銀行代理業者の営業所若しくは事務所その他の施設に立ち入らせ、その業務若しくは財産の状況に関し質問させ、又は帳簿書類その他の物件を検査させることができる。

2　前項の場合において、当該職員は、その身分を示す証明書を携帯し、関係人の請求があつたときは、これを提示しなければならない。

3　第一項の規定による権限は、犯罪捜査のために認められたものと解してはならない。

（業務改善命令等）

第五十二条の五十五　内閣総理大臣は、銀行代理業者の業務又は財産の状況に照らして、当該銀行代理業者の銀行代理業の健全かつ適切な運営を確保するため必要があると認めるときは、当該銀行代理業者に対し、その必要の限度において、業務の内容及び方法の変更その他監督上必要な措置を命ずることができる。

（銀行代理業者に対する監督上の処分）

第五十二条の五十六　内閣総理大臣は、銀行代理業者が次の各号のいずれかに該当するときは、当該銀行代理業者に対し、第五十二条の三十六第一項の許可を取り消し、又は期限を付して銀行代理業の全部若しくは一部の停止を命ずることができる。

一　第五十二条の三十八第一項各号に掲げる基準に適合しなくなつたとき。

二　不正の手段により第五十二条の三十六第一項の許可を受けたことが判明したとき。

三　第五十二条の三十六第一項の許可に付した条件に違反したとき。

四　法令又は法令に基づく内閣総理大臣の処分に違反したとき。

五　公益を害する行為をしたとき。

2　内閣総理大臣は、銀行代理業者の役員が、前項第三号から第五号までのいずれかに該当することとなつたときは、当該銀行代理業者に対し当該役員の解任を命ずることができる。

銀行代理業者が健全かつ適切な運営を確保するため、内閣総理大臣の検査・監督権限が定められている。具体的には、①報告・資料の提出命令（第五二条の五三）、②立入検査（第五二条の五四）、③業務改善命令（第五二条の五五）、④業務停止命令、許可取消命令（第五二条の五六第一項）、⑤役員解任命令（第五二条の五六第二項）が規定されている。

なお、銀行と異なり、銀行代理業者に対する業務停止命令（第五二条の五六第一項）の要件が限定されている。銀行に対しては、①銀行の業務の健全かつ適切な運営を確保するため必要があると認めるとき（第二六条第一項）、②銀行が法令、定款もしくは法令に基づく内閣総理大臣の処分に違反したときまたは公益を害する行為をしたとき（第二七条）において、業務停止を命ずることができることとされている。

他方、銀行代理業者は、銀行のために銀行の業務を代理・媒介するものであり、預金債務等を自ら負うものではない。このため、銀行代理業者に重大な影響を及ぼす業務停止（許可の取消し）については、①許可基準に適合しなくなったとき（第五二条の五六第一項第一号）、②不正に許可を受けたことが事後に判明したとき（同項第二号）、③許可条件違反をしたとき（同項第三号）、④法令、行政処分違反をしたとき（同項第四号）、⑤公益を害する行為をしたとき（同項第五号）等の要件に該当する場合に限定されていると考えられる。

七　所属銀行による指導等

（銀行代理業者に対する指導等）

第五十二条の五十八　所属銀行は、銀行代理業者が営む銀行代理業に関し、内閣府令で定めるところにより、銀行代理業に係る業務の指導その他の健全かつ適切な運営を確保するための措置を講じなければならない。

2　銀行代理業再委託者（銀行代理業を再委託する銀行代理業者をいう。以下同じ。）は、銀行代理業再受託者（銀行代理業再委託者の再委託を受けて銀行代理業を営む銀行代理業者をいう。以下同じ。）が営む銀行代理業に関し、内閣府令で定めるところにより、銀行代理業に係る業務の指導その他の健全かつ適切な運営を確保するための措置を講じなければならない。

所属銀行に対し、銀行代理業者に対する指導その他の健全かつ適切な運営を確保するための措置を講ずべきとの義務を課している。

銀行代理業者の業務運営は、所属銀行の経営に直接影響を及ぼしうるものであることから、第一義的に、委託元である所属銀行（銀行代理業再委託者）に対し、委託した銀行代理業の健全かつ適切な運営の確保を求め、銀行代理業の健全かつ適切な業務運営の実効性を確保しようとするものである。

なお、第一項に規定する銀行代理業者には、第二項に規定する銀行代理業再委託者も含まれると解される。

また、第二項において、銀行代理業再委託者（銀行から直接委託を受けた銀行代理業を再委託する銀行代理業者）による銀行代理業再受託者（銀行代理業再委託者の再委託を受けて銀行代理業を営む銀行代理業者）に対する指導等を義務づけている。

八　所属銀行等の賠償責任

（所属銀行等の賠償責任）

第五十二条の五十九　所属銀行は、銀行代理業者がその銀行代理行為について顧客に加えた損害を賠償する責任を負う。

2　前項の規定は、次に掲げる場合には、適用しない。

一　所属銀行の委託を受けた銀行代理業者が行う銀行代理行為については、所属銀行が当該委託をするについて相当の注意をし、かつ、当該銀行代理業者が行う銀行代理行為について顧客に加えた損害の発生の防止に努めたとき。

二　銀行代理業再受託者が行う銀行代理行為については、所属銀行が当該銀行代理業再受託者に対する再委託の許諾を行うについて相当の注意をし、かつ、当該銀行代理業再受託者の行う銀行代理行為について顧客に加えた損害の発生の防止に努めたとき。

3　銀行代理業再委託者は、銀行代理業再受託者が行う銀行代理行為について顧客に加えた損害を賠償する責任を負う。ただし、当該銀行代理業再委託者が再委託をするについて相当の注意をし、かつ、当該銀行代理業再受託者の行う銀行代理行為について顧客に加えた損害の発生の防止に努めたときは、この限りでない。

4　第一項の規定は所属銀行から銀行代理業者に対する求償権の行使を妨げず、また、前項の規定は銀行代理業再委託者から銀行代理業再受託者に対する求償権の行使を妨げない。

5　民法第七百二十四条（不法行為による損害賠償請求権の期間の制限）の規定は、第一項及び第三項の請求権について準用する。

銀行代理業者が、銀行代理行為（預金等の受入れ、資金の貸付け等、為替取引の契約の締結の代理・媒介を行う行為）に関して顧客に対し加えた損害については、原則として所属銀行が責任を負うこと（第一項、第二項）、銀行代理業再受託者が銀行代理行為に関して顧客に対し加えた損害についても、原則として銀行代理業再委託者が責任を負うこと（第三項）を定めている。

◇銀行法第五二条の五九と民法第七一五条との適用関係

民法第七一五条の使用者責任は、使用者と被用者との間に「使用関係（従属関係）」がなければならないが、銀行法の場合、所属銀行と銀行代理業者との間に委託関係があれば足りる。

所属銀行と銀行代理業者との間には委託契約があるにすぎない場合が多いが、所属銀行が、使用関係がないことを理由に責任を回避することがないように特に責任関係を明確化したものである。

所属銀行の損害賠償責任は、民法七一五条の特則として特別の法定責任を定めたものであるが、性質は不法行為責任である。そのため、第五二条の五九第五項において、不法行為による損害賠償請求権の消滅時効を定めた民法第七二四条を準用している。

九　銀行代理業者の原簿の備置き等

（銀行代理業者の原簿）

第五十二条の六十　所属銀行は、内閣府令で定めるところにより、当該所属銀行に係る銀行代理業者に関する原簿を、当該所属銀行の営業所（無人の営業所その他の内閣府令で定める営業所を除く。）に備え置かなければならない。

2　預金者等その他の利害関係人は、必要があるときは、所属銀行に対して、前項の原簿の閲覧を求めることができる。

銀行に対し、当該銀行を所属銀行とする銀行代理業者に関する事項を記載した原簿の営業所への備置きを義務づけるとともに、預金者等の利害関係者は原簿の閲覧を求めることができることとしている。

所属銀行が、銀行代理業者が行った契約上の義務の履行、銀行代理業者が顧客に加えた損害を賠償する責任を負うことから、所属銀行に銀行代理業者に関する原簿の備置き義務を規定し、預金者等の利害関係人の保護を期すこととしたものである。

「利害関係人」とは、預金者、定期積金の積金者、掛金の掛金者、借入人、為替取引の依頼人のほか、これら契約を締結しようとしている顧客、これら以外の銀行の債権者、銀行代理業者の債権者等を含むものと解される。

なお、銀行代理業再委託者も銀行代理業再受託者が顧客に与えた損害を賠償する責任を負うが、所属銀行において原簿が管理されていれば利害関係人の保護には十分であると考えられることから、銀行代理業再委託者は本条の対象とはしていない。

一〇　適用除外

（適用除外）

第五十二条の六十一　第五十二条の三十六第一項の規定にかかわらず、銀行等（銀行その他政令で定める金融業を行う者をいう。以下この条において同じ。）は、銀行代理業を営むことができる。

2　銀行等が前項の規定により銀行代理業を営む場合においては、当該銀行等を銀行代理業者とみなして、

第十三条の二、第二十四条、第二十五条、第三十八条、第四十八条、第五十二条の三十六第二項及び第三項、第五十二条の三十九（銀行が銀行代理業を営む場合においては、第一項を除く。）から第五十二条の四十一まで、第五十二条の四十三から第五十二条の五十六まで、前三条、第五十三条第四項、第五十六条（第十一号に係る部分に限る。）並びに第五十七条の七第二項の規定並びにこれらの規定に係る第九章及び第十章の規定を適用する。この場合において、第五十二条の五十六第一項中「次の各号のいずれか」とあるのは「第四号又は第五号」と、「第五十二条の三十六第一項の許可を取り消し、又は期限を付して銀行代理業の全部若しくは」とあるのは「期限を付して銀行代理業の全部又は」とするほか、必要な技術的読替えは、政令で定める。

3 銀行等は、銀行代理業を営もうとするときは、第五十二条の三十七第一項各号に掲げる事項を記載した書類及び同条第二項第二号に掲げる書類を内閣総理大臣に届け出なければならない。

銀行代理業については、顧客の保護、銀行代理業の健全かつ適切な運営の確保の観点から、参入規制を設け、財産的基礎等の要件を定めているが、銀行などについては、銀行法等の規制により、これらの要件を満たすものと認められることから、銀行代理業の許可を受けることなく銀行代理業を営むことを可能とした（第一項：みなし銀行代理業者）。

みなし銀行代理業者となる者については、銀行のほか、長期信用銀行、信用金庫、信用協同組合、労働金庫、農業協同組合、漁業協同組合およびこれらの連合会、農林中央金庫が銀行法施行令第一六条の八に規定されている。なお、証券会社、保険会社の非預貯金取扱金融機関については、自らは預金の受入れ、為替取引が行えないことから、みなし銀行代理業者には含められていない。

なお、みなし銀行代理業者に対する銀行代理業規制の適用関係については、対顧客との関係は一般の銀行代理業者とみなし銀行代理業者は同じであることから、兼業承認等を除き、ほぼ同じ規制が課されている。

また、みなし銀行代理業者が銀行代理業を営もうとするときは、監督当局としてその事実・内容を把握する必要があることから、許可申請者の記載事項について、事前届出義務が課されている（第三項）。

なお、みなし銀行代理業者について、第五二条の三九の規定が適用されるため、届出事項に変更があった場合は、変更内容の届出義務が課せられているが、平成二八年改正において、役員の変更など、銀行として届出が必要な変更届出をした場合は、銀行代理業者としての変更届出は不要としている。

二 その他

以下の規定については、銀行と同様の規定が定められている。

① 名義貸しの禁止（第五二条の四一）

他人に名義を貸して銀行代理業を営ませる、いわゆる名義貸しを禁止するものである。

② 顧客に対する説明等（第五二条の四四）

銀行代理行為を行うときの顧客に対する明示義務（第一項）、預金者等への情報提供義務（第二項）、銀行代理行為の健全かつ適切な運営を確保する義務（第三項）を定めている。

③ 銀行代理業に係る禁止行為（第五二条の四五）

顧客保護、所属銀行の業務の健全かつ適切な遂行を図るため、銀行代理業者に対する禁止行為が定められている。

④ 銀行代理業者についての金融商品取引法の準用（第五二条の四五の二）

特定預金等（リスク性預金）は投資性商品でもあることから、銀行代理業者が行う特定預金等の契約の締結の代理・媒介を行う場合、金融商品取引法の規定が準用される旨定めている。

⑤　特定銀行代理業者の休日および営業時間（第五二条の四六）

⑥　臨時休業等（第五二条の四七）

⑦　銀行代理業に関する報告書（第五二条の四九）

帳簿書類の作成。当局に対する報告・説明書類の縦覧等を定めている。

⑧　許可の失効（第五二条の五七）

銀行代理業者が、(イ)解散等した場合、(ロ)所属銀行がなくなった場合、(ハ)許可を受けてから六カ月以内に銀行代理業を開始しなかった場合、には、もはや銀行代理業者としての資格を与える必要がないと考えられることから、許可の効力を失効させることとしている。ただし、(ハ)については、やむを得ない理由があるとして当局の承認を受けた場合は当該規定から除かれている。

第二四章　ADR制度（裁判外紛争解決制度）

一　総　論

ADRとは、「Alternative Dispute Resolution」の略称であり、裁判外紛争解決手続のことを意味する。

ADRがもつ利点について、一般に、相対交渉・示談との比較では、手続の透明性・中立公平性という点があげられ、裁判との比較では、迅速性・簡易性・廉価性・柔軟性等の点があげられる。

こうしたADRの利点をふまえ、司法制度改革をめぐる議論のなかで、その充実・拡充を図ることが提言され、平成一六年に「裁判外紛争解決手続の利用の促進に関する法律」が制定された（施行は平成一九年）。同法において、ADRの基本理念や、認証紛争解決手続（認証ADR）等に関する規定が設けられている。

金融分野においても、ADRの活用に向けた取組みが進められてきたところ、さらに、平成二一年の金融商品取引法等の一部改正法において、「金融ADRを改善・充実し、苦情・紛争解決における利用者の信頼感・納得感を高め、金融商品・サービスに関する利用者の信頼性の向上を図るためには……（中略）……中立性・公正性及び実効性のある金融ADRの法的枠組みを設けることが望ましい」（平成二〇年一二月一七日金融審議会金融分科会第一部会・第二部会合同会合報告「金融分野における裁判外紛争解決制度（金融ADR）のあり方について」）との問題意識のもと、銀行法・金商法など各金融業法に、金融ADR制度が導入された。

認証ADRと金融ADRとの違いとして、金融ADRでは、実効性の確保・利用者保護の充実を図るため、「手続応諾」「事情説明・資料提出」「結果尊重（特別調停制度）」という三つの義務が金融機関に課されている。ただし、手続応諾義務・結果尊重義務については、裁判を受ける権利を侵害することとならないよう、制度上、配慮がなされている。

なお、金融ADRの利用により、時効中断等の法的効果に関して利用者に不利益が生じないよう、時効中断や訴訟手続の中止といった法的効果も設けられている。

二　指定紛争解決機関との契約締結義務等

（指定紛争解決機関との契約締結義務等）

第十二条の三　銀行は、次の各号に掲げる場合の区分に応じ、当該各号に定める措置を講じなければならない。

一　指定紛争解決機関が存在する場合　一の指定紛争解決機関との間で手続実施基本契約を締結する措置

二　指定紛争解決機関が存在しない場合　銀行業務に関する苦情処理措置（顧客からの苦情の処理の業務に従事する使用人その他の従業者に対する助言若しくは指導を第五十二条の七十三第三項第三号に掲げる者に行わせること又はこれに準ずるものとして内閣府令で定める措置をいう。）及び紛争解決措置（顧客との紛争の解決を認証紛争解決手続（裁判外紛争解決手続の利用の促進に関する法律（平成十六年法律第百五十一号）第二条第三号に規定する認証紛争解決手続をいう。）により図ること又はこれに準ずるものとして内閣府令で定める措置をいう。）

2　銀行は、前項の規定により手続実施基本契約を締結する措置を講じた場合には、当該手続実施基本契約の相手方である指定紛争解決機関の商号又は名称を公表しなければならない。

3　第一項の規定は、次の各号に掲げる場合の区分に応じ、当該各号に定める期間においては、適用しない。

一　第一項第一号に掲げる場合に該当していた場合において、同項第二号に掲げる場合に該当することとなつたとき　第五十二条の八十三第一項の規定による紛争解決等業務の廃止の認可又は第五十二条の八十四第一項の規定による指定の取消しの時に、同号に定める措置を講ずるために必要な期間として内閣総理大臣が定める期間

二　第一項第一号に掲げる場合に該当していた場合において、同号の一の指定紛争解決機関の紛争解決等業務の廃止が第五十二条の八十三第一項の規定により認可されたとき、又は同号の一の指定紛争解決機関の第五十二条の六十二第一項の規定による指定が第五十二条の八十四第一項の規定により取り消されたとき（前号に掲げる場合を除く。）　その認可又は取消しの時に、第一項第一号に定める措置を講ずるために必要な期間として内閣総理大臣が定める期間

三　第一項第二号に掲げる場合に該当していた場合において、同項第一号に掲げる場合に該当することとなつたとき　第五十二条の六十二第一項の規定による指定の時に、同号に定める措置を講ずるために必要な期間として内閣総理大臣が定める期間

(1) 総　論

第一二条の三第一項で、銀行は、①ＡＤＲ手続を取り扱う「指定紛争解決機関」が存在する場合は、当該機関と

手続実施基本契約を締結しなければならず、②存在しない場合は自ら「苦情処理措置」「紛争解決措置」を講じなければならないとされている。

「指定紛争解決機関」については、第五二条の六二において、「その申請により……指定することができる」となっているところ、「指定紛争解決機関」が存在しない場合もありうる（実際には、銀行法に基づく「指定紛争解決機関」として、平成二二年九月、一般社団法人全国銀行協会が指定を受け、同年一〇月より業務を開始している）。

このため、第一二条の三第一項では、銀行は、「指定紛争解決機関」との間で「苦情処理手続」「紛争解決手続」に係る契約を締結することを原則とし、「指定紛争解決機関」が存在しない場合は、自らこれらを行うこととし、いずれにせよ、「苦情処理措置」「紛争解決措置」が実施されるよう、定められている。

第三項の規定は、指定紛争解決機関が存在していたものの存在しなくなった場合などにおいて、準備に必要な期間は義務を免除する旨の経過的な取扱いを定めている。

(2) 指定紛争解決機関・苦情処理手続・紛争解決手続等の定義

「指定紛争解決機関」その他の用語は、第二条で定義されており、次のとおりとなっている。銀行が営む業務全般を対象に、その苦情処理・紛争解決処理を図ることを念頭に置いたものである。

（定義）

第二条

7　この法律において「**指定紛争解決機関**」とは、第五十二条の六十二第一項の規定による指定を受けた者をいう。

8～17　（略）
18　この法律において「銀行業務」とは、銀行が第十条及び第十一条の規定により営む業務並びに担保付社債信託法（明治三十八年法律第五十二号）その他の法律により営む業務並びに当該銀行のために銀行代理業を営む者が営む銀行代理業をいう。
19　この法律において「苦情処理手続」とは、銀行業務関連苦情（銀行業務に関する苦情をいう。第五十二条の六十七、第五十二条の六十八及び第五十二条の七十二において同じ。）を処理する手続をいう。
20　この法律において「紛争解決手続」とは、銀行業務関連紛争（銀行業務に関する紛争で当事者が和解をすることができるものをいう。第五十二条の六十七、第五十二条の六十八及び第五十二条の七十三から第五十二条の七十五までにおいて同じ。）について訴訟手続によらずに解決を図る手続をいう。
21　この法律において「紛争解決等業務」とは、苦情処理手続及び紛争解決手続に係る業務並びにこれに付随する業務をいう。
22　この法律において「手続実施基本契約」とは、紛争解決等業務の実施に関し指定紛争解決機関と銀行との間で締結される契約をいう。

三　指定紛争解決機関

(1) 指定等

（紛争解決等業務を行う者の指定）
第五十二条の六十二　内閣総理大臣は、次に掲げる要件を備える者を、その申請により、紛争解決等業務を行う者として、指定することができる。
一　法人（人格のない社団又は財団で代表者又は管理人の定めのあるものを含み、外国の法令に準拠して設立された法人その他の外国の団体を除く。第四号ニにおいて同じ。）であること。
二　第五十二条の八十四第一項の規定によりこの項の規定による指定を取り消され、その取消しの日から五年を経過しない者又は他の法律の規定による指定であつて紛争解決等業務に相当する業務に係るものとして政令で定めるものを取り消され、その取消しの日から五年を経過しない者でないこと。
三　この法律若しくは弁護士法（昭和二十四年法律第二百五号）又はこれらに相当する外国の法令の規定に違反し、罰金の刑（これに相当する外国の法令による刑を含む。）に処せられ、その刑の執行を終わり、又はその刑の執行を受けることがなくなつた日から五年を経過しない者でないこと。
四　役員のうちに、次のいずれかに該当する者がないこと。
イ　成年被後見人若しくは被保佐人又は外国の法令上これらと同様に取り扱われている者
ロ　破産者で復権を得ないもの又は外国の法令上これと同様に取り扱われている者

ハ　禁錮以上の刑（これに相当する外国の法令による刑を含む。）に処せられ、その刑の執行を終わり、又はその刑の執行を受けることがなくなつた日から五年を経過しない者
ニ　第五十二条の八十四第一項の規定によりこの項の規定による指定を取り消された場合若しくはこの法律に相当する外国の法令の規定により当該外国において受けている当該指定に類する行政処分を取り消された場合において、その取消しの日前一月以内にその法人の役員（外国の法令上これと同様に取り扱われている者を含む。ニにおいて同じ。）であつた者でその取消しの日から五年を経過しない者又は他の法律の規定による指定であつて紛争解決等業務に相当する業務に係るものとして政令で定めるもの若しくは当該他の法律に相当する外国の法令の規定により当該外国において受けている当該政令で定める指定に類する行政処分を取り消された場合において、その取消しの日前一月以内にその法人の役員であつた者でその取消しの日から五年を経過しない者
ホ　この法律若しくは弁護士法又はこれらに相当する外国の法令の規定に違反し、罰金の刑（これに相当する外国の法令による刑を含む。）に処せられ、その刑の執行を終わり、又はその刑の執行を受けることがなくなつた日から五年を経過しない者
五　紛争解決等業務を的確に実施するに足りる経理的及び技術的な基礎を有すること。
六　役員又は職員の構成が紛争解決等業務の公正な実施に支障を及ぼすおそれがないものであること。
七　紛争解決等業務の実施に関する規程（以下「業務規程」という。）が法令に適合し、かつ、この法律の定めるところにより紛争解決等業務を公正かつ的確に実施するために十分であると認められること。
八　次項の規定により意見を聴取した結果、手続実施基本契約の解除に関する事項その他の手続実施基本契約の内容（第五十二条の六十七第二項各号に掲げる事項を除く。）その他の業務規程の内容（同条第三項の

規定によりその内容とするものでなければならないこととされる事項並びに同条第四項各号及び第五項第一号に掲げる基準に適合するために必要な事項を除く。）について異議（合理的な理由が付されたものに限る。）を述べた銀行の数の銀行の総数に占める割合が政令で定める割合以下の割合となつたこと。

2　前項の申請をしようとする者は、あらかじめ、内閣府令で定めるところにより、銀行に対し、業務規程の内容を説明し、これについて異議がないかどうかの意見（異議がある場合には、その理由を含む。）を聴取し、及びその結果を記載した書類を作成しなければならない。

3　内閣総理大臣は、第一項の規定による指定をしようとするときは、同項第五号から第七号までに掲げる要件（紛争解決手続の業務に係る部分に限り、同号に掲げる要件にあつては、第五十二条の六十七第四項各号及び第五項各号に掲げる基準に係るものに限る。）に該当していることについて、あらかじめ、法務大臣に協議しなければならない。

4　内閣総理大臣は、第一項の規定による指定をしたときは、指定紛争解決機関の商号又は名称及び主たる営業所又は事務所の所在地並びに当該指定をした日を官報で告示しなければならない。

（指定の申請）

第五十二条の六十三　前条第一項の規定による指定を受けようとする者は、次に掲げる事項を記載した指定申請書を内閣総理大臣に提出しなければならない。

一　商号又は名称

二　主たる営業所又は事務所その他紛争解決等業務を行う営業所又は事務所の名称及び所在地

三　役員の氏名又は商号若しくは名称

2　前項の指定申請書には、次に掲げる書類を添付しなければならない。

一　前条第一項第三号及び第四号に掲げる要件に該当することを誓約する書面
二　定款及び法人の登記事項証明書（これらに準ずるものを含む。）
三　業務規程
四　組織に関する事項を記載した書類
五　財産目録、貸借対照表その他の紛争解決等業務を行うために必要な経理的な基礎を有することを明らかにする書類であつて内閣府令で定めるもの
六　前条第二項に規定する書類その他同条第一項第八号に掲げる要件に該当することを証する書類として内閣府令で定めるもの
七　その他内閣府令で定める書類
3　前項の場合において、定款、財産目録又は貸借対照表が電磁的記録で作成されているときは、書類に代えて当該電磁的記録を添付することができる。

（秘密保持義務等）

第五十二条の六十四　指定紛争解決機関の紛争解決委員（第五十二条の七十三第二項の規定により選任された紛争解決委員をいう。次項、次条第二項並びに第五十二条の六十七第二項及び第四項において同じ。）若しくは役員若しくは職員又はこれらの職にあつた者は、紛争解決等業務に関して知り得た秘密を漏らし、又は自己の利益のために使用してはならない。
2　指定紛争解決機関の紛争解決委員又は役員若しくは職員で紛争解決等業務に従事する者は、刑法（明治四十年法律第四十五号）その他の罰則の適用については、法令により公務に従事する職員とみなす。

① 申請主義

第五二条の六二の規定により、指定紛争解決機関は、申請に基づき、内閣総理大臣が指定する。指定要件は、第一項各号に定められている。

② 指定要件

指定要件は、第一項各号に定められており、①法人であること、②申請する法人またはその役員が、過去の指定取消し・犯罪歴等の欠格事由に該当していないこと、③経理的・技術的な基礎、役職員の構成、業務実施に関する規程等の面で、業務を的確に実施する適格性を有すること等が定められている。

また、第一項第八号および第二項の規定により、申請に先立ち、銀行に対して、業務規程の内容の説明と、これに対する異議の有無を聴取しなければならず、異議の割合が政令で定める割合（銀行法施行令第一六条の一〇により「三分の一」とされている）以下でなければ、欠格事由に該当することとなる。

これは、銀行には指定紛争解決機関との手続実施基本契約の締結義務があり、また、特別調停案に係る一定の結果尊重義務があることとの調和を図る趣旨と考えられる。

(2) 業務運営

① 業務規程等

（指定紛争解決機関の業務）

第五十二条の六十五　指定紛争解決機関は、この法律及び業務規程の定めるところにより、紛争解決等業務を行うものとする。

2　指定紛争解決機関（紛争解決委員を含む。）は、当事者である加入銀行（手続実施基本契約を締結した相手方である銀行をいう。以下この章において同じ。）若しくはその顧客（以下この章において単に「当事者」という。）又は当事者以外の者との手続実施基本契約その他の契約で定めるところにより、紛争解決等業務を行うことに関し、負担金又は料金その他の報酬を受けることができる。

（苦情処理手続又は紛争解決手続の業務の委託）

第五十二条の六十六　指定紛争解決機関は、他の指定紛争解決機関又は他の法律の規定による指定であつて紛争解決等業務に相当する業務に係るものとして政令で定めるものを受けた者（第五十二条の七十三第四項及び第五項において「受託紛争解決機関」という。）以外の者に対して、苦情処理手続又は紛争解決手続の業務を委託してはならない。

（業務規程）

第五十二条の六十七　指定紛争解決機関は、次に掲げる事項に関する業務規程を定めなければならない。

一　手続実施基本契約の内容に関する事項

二　手続実施基本契約の締結に関する事項

三　紛争解決等業務の実施に関する事項

四　紛争解決等業務に要する費用について加入銀行が負担する負担金に関する事項

五　当事者から紛争解決等業務の実施に関する料金を徴収する場合にあつては、当該料金に関する事項

六　他の指定紛争解決機関その他相談、苦情の処理又は紛争の解決を実施する国の機関、地方公共団体、民間事業者その他の者との連携に関する事項

七　紛争解決等業務に関する苦情の処理に関する事項

八　前各号に掲げるもののほか、紛争解決等業務の実施に必要な事項として内閣府令で定めるもの

2　前項第一号の手続実施基本契約は、次に掲げる事項を内容とするものでなければならない。

一　指定紛争解決機関は、加入銀行の顧客からの銀行業務関連苦情の解決の申立て又は当事者からの紛争解決手続の申立てに基づき苦情処理手続又は紛争解決手続を開始すること。

二　指定紛争解決機関又は紛争解決委員は、苦情処理手続を開始し、又は加入銀行の顧客からの申立てに基づき紛争解決手続を開始した場合において、加入銀行にこれらの手続に応じるよう求めることができ、当該加入銀行は、その求めがあつたときは、正当な理由なくこれを拒んではならないこと。

三　指定紛争解決機関又は紛争解決委員は、苦情処理手続又は紛争解決手続において、加入銀行に対し、報告又は帳簿書類その他の物件の提出を求めることができ、当該加入銀行は、その求めがあつたときは、正当な理由なくこれを拒んではならないこと。

四　紛争解決委員は、紛争解決手続において、銀行業務関連紛争の解決に必要な和解案を作成し、当事者に対し、その受諾を勧告することができること。

五　紛争解決委員は、紛争解決手続において、前号の和解案の受諾の勧告によつては当事者間に和解が成立する見込みがない場合において、事案の性質、当事者の意向、当事者の手続追行の状況その他の事情に照らして相当であると認めるときは、銀行業務関連紛争の解決のために必要な特別調停案を作成し、理由を付して当事者に提示することができること。

六　加入銀行は、訴訟が係属している請求を目的とする紛争解決手続が開始された場合には、当該訴訟が係属している旨、当該訴訟における請求の理由及び当該訴訟の程度を指定紛争解決機関に報告しなければならないこと。

七　加入銀行は、紛争解決手続の目的となつた請求に係る訴訟が提起された場合には、当該訴訟が提起された旨及び当該訴訟における請求の理由を指定紛争解決機関に報告しなければならないこと。

八　前二号に規定する場合のほか、加入銀行は、紛争解決手続の目的となつた請求に係る訴訟に関し、当該訴訟の程度その他の事項の報告を求められた場合には、当該事項を指定紛争解決機関に報告しなければならないこと。

九　加入銀行は、第六号若しくは第七号の訴訟が裁判所に係属しなくなつた場合又はその訴訟について裁判が確定した場合には、その旨及びその内容を指定紛争解決機関に報告しなければならないこと。

十　加入銀行は、その顧客に対し指定紛争解決機関による紛争解決等業務の実施について周知するため、必要な情報の提供その他の措置を講じなければならないこと。

十一　前各号に掲げるもののほか、銀行業務関連苦情の処理又は銀行業務関連紛争の解決の促進のために必要であるものとして内閣府令で定める事項

3　第一項第二号の手続実施基本契約の締結に関する事項に関する業務規程は、銀行から手続実施基本契約の締結の申込みがあつた場合には、当該銀行が手続実施基本契約に係る債務その他の紛争解決等業務の実施に関する義務を履行することが確実でないと見込まれるときを除き、これを拒否してはならないことを内容とするものでなければならない。

4　第一項第三号に掲げる事項に関する業務規程は、次に掲げる基準に適合するものでなければならない。

一　苦情処理手続と紛争解決手続との連携を確保するための措置が講じられていること。

二　紛争解決委員の選任の方法及び紛争解決委員が銀行業務関連紛争の当事者と利害関係を有することその他の紛争解決手続の公正な実施を妨げるおそれがある事由がある場合において、当該紛争解決委員を

排除するための方法を定めていること。

三　指定紛争解決機関の実質的支配者等（指定紛争解決機関の株式の所有、指定紛争解決機関に対する融資その他の事由を通じて指定紛争解決機関の事業を実質的に支配し、又はその事業に重要な影響を与える関係にあるものとして内閣府令で定める者をいう。）又は指定紛争解決機関の子会社等（指定紛争解決機関が株式の所有その他の事由を通じてその事業を実質的に支配する関係にあるものとして内閣府令で定める者をいう。）を銀行業務関連紛争の当事者とする銀行業務関連紛争について紛争解決手続の業務を行うこととしている指定紛争解決機関にあつては、当該実質的支配者等若しくは当該子会社等又は指定紛争解決機関が紛争解決委員に対して不当な影響を及ぼすことを排除するための措置が講じられていること。

四　紛争解決委員が弁護士でない場合（司法書士法（昭和二十五年法律第百九十七号）第三条第一項第七号に規定する紛争について行う紛争解決手続において、紛争解決委員が同条第二項に規定する司法書士である場合を除く。）において、紛争解決手続の実施に当たり法令の解釈適用に関し専門的知識を必要とするときに、弁護士の助言を受けることができるようにするための措置を定めていること。

五　紛争解決手続の実施に際して行う通知について相当な方法を定めていること。

六　紛争解決手続の開始から終了に至るまでの標準的な手続の進行について定めていること。

七　加入銀行の顧客が指定紛争解決機関に対し銀行業務関連苦情の解決の申立てをする場合又は銀行業務関連紛争の当事者が指定紛争解決機関に対し紛争解決手続の申立てをする場合の要件及び方式を定めていること。

八　指定紛争解決機関が加入銀行から紛争解決手続の申立てを受けた場合において、銀行業務関連紛争の他方の当事者となる当該加入銀行の顧客に対し、速やかにその旨を通知するとともに、当該顧客がこれに応じて紛争解決手続の実施を依頼するか否かを確認するための手続を定めていること。
九　指定紛争解決機関が加入銀行の顧客から第七号の紛争解決手続の申立てを受けた場合において、銀行業務関連紛争の他方の当事者となる当該加入銀行に対し、速やかにその旨を通知する手続を定めていること。
十　紛争解決手続において提出された帳簿書類その他の物件の保管、返還その他の取扱いの方法を定めていること。
十一　紛争解決手続において陳述される意見又は提出され、若しくは提示される帳簿書類その他の物件に含まれる銀行業務関連紛争の当事者又は第三者の秘密について、当該秘密の性質に応じてこれを適切に保持するための取扱いの方法を定めていること。第五十二条の七十三第九項に規定する手続実施記録に記載されているこれらの秘密についても、同様とする。
十二　銀行業務関連紛争の当事者が紛争解決手続を終了させるための要件及び方式を定めていること。
十三　紛争解決委員が紛争解決手続によつては銀行業務関連紛争の当事者間に和解が成立する見込みがないと判断したときは、速やかに当該紛争解決手続を終了し、その旨を銀行業務関連紛争の当事者に通知することを定めていること。
十四　指定紛争解決機関の紛争解決委員、役員及び職員について、これらの者が紛争解決等業務に関して知り得た秘密を確実に保持するための措置を定めていること。
5　第一項第四号及び第五号に掲げる事項に関する業務規程は、次に掲げる基準に適合するものでなければならない。
一　第一項第四号に規定する負担金及び同項第五号に規定する料金の額又は算定方法及び支払方法（次号

において「負担金額等」という。）を定めていること。
二　負担金額等が著しく不当なものでないこと。
6　第二項第五号の「特別調停案」とは、和解案であつて、次に掲げる場合を除き、加入銀行が受諾しなければならないものをいう。
一　当事者である加入銀行の顧客（以下この項において単に「顧客」という。）が当該和解案を受諾しないとき。
二　当該和解案の提示の時において当該紛争解決手続の目的となつた請求に係る訴訟が提起されていない場合において、顧客が当該和解案を受諾したことを加入銀行が知つた日から一月を経過する日までに当該請求に係る訴訟が提起され、かつ、同日までに当該訴訟が取り下げられないとき。
三　当該和解案の提示の時において当該紛争解決手続の目的となつた請求に係る訴訟が提起されている場合において、顧客が当該和解案を受諾したことを加入銀行が知つた日から一月を経過する日までに当該訴訟が取り下げられないとき。
四　顧客が当該和解案を受諾したことを加入銀行が知つた日から一月を経過する日までに、当該紛争解決手続が行われている銀行業務関連紛争について、当事者間において仲裁法（平成十五年法律第百三十八号）第二条第一項に規定する仲裁合意がされ、又は当該和解案によらずに和解若しくは調停が成立したとき。
7　業務規程の変更は、内閣総理大臣の認可を受けなければ、その効力を生じない。
8　内閣総理大臣は、前項の規定による認可をしようとするときは、当該認可に係る業務規程が第四項各号及び第五項各号に掲げる基準（紛争解決手続の業務に係る部分に限る。）に適合していることについて、あらかじめ、法務大臣に協議しなければならない。

（手続実施基本契約の不履行の事実の公表等）

第五十二条の六十八　指定紛争解決機関は、手続実施基本契約により加入銀行が負担する義務の不履行が生じた場合において、当該加入銀行の意見を聴き、当該不履行につき正当な理由がないと認めるときは、遅滞なく、当該加入銀行の商号及び当該不履行の事実を公表するとともに、内閣総理大臣に報告しなければならない。

2　指定紛争解決機関は、銀行業務関連苦情及び銀行業務関連紛争を未然に防止し、並びに銀行業務関連苦情の処理及び銀行業務関連紛争の解決を促進するため、加入銀行その他の者に対し、情報の提供、相談その他の援助を行うよう努めなければならない。

（暴力団員等の使用の禁止）

第五十二条の六十九　指定紛争解決機関は、暴力団員等（暴力団員による不当な行為の防止等に関する法律（平成三年法律第七十七号）第二条第六号に規定する暴力団員（以下この条において「暴力団員」という。）又は暴力団員でなくなつた日から五年を経過しない者をいう。）を紛争解決等業務に従事させ、又は紛争解決等業務の補助者として使用してはならない。

（差別的取扱いの禁止）

第五十二条の七十　指定紛争解決機関は、特定の加入銀行に対し不当な差別的取扱いをしてはならない。

（記録の保存）

第五十二条の七十一　指定紛争解決機関は、第五十二条の七十三第九項の規定によるもののほか、内閣府令で定めるところにより、紛争解決等業務に関する記録を作成し、これを保存しなければならない。

(イ) 業務規程等の内容

第五二条の六五の規定により、指定紛争解決機関は、この法律および業務規程の定めるところにより、紛争解決等業務を行うものと定められている。

業務規程および業務規程等をふまえて作成される手続実施基本契約（銀行と指定紛争解決機関の間で締結される契約）に盛り込まれるべき事項と、業務規程が適合すべき基準は、第五二条の六七で定められている。

業務規程は、内閣総理大臣の指定の際に、基準との適合性が審査され（第五二条の六二第一項第七号）、加えて、変更の際にも、内閣総理大臣の認可が必要とされている（第五二条の六七第七項、第八項）。

手続実施基本契約に盛り込まれるべき事項として、以下が定められている。苦情処理・紛争解決が円滑に進むよう、ある程度の強制力が付与されている。

① 苦情処理手続・紛争解決手続は当事者からの申立てによって開始されること
② 加入銀行は手続に応じるよう求められた場合に正当な理由なく拒むことができないこと
③ 紛争解決委員は、紛争解決手続において、和解案の受諾の勧告や特別調停案の提示をすることができること

(ロ) 紛争解決委員・調停案等

紛争解決委員の定義は、第五二条の六四第一項にあり、第五二条の七三第二項の規定（後述）により選任される者である。

紛争解決委員が、一定の要件のもと、提示できる「特別調停案」は、第五二条の六七第六項に定義があり、顧客が受諾しない場合・訴訟手続に委ねられる場合・当該特別調停案によらず和解や調停等が成立した場合以外は、銀行が受諾しなければならないとの強い効力をもつものである。

（指定紛争解決機関による苦情処理手続）
第五十二条の七十二　指定紛争解決機関は、加入銀行の顧客から銀行業務関連苦情について解決の申立てがあつたときは、その相談に応じ、当該顧客に必要な助言をし、当該銀行業務関連苦情に係る事情を調査するとともに、当該加入銀行に対し、当該銀行業務関連苦情の内容を通知してその迅速な処理を求めなければならない。
（指定紛争解決機関による紛争解決手続）
第五十二条の七十三　加入銀行に係る銀行業務関連紛争の解決を図るため、当事者は、当該加入銀行が手続実施基本契約を締結した指定紛争解決機関に対し、紛争解決手続の申立てをすることができる。
2　指定紛争解決機関は、前項の申立てを受けたときは、紛争解決委員を選任するものとする。
3　紛争解決委員は、人格が高潔で識見の高い者であつて、次の各号のいずれかに該当する者（第一項の申立てに係る当事者と利害関係を有する者を除く。）のうちから選任されるものとする。この場合において、紛争解決委員のうち少なくとも一人は、第一号又は第三号（当該申立てが司法書士法第三条第一項第七号に規定する紛争に係るものである場合にあつては、第一号、第三号又は第四号）のいずれかに該当する者でなければならない。
一　弁護士であつてその職務に従事した期間が通算して五年以上である者
二　銀行業務に従事した期間が通算して十年以上である者
三　消費生活に関する消費者と事業者との間に生じた苦情に係る相談その他の消費生活に関する事項につ

いて専門的な知識経験を有する者として内閣府令で定める者
四　当該申立てが司法書士法第三条第一項第七号に規定する紛争に係るものである場合にあつては、同条第二項に規定する司法書士であつて同項に規定する簡裁訴訟代理等関係業務に従事した期間が通算して五年以上である者
五　前各号に掲げる者に準ずる者として内閣府令で定める者
4　指定紛争解決機関は、第一項の申立てを第二項の規定により選任した紛争解決委員（以下この条及び次条第一項において単に「紛争解決委員」という。）による紛争解決手続に付するものとする。ただし、紛争解決委員は、当該申立てに係る当事者である加入銀行の顧客が当該銀行業務関連紛争を適切に解決するに足りる能力を有する者と認められることその他の事由により紛争解決手続を行うのに適当でないと認めるとき、又は当事者が不当な目的でみだりに第一項の申立てをしたと認めるときは、紛争解決手続を実施しないものとし、紛争解決委員が当該申立てを受託紛争解決機関における紛争解決手続に相当する手続に付することが適当と認めるときは、指定紛争解決機関は、受託紛争解決機関に紛争解決手続の業務を委託するものとする。
5　前項ただし書の規定により紛争解決委員が紛争解決手続を実施しないこととしたとき、又は受託紛争解決機関に業務を委託することとしたときは、指定紛争解決機関は、第一項の申立てをした者に対し、その旨を理由を付して通知するものとする。
6　紛争解決委員は、当事者若しくは参考人から意見を聴取し、若しくは報告書の提出を求め、又は当事者から参考となるべき帳簿書類その他の物件の提出を求め、和解案を作成して、その受諾を勧告し、又は特別調停（第五十二条の六十七第六項に規定する特別調停案を提示することをいう。）をすることができる。

7　紛争解決手続は、公開しない。ただし、紛争解決委員は、当事者の同意を得て、相当と認める者の傍聴を許すことができる。
8　指定紛争解決機関は、紛争解決手続の開始に先立ち、当事者である加入銀行の顧客に対し、内閣府令で定めるところにより、次に掲げる事項について、これを記載した書面を交付し、又はこれを記録した電磁的記録を提供して説明をしなければならない。
一　当該顧客が支払う料金に関する事項
二　第五十二条の六十七第四項第六号に規定する紛争解決手続の開始から終了に至るまでの標準的な手続の進行
三　その他内閣府令で定める事項
9　指定紛争解決機関は、内閣府令で定めるところにより、その実施した紛争解決手続に関し、次に掲げる事項を記載した手続実施記録を作成し、保存しなければならない。
一　銀行業務関連紛争の当事者が紛争解決手続の申立てをした年月日
二　銀行業務関連紛争の当事者及びその代理人の氏名、商号又は名称
三　紛争解決委員の氏名
四　紛争解決手続の実施の経緯
五　紛争解決手続の結果（紛争解決手続の終了の理由及びその年月日を含む。）
六　前各号に掲げるもののほか、実施した紛争解決手続の内容を明らかにするために必要な事項であつて内閣府令で定めるもの

（時効の中断）

第五十二条の七十四　紛争解決手続によつては銀行業務関連紛争の当事者間に和解が成立する見込みがないことを理由に紛争解決委員が当該紛争解決手続を終了した場合において、当該紛争解決手続の申立てをした当該銀行業務関連紛争の当事者がその旨の通知を受けた日から一月以内に当該紛争解決手続の目的となつた請求について訴えを提起したときは、時効の中断に関しては、当該紛争解決手続における請求の時に、訴えの提起があつたものとみなす。

2　指定紛争解決機関の紛争解決等業務の廃止が第五十二条の八十三第一項の規定により認可され、又は第五十二条の六十二第一項の規定による指定が第五十二条の八十四第一項の規定により取り消され、かつ、その認可又は取消しの日に紛争解決手続が実施されていた銀行業務関連紛争がある場合において、当該紛争解決手続の申立てをした当該銀行業務関連紛争の当事者が第五十二条の八十三第三項若しくは第五十二条の八十四第三項の規定による通知を受けた日又は当該認可若しくは取消しを知つた日のいずれか早い日から一月以内に当該紛争解決手続の目的となつた請求について訴えを提起したときも、前項と同様とする。

（訴訟手続の中止）

第五十二条の七十五　銀行業務関連紛争について当該銀行業務関連紛争の当事者間に訴訟が係属する場合において、次の各号のいずれかに掲げる事由があり、かつ、当該銀行業務関連紛争の当事者の共同の申立てがあるときは、受訴裁判所は、四月以内の期間を定めて訴訟手続を中止する旨の決定をすることができる。

一　当該銀行業務関連紛争について、当該銀行業務関連紛争の当事者間において紛争解決手続が実施されていること。

二　前号の場合のほか、当該銀行業務関連紛争の当事者間に紛争解決手続によつて当該銀行業務関連紛争の解決を図る旨の合意があること。
２　受訴裁判所は、いつでも前項の決定を取り消すことができる。
３　第一項の申立てを却下する決定及び前項の規定により第一項の決定を取り消す決定に対しては、不服を申し立てることができない。

(イ)　苦情処理手続

加入銀行の顧客から苦情処理に係る申立てがあったときは、指定紛争解決機関は、その相談に応じ、①当該顧客への必要な助言をし、②当該苦情に係る事情を調査するとともに、③当該加入銀行に対し、当該苦情の内容を通知してその迅速な処理を求めなければならないとされる。

(ロ)　紛争解決手続

紛争解決に係る申立てがあったときは、指定紛争解決機関は、第五二条の七三第三項の要件を満たす紛争解決委員を選任する。専門性・公正性等の確保の観点から、紛争解決委員のうち少なくとも一人は、弁護士・消費生活に関する事項について専門的な知識経験を有する者として内閣府令で定める者（一定の場合は、これらに加え、一定の要件を満たす司法書士）のうちから選任しなければならないこととされている。

指定紛争解決機関は、当事者からの申立てを、紛争解決委員による紛争解決手続に付することとなる。

紛争解決委員は、以下の場合には、紛争解決手続を実施しないものと定められている。

①　申立てに係る当事者である顧客が当該紛争を適切に解決するに足りる能力を有する者と認められることその他の事由により紛争解決手続を行うのに適当でないと認めるとき

②　当事者が不当な目的でみだりに申立てをしたと認めるとき

また、紛争解決委員は、当該申立てを受託紛争解決機関（第五二条の六六に定義があり、他の指定紛争解決機関又は他の法律の規定による指定であって紛争解決等業務に相当する業務に係るものとして政令で定めるものを受けた者をいう）における紛争解決手続に相当する手続に付することが適当と認めるときは、受託紛争解決機関に紛争解決手続の業務を委託するものとされている。

紛争解決手続と訴訟の関係を調整するため、第五二条の七四・第五二条の七五において、時効の中断・訴訟手続の中止に係る規定が定められている。

③ その他（指定紛争解決機関の監督等）

（加入銀行の名簿の縦覧）

第五十二条の七十六　指定紛争解決機関は、加入銀行の名簿を公衆の縦覧に供しなければならない。

（名称の使用制限）

第五十二条の七十七　指定紛争解決機関でない者（金融商品取引法第百五十六条の三十九第一項の規定による指定を受けた者その他これに類する者として政令で定めるものを除く。）は、その名称又は商号中に、指定紛争解決機関と誤認されるおそれのある文字を使用してはならない。

（変更の届出）

第五十二条の七十八　指定紛争解決機関は、第五十二条の六十三第一項各号に掲げる事項に変更があつたときは、その旨を内閣総理大臣に届け出なければならない。

2　内閣総理大臣は、前項の規定により指定紛争解決機関の商号若しくは名称又は主たる営業所若しくは事務所の所在地の変更の届出があつたときは、その旨を官報で告示しなければならない。

（手続実施基本契約の締結等の届出）

第五十二条の七十九　指定紛争解決機関は、次の各号のいずれかに該当するときは、内閣府令で定めるところにより、その旨を内閣総理大臣に届け出なければならない。

一　銀行と手続実施基本契約を締結したとき、又は当該手続実施基本契約を終了したとき。

二　その他内閣府令で定めるとき。

（業務に関する報告書の提出）

第五十二条の八十　指定紛争解決機関は、事業年度ごとに、当該事業年度に係る紛争解決等業務に関する報告書を作成し、内閣総理大臣に提出しなければならない。

2　前項の報告書に関する記載事項、提出期日その他必要な事項は、内閣府令で定める。

（報告徴収及び立入検査）

第五十二条の八十一　内閣総理大臣は、紛争解決等業務の公正かつ的確な遂行のため必要があると認めるときは、指定紛争解決機関に対し、その業務に関し報告若しくは資料の提出を命じ、又は当該職員に、指定紛争解決機関の営業所若しくは事務所その他の施設に立ち入らせ、当該指定紛争解決機関の業務の状況に関し質問させ、若しくは帳簿書類その他の物件を検査させることができる。

2　内閣総理大臣は、紛争解決等業務の公正かつ的確な遂行のため特に必要があると認めるときは、その必要の限度において、指定紛争解決機関の加入銀行若しくは当該指定紛争解決機関から業務の委託を受けた者に対し、当該指定紛争解決機関の業務に関し参考となるべき報告若しくは資料の提出を命じ、又は当該職員に、これらの者の営業所若しくは事務所その他の施設に立ち入らせ、当該指定紛争解決機関の業務の状況に関し質問させ、若しくはこれらの者の帳簿書類その他の物件を検査させることができる。

3　前二項の規定により立入検査をする職員は、その身分を示す証明書を携帯し、関係者の請求があつたときは、これを提示しなければならない。

4　第一項及び第二項の規定による立入検査の権限は、犯罪捜査のために認められたものと解してはならない。

（業務改善命令）

第五十二条の八十二　内閣総理大臣は、指定紛争解決機関の紛争解決等業務の運営に関し、紛争解決等業務の公正かつ的確な遂行を確保するため必要があると認めるときは、その必要の限度において、当該指定紛争解決機関に対して、その業務の運営の改善に必要な措置を命ずることができる。

2　内閣総理大臣は、指定紛争解決機関が次の各号のいずれかに該当する場合において、前項の規定による命令をしようとするときは、あらかじめ、法務大臣に協議しなければならない。

一　第五十二条の六十二第一項第五号から第七号までに掲げる要件（紛争解決手続の業務に係る部分に限り、同号に掲げる要件にあつては、第五十二条の六十七第四項各号及び第五項各号に掲げる基準に係るものに限る。以下この号において同じ。）に該当しないこととなつた場合又は第五十二条の六十二第一項第五号から第七号までに掲げる要件に該当しないこととなるおそれがあると認められる場合

二　第五十二条の六十五、第五十二条の六十六、第五十二条の六十九又は第五十二条の七十三の規定に違反した場合（その違反行為が紛争解決手続の業務に係るものである場合に限る。）

（紛争解決等業務の休廃止）

第五十二条の八十三　指定紛争解決機関は、紛争解決等業務の全部若しくは一部の休止（次項に規定する理由によるものを除く。）をし、又は廃止をしようとするときは、内閣総理大臣の認可を受けなければならない。

2　指定紛争解決機関が、天災その他のやむを得ない理由により紛争解決等業務の全部又は一部の休止をした場合には、直ちにその旨を、理由を付して内閣総理大臣に届け出なければならない。指定紛争解決機関が当該休止をした当該紛争解決等業務の全部又は一部を再開するときも、同様とする。

3　第一項の規定による休止若しくは廃止の認可を受け、又は前項の休止をした指定紛争解決機関は、当該休止又は廃止の日から二週間以内に、当該休止又は廃止の日に苦情処理手続又は紛争解決手続（他の指定紛争解決機関又は他の法律の規定による指定であつて紛争解決等業務に相当する業務に係るものとして政令で定めるものを受けた者（以下この項において「委託紛争解決機関」という。）から業務の委託を受けている場合における当該委託に係る当該委託紛争解決機関の苦情を処理する手続又は紛争の解決を図る手続を含む。次条第三項において同じ。）が実施されていた当事者、当該当事者以外の加入銀行及び他の指定紛争解決機関に当該休止又は廃止をした旨を通知しなければならない。指定紛争解決機関が当該休止をした当該紛争解決等業務の全部又は一部を再開するときも、同様とする。

（指定の取消し等）

第五十二条の八十四　内閣総理大臣は、指定紛争解決機関が次の各号のいずれかに該当するときは、第五十二条の六十二第一項の規定による指定を取り消し、又は六月以内の期間を定めて、その業務の全部若しくは一部の停止を命ずることができる。

一　第五十二条の六十二第一項第二号から第七号までに掲げる要件に該当しないこととなつたとき、又は指定を受けた時点において同項各号のいずれかに該当していなかつたことが判明したとき。

二　不正の手段により第五十二条の六十二第一項の規定による指定を受けたとき。

三　法令又は法令に基づく処分に違反したとき。

2　内閣総理大臣は、指定紛争解決機関が次の各号のいずれかに該当する場合において、前項の規定による処分又は命令をしようとするときは、あらかじめ、法務大臣に協議しなければならない。

一　第五十二条の六十二第一項第五号から第七号までに掲げる要件（紛争解決手続の業務に係る部分に限り、同号に掲げる要件にあつては、第五十二条の六十七第四項各号及び第五項各号に掲げる基準に係るものに限る。以下この号において同じ。）に該当しないこととなつた場合又は第五十二条の六十二第一項の規定による指定を受けた時点において同項第五号から第七号までに掲げる要件に該当していなかつたことが判明した場合

二　第五十二条の六十五、第五十二条の六十六、第五十二条の六十九又は第五十二条の七十三の規定に違反した場合（その違反行為が紛争解決手続の業務に係るものである場合に限る。）

3　第一項の規定により第五十二条の六十二第一項の規定による指定の取消しの処分を受け、又はその業務の全部若しくは一部の停止の命令を受けた者は、当該処分又は命令の日から二週間以内に、当該処分又は命令の日に苦情処理手続又は紛争解決手続が実施されていた当事者、当該当事者以外の加入銀行及び他の指定紛争解決機関に当該処分又は命令を受けた旨を通知しなければならない。

第五二条の七六以降において、指定紛争解決機関による加入銀行の名簿の縦覧義務や、当局への届出・報告書提出義務のほか、当局による報告徴求・立入検査・業務改善命令・指定取消等に関する規定が設けられている。

第二五章　雑　則

雑則では、内閣総理大臣への届出事項、この法律による認可・承認に条件を付し、および変更ができる旨、認可事項につき実行がなかった場合の失効、内閣総理大臣による告示事項、内閣総理大臣から金融庁長官への権限の委任等、各章の実施に係る細則的な事項を定めている。

（届出事項）

第五十三条　銀行は、次の各号のいずれかに該当するときは、内閣府令で定めるところにより、その旨を内閣総理大臣に届け出なければならない。

一　営業を開始したとき。

二　第十六条の二第一項第十一号から第十二号の二までに掲げる会社（同条第七項の規定により子会社とすることについて認可を受けなければならないとされるものを除く。）を子会社としようとするとき（第三十条第一項から第三項まで又は金融機関の合併及び転換に関する法律第五条第一項（認可）の規定による認可を受けて合併、会社分割又は事業の譲受けをしようとする場合を除く。）。

三　その子会社が子会社でなくなつたとき（第三十条第二項又は第三項の規定による認可を受けて会社分割又は事業の譲渡をした場合を除く。）、又は第十六条の二第七項に規定する子会社対象銀行等に該当する子会社が当該子会社対象銀行等に該当しない子会社になつたとき。
四　資本金の額を増加しようとするとき。
五　この法律の規定による認可を受けた事項を実行したとき。
六　外国において駐在員事務所を設置しようとするとき。
七　その総株主の議決権の百分の五を超える議決権が一の株主により取得又は保有されることとなつたとき。
八　その他内閣府令（金融破綻処理制度及び金融危機管理に係るものについては、内閣府令・財務省令）で定める場合に該当するとき。
2　銀行主要株主（銀行主要株主であつた者を含む。）は、次の各号のいずれかに該当するときは、内閣府令で定めるところにより、その旨を内閣総理大臣に届け出なければならない。
一　第五十二条の九第一項の認可に係る銀行主要株主になつたとき又は当該認可に係る銀行主要株主として設立されたとき。
二　銀行の総株主の議決権の百分の五十を超える議決権の保有者となつたとき。
三　銀行の主要株主基準値以上の数の議決権の保有者でなくなつたとき（第五号の場合を除く。）。
四　銀行の総株主の議決権の百分の五十を超える議決権の保有者でなくなつたとき（前号及び次号の場合を除く。）。
五　解散したとき（設立、株式移転、合併（当該合併により銀行の主要株主基準値以上の数の議決権の保有者となる会社その他の法人を設立する場合に限る。）又は新設分割を無効とする判決が確定したときを含む。）。
六　その総株主の議決権の百分の五十を超える議決権が一の株主により取得又は保有されることとなつた

とき。
七　その他内閣府令で定める場合に該当するとき。
3　銀行持株会社（銀行持株会社であつた会社を含む。）は、次の各号のいずれかに該当するときは、内閣府令で定めるところにより、その旨を内閣総理大臣に届け出なければならない。
一　第五十二条の十七第一項の認可に係る銀行持株会社になつたとき又は当該認可に係る銀行持株会社として設立されたとき。
二　銀行を子会社とする持株会社でなくなつたとき（第五号の場合を除く。）。
三　第五十二条の二十三第一項第十号から第十一号の二までに掲げる会社（同条第六項の規定により子会社とすることについて認可を受けなければならないとされるものを除く。）を子会社としようとするとき（第五十二条の三十五第一項から第三項までの規定による認可を受けて合併、会社分割又は事業の譲受けをしようとする場合を除く。）。
四　その子会社が子会社でなくなつたとき（第五十二条の三十五第二項又は第三項の規定による認可を受けて会社分割又は事業の譲渡をした場合及び第二号の場合を除く。）、又は第五十二条の二十三第六項に規定する子会社対象銀行等に該当する子会社が当該子会社対象銀行等に該当しない子会社になつたとき、若しくは特例子会社対象会社に該当する持株特定子会社が当該特例子会社対象会社に該当しない持株特定子会社になつたとき。
五　解散したとき（設立、株式移転、合併（当該合併により銀行を子会社とする持株会社を設立するものに限る。）又は新設分割を無効とする判決が確定したときを含む。）。
六　資本金の額を変更しようとするとき。

七　この法律の規定による認可（第一号に規定する認可を除く。）を受けた事項を実行したとき。
八　その総株主の議決権の百分の五を超える議決権が一の株主により取得又は保有されることとなつたとき。
九　その他内閣府令で定める場合に該当するとき。
4　銀行代理業者は、銀行代理業を開始したとき、その他内閣府令で定める場合に該当するときは、内閣府令で定めるところにより、その旨を内閣総理大臣に届け出なければならない。
5　第二条第十一項の規定は、第一項第七号、第二項第六号及び第三項第八号に規定する一の株主が取得し、又は保有することとなつた銀行、銀行主要株主又は銀行持株会社の議決権について準用する。

（認可等の条件）
第五十四条　内閣総理大臣は、この法律の規定による認可又は承認（次項において「認可等」という。）に条件を付し、及びこれを変更することができる。
2　前項の条件は、認可等の趣旨に照らして、又は認可等に係る事項の確実な実施を図るため必要最小限のものでなければならない。

（認可の失効）
第五十五条　銀行、銀行主要株主（第五十二条の九第一項の認可のうち設立に係るものを受けた者を含む。）又は銀行持株会社（第五十二条の十七第一項の認可を受けた者を含む。）がこの法律の規定による認可を受けた日から六月以内に当該認可を受けた事項を実行しなかつたときは、当該認可は、効力を失う。ただし、やむを得ない理由がある場合において、あらかじめ内閣総理大臣の承認を受けたときは、この限りでない。
2　前項に規定するもののほか、第五十二条の九第一項又は第二項ただし書の認可（以下この項において「主要株主認可」という。）については、当該主要株主認可に係る銀行主要株主が銀行の主要株主基準値以上の数の議決権の保有者でなくなつたとき又は当該主要株主認可に係る銀行を子会社とすることについて第五十二条の十七第一項若しくは第三項ただし書若しくは第五十二条の二十三第六項若しくは第七項ただし書の認可を受けたときは、当該主要株主認可は、効力を失う。

3　第一項に規定するもののほか、第五十二条の十七第一項又は第三項ただし書の認可については、当該認可に係る銀行持株会社が銀行を子会社とする持株会社でなくなつたときは、当該認可は、効力を失う。

（内閣総理大臣の告示）

第五十六条　次に掲げる場合には、内閣総理大臣は、その旨を官報で告示するものとする。

一　第二十六条第一項又は第二十七条の規定により銀行の業務の全部又は一部の停止を命じたとき。

二　第二十七条又は第二十八条の規定により第四条第一項の免許を取り消したとき。

三　銀行が第四十一条第四号の規定に該当して第四条第一項の免許が効力を失つたとき。

四　第五十条の規定により外国銀行に対する第四条第一項の免許が効力を失つたとき。

五　第五十二条の十五第一項の規定により第五十二条の九第一項又は第二項ただし書の認可を取り消したとき。

六　第五十二条の三十四第一項の規定により第五十二条の十七第一項又は第三項ただし書の認可を取り消したとき。

七　第五十二条の三十四第一項の規定により銀行持株会社の子会社である銀行の業務の全部又は一部の停止を命じたとき。

八　第五十二条の三十四第四項の規定により銀行の業務の全部又は一部の停止を命じたとき。

九　前条の規定により第五十二条の九第一項若しくは第二項ただし書又は第五十二条の十七第一項若しくは第三項ただし書の認可が効力を失つたとき。
十　第五十二条の五十六第一項の規定により第五十二条の三十六第一項の許可を取り消したとき。
十一　第五十二条の五十六第一項の規定により銀行代理業者の銀行代理業の全部又は一部の停止を命じたとき。
十二　第五十二条の五十七の規定により第五十二条の三十六第一項の許可が効力を失つたとき。
十三　第五十二条の八十四第一項の規定により第五十二条の六十二第一項の規定による指定を取り消したとき。

（銀行等の公告方法）

第五十七条　銀行又は銀行持株会社は、公告方法として、次に掲げる方法のいずれかを定款で定めなければならない。
一　時事に関する事項を掲載する日刊新聞紙に掲載する方法
二　電子公告

（電子公告による公告をする期間等）

第五十七条の二　銀行又は銀行持株会社が電子公告によりこの法律又は他の法律の規定による公告（会社法の規定による公告を除く。）をする場合には、次の各号に掲げる公告の区分に応じ、それぞれ当該各号に定める日までの間、継続して電子公告による公告をしなければならない。
一　公告に定める期間内に異議を述べることができる旨の公告　当該期間を経過する日
二　第十六条第一項前段の規定による公告　銀行が臨時にその業務の全部又は一部を休止した営業所にお

いてその業務の全部又は一部を再開する日

三　第十六条第一項後段の規定による公告　銀行が臨時にその業務の全部又は一部を休止した営業所においてその業務の全部又は一部を再開した日後一月を経過する日

四　第二十条第四項又は第五十二条の二十八第三項の規定による公告　電子公告による公告を開始した日後五年を経過する日

五　前各号に掲げる公告以外の公告　電子公告による公告を開始した日後一月を経過する日

2　会社法第九百四十条第三項（電子公告の公告期間等）の規定は、銀行又は銀行持株会社が電子公告によりこの法律又は他の法律の規定による公告（会社法の規定による公告を除く。）をする場合について準用する。この場合において、必要な技術的読替えは、政令で定める。

（電子公告調査の規定の適用）

第五十七条の三　銀行又は銀行持株会社に対する会社法第九百四十一条（電子公告調査）の規定の適用については、同条中「第四百四十条第一項の規定」とあるのは、「第四百四十条第一項の規定並びに銀行法第十六条第一項、第二十条第四項及び第五十二条の二十八第三項の規定」とする。

（登記）

第五十七条の四　銀行又は銀行持株会社は、次に掲げる事項の登記をしなければならない。

一　第二十条第六項の規定による措置をとることとするときは、同項に規定する中間貸借対照表等、中間連結貸借対照表等及び連結貸借対照表等の内容である情報についてその提供を受けるために必要な事項であつて内閣府令で定めるもの

二　第五十二条の二十八第五項の規定による措置をとることとするときは、中間連結貸借対照表等及び連

結貸借対照表等の内容である情報について不特定多数の者がその提供を受けるために必要な事項であって内閣府令で定めるもの

（財務大臣への協議）

第五十七条の五　内閣総理大臣は、銀行に対し次に掲げる処分をすることが信用秩序の維持に重大な影響を与えるおそれがあると認めるときは、あらかじめ、信用秩序の維持を図るために必要な措置に関し、財務大臣に協議しなければならない。

一　第二十六条第一項、第二十七条又は第五十二条の三十四第一項若しくは第四項の規定による業務の全部又は一部の停止の命令

二　第二十七条又は第二十八条の規定による第四条第一項の免許の取消し

（財務大臣への通知）

第五十七条の六　内閣総理大臣は、次に掲げる処分をしたときは、速やかに、その旨を財務大臣に通知するものとする。第五十三条第一項の規定による届出（同項第八号に係るもののうち内閣府令・財務省令で定めるものに限る。）があつたときも、同様とする。

一　第四条第一項の規定による免許

二　第十六条の二第七項（預金保険法（昭和四十六年法律第三十四号）第二条第四項に規定する破綻金融機関に該当する銀行を子会社とする場合に限る。）、第三十条第一項から第三項まで、第三十七条第一項、第五十二条の九第一項若しくは第二項ただし書、第五十二条の十七第一項若しくは第三項ただし書又は第五十二条の三十五第一項から第三項までの規定による認可

三　第二十六条第一項、第二十七条、第五十二条の五、第五十二条の六、第五十二条の九第四項、第五十

二条の十三、第五十二条の十四、第五十二条の十五第一項、第五十二条の十七第五項、第五十二条の三十三第一項若しくは第三項又は第五十二条の三十四第一項若しくは第四項の規定による命令（改善計画の提出を求めることを含む。）

四　第二十七条又は第二十八条の規定による第四条第一項の免許の取消し

五　第五十二条の十五第一項の規定による第五十二条の九第一項若しくは第二項ただし書の認可の取消し又は第五十二条の三十四第一項の規定による第五十二条の十七第一項若しくは第三項ただし書の認可の取消し

（財務大臣への資料提出等）

第五十七条の七　財務大臣は、その所掌に係る金融破綻処理制度及び金融危機管理に関し、銀行に係る制度の企画又は立案をするため必要があると認めるときは、内閣総理大臣に対し、必要な資料の提出及び説明を求めることができる。

2　財務大臣は、その所掌に係る金融破綻処理制度及び金融危機管理に関し、銀行に係る制度の企画又は立案をするため特に必要があると認めるときは、その必要の限度において、銀行、銀行主要株主、銀行持株会社、銀行代理業者その他の関係者に対し、資料の提出、説明その他の協力を求めることができる。

（内閣府令への委任）

第五十八条　この法律に定めるもののほか、この法律の規定による免許、許可、認可、承認又は指定に関する申請の手続、書類の提出の手続その他この法律を実施するため必要な事項は、内閣府令で定める。

（権限の委任）

第五十九条　内閣総理大臣は、この法律による権限（政令で定めるものを除く。）を金融庁長官に委任する。

2　金融庁長官は、政令で定めるところにより、前項の規定により委任された権限の一部を財務局長又は財務支局長に委任することができる。

（経過措置）

第六十条　この法律の規定に基づき命令を制定し、又は改廃する場合においては、その命令で、その制定又は改廃に伴い合理的に必要と判断される範囲内において、所要の経過措置（罰則に関する経過措置を含む。）を定めることができる。

第二六章　罰　則

銀行法の各規定を遵守しなかった場合の罰則や没収に関する事柄について、銀行法の最後で規定されている。罰則規定は、各規定が遵守される限りは適用されないところ、対象となる各規定の内容こそが重要であると考えられるため、罰則自体に関する説明は略し、詳細は各罰則規定を参照いただきたい。

なお、免許を受けずに銀行を営むといった銀行法規制の根幹に関する違反を行った者には、銀行法の罰則中、懲役刑としては最も重い「三年以下の懲役若しくは三百万円以下の罰金に処し、又はこれを併科する」旨が定められ、それ以外の違反については、その内容に応じ、順次、相当する罰則上限が定められている。

第六十一条　次の各号のいずれかに該当する者は、三年以下の懲役若しくは三百万円以下の罰金に処し、又はこれを併科する。

一　第四条第一項の規定に違反して、免許を受けないで銀行業を営んだ者

二　不正の手段により第四条第一項の免許を受けた者

三　第九条の規定に違反して、他人に銀行業を営ませた者

四　第十三条の四、第五十二条の二の五又は第五十二条の四十五の二において準用する金融商品取引法（以下「準用金融商品取引法」という。）第三十九条第一項の規定に違反した者

五　第五十二条の三十六第一項の規定に違反して、許可を受けないで銀行代理業を営んだ者
六　不正の手段により第五十二条の三十六第一項の許可を受けた者
七　第五十二条の四十一（第五十二条の二の十において準用する場合及び第五十二条の六十一の十において準用する場合を含む。）の規定に違反して、他人に銀行代理業（第五十二条の二の十において準用する場合にあつては、外国銀行代理業務）を営ませた者
第六十一条の二　次に掲げる違反があつた場合においては、その違反行為をした者は、二年以下の懲役若しくは三百万円以下の罰金に処し、又はこれを併科する。
一　第五十二条の十七第一項の規定による内閣総理大臣の認可を受けないで、同項各号に掲げる取引若しくは行為により銀行を子会社とする持株会社になつたとき又は銀行を子会社とする持株会社を設立したとき。
二　第五十二条の十七第三項の規定に違反して同項に規定する猶予期限日を超えて銀行を子会社とする持株会社であつたとき。
三　第五十二条の十七第五項の規定による命令に違反して銀行を子会社とする持株会社であつたとき又は第五十二条の三十四第二項の規定に違反して同項に規定する内閣総理大臣が指定する期間を超えて銀行を子会社とする持株会社であつたとき。
第六十二条　次の各号のいずれかに該当する者は、二年以下の懲役又は三百万円以下の罰金に処する。
一　第四条第四項又は第五十二条の三十八第二項の規定により付した条件に違反した者
二　第二十六条第一項、第二十七条、第五十二条の三十四第一項若しくは第四項又は第五十二条の五十六第一項の規定による業務の全部又は一部の停止の命令に違反した者
第六十二条の二　次の各号のいずれかに該当する者は、一年以下の懲役若しくは三百万円以下の罰金に処し、

又はこれを併科する。
一　第五十二条の六十三第一項の規定による指定申請書又は同条第二項の規定によりこれに添付すべき書類若しくは電磁的記録に虚偽の記載又は記録をしてこれらを提出した者
二　第五十二条の六十九の規定に違反した者
三　第五十二条の八十第一項の規定による報告書を提出せず、又は虚偽の記載をした報告書を提出した者
四　第五十二条の八十一第一項若しくは第二項の規定による報告若しくは資料の提出をせず、若しくは虚偽の報告若しくは資料の提出をし、又はこれらの規定による当該職員の質問に対して答弁をせず、若しくは虚偽の答弁をし、若しくはこれらの規定による検査を拒み、妨げ、若しくは忌避した者
五　第五十二条の八十二第一項の規定による命令に違反した者
第六十三条　次の各号のいずれかに該当する者は、一年以下の懲役又は三百万円以下の罰金に処する。
一　第十九条、第五十二条の二十七又は第五十二条の五十第一項（第五十二条の二の十において準用する場合を含む。）の規定に違反して、これらの規定に規定する書類の提出をせず、又はこれらの書類に記載すべき事項を記載せず、若しくは虚偽の記載をしてこれらの書類の提出をした者
一の二　第二十条第四項若しくは第五十二条の二十八第三項の規定に違反して、これらの規定による公告をせず、若しくは第二十条第六項若しくは第五十二条の二十八第五項の規定に違反して、これらの規定に規定する情報を電磁的方法により不特定多数の者が提供を受けることができる状態に置く措置として内閣府令で定めるものをとらず、又は当該公告をしなければならない書類に記載すべき事項を記載せず、若しくは虚偽の記載をして、公告をし、若しくは電磁的記録に記録すべき事項を記録せず、若しくは虚偽の記録をして、電磁的方法により不特定多数の者が提供を受けることができる状態に置く措置をとつ

た者

一の三　第二十一条第一項若しくは第二項、第五十二条の二の六第一項、第五十二条の二十九第一項若しくは第五十二条の五十一第一項の規定に違反して、これらの規定に規定する書類を公衆の縦覧に供せず、若しくは第二十一条第四項（同条第五項において準用する場合を含む。以下この号において同じ。）、第五十二条の二の六第二項、第五十二条の二十九第三項若しくは第五十二条の五十一第二項の規定に違反して、第二十一条第四項、第五十二条の二の六第二項、第五十二条の二十九第三項若しくは第五十二条の五十一第二項に規定する電磁的記録に記録された情報を電磁的方法により不特定多数の者が提供を受けることができる状態に置く措置として内閣府令で定めるものをとらず、又はこれらの規定に違反して、これらの書類に記載すべき事項を記載せず、若しくは虚偽の記載をして、公衆の縦覧に供し、若しくは電磁的記録に記録すべき事項を記録せず、若しくは虚偽の記録をして、電磁的記録に記録された情報を電磁的方法により不特定多数の者が提供を受けることができる状態に置く措置をとつた者

二　第二十四条第一項（第四十三条第三項において準用する場合を含む。）、第二十四条第二項、第五十二条の七、第五十二条の十一、第五十二条の三十一第一項若しくは第二項若しくは第五十二条の五十三の規定による報告若しくは資料の提出をせず、又は虚偽の報告若しくは資料の提出をした者

三　第二十五条第一項（第四十三条第三項において準用する場合を含む。）、第二十五条第二項、第五十二条の八第一項、第五十二条の十二第一項、第五十二条の三十二第一項若しくは第二項若しくは第五十二条の五十四第一項の規定による当該職員の質問に対して答弁をせず、若しくは虚偽の答弁をし、又はこれらの規定による検査を拒み、妨げ、若しくは忌避した者

三の二　第二十九条の規定による命令に違反した者

四　第四十三条第一項（同条第二項において準用する場合を含む。）の規定による命令に違反した者

五　第四十五条第三項の規定による検査を拒み、妨げ、若しくは忌避し、又は同条の規定による命令に違反した者

六　第四十六条第三項において準用する第二十五条第一項の規定による当該職員の質問に対して答弁をせず、若しくは虚偽の答弁をし、又は同項の規定による検査を拒み、妨げ、若しくは忌避した者

六の二　第五十二条の二第一項又は第二項の規定による内閣総理大臣の認可を受けないで外国銀行代理業務を営んだ者

七　第五十二条の三十四第一項の規定による命令（取締役、執行役、会計参与、監査役若しくは会計監査人の解任又は業務の全部若しくは一部の停止の命令を除く。）に違反した者

八　第五十二条の三十七第一項の規定による申請書又は同条第二項の規定によりこれに添付すべき書類に虚偽の記載をして提出した者

九　第五十二条の四十二第一項の規定による承認を受けないで銀行代理業及び銀行代理業に付随する業務以外の業務を営んだ者

十　第五十四条第一項の規定により付した条件（第五十二条の十七第一項又は第三項ただし書の規定による認可に係るものに限る。）に違反した者

第六十三条の二　次の各号のいずれかに該当する者は、一年以下の懲役若しくは百万円以下の罰金に処し、又はこれを併科する。

一　第十三条の三（第一号に係る部分に限る。）又は第五十二条の四十五（第一号に係る部分に限り、第五十二条の二の十において準用する場合を含む。）の規定の違反があつた場合において、顧客以外の者（銀行又は

銀行代理業者を含む。）の利益を図り、又は顧客に損害を与える目的で当該違反行為をした者

二　第五十二条の六十四第一項の規定に違反して、その職務に関して知り得た秘密を漏らし、又は自己の利益のために使用した者

第六十三条の二の二　準用金融商品取引法第三十九条第二項の規定に違反した者は、一年以下の懲役若しくは百万円以下の罰金に処し、又はこれを併科する。

第六十三条の二の三　前条の場合において、犯人又は情を知つた第三者が受けた財産上の利益は、没収する。その全部又は一部を没収することができないときは、その価額を追徴する。

2　金融商品取引法第二百九条の二（混和した財産の没収等）及び第二百九条の三第二項（没収の要件等）の規定は、前項の規定による没収について準用する。この場合において、同法第二百九条の二第一項中「第百九十八条の二第一項又は第二百条の二」とあるのは「銀行法第六十三条の二の三第一項」と、「この条、次条第一項及び第二百九条の四第一項」とあるのは「この項」と、「次項及び次条第一項」とあるのは「次項」と、同条第二項中「混和財産（第二百条の二の規定に係る不法財産が混和したものに限る。）」とあるのは「混和財産」と、同法第二百九条の三第二項中「第百九十八条の二第一項又は第二百条の二」とあるのは「銀行法第六十三条の二の三第一項」と読み替えるものとする。

第六十三条の二の四　次の各号のいずれかに該当する者は、六月以下の懲役若しくは五十万円以下の罰金に処し、又はこれを併科する。

一　準用金融商品取引法第三十七条第一項（第二号を除く。）に規定する事項を表示せず、又は虚偽の表示をした者

二　準用金融商品取引法第三十七条第二項の規定に違反した者

三　準用金融商品取引法第三十七条の三第一項（第二号及び第六号を除く。）の規定に違反して、書面を交付せず、若しくは同項に規定する事項を記載しない書面若しくは虚偽の記載をした書面を交付した者又は同条第二項において準用する金融商品取引法第三十四条の二第四項に規定する方法により当該事項を欠いた提供若しくは虚偽の事項の提供をした者

四　準用金融商品取引法第三十七条の四第一項の規定による書面を交付せず、若しくは虚偽の記載をした書面を交付した者又は同条第二項において準用する金融商品取引法第三十四条の二第四項に規定する方法により虚偽の事項の提供をした者

第六十三条の二の五　第五十二条の七十一若しくは第五十二条の七十三第九項の規定による記録の作成若しくは保存をせず、又は虚偽の記録を作成した者は、百万円以下の罰金に処する。

第六十三条の二の六　第五十二条の八十三第一項の認可を受けないで紛争解決等業務の全部若しくは一部の休止又は廃止をした者は、五十万円以下の罰金に処する。

第六十三条の三　次の各号のいずれかに該当する者は、三十万円以下の罰金に処する。

一　第四十九条の二第二項において準用する会社法第九百五十五条第一項（調査記録簿等の記載等）の規定に違反して、調査記録簿等（同項に規定する調査記録簿等をいう。以下この号において同じ。）に同項に規定する電子公告調査に関し法務省令で定めるものを記載せず、若しくは記録せず、若しくは虚偽の記載若しくは記録をし、又は同項の規定に違反して調査記録簿等を保存しなかつた者

二　第五十二条の三十九第二項、第五十二条の五十二、第五十二条の七十八第一項、第五十二条の七十九若しくは第五十二条の八十三第二項の規定による届出をせず、又は虚偽の届出をした者

三　第五十二条の四十第一項（第五十二条の二の十において準用する場合を含む。次号において同じ。）の規定

に違反した者
四　第五十二条の四十第二項（第五十二条の二の十において準用する場合を含む。）の規定に違反して、第五十二条の四十第一項の標識又はこれに類似する標識を掲示した者
五　第五十二条の六十八第一項の規定による報告をせず、又は虚偽の報告をした者
六　第五十二条の八十三第三項若しくは第五十二条の八十四第三項の規定による通知をせず、又は虚偽の通知をした者
第六十四条　法人（法人でない団体で代表者又は管理人の定めのあるものを含む。以下この項において同じ。）の代表者又は法人若しくは人の代理人、使用人その他の従業者が、その法人又は人の業務又は財産に関し、次の各号に掲げる規定の違反行為をしたときは、その行為者を罰するほか、その法人に対して当該各号に定める罰金刑を、その人に対して各本条の罰金刑を科する。
一　第六十一条第四号又は第六十二条　三億円以下の罰金刑
二　第六十二条の二（第二号を除く。）、第六十三条第一号から第四号まで、第七号、第八号若しくは第十号又は第六十三条の二第一号　二億円以下の罰金刑
三　第六十三条の二の二　一億円以下の罰金刑
四　第六十一条（第四号を除く。）、第六十一条の二、第六十二条の二第二号、第六十三条第五号から第六号の二まで若しくは第九号、第六十三条の二第二号又は第六十三条の二の四から前条まで　各本条の罰金刑
2　前項の規定により法人でない団体を処罰する場合には、その代表者又は管理人がその訴訟行為につきその団体を代表するほか、法人を被告人又は被疑者とする場合の刑事訴訟に関する法律の規定を準用する。

第六十五条　次の各号のいずれかに該当する場合には、その行為をした銀行（銀行が第四十一条第一号から第三号までのいずれかに該当して第四条第一項の内閣総理大臣の免許が効力を失つた場合における当該銀行であつた会社を含む。）の取締役、執行役、会計参与若しくはその職務を行うべき社員、監査役、支配人若しくは清算人、外国銀行の代表者、代理人若しくは支配人、銀行議決権大量保有者（銀行議決権大量保有者が銀行議決権大量保有者でなくなつた場合における当該銀行議決権大量保有者であつた者を含み、銀行議決権大量保有者が法人等（法人及び第三条の二第一項第一号に掲げる法人でない団体をいう。以下この条において同じ。）であるときは、その取締役、執行役、会計参与若しくはその職務を行うべき社員、監査役、代表者、管理人、支配人、業務を執行する社員又は清算人）、銀行主要株主（銀行主要株主が銀行主要株主でなくなつた場合における当該銀行主要株主であつた者を含み、銀行主要株主が法人等であるときは、その取締役、執行役、会計参与若しくはその職務を行うべき社員、監査役、代表者、管理人、支配人、業務を執行する社員又は清算人）、特定主要株主（特定主要株主が銀行の主要株主基準値以上の数の議決権の保有者でなくなつた場合における当該特定主要株主であつた者を含み、特定主要株主が法人等であるときは、その取締役、執行役、会計参与若しくはその職務を行うべき社員、監査役、代表者、管理人、支配人、業務を執行する社員又は清算人）、銀行持株会社（銀行持株会社が銀行持株会社でなくなつた場合における当該銀行持株会社であつた会社を含む。）の取締役、執行役、会計参与若しくはその職務を行うべき社員、監査役、支配人若しくは清算人、特定持株会社（特定持株会社が銀行を子会社とする持株会社でなくなつた場合における当該特定持株会社であつた会社を含む。）の取締役、執行役、会計参与若しくはその職務を行うべき社員、監査役、支配人、業務を執行する社員若しくは清算人又は銀行代理業者（銀行代理業者が法人であるときは、その取締役、執行役、会計参与若しくはその職務を行うべき社員、監査役、理事、監事、代表者、業務を執行する社員又は清算人）は、百万円以下の過料に処する。

一　第五条第三項、第六条第三項、第八条第二項若しくは第三項又は第四十七条の三の規定による内閣総理大臣の認可を受けないでこれらの規定に規定する行為をしたとき。
二　第七条第一項又は第五十二条の十九第一項の規定に違反して他の会社の常務に従事したとき。
三　第十二条又は第五十二条の二十一第二項の規定に違反して他の業務を営んだとき。
四　第八条第一項若しくは第四項、第十六条第一項、第三十四条第一項、第三十六条第一項、第三十八条、第四十九条、第五十二条第一項若しくは第三項、第五十二条の二の九、第五十二条の三十九第一項、第五十二条の四十七第一項、第五十二条の四十八、第五十二条の六十一第三項若しくは第五十三条第一項から第四項までの規定に違反して、これらの規定による届出、公告若しくは掲示をせず、又は虚偽の届出、公告若しくは掲示をしたとき。
五　第十六条の二第一項の規定に違反して同項に規定する子会社対象会社以外の会社（第十六条の四第一項に規定する国内の会社を除く。）を子会社としたとき又は第五十二条の二十三第一項の規定に違反して同項に規定する子会社対象会社以外の会社（第五十二条の二十四第一項に規定する国内の会社を除く。）を子会社としたとき。
六　第十六条の二第七項の規定による内閣総理大臣の認可を受けないで同項に規定する子会社対象銀行等を子会社としたとき又は同条第九項において準用する同条第七項の規定による内閣総理大臣の認可を受けないで同条第一項各号に掲げる会社を当該各号のうち他の号に掲げる会社（同条第七項に規定する子会社対象銀行等に限る。）に該当する子会社としたとき。
七　第十六条の四第一項若しくは第二項ただし書又は第五十二条の二十四第一項若しくは第二項ただし書の規定に違反したとき。

八　第十六条の四第三項若しくは第五項又は第五十二条の二十四第三項若しくは第五項の規定により付した条件に違反したとき。
九　第十八条の規定に違反して資本準備金又は利益準備金を計上しなかつたとき。
十　第二十六条第一項、第五十二条の十四第一項若しくは第五十二条の三十三第一項の規定に違反して改善計画の提出をせず、又は第二十六条第一項の規定による命令（業務の全部又は一部の停止の命令を除く。）若しくは第五十二条の十三、第五十二条の十四、第五十二条の十五第一項、第五十二条の三十三第一項若しくは第三項若しくは第五十二条の五十五の規定による命令に違反したとき。
十一　第三十四条第五項（第三十五条第三項において準用する場合を含む。）の規定に違反して事業の譲渡又は譲受けをしたとき。
十一の二　第四十七条の二の規定に違反して、同条に規定する額以上の資産を国内において保有しないとき。
十二　第四十八条、第五十二条第二項若しくは第五十二条の二の八の規定による報告若しくは資料の提出をせず、又は虚偽の報告若しくは資料の提出をしたとき。
十二の二　第四十九条の二第二項において準用する会社法第九百四十一条（電子公告調査）の規定に違反して同条の調査を求めなかつたとき。
十三　第五十二条の二の十一第一項、第五十二条の三第一項、第三項若しくは第四項、第五十二条の四第一項若しくは第二項、第五十二条の五、第五十二条の六、第五十二条の九第三項若しくは第五十二条の十七第二項若しくは第四項の規定による提出若しくは届出をせず、又は虚偽の提出若しくは届出をしたとき。

十四　第五十二条の九第一項の規定による内閣総理大臣の認可を受けないで、同項各号に掲げる取引若しくは行為により銀行の主要株主基準値以上の数の議決権の保有者になつたとき又は銀行の主要株主基準値以上の数の議決権の保有者である会社その他の法人を設立したとき。
十五　第五十二条の九第二項の規定に違反して同項に規定する猶予期限日を超えて銀行の主要株主基準値以上の数の議決権の保有者であつたとき。
十六　第五十二条の九第四項の規定による命令に違反して銀行の主要株主基準値以上の数の議決権の保有者であつたとき又は第五十二条の十五第二項の規定に違反して同項に規定する内閣総理大臣が指定する期間を超えて銀行の主要株主基準値以上の数の議決権の保有者であつたとき。
十六の二　第五十二条の二十一の二第二項の規定による内閣総理大臣の認可を受けないで同条第一項に規定する内閣府令で定める業務を行つたとき。
十七　第五十二条の二十三第六項の規定による内閣総理大臣の認可を受けないで同項に規定する子会社対象銀行等を子会社としたとき若しくは同条第八項において準用する同条第六項の規定による内閣総理大臣の認可を受けないで同条第一項各号に掲げる会社を当該各号のうち他の号に掲げる会社（同条第六項に規定する子会社対象銀行等に限る。）に該当する子会社としたとき又は第五十二条の二十三の二第六項において準用する同条第三項の規定による内閣総理大臣の認可を受けないで特例子会社対象会社を同項の認可に係る特例子会社対象業務以外の特例子会社対象業務を営む持株特定子会社としたとき。
十八　第五十二条の四十三（第五十二条の二の十において準用する場合を含む。）の規定により行うべき財産の管理を行わないとき。
十九　第五十二条の四十九（第五十二条の二の十において準用する場合を含む。）の規定による帳簿書類の作成若しくは保存をせず、又は虚偽の帳簿書類を作成したとき。
二十　第五十四条第一項の規定により付した条件（第八条第二項若しくは第三項、第十六条の二第七項（同条第九項において準用する場合を含む。）、第三十条第一項から第三項まで、第三十七条第一項、第四十七条の三、第五十二条の二第一項若しくは第二項、第五十二条の九第一項若しくは第二項ただし書、第五十二条の二十三第六項（同条第八項において準用する場合を含む。）、第五十二条の二十三の二第三項（同条第六項において準用する場合を含む。）又は第五十二条の三十五第一項から第三項までの規定による認可に係るものに限る。）に違反したとき。
二十一　第五十七条の四の規定による登記をしなかつたとき。
第六十六条　次のいずれかに該当する者は、百万円以下の過料に処する。
一　第六条第二項の規定に違反してその名称又は商号中に銀行であることを示す文字を使用した者
二　第四十九条の二第二項において準用する会社法第九百四十六条第三項（調査の義務等）の規定に違反して、報告をせず、又は虚偽の報告をした者
三　正当な理由がないのに、第四十九条の二第二項において準用する会社法第九百五十一条第二項各号（財務諸表等の備置き及び閲覧等）又は第九百五十五条第二項各号（調査記録簿等の記載等）に掲げる請求を拒んだ者
四　第五十二条の七十六の規定に違反した者
第六十七条　第五十二条の七十七の規定に違反してその名称又は商号中に、指定紛争解決機関と誤認されるおそれのある文字を使用した者は、十万円以下の過料に処する。

（第三者の財産の没収手続等）
第六十八条　第六十三条の二の三第一項の規定により没収すべき財産である債権等（不動産及び動産以外の財産をいう。次条及び第七十条において同じ。）が被告人以外の者（以下この条において「第三者」という。）に帰属する場合において、当該第三者が被告事件の手続への参加を許されていないときは、没収の裁判をすることができない。
2　第六十三条の二の三第一項の規定により、地上権、抵当権その他の第三者の権利がその上に存在する財産を没収しようとする場合において、当該第三者が被告事件の手続への参加を許されていないときも、前項と同様とする。
3　金融商品取引法第二百九条の四第三項から第五項まで（第三者の財産の没収手続等）の規定は、地上権、抵当権その他の第三者の権利がその上に存在する財産を没収する場合において、第六十三条の二の三第二項において準用する同法第二百九条の三第二項（没収の要件等）の規定により当該権利を存続させるべきときについて準用する。この場合において、同法第二百九条の四第三項及び第四項中「前条第二項」とあるのは、「銀行法第六十三条の二の三第二項において準用する前条第二項」と読み替えるものとする。
4　第一項及び第二項に規定する財産の没収に関する手続については、この法律に特別の定めがあるもののほか、刑事事件における第三者所有物の没収手続に関する応急措置法（昭和三十八年法律第百三十八号）の規定を準用する。
（没収された債権等の処分等）
第六十九条　金融商品取引法第二百九条の五第一項（没収された債権等の処分等）の規定は第六十三条の二の二の罪に関し没収された債権等について、同法第二百九条の五第二項の規定は第六十三条の二の二の罪に関し没収すべき債権の没収の裁判が確定したときについて、同法第二百九条の六（没収の裁判に基づく登記等）の規定は権利の移転について登記又は登録を要する財産を第六十三条の二の二の罪に関し没収する裁判に基づき権利の移転の登記又は登録を関係機関に嘱託する場合について、それぞれ準用する。

（刑事補償の特例）

第七十条　第六十三条の二の二の罪に関し没収すべき債権等の没収の執行に対する刑事補償法（昭和二十五年法律第一号）による補償の内容については、同法第四条第六項（補償の内容）の規定を準用する。

補遺（平成二九年銀行法改正）

本稿締切の直前である平成二九年五月二六日、平成二八年に続き、二年連続となる銀行法の改正法案が通常国会において成立した（同年六月二日公布。施行は、一部の規定を除き、公布の日から起算して一年を超えない範囲内で政令で定める日）。そこで、ここではその概要について述べることとしたい。

一　電子決済等代行業者の登場

金融サービスにおいて、顧客からの委託を受け、顧客と金融機関の間で、サービスの仲介を行う業者が登場している。とりわけ、FinTech（ＩＴを活用した革新的な金融サービス事業）の進展に伴い、決済に関し、顧客からの委託を受け、ＩＴ技術を活用して、銀行に顧客の決済指図を伝達し、または、銀行から口座に係る情報を取得し顧客に提供する業者（電子決済等代行業者）が拡大しており、決済サービスにおいて重要な役割を果たすようになっている。

ところが、現行の銀行法にあっては、銀行からの委託を受け、銀行と顧客との間で、預金、貸付け、為替取引等を内容とする契約の締結の代理または媒介を行う場合には、銀行代理業として規制の対象となる一方、電子決済等代行業のように、顧客からの委託を受け、銀行と顧客との間でサービスの仲介を行う業については、規制の対象となっていない。

二　銀行システム・利用者保護の要請および電子決済等代行業者からの要望

電子決済等代行業については、以下のようなリスクが指摘されており、銀行システムの安定性と利用者保護を図る観点から、電子決済等代行業者を対象とした新たな法的枠組みの整備が求められていた。

●決済に関する銀行システムに接続して、銀行に決済指図を伝達し、または、銀行から口座に係る情報を取得するため、業者のセキュリティ等に問題があった場合には、銀行システムの安定性を害するおそれがある。

●利用者の決済指図が銀行に正確に伝達されないこと、または、口座に係る情報が利用者に正確に提供されないことにより、決済に至るプロセスの的確性が確保されず、決済の安定性を害するおそれがある。

●顧客の口座等の認証情報（ＩＤやパスワード）を預かり、顧客になりかわって銀行システムにアクセスするため、情報漏洩や認証情報を悪用した不正送金等により、利用者が不利益を被るおそれがある。

また、電子決済等代行業者からも、金融審議会の作業部会等において、「現状、法制上の枠組みが存在しないことが銀行との連携・協働の妨げとなり、円滑なサービス展開等の障害となっている」との問題意識から、法制度の整備を求める声があがっていた。

このように、電子決済等代行業者に関する法的枠組みの整理は、利用者サイドと電子決済等代行業者サイドの双方から早急な実施が求められる状況にあった。こうした状況をふまえ、平成二九年銀行法改正法案には、

●電子決済等代行業者に登録制を導入するとともに、一定の体制整備義務や情報の安全管理義務等を課す。

●電子決済等代行業者が電子決済等代行業として銀行システムに接続する場合には、銀行と契約を締結し、当該契約において、情報の安全管理に関する措置や利用者に損失が生じた場合の補償に関する事項等について定めることとする。

といった内容が盛り込まれた。

三　オープン・イノベーション促進のための銀行法改正

なお、平成二九年銀行法改正法案においては、新たな業態の出現に対応し、規制体系を設けて規律の対象とするという従来型のアプローチだけではなく、電子決済等代行業者の接続先となる銀行に対しても一定の義務を課すことで、銀行と電子決済等代行業者の間のオープン・イノベーション（連携・協働）を促進することが企図されている。

具体的には、平成二九年銀行法改正法案には、

●（オープン・イノベーションを促進する観点から、）銀行は、電子決済等代行業者との契約の締結に係る基準を作成・公表し、これを満たす電子決済等代行業者については、不当に差別的な取扱いをしてはならないこととする。

●（オープンAPIを促進する観点から、）電子決済等代行業者と契約を締結しようとする銀行は、改正法の公布後一定期間内に、電子決済等代行業者が、口座のパスワード等を預かることなく、銀行システムに接続できる体制を整備するよう努めるものとする。

といった内容が盛り込まれた。

（注）銀行のAPI（Application Programming Interface）とは、銀行以外の者が、銀行のシステムに接続し、その機能や管理する情報を呼び出して利用するための接続方式等を指す。このうち、銀行が、銀行の外部のFinTech企業等にAPIを提供し、銀行システムの機能を利用できるようにすることを「オープンAPI」という（銀行システムに接続して顧客情報の参照等を行う際には、当該顧客の同意を条件とすることで、顧客情報の安全管理が担保される）。オープンAPIは、FinTech企業等との安全な連携を可能とする技術であり、オープン・イノベーションを実現していくた

めのキーテクノロジーの一つとの指摘がある。

このように、利用者保護を確保しつつ、わが国において金融機関とFinTech企業とが連携・協働することによって、ITの進展等を活用した多用なサービス展開が可能となり、高度かつ利便性の高い金融サービスが利用者に確保される状況の実現を法制度によって後押ししようとする点に、平成二九年銀行法改正法案の特徴がある。

四　改正法の内容

(1) 電子決済等代行業者の範囲（改正後第二条第一七項）

（定義等）

第二条

17　この法律において「電子決済等代行業」とは、次に掲げる行為（第一号に規定する預金者による特定の者に対する定期的な支払を目的として行う同号に掲げる行為その他の利用者の保護に欠けるおそれが少ないと認められるものとして内閣府令で定める行為を除く。）のいずれかを行う営業をいう。

一　銀行に預金の口座を開設している預金者の委託（二以上の段階にわたる委託を含む。）を受けて、電子情報処理組織を使用する方法により、当該口座に係る資金を移動させる為替取引を行うことの当該銀行に対する指図（当該指図の内容のみを含む。）の伝達（当該指図の内容のみの伝達にあつては、内閣府令で定める方法によるものに限る。）を受け、これを当該銀行に対して伝達すること。

二　銀行に預金又は定期積金等の口座を開設している預金者等の委託（二以上の段階にわたる委託を含む。）を受けて、電子情報処理組織を使用する方法により、当該銀行から当該口座に係る情報を取得し、これを当該預金者等に提供すること（他の者を介する方法により提供すること及び当該情報を加工した情報を提供することを含む。）。

18　この法律において「電子決済等代行業者」とは、第五十二条の六十一の二の登録を受けて電子決済等代行業を営む者をいう。

電子決済等代行業は、改正後の第二条第一七項に定義されている。

第一号においては、預金者の委託を受けて、電子情報処理組織を使用する方法により、銀行に対して、利用者による為替取引の指図やその内容の伝達を行う、いわゆる電子送金サービスが規定されている。

第二号においては、預金者等の委託を受けて、電子情報処理組織を使用する方法により銀行から口座に関する情報を取得し、これを提供する、いわゆる口座管理・家計簿サービスが規定されている。

もっとも、このような定義に該当するサービスであっても、利用者保護の観点から規制の対象とする必要性が認められない類型のサービスについては、内閣府令の定めにより適用対象外とされることとなっている（本項の柱書中のカッコ書）。法律上は、「預金者による特定の者に対する定期的な支払を目的として行う同号に掲げる行為」すなわち、家賃や公共料金等の定期的な支払に利用されている伝統的な口座振替の代行サービスが、その例示として掲げられている。

(2) 規制の概要

(イ) 登録制の導入（改正後第五二条の六一の二、第五二条の六一の五等）

きない。

（登録）

第五十二条の六十一の二　電子決済等代行業は、内閣総理大臣の登録を受けた者でなければ、営むことができない。

（登録の拒否）

第五十二条の六十一の五　内閣総理大臣は、登録申請者が次の各号のいずれかに該当するとき、又は第五十二条の六十一の三第一項の登録申請書若しくはその添付書類のうちに重要な事項について虚偽の記載があり、若しくは重要な事実の記載が欠けているときは、その登録を拒否しなければならない。

一　次のいずれかに該当する者

イ　電子決済等代行業を適正かつ確実に遂行するために必要と認められる内閣府令で定める基準に適合する財産的基礎を有しない者

ロ　電子決済等代行業を適正かつ確実に遂行する体制の整備が行われていない者

ハ　次に掲げる処分を受け、その処分の日から五年を経過しない者

(1)　第五十二条の六十一の十七第一項又は第二項の規定による第五十二条の六十一の二の登録の取消し

(2)　農業協同組合法（昭和二十二年法律第百三十二号）第九十二条の五の九第一項において準用する第

五十二条の六十一の十七第一項又は第二項の規定による同法第九十二条の五の二第一項の登録の取消し

(3) 水産業協同組合法（昭和二十三年法律第二百四十二号）第百二十一条の五の九第一項（特定信用事業電子決済等代行業に関する銀行法の準用）において準用する第五十二条の六十一の十七第一項又は第二項の規定による同法第百二十一条の五の二第一項（登録）の登録の取消し

(4) 協同組合による金融事業に関する法律（昭和二十四年法律第百八十三号）第六条の五の十第一項（信用協同組合電子決済等代行業者等についての銀行法の準用）において準用する第五十二条の六十一の十七第一項又は第二項の規定による同法第六条の五の二第一項（信用協同組合電子決済等代行業の登録）の登録の取消し

(5) 信用金庫法第八十九条第七項（銀行法の準用）において準用する第五十二条の六十一の十七第一項又は第二項の規定による同法第八十五条の四第一項（登録）の登録の取消し

(6) 労働金庫法（昭和二十八年法律第二百二十七号）第九十四条第五項（銀行法の準用）において準用する第五十二条の六十一の十七第一項又は第二項の規定による同法第八十九条の五第一項（登録）の登録の取消し

(7) 農林中央金庫法第九十五条の五の十第一項（農林中央金庫電子決済等代行業に関する銀行法の準用）において準用する第五十二条の六十一の十七第一項又は第二項の規定による同法第九十五条の五の二第一項（登録）の登録の取消し

(8) 株式会社商工組合中央金庫法（平成十九年法律第七十四号）第六十条の十九第一項又は第二項（登録の取消し等）の規定による同法第六十条の三（登録）の登録の取消し

(9) この法律、農業協同組合法、水産業協同組合法、協同組合による金融事業に関する法律、信用金庫法、労働金庫法、農林中央金庫法又は株式会社商工組合中央金庫法に相当する外国の法令の規定により当該外国において受けている(1)から(8)までの登録と同種類の登録（当該登録に類する許可その他の行政処分を含む。）の取消し

ニ 次に掲げる命令を受け、その命令の日から五年を経過しない者

(1) 農業協同組合法第九十二条の五の八第四項の規定による同法第九十二条の五の二第二項に規定する特定信用事業電子決済等代行業の廃止の命令

(2) 水産業協同組合法第百二十一条の五の八第四項（電子決済等代行業者による特定信用事業電子決済等代行業）の規定による同法第百二十一条の五の二第二項に規定する特定信用事業電子決済等代行業の廃止の命令

(3) 協同組合による金融事業に関する法律第六条の五の九第四項（電子決済等代行業者による信用協同組合電子決済等代行業）の規定による同法第六条の五の二第二項に規定する信用協同組合電子決済等代行業の廃止の命令

(4) 信用金庫法第八十五条の十一第四項（電子決済等代行業者による信用金庫電子決済等代行業）の規定による同法第八十五条の四第二項に規定する信用金庫電子決済等代行業の廃止の命令

(5) 労働金庫法第八十九条の十二第四項（電子決済等代行業者による労働金庫電子決済等代行業）の規定による同法第八十九条の五第二項に規定する労働金庫電子決済等代行業の廃止の命令

(6) 農林中央金庫法第九十五条の五の九第四項（電子決済等代行業者による農林中央金庫電子決済等代行業）の規定による同法第九十五条の五の二第二項に規定する農林中央金庫電子決済等代行業の廃止

の命令

(7) 株式会社商工組合中央金庫法第六十条の三十二第四項（電子決済等代行業者による商工組合中央金庫電子決済等代行業）の規定による同法第六十条の二第一項（定義）に規定する商工組合中央金庫電子決済等代行業の廃止の命令

(8) 農業協同組合法、水産業協同組合法、協同組合による金融事業に関する法律、信用金庫法、労働金庫法、農林中央金庫法又は株式会社商工組合中央金庫法に相当する外国の法令の規定による(1)から(7)までの業務と同種類の業務の廃止の命令

ホ この法律、農業協同組合法、水産業協同組合法、協同組合による金融事業に関する法律、信用金庫法、労働金庫法、農林中央金庫法、株式会社商工組合中央金庫法その他政令で定める法律又はこれらに相当する外国の法令の規定に違反し、罰金の刑（これに相当する外国の法令による刑を含む。）に処せられ、その刑の執行を終わり、又はその刑の執行を受けることがなくなつた日から五年を経過しない者

二 法人である場合においては、次のいずれかに該当する者

イ 外国法人であつて日本における代表者を定めていない者

ロ 役員のうちに次のいずれかに該当する者のある者

(1) 成年被後見人若しくは被保佐人又は外国の法令上これらに相当する者

(2) 破産手続開始の決定を受けて復権を得ない者又は外国の法令上これに相当する者

(3) 禁錮以上の刑（これに相当する外国の法令による刑を含む。）に処せられ、その刑の執行を終わり、又はその刑の執行を受けることがなくなつた日から五年を経過しない者

(4) 法人が前号ハ(1)から(9)までに掲げる処分を受けた場合において、その処分の日前三十日以内にその法人の役員であつた者で、その処分の日から五年を経過しない者

(5) 法人が前号ニ(1)から(8)までに掲げる命令を受けた場合において、その命令の日前三十日以内にその法人の役員であつた者で、その命令の日から五年を経過しない者

(6) 前号ハからホまでのいずれかに該当する者

三 個人である場合においては、次のいずれかに該当する者

イ 外国に住所を有する個人であつて日本における代理人を定めていない者

ロ 前号ロ(1)から(5)までのいずれかに該当する者

2 内閣総理大臣は、前項の規定により登録を拒否したときは、遅滞なく、その理由を示して、その旨を登録申請者に通知しなければならない。

電子決済等代行業者が、その業務において、決済指図の内容を誤って伝達した場合や顧客に伝達した口座情報に誤りがあった場合、顧客が適切に決済を完了できない事態が生じるなど、決済システムの安定性に悪影響を与えるおそれがある。また、一般利用者の為替取引や口座に関する情報という、機微な情報を取り扱う業務でもあり、不適格者によってこれらの情報が入手・悪用されることを防止する必要がある。こうした観点をふまえ、登録制が導入されることとなった。

もっとも、電子決済等代行業は、その定義上、利用者の金銭等を預からない行為を対象としており、金銭の預託を受ける資金移動業等と比較した場合、預託された金銭の消失といったリスクを伴うものではない。

そこで、資金移動業者等と同様の「登録制」でありながらも、その内容は軽微なものとなっており、

●業務を適正・確実に遂行するために必要な財産的基礎を有していること
●業務を適正・確実に遂行するために必要な体制の整備が行われていること
●過去に銀行法上の罰則を科され、または、登録を取り消されてから一定の期間が経過していない者等の不適格者ではないこと

などが、登録の要件とされている。一方、たとえば、国内拠点の設置や法人であることといった要件は求められていない。

また、上記の「必要な財産的基礎」については、内閣府令で規定されることになるが、純資産額が負の値でないことといったきわめて軽微な水準のものが想定されている。

(ロ) 利用者に対する説明等（改正後第五二条の六一の八）

（利用者に対する説明等）

第五十二条の六十一の八　電子決済等代行業者は、第二条第十七項各号に掲げる行為（同項に規定する内閣府令で定める行為を除く。）を行うときは、内閣府令で定める場合を除き、あらかじめ、内閣府令で定めるところにより、利用者に対し、次に掲げる事項を明らかにしなければならない。

一　電子決済等代行業者の商号、名称又は氏名及び住所

二　電子決済等代行業者の権限に関する事項

三　電子決済等代行業者の損害賠償に関する事項

四　電子決済等代行業に関する利用者からの苦情又は相談に応ずる営業所又は事務所の連絡先

五　その他内閣府令で定める事項

2　電子決済等代行業者は、電子決済等代行業に関し、内閣府令で定めるところにより、電子決済等代行業と銀行が営む業務との誤認を防止するための情報の利用者への提供、電子決済等代行業に関して取得した利用者に関する情報の適正な取扱い及び安全管理、電子決済等代行業の業務を第三者に委託する場合における当該業務の的確な遂行その他の健全かつ適切な運営を確保するための措置を講じなければならない。

利用者が、電子決済等代行業者のサービスを利用するか否かを判断するにあたり、電子決済等代行業者は、その判断材料となる情報を提供することが適切である。

そこで、改正後の銀行法においては、電子決済等代行業者に対し、サービスの提供に先立って、利用者への以下の情報の提供を義務づけることとしている。

●電子決済等代行業者の商号、名称または氏名および住所

●電子決済等代行業者が有する権限（銀行の提供するサービスではないことおよび銀行を代理・媒介する権限を有しないこと等）

●電子決済等代行業者の損害賠償に関する事項（電子決済等代行業のサービスから利用者に損害が生じた場合に、銀行または電子決済等代行業者のいずれかから補償を受けられるのか、およびその手続等）

●電子決済等代行業者が利用者から苦情または相談を受け付ける窓口の連絡先

また、同様に、利用者保護の観点から、電子決済等代行業者に対し、銀行業務との誤認防止のための情報提供、顧客情報適正取扱い・安全管理および業務を第三者に委託する場合の的確遂行の確保その他の健全かつ適切な運営を確保するための措置が求められている。

(ハ) 銀行との契約締結義務（改正後第五二条の六一の一〇）

（銀行との契約締結義務等）

第五十二条の六十一の十　電子決済等代行業者は、第二条第十七項各号に掲げる行為（同項に規定する内閣府令で定める行為を除く。）を行う前に、それぞれ当該各号の銀行との間で、電子決済等代行業に係る契約を締結し、これに従つて当該銀行に係る電子決済等代行業を営まなければならない。

2　前項の契約には、次に掲げる事項を定めなければならない。

一　電子決済等代行業の業務（当該銀行に係るものに限る。次号において同じ。）に関し、利用者に損害が生じた場合における当該損害についての当該銀行と当該電子決済等代行業者との賠償責任の分担に関する事項

二　当該電子決済等代行業者が電子決済等代行業の業務に関して取得した利用者に関する情報の適正な取扱い及び安全管理のために行う措置並びに当該電子決済等代行業者が当該措置を行わない場合に当該銀行が行うことができる措置に関する事項

三　その他電子決済等代行業の業務の適正を確保するために必要なものとして内閣府令で定める事項

3　銀行及び電子決済等代行業者は、第一項の契約を締結したときは、遅滞なく、当該契約の内容のうち前項各号に掲げる事項を、内閣府令で定めるところにより、インターネットの利用その他の方法により公表しなければならない。

現在、電子決済等代行業に該当する業務を行う者のなかには、利用者から銀行口座に係るＩＤ・パスワード等の

提供を受け、それを使って利用者になりかわって銀行のシステムに接続する手法（スクレイピングと呼ばれる）によってサービスを提供している者が存在する。

このような手法については、次の問題が指摘されている。

●銀行口座に関するパスワードといった重要な顧客認証情報を業者に取得・保有させることとなり、顧客情報の漏洩、認証情報を悪用した不正送金等、セキュリティ上の問題が生じるおそれがある。

●電子決済等代行業者からのアクセスの増大に伴い、銀行システムの過剰な負荷が生じている可能性がある。

●スクレイピングを行う業者のコストがＡＰＩによる場合に比して増大し、結果として社会全体のコストを増大させる可能性がある。

そこで、改正後の第五二条の六一の一〇第一項では、電子決済等代行業者は電子決済等代行業サービスの提供前に、接続先の銀行との契約締結を行うこととし、より安全な接続方式であるＡＰＩへの移行を促している。

銀行と電子決済等代行業者との間の契約においては、利用者保護を図る観点から、電子決済等代行業者の業務に関して利用者に損害が生じた場合における銀行と電子決済等代行業者との賠償責任の分担について規定することを求めている（改正後第五二条の六一の一〇第二項第一号）。また、電子決済等代行業者の業務の適正性を確保するため、電子決済等代行業者による利用者情報の適正な取扱いおよび安全管理のために行う措置、および当該措置が講ぜられなかった場合に銀行が講ずることができる措置の内容について規定することを求めている（改正後同項第二号）。あわせて、これらの事項の内容を公表することを求めている（改正後同条第三項）。

(3) 銀行に求められる措置（改正後第五二条の六一の一一等）

（銀行による基準の作成等）
第五十二条の六十一の十一　銀行は、前条第一項の契約を締結するに当たつて電子決済等代行業者に求める事項の基準を作成し、内閣府令で定めるところにより、インターネットの利用その他の方法により公表しなければならない。
2　前項の求める事項には、前条第一項の契約の相手方となる電子決済等代行業者が電子決済等代行業の業務に関して取得する利用者に関する情報の適正な取扱い及び安全管理のために行うべき措置その他の内閣府令で定める事項が含まれるものとする。
3　銀行は、前条第一項の契約を締結するに当たつて、第一項の基準を満たす電子決済等代行業者に対して、不当に差別的な取扱いを行つてはならない。

改正法においては、オープン・イノベーションおよびオープンAPIの促進の観点から、銀行にも一定の対応が求められている。

まず、改正法附則の規定においては、銀行は改正法の公布後九カ月以内に電子決済等代行業者との連携・協働に係る方針を策定・公表することとされている（附則第一〇条）。

また、電子決済等代行業者と契約を締結しようとする銀行については、改正法の施行の日から二年を超えない範囲内で政令で定める日までに、電子決済等代行業者が顧客の銀行口座ID・パスワード等を取得することなく電子決済等代行業を営むことを可能とするよう（すなわち、スクレイピングからオープンＡＰＩへの転換）、体制整備に努めることとされている（附則第一一条）。

加えて、改正後の第五二条の六一の一一においては、銀行は、電子決済等代行業者との契約の締結に係る基準を作成・公表し、これを満たす電子決済等代行業者については、不当に差別的な取扱いをしてはならないこととされている。

(4) 電子決済等代行業者関連事項以外の法改正事項

以上のほか、改正法においては、①外国銀行支店について、従来の「四月一日から三月三一日まで」を事業年度とする方法以外に、当該外国銀行の本店にあわせた事業年度を採用することができるようにすること、②銀行代理業者について、一時的な営業所の位置変更については届出を不要とすることができるようにすることを目的とした改正（改正後第四七条の四、第五二条の三九第一項）等も規定されている。

[た行]

[な行]

[さ行]

事項索引

銀 行 法

2017年11月22日　第1刷発行

監修者　池田唯一・中島淳一
編著者　佐藤則夫
著　者　本間　晶・笠原基和
　　　　冨永剛晴・波多野恵亮
発行者　小田　徹
印刷所　図書印刷株式会社

〒160-8520　東京都新宿区南元町19
発　行　所　一般社団法人 金融財政事情研究会
企画・制作・販売　株式会社 き ん ざ い
出 版 部　TEL 03(3355)2251　FAX 03(3357)7416
販売受付　TEL 03(3358)2891　FAX 03(3358)0037
URL http://www.kinzai.jp/

ISBN978-4-322-13225-0